审美人类学研究丛书

向丽 主编

审美治理与当代社会

上海人民出版社

审美人类学研究丛书·总序

我们生活在几百年来未有的社会格局大变革的时代，以信息革命和生物革命为中心的新一轮技术革命正以全新的方式改变人类的思考方式和社会组织形式，当然也改变着以不同文化为基础的审美制度。严重的危机和价值冲突把历史进步及其代价这个重大的历史哲学问题再次提到当代学者的面前。人们对社会正义和公平以及对人类命运共同体的普遍呼唤，使每一个有责任感的学者所从事的任何一项研究都具有了超出学科狭隘视域的多重意义。现实中许多新的现象和问题需要理论做出解释。概言之，当代中国学术面对的现实问题和学术问题不仅使跨学科研究成为可能和必要，也为理论的创新和发展提供了重要的机遇。

在美学方面，自瓦尔特·本雅明提出机械复制时代的艺术生产方式的意义问题以来，经过列维·斯特劳斯、马丁·海德格尔、雷蒙德·威廉斯、雅克·朗西埃、阿兰·巴迪欧等思想家的工作，现代艺术与前工业化社会的关系具有了理论寓言的一般意义。事实上，前工业化社会的社会现象和文化符号在现代艺术生产方式中所呈现出的"乡愁理念"具有双重的理论意义：一方面，前工业化社会文化符号所体现的质朴、友谊、公正和责任感为批判现代社会的种种弊端提供了一个坚实的支点；另一方面，"乡愁理念"符号及形象的批量生产和广泛传播，通过"经典化"的魅力而将人们对现实的不满和反抗转换为对历史沉重的感叹和对人文主义的呼唤。因此，美学在现代人文社会科学中,既可以是理论批判的一种形式,也可以是审美意识形态,或者说是对现实和审美制度的一种解释。

从现实的角度看,在全球化的语境中,在社会主义市场经济的条件下,在当代中国的艺术实践方面,“乡愁理念”的文化逻辑有可能发生实质性的颠倒:前工业化社会的文化现象本身就是一个现实性的存在,全球化的冲击和市场经济的矛盾使民族艺术的内涵发生了实质性的变化。在这里,乡愁有可能与乌托邦冲动相结合,从而成为一种未来性的文化表征。民族艺术事实上已经成为当代美学的重要范畴,它以艺术的形式体现了文明的冲突以及边缘化族群的审美抵抗,极大地丰富了当代艺术创造和美学理论的思想资源,也正是在这个意义上,审美人类学研究成为可能。

审美人类学作为一门交叉学科,采用文化人类学的理论观念和田野调查的方法,在人类学视域中发掘和探讨美学的当代提问方式与解答路径。作为一种理论方法,审美人类学把民族艺术作为一种复杂的意识形态现象来研究,不仅研究民族艺术的形态、意义、审美价值,而且研究民族艺术的社会作用及其与社会发展变迁的关系。这种研究既包括学理上的,也包括实践方面的,因为这是现实存在着的文化运动。

审美人类学研究丛书编委会希望以丛书的形式把这方面的研究成果集中出版,以促进当代中国民族艺术以及当代美学的建设和发展。从书包括田野调查报告、审美人类学学术史的研究、译著、研究专著、资料汇集等不同的形式,在研究的观念和方法上尊重作者的选择。

这是一件有意义的工作,愿有志者共同努力。

王　杰

浙江大学传媒与国际文化学院

2020 年 4 月 8 日,杭州

目录

序言 / 向　丽 1

上篇　审美治理:理论与实践

审美习俗、文化习性与自由治理——中国当代审美经验的理论阐释 / 王　杰 2

审美、治理与自由 / [英]托尼·本尼特 17

影响社会:艺术、文化与治理 / [英]托尼·本尼特 36

文化、历史与习性 / [英]托尼·本尼特 55

把政策引入文化研究 / [英]托尼·本尼特 72

理论与经验:托尼·本尼特与20世纪英国文化研究 / 段吉方 92

审美制度与自由治理 / 向　丽 108

批评作为一种文化治理——论马克思主义文学批评的新向度 / 肖　琼 129

审美历史化和政府治理性——论本尼特文化研究中的关键因素 / 周海玲 144

审美资本主义时代的审美制度研究 / 孙文刚 157

审美治理:马克思主义美学的政治转向探析 / 张良丛 169

下篇　审美治理与当代社会

中国当代文艺政策的美学基础　/　王　杰　182

论艺术介入美丽乡村建设——艺术人类学视角　/　方李莉　195

人民性·情感性·当代性:“美好生活”的三个美学向度　/　王大桥　漆　飞　216

福柯与电影的记忆治理　/　李　洋　226

大剧院的“政治叙事”及对城市文化的塑型　/　杨　子　241

从文化遗产到审美资本——论博物馆文化治理功能的形成机制　/　赵静蓉　256

跨语境的“接合剂”:歌谣的文化政治审美功能探析　/　曹成竹　267

文化治理与民歌资源——以陕北秧歌剧《米脂婆姨绥德汉》为例　/　强东红　277

审美·制度·治理——“文化治理与审美制度问题研究”学术研讨会会议综述

　/　陈顺尧　291

序　言

何谓反叛者？一个说“不”的人。然而，这种拒绝并不意味着放弃：他也是一个在其反抗之初就说“是”的人。一个奴隶，终其一生都听命于人，突然决定不再接受任何新的命令。那么，这“不”字的含意是什么？

——［法］阿尔贝·加缪：《反叛者》

（Albert Camus，*The Rebel*，translated by Anthony Bower，Vintage，1991）

这“不”字，也许只是意味着，曾经存在着一种界限，以后仍有。

无可否认，当我们谈论治理时，我们也只是在这条界限上跳舞。在将“治理”与“统治”比照之余，我们会不自觉地过滤“治理”所可能裹挟的某种“意识形态凝视”之暴力，但仍须敢于面对其发端，才有可能继续前行。恰如法国哲学家米歇尔·福柯在《规训与惩罚》开篇就展示了历史上出现的两种有意味的惩罚模式：1757 年 3 月 2 日，刺杀路易十五的达米安的血淋淋的行刑和八十年后列昂·福歇制定的“巴黎少年犯监管所”规章。人类历史上的惩罚模式已悄然转变，即由一种血淋淋的对肉体的酷刑折磨转向一种看似温和的对身体的精妙规训，这种广义上的规训抑或微观权力技术的兴起同时勾勒了“治理”的雏形。

尽管这是一种不那么令人愉悦的联系，但正是在光与影的边界，置身于苦难与阳光之间，我们或许能够被引领到可安歇的水边，仰望着最高的存在与智慧，除却僭妄与幻象，让"自由"开启"治理"新的向度。在当代世界，治理以超出我们想象的精密迹象出现在文化的诸多缝隙与连结处，它渗透于从国家到社会到个人，从机构到身体到心灵的各个领域，成为了人们不可规避的社会网络。与此相应的是，如何接受治理？如何自我治理？如何治理他人？什么才是真正的治理？治理将我们引向何处？这些问题是任何一个国家和社会以及个人都将直面的。

从治理到审美治理

"治理"和"治理术"是福柯在法兰西学院授课中重点讨论的问题，是关于权力形态的纵深发掘和阐释。自此以后，对于治理问题的研究在西方学界形成了广泛的风潮，并逐渐渗入政治学、经济学、法学、教育学等诸多学科领域。令人惊叹的是，在漫长的历史演进过程中，审美和艺术在治理实践中发挥着一种特殊的功能。或者可以说，治理是一门巧妙地周旋于审美和政治之间的艺术，但这并非一件容易被观察到的事实。诚如托尼·本尼特所言，"我们就有必要考虑，构成审美的原初决定性特质的无用性之特质是如何被重新界定的，以便它能够被用作治理的一件工具。"①我们不难发现，本尼特在此仍然是在尝试着对康德审美无功利说进行重新配置，审美自律与他律的辩证法又被重新提了出来。

关于这个问题，本尼特的睿智之处在于，他是在制度性的社会关系中考察艺术自律之如何可能，因而巧妙地将艺术自律与他律之间的二元对立格局化解。但这并非本尼特的独特贡献，艺术不是自为的纯粹性存在，而是被社会地制度化了。彼得·比格尔在观照卢卡奇和阿多诺的美学理论时就已强调了这一点，他能体会到阿多诺在释放一种"美学的不安全感"时，对于"艺术正是站在社会的对立面才成其为艺术"与"自律的艺术如何能够介入社会生活"之间内在矛盾的焦虑和两难处境。而本尼特同样地能

① ［英］托尼·本尼特：《文化、治理与社会》，王杰、强东红等译，上海：东方出版中心，2016年，第493页。

够感知到，比格尔在如何协调艺术的自律和因制度化而自律的艺术被用于布道工具之间的关系时所面临的剧烈冲突，并且发现在比格尔强调艺术作为布道被证明恰是其自律观念的必然要求时，这种冲突似乎以一种和解的方式完美收场。比格尔在这种化解中找到了一个较为合宜的载体与机制——审美教育，亦即因为艺术的自律性，它才有可能成为审美教育的工具。这在逻辑上似乎非常精妙，使得这项宏大的工程与计划仍然符合审美主义的原初旨趣。但正如比格尔在对先锋派艺术的激进力量充满期待的同时，也无法无视先锋派反制度化的“重新被制度化”，抑或，尽管艺术自律被制度化了，它仍然身不由己地嵌入意识形态的氤氲之中。于此，比格尔保持了某种富于意味的“沉默”。

艺术遭遇了危机，归根结蒂是表征的危机，终其原因也是人在触及社会肌肤时感到了内心的惶惑与恐惧。然而，即使是在“幸福的允诺”被悬置甚或放逐的时候，人们对于审美和艺术所可能发挥的力量的渴慕却从未停歇，它们的角色只是被不断重新调配。在美学史上，关于艺术的界说不胜枚举，诸如艺术即模仿、认识、品味的对象、可传递的快感、理想、救赎、症候、情感交流、表现、经验、真理、神迹的启示、灵晕、自由、习俗、美感制作、假扮、文本、恋物、虚拟等，这是一个巨大的可以无限延展的“艺术”之熵，它们揭橥了“艺术”的多义性、叠合性与流动性。艺术不属于任何一个固定的体系，而首先是对社会关系的某种反映。

尽管如此，我们仍然可以看到人们观照艺术方式的嬗变，它们毫无预兆地与艺术内在的表征结构相契合。以审美人类学和艺术人类学为例，其对于艺术的考察与叙述重心渐至经历了从物到艺术品，从艺术风格到艺术行为，从艺术本身到艺术力量的转变，这也正是当代美学“文化转向”语境对艺术关注重心转向所使然，即由对“美”的研究转向“艺术”研究，由对艺术概念的研究转向对艺术作为一种意识形态形式的探讨。此外，将艺术置入具体的场域中发掘其可能的政治性力量，是当代艺术研究中极富于魅力的部分。美国学者托尼·弗洛里斯在《审美人类学》一文中根据艺术的存在基础及结构将艺术主要区分为：自治群体的艺术、被统治群体的艺术（包括在阶级社会中处于低阶层群体的艺术、“第四世界”中的艺术、被征服群体的艺术）、统治群体的艺术（包括在阶级社会中处于高阶层群体的艺术；大众市场的掌控者的艺术）；并指出，艺术并非存在于一个虚假的非政治的语境中，而是在权力链中占据着特定的位置。于此，艺术在其政治关系网络中具有一定的阶层性。按布尔迪厄的见解，艺术正是由于分属于不同的场域从而显现出艺术的区隔性。然而，这仅仅是关于艺术政治性理解的其中一个维度，弗洛里斯进一步指出，“各种审美和艺术现象都有其物质基础。每一种艺术都运用比例原则、比较原则、重复原则等原则，以形构的方式将它的各种成分相结合，存在于文化既定的‘语法’之中。在此过程中，艺术被赋予了诸种象征性意义。艺术无论是因着群体还是个体都允许解释和创新，每一种艺术都具有其特定的社会功能，并且都允许革新和变化。”①可见，尽管审美和艺术被文化既定的“语法”所建构，然而，艺术并非完全囿于其所产生的场域。诸如，在荒谬与残损中，反抗即是一种存在，借着歧感显现“美”。在艺术的“区隔性”之外探讨边界的松动与重构，实则是将艺术的弥散性与生产性显现出来，这对于我们进一步发掘和阐释审美和艺术如何能够作为一种特殊的治理术具有关键性的意义。

审美和艺术不仅是马克思空间隐喻中作为被经济基础所决定的意识形态形式，而且具有“基础性”的意义，这是唯物主义所无法阐释的。这种基础性只能源于——艺术究其本质不是“物”，也不是“存在者”，而只是“存在”本身，它从不孑然独处，却也只在人的感觉结构被撬动时发生，因此不再缄默。法国哲学家雅克·朗西埃在雷蒙·威廉斯提出“情感结构”作为经验世界溶解与形塑的基质与产物，特里·伊格尔顿提出“美学是作为有关身体的话语而诞生的”之外，以“歧感”“可感性的重新分配”“审美平等”等理念专注于从“感知”的角度阐释了何为“美学的革命”，从而暗示了这种特殊的存在。而本尼特对布尔迪厄富于创见的“区隔”理论的二次区分，显示了他与朗西埃的某种一致性。

审美治理的“物质基础”

审美治理既是社会治理、文化治理的组成部分，同时又具有其特殊性。简言之，审

① Toni Flores, "The Anthropology of Aesthetics", *Dialectical Anthropology*, Vol.10, (July), 1985, p.35.

美治理是将审美和艺术作为一种智性活动织入"治理"隐秘而精妙的机制之中。它不是通过自上而下的正式制度的规制而只是"编织",正如福柯以理性的方式对善意的牧羊术逻辑所潜藏的悖论进行质询后所提出的,政治艺术正是将"好的要素"编织起来,从而将人民引向至高的幸福。这与福柯对批判的界定——"批判就是不被统治到那种程度的艺术"①相契合。在福柯看来,"如何统治"是15或16世纪的基本问题之一,在当时,各种各样的统治艺术,包括儿童教育的艺术、政治的艺术、经济的艺术等,以及所有的统治机构都是对这个基本问题的回应。用福柯的话来解释,审美启蒙所影响下的治理应是这样一种生活方式,它宣布的要求并不是我们不应该被统治,而是我们不应该像那样被统治——无论"那样"碰巧是什么②。虽则都是在界限上跳舞,但不那样被统治,则意味着,治理只是提供了一种场域,它允许在其所安排的秩序中发声,借着知觉与情感,宣示一种可能的政治。

在当代社会中,审美治理具有多重"物质基础",诸如作为机构的博物馆、剧院、音乐厅、美术馆、画廊;作为艺术展演与象征的音乐、电影、舞蹈、绘画、雕刻;作为记忆承载的节庆与仪式等。这些看似分设的机构与门类,都可以作为治理的场域与氛围,不仅如此,当人的情感与它们发生连结时,治理就已经开始运作了,尽管这种联系与运动非常隐秘。

法国政治经济学家贾克·阿达利在论及噪音与政治的内在关系时谈到,音乐并非无辜的,正如希特勒在其1938年的《德国广播手册》中所写道的,"如果没有扩音器,我们是不可能征服德国的"。希特勒通过扩音器不断播放瓦格纳的音乐以鼓动大众的情绪,瓦格纳的《尼伯龙根的指环》激发了希特勒构想"国家社会主义"的蓝图,他们之间的这种"热恋"使得这位音乐巨擘与纳粹主义捆绑在了一起。也许这并非瓦格纳的"七宗罪",但这种噪音抑或造音无疑具有某种肉体性与先兆性,秩序被侵犯,秩序也在无边地被重新创造。于此,音乐成为宗教和政治的表征。贾克·阿达利强调,无论是让

① [法]米歇尔·福柯:《什么是批判?》,詹姆斯·施密特编:《启蒙运动与现代性:18世纪与20世纪的对话》,徐向东、卢华萍译,上海:上海人民出版社,2005年,第390页。

② 参见[英]托尼·本尼特:《审美·治理·自由》,姚建彬译,《南京大学学报》(哲社版),2009年第5期,第59页。

大众遗忘、相信还是沉寂，在这三种情形中，音乐都是权力的工具："当用来使大众忘却暴力的恐惧时，它是仪式权力的工具；当用来使大众相信秩序与和谐时，它是再现权力的工具；当用来消灭反对的声音时，它是官僚权力的工具……音乐使人们听到这些噪音。"①可见，正是在音乐的多重奏中，人的感知结构在不断被糅化、形塑、整合。此外，在亚里士多德关于音乐的"伦理的""行动的""涤净的"三种形式，以及音乐如何能够引导公民过上最高最完善的生活的讨论中，在斯宾格勒从绘画和音乐的角度研究"阿波罗文化"和"浮士德文化"所蕴藉的美学精神的探讨中，在始于古希腊对所谓靡乱之音的禁绝及禁而不绝的漫长革命中，我们都可以清楚地感知到音乐在控制、诱惑、规范，抑或引导中，对社会边界与秩序的触犯与安抚。因此，依凭着音乐而形成的治理与审美治理之间仍有质的区分，这种区分同样发生于其他"物质基础"的治理实践，尽管这也是不易察觉的事实。

如果说音乐是一种关于时间的政治与治理，那么，电影则是在时间与空间的交错与叠合中，创造着一种新的情感绵延与想象，成为即将到来的新的感性形式和政治的寓言。在噪音的纷扰中，阿兰·巴迪欧似乎在接着说，"电影能够再现世界的噪音，也能发明新的寂静"②。电影正是在断裂处创造一种新的综合，它展示着一种"观看的眩晕"。在朗西埃看来，这正是电影艺术令人心醉的地方，亦即，"一门艺术从来都不是一门简单的艺术，同时也是对世界的一个建议。其形式的进程通常会成为乌托邦的剩余物，瞄准的不仅是观众的快感和集体感性经验形式的重新分配"③。此"剩余物"源于现实的芜杂与艺术的"不纯粹"，正是在艺术所表征的罅隙与分裂中，电影不再许诺一种抽象的幸福，而是愿意迎来那宽忍的灰色黎明，它起初并不是为了让人们欢喜，反而令人觉出一种真实的苦涩。

在《反怀旧》这篇福柯与《电影手册》的访谈录中，福柯讨论了历史与记录的问题。

---

① [法]贾克·阿达利：《噪音：音乐的政治经济学》，宁素凤、翁桂堂译，郑州：河南大学出版社，2017年，第47页。

② [法]阿兰·巴迪欧：《电影作为哲学实验》，[法]米歇尔·福柯等著：《宽忍的灰色黎明：法国哲学家论电影》，李洋选编，李洋等译，郑州：河南大学出版社，2014年，第50页。

③ [法]雅克·朗西埃：《电影的眩晕》，[法]米歇尔·福柯等著：《宽忍的灰色黎明：法国哲学家论电影》，李洋选编，李洋等译，郑州：河南大学出版社，2014年，第95—96页。

在他看来,从真实的历史到诉诸“文本”形成的记录之间,必然经过“过滤”与“筛选”,而作为历史内核的“记忆”则成为此种斗争的重大因素。正是在此意义上,描述“一战”至“二战”期间的所谓“怀旧片”反讽式地走向了其对立面:对过去历史的抹除。福柯指出,“大众记忆”比历史更鲜活,但它不能自我书写。较之大众文学、畅销文学等记忆装置而言,电影是对大众记忆再编码的更为有效的方式。编码亦即编织,电影艺术无疑是一种精妙的治理术,李洋将之概括为“记忆治理”,它包括涂抹历史的“除忆诅咒”或“强迫性遗忘”及污染记忆素材的“奥威尔式治理”和“斯大林式治理”。[①]于此,电影的记忆治理是一种关于记忆的占有、规训、删除与再造术,但这仅是电影的局部。事实上,艺术有所作为,电影既是此种记忆治理的展演者,同时也是其冷峻的质询者,这正是对生命政治的尊重,而并非与权力相龃龉。尽管福柯因深谙权力的无所不在与隐秘,对电影能否让历史出场,能否反映现实有所怀疑,但他对于电影能够展示事件,而事件的偶然部分能够提供审美张力则抱有某种痴迷。在我看来,电影作为一种事件,本身就是治理发生的场域。

将“记忆”作为治理的对象,博物馆无疑也是一个重要的场域。尤其是,“记忆”是审美经验中最为内隐而重要的一部分。博物馆所展示的物与秩序,是“过去”在“现在”的遗存,并向“未来”发出征召。博物馆作为一种意识形态国家机器,它不只是物的载体,而是诗学与政治学的制度性文本,因此倍受批判性的关注。在博物馆中,由于对物的触摸是基本被禁止的,当然,除了通过电子触媒对过去的想象与再现之外,而“看”则成为人们进入该场域被公开允许并被精妙设计的活动。然而,正是“看”抑或“凝视”,它描述了一种与眼睛和视觉相关的权力形式,博物馆的治理性也蕴藉其中。古希腊人很早就已经意识到视觉的虚幻性,也因此对那些建基于视觉经验之上的真实产生怀疑甚至恐惧,恰如忒瑞西阿斯对俄狄浦斯的预言,以及俄狄浦斯最后摆脱对光的依赖和镜像的诱惑。这仍然只是一种关于“看”作为一种意识形态凝视的寓言,当我们关注博物馆的治理性的,并非是对于“看”的弃绝,而正是要承接审美人类学研究的一个基本任

① 李洋:《福柯与电影的记忆治理》,《文艺理论研究》2015 年第 6 期。

务，即“考察来自不同文化语境中的人们如何‘看’世界”①。目前博物馆问题研究已渐渐走向成熟阶段，新博物馆学研究的重要趋势在于，探讨博物馆和它的展览怎样以各种各样的方式被感知，尤其是被那些参观者感知。在此研究过程中，新博物馆学倾向于将公众理解为相异的、复数的、能动的，而不是同质的和被动的群体。②与此同时，博物馆的主体也不仅是承载历史的物，而是收藏、考古、展览、公共教育、文化交流等文化机制。尤其是在作用于人的感知方面的设计上，博物馆对于物之展演的艺术性本身提出了更高的要求，探寻文化资本如何能够转变为审美资本，从而为“感性文化”提供一种扩大的、跨阶层的运作范式和空间，已逐渐成为新博物馆治理的重要向度。

尽管如此，博物馆在很大程度上仍然成为规训和区分大众的机构。正如本尼特指出的，“博物馆既是看的地方，同样也是被看的地方”③。在他看来，博物馆明确地将大众身体当作改革的对象，通过对参观者声音、服装、肢体行为等的规制，力图促成一种优美的克制。这实质上正是审美制度使然，同时也是统治的另一种表达，因为它决定了什么行为和话语是可以让人看见和听到的。然而，这正是令人生疑的地方，也许批判的姿态从来就不缺乏，其关键只是，真正的审美治理应当如何回应此种统治的逻辑。事实上，如何构建博物馆、展品与公众之间的新型关系，从而调适政府与公众的政治话语空间，正是在“看”与“被看”之间寻找一种流动的对视。

审美治理与感知之在

审美是关于身体的话语，治理则在国家与个体的两个轴心上运行，这使得审美治理变得异常复杂与柔韧，它与审美启蒙、审美共同体、审美制度、审美平等、感觉结构、习性、歧感等问题息息相关。

---

① Jeremy Coote and Anthony Shelton(eds.), *Anthropology, Art, and Aesthetics*, Oxford: Clarendon Press, 1992, p.9.

② See Sharon Macdonald(ed.), *A Companion to Museum Studies*, Blackwell Publishing Ltd., 2006, pp.23—34.

③ [英]托尼·本尼特：《文化、治理与社会》，王杰、强东红等译，上海：东方出版中心，2016年，第298页。

审美治理作为一种周旋于国家、社会、个人三个基本层面的活动,其内在的肌理在于主体自身的革命。也正是在此意义上,本尼特将审美视为塑造主体的技术,其独特性在于,它给予人们重新“看”和“感觉”的方式,从而刺透意识形态的矫揉与阴郁。然而,主体塑造的主体又是谁?这正是谈论的关键,它同时也是美学、社会学、政治学、人类学由来已久的一个辩题。

朗西埃曾言,“当统治的自然秩序被无分者之分的出现而打断时,政治便存在了”[①]。“打断”本身是一种对所谓不证自明的“自然秩序”的质询与反抗,但反抗本身也有可能成为一种集体的幻象,诸如朗西埃所引证的关于西西亚奴隶反叛故事的寓言:在矛与弓的激怒下,奴隶的反叛是难以阻挡的,然而,在面对鞭子时,他们会拔腿就逃,根本没有战斗。在此,当差异与罅隙成为一种区隔强化的标志时,人的感知结构和习性会回到其原先被分配好的固有位置,这正是审美的革命偃旗息鼓之所在。

因此,在朗西埃看来,“不平等从根本上说是一个关于感知(perception)的问题”[②]。感性的分享同时也是感性的区分,而“解放”这个永恒的话题也远不止诉诸国家机器的革命行动,它更根本地在于对此种区分的警惕与反观,使感知的重新分配能够持续性地变得可能,从而激活与实现政治的潜能。朗西埃对于“五月风暴”的反思,与自己的老师阿尔都塞尴尬的决裂,为“来自下层历史”和“不可见的”书写与发声,对传统精英启蒙者权威的挑衅等,都是在对审美感知的重新塑造中提出了平等和解放的问题。

作为温柔专制的异质性存在,感知是一种流动的状态,在特定的情境下,它往往聚合为“感觉结构”和“习性”。雷蒙德·威廉斯探讨文化与社会结构之间的复杂关系,强调文化的经验性、整体性,并且在此基础上以“感觉结构”作为社会变革的一种表征。而“习性”则在审美治理中占据着更异乎寻常的位置,这与“习性”本身的特殊性相关。“习性”(habit)与“惯习”(habitus)之间尽管存在诸多相近之处,但却有不同的偏重点。其中,“习性”偏重于个体的心理结构,“惯习”则偏重于个体受到意识形态制约和影响下形成的无意识行为,它倾向于被界说为一种标举阶级(层)或群体差异的存在,类似

---

① [法]雅克·朗西埃:《歧义:政治与哲学》,刘纪蕙等译,西安:西北大学出版社,2015 年,第 25 页。

② [法]让-菲利普·德兰蒂编:《朗西埃:关键概念》,李三达译,重庆:重庆大学出版社,2018 年,第 14 页。

于布迪厄的做法。本尼特则强调习性尽管同样是社会建构的产物,但它同时也是兼具个体性与群体性的特殊心理结构。习性通过人的感觉结构而形成和显现,因而更有可能通过培养、改造而具有自我形塑的能力,从而能够以新的方式向自由治理敞开。

习性是个体对于自身的形塑,因而与自我治理紧密关联。正是在此意义上,本尼特赞同人类学家布鲁诺·拉图尔(Bruno Latour)的以下看法:习性是一种机制,它使个人能够积累经验教训,以发展新的能力,通过重复,这些能力反过来又成为新的习性。不仅如此,习性应当被视为一种祝福(Blessing),因为它有能力将我们从无休止的,由选择的需要所引发的焦虑中解放出来。否则,每天每时每刻我们都会过着一种过度紧张的日常生活。然而,同样的,如果我们任凭习性的影响力肆意蔓延,那么这种祝福也会变成诅咒,它会重复滑入一种"自动的和惯常的"机制之中,从而退化为"机械的姿态"。[①]因此,随着感知结构的溶解与习性的变迁,治理在改变人的机械性和本能性中真正运转起来,它旨在给予一种新的审美配方,重构人的感知结构,从而搅拌出一个新的感觉共同体。在此意义上,审美不再囿于艺术作品及其活动,它只是一种不断生成的感知经验。借此,无论是阿多诺所焦虑的艺术自律的孤地,抑或比格尔面对先锋艺术的重新被制度化的沉默,在"让"人的感知作为经验而流动时,问题将变得些许明朗。

最后,让我们回到关于牧羊人著名的悖论,这是关于如何接受治理与自我治理的隐喻。《圣经》路加福音第十五章中记载,当法利赛人和文士私下议论耶稣接待罪人时,耶稣就用比喻说:"你们中间谁有一百只羊失去一只,不把这九十九只撇在旷野,去找那失去的羊,直到找着呢?……我告诉你们:一个罪人悔改,在天上也要这样为他欢喜,较比为九十九个不用悔改的义人欢喜更大。"在福柯看来,这是牧羊人伦理和宗教悖论的核心问题:为了全体牺牲一个,为了一个牺牲全体。这是一种从逻辑角度看似乎成立的悖论,但正如福柯也承认的,摩西自己为了寻找一只迷途的母羊,抛弃了整个羊群,当他把那只迷失的羊带回来时,他发现那些被他抛弃的羊群也被拯救了,这是一

① See Tony Bennett, Mind the Gap: Toward a Political History of Habit, *The Comparatist*, Volume 40, 2016.

种象征性的获救。作为近代国家治理术来源的基督教牧领权力自身是善的，牧羊人为羊群制定法律，并以最高的善与智慧引领着羊群，治理术正是诞生于羊圈中。①抛开关于部分与整体关系的执着争辩，这实质上是关于灵魂治理与自我救赎的寓言，人始终需要最高的爱与智慧的引领，即使如柏拉图提出的政治是一种编织，仍需将通过教育形成的好的要素诸如多种形式的美德联结起来。因此，人的感知经验和习性的流动需要引领与自我编织，这引领者不是任何被制度化的权威抑或介于神与动物之间的人，它只是最高的存在。在力图通达这最高存在的艺术中，人的感知经验与结构得以形塑，但它们从未困囿于此。

感知与致谢

治理不同于管理和管制，它并不完全依赖于正式制度，而是在国家、社会和个人三个叠合的层面通过各种元素进行编织和调适，旨在引向“善治”。治理的关键在于体制创新，核心是人的观念，其指向的问题是，我们如何立足于历史与现实，将当代治理实践的创新性与持续性引向纵深。

2017 年 3 月 11 日至 12 日，由云南大学文学院和浙江大学传媒与国际文化学院联合主办的第七届中华文艺复兴论坛暨“文化治理与审美制度问题研究”学术研讨会在昆明召开。来自浙江大学、中国艺术研究院、兰州大学、上海交通大学等高校近五十位学者参加了研讨，从哲学、美学、审美人类学、艺术人类学等视角出发，围绕“审美制度批判与自由治理”“文化治理与当代美学发展”“审美人类学/艺术人类学理论与实践”等议题，就审美制度、文化政策、自由治理等问题展开深入研讨。

本论文集《审美治理与当代社会》正是在此次会议的基础上，收集当代国内外关于审美治理的最新研究成果而形成，是在当代多重文化叠合的语境中，研究审美和艺术如何作为一种微妙的治理术介入当代社会生活的重要尝试。该论文集分上下两篇，上

---

① 参见[法]米歇尔·福柯：《安全、领土与人口——法兰西学院演讲系列，1977—1978》，钱翰、陈晓径译，上海：上海人民出版社，2010 年，第 111—121 页。

篇“审美治理:理论与实践”主要研究审美治理的产生及演进历程以及审美治理的运作机制,下篇“审美治理与当代社会”主要研究审美治理与当代社会的紧密联系,纵深探讨电影、剧院、博物馆、民歌等艺术场域中的审美治理及其效果。本书所选论文综合运用美学、文艺学、人类学、社会学等学科的研究理念与方法,对于审美治理与社会的转型与发展之间的内在关系、审美治理的“物质基础”与实践机制及其效果等问题进行了深入探讨和阐释,同时对于审美自律与他律的辩证法、审美共同体、审美习性、审美制度批判、审美资本、感觉结构、审美现代性等当代美学的核心问题作出了富于前瞻性的系统探讨。

收录于本书集中的大部分论文已在国内外刊物正式发表,也有特邀之稿,在此谨向本论文集中的各位作者、译者以及相关的出版社和杂志社表示衷心的感谢!对于有关论文的原载出处,本书均逐一注明,以示尊重。本书为国家社科基金重大项目“当代美学的基本问题及批评形态研究”的阶段性成果,受到云南大学研究生创新人才培养项目出版资助,得到云南大学杨绍军教授、王启梁教授的支持,并获得上海人民出版社舒光浩先生的热忱帮助,在此一并深表谢意!同时,感谢陈顺尧博士、赵威博士、李季博士、张翮博士以及晏舒曼、冯嘉楠、卫柔羽、何浩浩几位研究生同学在资料收集与校对方面付出的辛勤工作。

治理是一种在时间之中的存在和形构方式,而时间更多的是在经验中被真切地感知。正是在感知中,时间甚至会显现出两副面孔。木心先生在《从前慢》中写道:“从前的日色变得慢/车、马、邮件都慢/……从前的锁也好看/钥匙精美有样子……”法国哲学家保罗·维利里奥在写于1980年代的随笔《消失的美学》中,则谈到了一种叫做“速度污染”的时代焦虑,揭橥了在时光疾驰中,人在“失神癖”中所陷入的感知逻辑的黏稠与混乱。岁月缱绻抑或时光倥偬,对于时间的经验是人的审美感知中最为刻骨铭心的。

审美治理终归是对人感知结构的撬动与整饬,但没有单一味的配方。

是为序。

向　丽

2019年9月16日于昆明呈贡

上　篇

审美治理:理论与实践

审美习俗、文化习性与自由治理

——中国当代审美经验的理论阐释

王　杰

（浙江大学传媒与国际文化学院）

近年来，由于多方面的原因，作为一种研究方法和研究理念的文化研究在中国有了很大的发展，在社会学、人类学、文艺学和美学等众多学科领域，文化研究都成为十分活跃的研究方法。由于文化研究的跨学科特征，也由于文化研究与消费文化和后现代文化的某种联系，在中国，文化研究具有了十分复杂多样的理论背景和多元化的价值立场。本文以中国审美经验的理论阐释为基本问题，就文化习性、审美习俗和自由治理在中国审美经验中的关系做一个基本的分析，回应托尼·本尼特教授《文化、历史与习性》①所提出来的理论问题。托尼·本尼特教授近期在《文化、历史与习性》《审美、治理、自由》《分裂的习俗：布尔迪厄著作中的美学与政治》等论文中把审美与治理和习俗作为文化研究中的关键因素结合起来考察，分析了审美与文化进化之间的复杂联系。首先，笔者同意托尼·本尼特在论文中提出来的观点，在社会的现代化进程中，习

① 该文刊于《马克思主义美学研究》第12卷第2辑，中央编译出版社，2009年12月版。

性或习俗的变迁和进化是社会进步和现代化在文化方面的标记，用人类学和美学相结合的方法来研究社会的现代化变迁是科学的和可行的。其次，我想以中国的审美经验与文化变迁之间的关系，来说明中国审美经验的理论阐释问题，以及中国的文化和审美习俗的文化特殊性，进而对托尼·本尼特的观念进行补充和进一步的展开。笔者认为，正如西方社会的治理机制在社会现代化过程中实现了从专制治理到自由治理的转变一样，中国社会亚细亚生产方式在社会的现代化过程中也发生了很大的变化，与此相联系的文化表征机制在社会的现代化过程中也实现了某种转变，在这个转变过程中，因为中国文化表征方式和表征机制的特殊性，使中国审美习俗的变迁不同于西方的模式。在目前的社会文化条件下，西方后现代文化表征机制的进入和融合，使中国的当代审美经验和审美文化呈现出更为复杂的形态和意义，这是我们应该进一步研究的。

一、以声像为表征机制的"外舒型文化"

从人类学的角度看，中国的文明不同于古希腊罗马的文明。张光直先生用"连续性"来概括中国文明的特征，[①]因为中国文明在生产力的改进，产品的分配和流通方式，人与人之间关系的调节机制等方面都与以古希腊为基本模式的文明有所不同，因而马克思和韦伯等理论家用"亚细亚生产方式"来概括中国文明的社会基础。与我们的论题相关的问题是：中国文明的一个重要特点是意识形态在调节人与自然的关系以及人与人之间的社会关系方面具有十分重要的作用，意识形态成为一种关键性的治理机制。在《中国青铜时代》中张光直先生指出：

> 我们说过中国文明的特点是它是在一个整体性的宇宙形成论的框架里创造出来的，但我们的意思并不是把意识形态作为前进的主要动力。中国文明，以及其他相似文明的产生的特征，是在这个生产过程中，意识形态作为重新调整社会

① 张光直：《中国青铜时代》，北京：三联书店，1999 年，第 492—493 页。

经济关系以产生文明所必需的财富之集中一个主要工具……在分层宇宙之内，祖先和神居住在上面的层次。生人经由萨满或萨满一类的人物，借动物伴侣和法器——包括装饰着有关动物形象的礼器——的帮助与他们沟通。在像中国这样把祖先或神的智慧的赋予与统治的权力之间画上等号的文明之中，对萨满服务的独占与美术宝藏——亦即萨满法器——的占有便是社会上层人士的必要条件。在这个意义上，那个亚美基层的联系性的宇宙观本身便成为使统治者能够操纵劳动力并能够把人类和他的自然资源之间的关系能加以重新安排的意识形态体系。①

在中国古代社会，艺术和审美活动很早就成为一种有效的意识形态机制，它以某种神秘化的仪式为基础，成为与祖先与神灵沟通，与整体性的宇宙沟通的重要方式。因此，它是一种关键性的政治权力。在中国文明的早期阶段，这种审美意识形态主要以音乐和歌舞的形式存在，视觉性的美术作品只是进行仪式的道具和工具，中国最早的关于艺术的专著《乐记》可为一证。《乐记》把艺术与礼，以及礼的核心“仁”密切联系起来，建立了以音乐(含舞蹈)的政治教化功能为核心的音乐美的理论。②从文化类型学的角度说，音乐的声像和舞蹈的“影像”的表征机制不同于视像的表征机制，声像和影像的表达机制没有固定的视点，以及主体和对象之间的二元对立，声像和影像是运动的和“连续性”的，它们存在于时间之中或者说日常生活之中。借助于神秘仪式的引导和强化作用，这种艺术化的声像和“影像”把现实的存在再转化为神圣和超验性的“大音”和“大象”，成为把有限的经验与无限的超验的世界联系起来的中介。③《乐记》中明确写道：

清庙之瑟，朱弦而疏越，一唱而三叹，有遗音者矣，大飨之礼。尚玄酒而俎腥鱼，大羹不和，有遗味者也。(《乐记·乐本篇》)

---

① 张光直：《中国青铜时代》，北京：三联书店1999年版，第492—493页。

② 蔡仲德：《音乐之道的探求——论中国音乐美学史及其他》，上海：上海音乐出版社，2003年。

③ 王杰：《审美幻象研究——现代美学导论》，北京：北京大学出版社，2013年。

仪式是大音和大象的基础。在祭祀仪式上用的乐器不同于普通的乐器，所以其声象能一唱三叹，余音缠绕，连绵不绝。在祭祀仪式上所用的“玄酒”“腥鱼”“大羹”，自然不同于日常生活中的酒、鱼、汤，以仪式为基础而具有某种象外之象和味外之味。通过这种具有强大情感力量和实践性力量的审美幻象，在古代中国，艺术把截然不同的世界联系起来，从而获得了世界的整体性和经验世界的完整性。这个整体性的混沌世界的基础就是《道德经》中所说的“大”。《道德经》中是这样描述它的：

有物混成，先天地生。寂兮寥兮，独立而不改，周行而不殆，可以为天地母。吾不知其名，字之曰道，吾强为之名曰大。大曰逝，逝曰远，远曰返。

因为它混沌而包容一切，所以个体既在这个幻象体系之内，又在这个巨大而又神秘的世界之外；另一方面，它的存在，既是个体的内在世界，又是个体的外在世界。在中国古代文化中，“大”是一种超个体生命的存在，这个存在是个体生命、人生幸福及社会价值的根据。对于现实中的个体而言，最为根本的交流目的就是与这个神秘世界相沟通、相认同，最大的恐惧是与这个世界分离。关于古代中国审美表达机制，有一个现象是值得注意的，这就是以回旋性的“远出”为基本机制的审美表征，它显然不是“摹仿”，在学理上，也不是西方浪漫主义以来的审美表现。这是以“大象”“大音”为媒介，以“韵”为基本表征机制的文化表征模式。十分有趣的是，这种“远出”一般不会趋向冷漠化，或者抽象为纯粹精神性概念，相反，它会回旋向主体，更深入地楔入主体的内部，在日常生活经验中唤起更大的激情，从而达到经验的完整性。

斯皮瓦克曾经用古希腊神话故事中埃柯的形象分析这种以声像为基础的“外舒型文化”的学理机制。埃柯的人格类型不同于喀索斯的自恋型结构。在古希腊神话中，由于受到不公正的惩罚，埃柯只能重复别人对她说过的话，对于个体的欲望表达来说，这是令人绝望的悲惨命运。埃柯只能够倾听，通过重复他者的言语来表达自己的欲望并且唤起交流。喀索斯的自恋使他拒绝了埃柯的爱情，他看不到外在世界的美丽和丰富。面对水中自己的镜像，喀索斯喃喃自语道：“我原来是这样的……我现在知道我自己的形象了……我有我的欲望。对于恋人的古怪祈求,我没有爱情……对我说,死亡并不可怕,因为死亡将使我摆脱忧郁。”埃柯的悲剧在于她只能重复别人的声音来表达自己,她的存在和表达都依赖于他者的力量。埃柯对喀索斯说:“放弃了你的力量,也许我会死去的。”在喀索斯落水而亡之后埃柯的身体也变形为芦苇,转变成一种精灵般的声音在世界中飘荡。①

以视觉性思维为基础的欲望表达机制,其基本前提为主体与对象之间的空间距离,社会通过一系列的制度、仪式及话语规范等意识形态,来调节不同个体欲望之间以及个体欲望与社会发展方面之间的对立和冲突。在视觉性形象的审美表达中,通过对客体的模仿,主体得以摆脱物质性和肉体性的缺陷和局限,达到精神升华的目的。那么,在听觉性形象的审美表达机制中,为何其基本的表征手段不是缩小乃至弥合分裂和对立之间所存在的距离,而似乎正好相反呢?笔者认为,形成这种区别的原因之一,首先在于审美表达媒介的不同,其次在于文化类型的不同。欲望的视觉性表达模式以透视规律为基础,主体与对象、精神与肉体、欲望与欲望目的在透视规律的作用下自然地二元划分开来,其优点是真实、清晰、准确,缺点则在于静止而僵硬、主体与对象之间的关系有一个永远也无法彻底超越的距离和空间。在听觉性的形象表达模式中,声音的流动性、浸润化的特点,以及与身体的直接联系使欲望的流动性、弥散化的整体性都得到较好的保留,然而这种表征方式却缺乏外在性。如果听觉性形象的个体也陷入自恋性状态,不仅难以自拔,而且外在的力量很难以对之进行拯救。埃柯式的主体若泯灭欲望,放弃对象化的冲动,其结果是真正灾难性的。至悲莫过于心死。由于中国文化和中国艺术重内容而又偏于混沌性的特点,对于审美形象来说,把物质性的声响与情感性的音乐区分开来,使声像获得外在性,就成为个体欲望表达以及实现交流的关键。作为一种文化表征模式,外舒型文化主要通过内省性的自我修炼来实现主体改造,进而达到对外在世界的改造。从理论上说,在以仪式为基础的文化解体之后,外舒型文化的表征模式也就产生了多种可能。在美学方面,审美形式的自律化和审美主体

---

① [美]佳亚特里·斯皮瓦克:《论艾科》,《马克思主义美学研究》(第8辑),桂林:广西师范大学出版社,2005年。

的神圣化(牺牲和自我牺牲)事实上都难以彻底改造外舒型文化缺乏客观外在性的弱点,很容易使这种"连续性"文化发生内在的断裂,这是在中国审美文化的后现代状况中我们看到的场景。①

二、审美现代性与习性的改造

在中国,审美现代性的问题因为文化的原因而具有了自己的特殊性。五四运动高举起了"科学"和"民主"的大旗,将西方现代化的基本机制引入中国,用于对国民性的改造和中国社会的变迁图强。自鸦片战争以后,对习性②的改造成为中国现代化目标的一部分。国民政府成立后,第一任国民政府的教育部长蔡元培在国民政府成立的第一年即明确地提出,应该把美育作为改造国民性和习性的主要办法,蔡元培明确地提出了在中国现代化过程中产生重要影响的"以美育代宗教"的观点,用审美的超验性和审美自由的启蒙作用来推动改造日常生活领域中仍然存在的不良习惯,可以说是中国审美现代性非常重要的一个方面。在《对于教育方针之意见》中,蔡元培明确写道:

> 世界观教育,非可以旦旦而聒之也。且其与现象世界之关系,又非可以枯槁单简之言说袭而取之也。然而何道之由?曰美感之教育。美感者,合美丽与尊严而言之,介乎现象世界与实体世界之间,而为津梁。此为康德所创造,而嗣后哲学家未有反对者也。在现象世界,凡人皆有爱恶惊惧喜怒悲乐之情,随离合生死祸福利害之现象而流转。至美术则即以此等现象为资料,而能使对之者,自美感以外,一无杂念。例如采莲煮豆,饮食之事也,而一人诗歌,则别成兴趣。火山赤舌,大风破舟,可骇可怖之景也,而一入图画,则转堪展玩,是则对于现象世界,无厌弃

---

① 文学方面可以参阅德国汉学家顾彬的有关论述;审美文化方面可以参阅近年来关于"日常生活审美化"的有关讨论。

② 在"五四"前后,许多知识分子用"国民性"来标识中国文化中的习性是一个值得注意的现象,有用西方价值观评价中国文化的隐含立场。

而亦无执着也。既脱离一切现象相对之感情，而为浑然之美感，则即所谓与造物为友，而已接触于实体世界之观念矣。故教育家欲由现象世界而引以到达于实体世界之观念，不可不用美感之教育。①

中国的现代化过程在它的早期阶段，十分重视科学技术，努力在生产方式领域把生产力的变革引入社会发展和变迁的动力。由于对人的因素相对重视不足，在其发展过程中逐渐形成今天的“发展主义”②，它的必然性和不合理性已经引起学术界的反省，但不在我们这里讨论的范围之内。在意识形态方面，美学作为近现代从西方引进的人文学科，自中国现代化过程以来，一直处于人文社会科学的关键位置，这是值得注意的现象。在1919年的“五四”运动前后和1978年以来的“改革开放”过程中，美学都发挥了十分关键的作用。审美自由成为一种新的文化理念，被推到终极价值的位置，审美教育则是它的实践方面。由于理解框架和阐释理论的各不相同，作为一种文化习性的改造，审美活动在中国现代化过程中成为一个充满意识形态纷争的领域，审美现代性也成为一个充满歧义的概念，这也是中国近现代美学史充满纷争和论辩的原因。

即使在西方文化的语境中，审美现代性也是一个充满矛盾的概念。习性的改造，自由治理机制的形成，以及审美自由的现实展开构成了一个动态的复杂结构，③在形态上形成三个相对自律的文化场域，这就是艺术、法律与政治、日常生活。习性和习俗与日常生活相联系。比较而言，中国的审美现代性所包含的问题要更为复杂，因为中国的现代发展一直是在全球化的语境之下，以西方文化为他者的更为复杂的矛盾结构。从蔡元培关于教育方针的论述中我们可以明显看出，在“五四”前后的新文化运动中，关于审美现代性的理论内涵是以康德理论为基础的，与审美自由、自由治理都有内在的联系。毛泽东在1940年抗日战争的最艰苦阶段所写的《新民族主义论》通过对鲁迅

---

① 蔡元培：《蔡孑民先生言行录》，桂林：广西师范大学出版社，2005年，第99页。

② 阿里夫·德里克：《关于后革命马克思主义的思考》，《马克思主义美学研究》（第11辑），北京：中央编译出版社，2008年。

③ ［英］特里·伊格尔顿：《美学意识形态》，桂林：广西师范大学出版社，2001年；托尼·本尼特：《文化、历史与习性》，《马克思主义美学研究》（第12卷第2辑），北京：中央编译出版社，2009年。

文学作品的美学风格的概括和描绘，将中华民族新文化的方向转向了抵抗美学，文化内部的调整和改造首先服从于这个总的目标和要求。毛泽东写道：

> ……鲁迅是中国文化革命的主将，他不但是伟大的文学家，而且是伟大的思想家和伟大的革命家。鲁迅的骨头是最硬的，他没有丝毫的奴颜和媚骨，这是殖民地半殖民地人民最可宝贵的性格。鲁迅是在文化战线上，代表全民族的大多数，向着敌人冲锋陷阵最正确、最勇敢、最坚决、最忠实、最热忱的民族英雄。鲁迅的方向，就是中华民族新文化的方向。①

在1940年代早期，中国新民主主义文化的主流明显地发生了一个转折，审美现代性的结构也发生了很大的变化，自由治理的机制被反压迫的政治革命逻辑所取代，审美教育对于改造文化习性方面的作用和功能被其他的社会功能所取代。由于中国长期形成的审美意识形态"教化"功能的强有力机制，文学艺术和审美在社会现代化过程中的作用得到了充分的发挥，成为形成新的文化领导权的主要力量。②值得注意的是，在中国的审美现代性问题上，文化领导权的确立是一个十分复杂的机制，政治治理的机制通过组织学习和整风的形式发挥了较为关键的作用。审美启蒙和审美教育的问题转变成情感结构的调整和改造问题。这个问题事实上包括两个方面：一个方面是广大的工人、农民和八路军、新四军战士通过识字和学习文化，以及参与群众性文艺活动把普通人的日常生活经验与最高的革命理想结合起来，与社会主义的目标结合起来，在这里，中国文化中普通人民群众喜闻乐见的民族性的文化形式和表征机制发挥了十分重要的作用。人民群众的情感以及在现实生活中创造的表达方式对新文学艺术的生产都产生了关键的作用。在这个意义上，人民是文学艺术的母亲。另一方面，对于文学艺术家而言，精英形态的中国古典文学传统和西方文学传统作为一种"剩余文化"

① 毛泽东：《毛泽东论文艺》，北京：中央文献出版社，2002年，第31页。

② 王杰：《中国马克思主义美学的问题与理论》，《文艺研究》2008年第1期。

并不能直接表征中国现代化过程所面临的新的现象和新的问题。[①]因此，情感的改造就成了必然。由于情感问题的复杂性，这个维度一直是中国审美现代性充满着矛盾和纷争的领域。

因此，文学艺术家有一个自我调整的过程，或者说也有一个启蒙的过程。这两个方面是中国审美现代性问题相互关联的不同方面，人民群众的情感和愿望是其中的主导方面，艺术自律的格局和审美自由的乌托邦理念没有取得独立的地位。在这一个"情感结构"中，作为终极价值和超验性的审美理想是与追求人民解放和革命理想相重合的。以这种"情感结构"为母体创作产生的许多作品成为"红色经典"，在中国社会现代进程中的不同阶段都产生共鸣和审美经验就是一个证明。

民歌和民乐因为它与中国文化传统的深层联系，也因为它的大众性和可塑性，在中国社会的现代化进程中一直发挥着核心的作用。我们这里以南宁国际民歌艺术节为例，说明审美习俗与社会现代化过程的关系。关于民歌与现代社会以及现代艺术的关系，南宁国际民歌艺术节组委会编的《民歌之恋》的宣传画册的序中是这样描绘的：

> 它（南宁民歌艺术节）挖掘并保存着民族艺术的魂脉：广西特有的三声部及多声部民歌的发掘，把璀璨的广西民间艺术推向世界……同时它也是时尚新锐的，是富于创造力的；民歌新唱的吼声为古老的民歌注入新鲜的艺术血液，在所有人的耳畔掀起风潮，裸露着国际线条的民族服饰，蕴涵着戏剧精神的风尚时装，都印上了民歌节思潮前瞻的影子。[②]

南宁国际民歌艺术节的文化基础是中国南方少数民族文化，特别是作为农业文明残留形态的歌墟。作为农业社会的文化制度，歌墟是原始文化遗留下来的一种世俗化的文化形式，在原始社会祭神仪式解体和消亡后，由于歌墟的存在，民歌与祭神仪式的

① 参见毛泽东《在延安文艺座谈会上的讲话》，载《毛泽东文艺论集》，北京：中央文献出版社，2002年。

② 南宁国际民歌艺术节组委会：《民歌之恋》，2005年。

深层的文化联系得以保存下来。即便在当代社会,歌墟作为壮民族的文化仪式,其调解族群中的人际关系,强化民族认同,实现跨社会阶层的交流和沟通的机制仍然发挥作用。南宁国际民歌艺术节为了适应大规模文化节庆运作的要求,将原来每年农历三月三举行的传统民歌节改在秋高气爽的秋季举办,直接目的是避开春季多雨寒冷的天气。从文化生产和传播的角度看,这一改变是意味深长并且影响深远的,说明民歌已经脱离其自然和文化的基础,成为某种符号性的文化。①南宁国际民歌艺术节在运作模式上采用都市大众文化主会场与乡野歌墟分会场捆绑式的形式来解决乡野民歌与当代都市大众文化相冲突的矛盾,即一方面保留"歌墟"的文化功能,保留民歌的乡野形式,发挥其民族认同机制;另一方面又凸显都市大众文化的拜物教效应和文化产业化作用。从几年来的实践情况看,作为南宁国际民歌艺术节分会场的一系列"仿歌墟"活动,因为脱离了支撑着"歌墟"的文化基础,演变成为一种主要是表演性的民歌演艺活动,民歌的文化认同功能被大大削弱了,在某些特殊的情况下甚至成为民族认同危机的表征。②与此同时,民间的"歌墟"仍然以它自己的方式存在,按自己的文化逻辑去发展,在时间上和空间上都与南宁国际民歌艺术节拉开了一个很大的距离,客观上成为南宁国际民歌艺术节的文化"他者"。例如 2001 年南宁国际民歌艺术节开幕式晚会"大地飞歌"的序歌《山歌年年唱春光》就是直接从田野民歌中挑选并改编的作品,形式上是"黑衣壮"的山歌,但在内容上已经加入了许多现代元素。再例如,2004 年南宁国际民歌艺术节期间的"东南亚国际时装秀"的开场节目《壮家敬酒歌》,亦直接由广西那坡县城厢镇弄文屯的农民姑娘李丽娜主唱。虽然《壮家敬酒歌》也是经过现代文化改造的,但这却是一次由村民自己组织的,主动参与编导活动的演出,村民们是把演出作为塑造族群形象的重要活动来参与的。在南宁国际民歌艺术节的跟踪调查过程中,我们发现一个有趣的现象:南宁国际民歌艺术节在用现代大众文化模式来改造传统民歌的时候,使原本危机重重、濒临消亡的山歌和民间舞蹈被重新激活,原始形态的民歌意

---

① 王杰:《寻找母亲的仪式——南宁国际民歌艺术节的审美人类学考察》,桂林:广西师范大学出版社,2003 年。

② 在 2004 年南宁国际民歌艺术节期间,黑衣壮村民组织和表演的节目"壮家敬酒歌"在表演上获得了成功,但却使一部分演员丧失了文化自信心,表现为宁愿去广东打工也不愿学习音乐并继续演唱黑衣壮民歌。

识被重新唤醒，以流行文化“他者”的形式与南宁国际民歌艺术节平行发展。在理论上我们可以把这种现象看作是南宁国际民歌艺术节发展起来的文化模式的一部分。将传统民歌与当代大众文化既“共振”，又互为他者，彼此解构的文化模式，看作一种新型的大众文化模式，并称之为“南宁模式”。经过当代大众文化改造的民歌与原生态民歌两者互为“他者”，在文化全球化的语境下形成当代中国民歌艺术的文化场域。

“黑衣壮”是南宁民歌节的品牌之一，因为在南宁民歌艺术节上唱山歌的黑衣壮歌手有一些是大山里的农村姑娘和小伙子，他们与南宁国际民歌节的关系可以作为后现代文化与原生态古老文化相结合的一个案例。从笔者对广西那坡县厢镇弄文屯的田野调查了解到的情况看，从 2001 年至 2004 年黑衣壮民歌在南宁民歌节上的情况看，南宁民歌节本身对提高黑衣壮的知名度，打造广西民歌品牌方面的确产生了十分明显的效果，但是对黑衣壮族群的文化习性改造方面并没有产生相应的作用。从这个案例可得出一个初步的推论：习性的改造和变化是与地方性经验紧密联系在一起的，或者说就是地方性经验的一部分，用政府力量和商业性开发的注入式改造模式并不能产生明显的效果。习性的改造是与社会发展相联系的历史过程。

黑衣壮的山歌从十分古老的农耕文明进入南宁国际民歌艺术节这个国际化的文化场域，包含了政府和民间两个方面同样十分强烈的功利性要求和愿望。在政府方面，广西那坡县人民政府把黑衣壮作为该县的文化品牌来积极地推动，在黑衣壮山歌走进南宁国际民歌艺术节的过程中发挥了十分重要的作用。那坡县是中越边境的一个县，那坡是音译，指田在山坡上的地方。那坡县到 2003 年全县人均收入不足 2 000 元，是典型的经济欠发达地区。那坡县的黑衣壮大约有 5 万人，散居在该县自然条件最为恶劣的石漠化严重的大石山区。这里的自然资源十分贫乏，自然生态严重石漠化，相对封闭的环境保存着壮民族相对完整的原始信仰、文化制度、蓝靛染织技术，以及风格特殊的多声部山歌。2004 年笔者曾两次到那坡县城厢镇弄文屯等村寨进行田野调查，在调查中我们注意到，随着公路的开通，电视和 VCD 设备的普及，以及手机信号覆盖黑衣壮族群生活居住地，都市大众文化和现代生活方式也涌进了曾经十分平静的黑衣壮族群的日常生活中，由此唤醒了黑衣壮族群对现代化的强烈向往和渴望。黑衣壮山歌走进南宁国际民歌艺术节，强化了这种向往和渴望，使黑衣壮族群和那坡县政府看到一种新的可能性：通过黑衣壮文化品牌的提升，牵引和带动民族文化旅游业的发展，从而提高经济收入和社会现代化的步伐。因此，在一段时间内，黑衣壮族群积极主动地发展黑衣壮山歌文化，并努力将黑衣壮山歌推向文化市场。从我们调查的资料可以证明，在社会的现代化进程中，特别是在全球化的强大压力下，黑衣壮族群原有的文化制度及其民族认同机制受到强烈冲击而趋向瓦解。黑衣壮山歌在南宁国际民歌艺术节唱响后，民族艺术的现代审美价值使黑衣壮文化的认同机制复杂化了，一方面，这种变化反过来强化了黑衣壮族群原来已经逐渐消解的民族认同机制，在一定程度上推动了黑衣壮社会以“他者”的形态加入现代化甚至全球化的格局中去；另一方面，由于黑衣壮文化的现代化和“他者化”是通过大众文化机制来实现的，因而成为混杂着大众文化成分的“杂糅”文化，对于黑衣壮族群的民族认同势必造成混乱和危机。由于艺术的特殊性，也由于民族艺术在全球化文化版图中特殊的审美价值，黑衣壮山歌纳入现代大众文化格局中所产生的牵引和提升的作用是巨大的。通过调查我们发现，黑衣壮族群普遍抱有很强烈的现代化要求和渴望，同时也非常执着地坚持本民族文化的传统。这两种看起来矛盾甚至相反的要求和愿望得以结合在一起，关键在于黑衣壮传统文化模式的变形及现代改造的可能性。黑衣壮村民自觉吸取了现代文化机制中对他们而言有益和有用的东西，利用“现代”文化机制来发展自己的族群文化认同。在调查中我们发现，在那坡县当地民间自制的山歌光盘十分畅销。通过现代传媒这个有效工具，山歌得以更快、更好地传播。另一个例子就是2004年的南宁国际民歌艺术节上的黑衣壮山歌演出。与2001年“大地飞歌”开幕式上黑衣壮山歌是政府行为不同，2004年南宁国际民歌艺术节期间“东南亚国际时装秀”上的黑衣壮山歌表演完全是黑衣壮群众自己的行为，既没有得到政府的投资，也不是由政府组织的。也就是说，黑衣壮村民已经看清了打造黑衣壮文化品牌对于自己族群的现代化具有重要的作用，因而他们放下手中的工作和学业，从打工地或高校回到山寨排练，四面八方的乡亲送来黑衣壮服装和银饰，将一群黑衣壮少女送到南宁国际民歌艺术节这样一个舞台上展示自己的形象，发出自己的声音，这里面体现出来的民族自觉意识应该引起我们的重视。当然,这种希望通过山歌来改变整个族群社会历史境遇的愿望是建立在对现代化、对都市文化十分天真理解的基础上的,因而具有很强烈的悲剧性意味。从社会发展和文化变迁的角度看,这一事件所包含的信息是复杂而深刻的,它告诉我们一个明确的信息:在文化现代化和全球化的条件下,古朴的少数民族文化已经成为一种文化资源,它在奇异风格的“他者”身份被吸纳到当代审美文化的再生产过程中去,服务于政治权力和经济权力的运作,对这种文化资源的投资与运作不仅仅关系到文化丰富性的问题,而且关系到该族群文化表征机制的命运,也就是说,这种文化资源的开发是有风险的。怎样解决社会发展的这种辩证矛盾是需要认真研究的,少数民族的文化的现代改造,在少数民族文化进一步形式化和审美化的同时,也在现代社会和现代技术的条件下重塑了民族文化的认同符号和认同机制。问题的关键也许在于这种“重塑”和“改造”的价值指向。

从黑衣壮山歌这个例证我们可以看到,现代化的进程以及文化全球化的压力对于少数民族族群产生的作用是多重的,其中包括瓦解民族文化的传统机制的作用,在文化没有充分自觉并且找到自己的发展方式时,破坏和解构表现得十分突出;但这种发展变化也包含着对现代技术、传媒手段的利用和改造,借用现代传媒的手段来实现族群文化的传播与认同。同时我们应该充分注意到另一种十分重要的现象,就是力图用山歌这种充满激情和幻想的文化形式去改造和影响外在于他们的现实。在这种机制中,山歌和民族艺术不管形式上怎样纯粹,它都与现实的目的性以及来自现实的要求联系在一起,在文化表达和审美认同机制上,与浪漫主义诗歌运动以来,民歌被形式化和自律性文化机制是完全不同的。由此我们可以得出以下初步的结论:(1)习性是社会进步和文化变迁的重要社会基础和物质性存在,它的发展和变化不仅是一个社会进程,同时,或者说更重要的还是一个自然的进程,跨越式的发展必然会带来许多新的问题,包括社会发展和文化冲突方面的问题。文化研究应该重视对习性的研究,特别是习性的演进发展的研究。(2)在当代中国文化的语境中,审美习俗必然呈现分裂的、相互矛盾的现象,这是社会和文化的多元结构性存在所决定的。因为审美习俗的不同,对同一个审美符号和同一个审美形象的感受可以产生十分不同的审美意义。对于审美习俗的研究必须还原到其具体的语境之中,由此具体地分析当代中国审美经验中十分复杂的、相互矛盾和冲突着的审美关系。仅仅在文化符号的层面研究当代审美经验的矛盾性和审美问题,在理论上常常导致对审美意义的误读。(3)自由治理是与审美自由相联系的抽象概念,如果不与具体的审美习俗、文化习性相联系来考察和研究是没有意义的。简单的理论推演无法把握现实中十分复杂多样的文化习性和审美习俗所形成的文化结构,由此得出的理论判断常常是肤浅的和没有意义的。正是在这个意义上,笔者认为,审美人类学的理论与方法对于当代的美学研究和文艺理论研究具有十分重要的意义。

三、有待进一步研究的几个问题

(一) 由于历史和现实等多方面的原因,中国的现代化不同于西方的现代化模式。在文化方面,美学问题一直是中国现代化过程中的一个重要问题。近现代以来,中国社会对科学技术的重视,特别是对应用技术的重视,在中国文化结构中产生了一系列的影响,这种影响在文化习性的改造和审美习俗的变化方面的影响还有待进一步的研究,包括审美习俗与自由治理的关系在中国文化语境中的具体关系还需要进行理论上的研究和阐释。通过这种研究,我们也许能具体的研究审美习俗与文化习性的变迁与中国社会现代化过程的关系。

(二) 因为中国文化与西方文化的若干差异,特别是中国的宗教文化不同于西方的基督教文化,因此“美育代宗教”的审美现代性方案在中国社会的现代化过程中具有重要的意义。中国文学艺术中的悲剧观念在社会的现代化进程中也发生了很大的变化,中国式的悲剧观念事实上已经形成,并且在审美习俗的结构中处于重要的地位。笔者认为,中国现代化过程以来悲剧理论的沉寂是中国美学理论的不尽光彩之处,理论应该回应现实的挑战,并且对文化的未来作出思考。

(三) 在文化全球化的社会历史条件下,马克思当年所提出的“不均衡发展”规律仍然在发挥作用。中国文化在真正吸收和融合了西方文化的合理性因素之后,审美习俗的改造和进化会成为社会进步的内在动力。中国民间文化的现代转型,会产生某种新的文化形式,形成新的文化符号和文化意义,将在许多方面对世界的文明对话和和平发展产生重要影响。美学是由西方传入中国的人文学科,在中国传统文化本身的机理上并没有这样一门以"感性经验"为研究对象的理论学科。但是在中国现代化的过程中,美学却是最为强大的人文科学之一。与美学的命运相类似,文化研究也是从英美学术界传入中国的,但是短短十余年的时间里,文化研究已经成为中国学术界的一个跨学科研究的带头性学科,而且正在产生多方面的重要影响。中国文化有巨大的包容性和自我更新的能力,在文化冲突十分普遍的今天,中国的文化研究与美学研究的结合也许能够在文明的对话和发展中作出自己的贡献。

(原文刊发于《社会科学家》2013 年第 12 期)

审美、治理与自由

[英]托尼·本尼特
(澳大利亚西悉尼大学文化与社会研究所)

我们如今打算如何看待文学与自由之间的关系？这一问题是由文学批评家格雷厄姆·马丁(Graham Martin)提出来的。在他对文学与自由之间密切的、几乎是内在的联系所做的估价中，在他对英国马克思主义者阿诺德·凯特尔(Arnold Kettle)的"文学在解放的过程中可以做出自身特殊的贡献，批评家的任务就是帮助文学产生这一效果"[①]这一观点的赞同中，马丁提出了这个问题。然而，我在此处的目的不是要扩大文学的"自由效果"(freedom effects)，而是要探讨那些使得马丁所倡导的批评、自由与文学之间的关系变得易于理解的历史的以及推论的条件。在进行这样的探讨时，我将拓宽自己关注的焦点，超出文学的专门领域，将涵盖审美与自由之间的关系。我提出这些问题的视角，是由关于自由治理及其角色的后福柯论争所提供的。这些论争一致认为，自由不是治理的对立面，而是对于治理的运作具有重要作用的机制。这将涉及多方面的考虑：其中的文学、审美及自由之间的诸种关系，已经作为治理的一个独特

① 摘自大会组织者为文学与解放大会准备的新书推介说明。

领域的组成部分而产生了影响,而不是作为治理的外表,能够以解放的名义为其超然的批判提供基础。

我在此处关注的问题的一部分——尽管更多的是作为背景而不是作为其中心——是要为滋养了马丁对批评的作用之理解的左翼利维斯主义(the Left Leavism)提供一个历史的框架。我将其渊源关系追溯到把文化当作自由的一个领域的后康德式(post-Kantian)建构。[①]一如康德所说:"理性的实体为了出于它自己所选择的任何目的的才能的生产,从而也就是存在于自由中的实体的才能的生产,就是文化[Kultur](康德,转引自凯吉尔)。"[②]康德对于审美、文化与自由之间关系的论述在英国所产生的影响,在其形式方面当然非常突出。与其在德国所产生的影响不同,他的论述没有产生形式化的美学理论传统,它的影响是通过柯勒律治和浪漫派传播的[③],并因此通过它与品格问题的联系而得到传播。品格问题使得从约翰·穆勒(John Stuart Mill)直到马修·阿诺德(Matthew Arnold)的自由政治思想都关注有关教育之作用的论争。[④]即使在20世纪的深处,我们也能够听到它的回声。

例如,我们能够在乔纳森·罗斯(Jonathan Rose)的《英国工人阶级的知性人生》中听到这些回声,他在这本书中描述了数代工人阶级的学生所受的文学或艺术教育的作用。无论这些学生是在"工人教育联合会"(WEA),还是在罗斯金学院(在牛津为工人运动积极分子开办的一所专科院校),他们都表达了对从这一教育所受裨益的感激,而且他们恰恰是依据无功利性与自由的双重关系,以及它们对自我及社会改革的影响来

---

① 我所关注的问题的这些方面同弗朗西斯·穆赫恩伦对元文化的论述的那些方面具有相似性,但是与之也有区别。Mulhern, Francis(2000), *Culture/Metaculture*, London and New York: Routledge.参看本尼特有关这些问题的更加充分的阐述。Bennett, Tony, "Making culture, changing society: the perspective of 'culture studies'", in *Cultural Studies*, 21(4—5): pp.610—629.

② Caygill, Howard(1989), *Art of Judgement*, Oxford: Basil Blackwell, p.389.作者原文指出,这段语出康德的引文转引自凯吉尔1981年出版的著作。但是从上下文来看,似即指后文多次提及或引用的凯吉尔的《判断力艺术》一书。而且在文末所附全文参考文献中,也未见作者提及凯吉尔1981年的任何著述。译者据此将此处的参考文献出处理解为《判断力艺术》。2009年5月,在南京大学主办的会议上"文化研究关键问题国际研讨会"上,我曾就此问题当面征询过托尼·本尼特,他认可了译者对这一细节的处理。——译者

③ Hunter, Ian(2006), "The History of Theory", in *Critical Inquiry*, 33(autumn), pp.78—111.

④ Roberts, N.(2004), "Character in the Mind: Citizenship, Education and Psychology in Britain, 1880—1914", in *History of Education*, 33(2), pp.177—197.

表达其看法的。这就是康德的遗产。

例如，让我们从以下取自1936年对“工人教育联合会”学生的《学习与生活》的调查中有关教育价值的评价为例：

> 1. 重视心灵和精神的事物，激励一种将人置于第一位而将他的经济功能置于第二位的精神态度，倡导自由同商业主义分离；倡导无功利。我相信，所有这些都能激励学生投身社会服务。
>
> 2. 到那时，我已经意识到，有些人完全懂得并享受生活。因为，在我看来，他们已经为他们自己解决了人生的难题，而世界的其他人则不过是苦力、奴隶和酒鬼，因此我并不希望被划分为后一个阶层。①

我们还能在文学批评家约翰·凯瑞(John Carey)提出的主张中听到这些回声。凯瑞认为，阅读文学或许可以作为喝闹酒的有效解毒剂。②在其论战性的《艺术之善何为?》中，凯瑞探讨了《泰晤士报》上刊载的一篇报道。在这篇报道中，两个15岁的女中学生将她们的酗酒闹事解释为逃避格娄塞斯特郡狭小的乡村生活烦恼的一种尝试。凯瑞将此与公共图书馆的衰落联系在一起，指出指定阅读优秀的文学作品是对心灵的提升和对生活的改变，可以逃避厌烦，这同毒品、饮料以及抗抑郁症药物仅仅提供短暂逃避形成了鲜明对照。一如所指出的那样，他将接触文学视为通过惩罚性或矫正性措施作为尝试处理酗酒闹事的可行方法。在这样做的过程中，他提出了诱使工人离开酒吧，进入图书馆或艺术画廊，作为同酗酒以及与之相伴的所有社会弊病(打老婆、性乱交，以及未受抑制的人口增长)作斗争的一种手段，这是19世纪梦想的当代版本。③

乍看起来，上述这些回声似乎是有关康德提出的自由与文化关系的两种完全不同

① Rose, Jonathan(2002), *The Intellectual Life of the British Working Class*, New Haven and London: Yale Nota Bene, p.284.

② Carey, John(2005), *What Good Are the Arts?*, London: Faber and Faber.

③ 参见Bennett, Tony(2000), “Acting on the Social: Art, Culture, and Government”, *American Behavioural Science*, vol.43, no.9, pp.1412—1428。

的“反应”:第一,将文化与工人阶级的自我解放相联系。作为对必然性的逃避,文化将对于知识的自由追求再现为存在于它自身中的目的;第二,将文化刻记为治理的一种机制,它通过自我调节的手段来运作并使之成为可能。但是,这两种反应是紧密相连的:英国的成人教育与文学教育的发展之间的关系史[①]表明,前者是如何紧密地仿照作为自由表达空间的后者的。在这一自由表达空间中,通过他们对文学文本的反应,学生们受到鼓励,在一种受到特别控制的背景(指导的背景)中,按照经验丰富的读者(导师)及他们的同学的指引,以他们的思想、情感受到校正和修改的方式来表达自我。“它的基本特征,”在谈到“工人教育联合会”的教导班时,艾伯特·曼斯布里奇(Albert Mansbridge)说,“是自由。每一个学生都是一名老师,每一个老师都是一名学生。”[②]的确,正如伊恩·亨特(Ian Hunter)在咄咄逼人的细节中表明的,恰恰是这种将文学用作自我修养的精英模式更加普遍地通过公共教育体系以及成人教育向人群的延伸,把文学课程摆在了自治的新机制的核心。[③]

我在此想要提出的论点是,如果我们打算理解上述两种情况,我们就有必要考虑,构成审美的原初决定性特质的无用性之特质是如何被重新界定的,以使它能够被用作治理的一件工具。我将首先审视康德转换无用性或无功利性与它所扮演的角色之间的联系的方式:在市民人文主义(civic humanism)的文化中,无用性或无功利性曾一直被归于审美判断;在康德对克里斯蒂安·沃尔夫(Christian Wolffe)的美学与普鲁士政府的警察学之间关系的批判中,无用性或无功利性发挥过重要作用。[④]接下来,在回来把这些历史游历同目前与审美、治理与自由等利害攸关的问题联系起来之前,我将越过康德,回顾沙夫茨伯里(Shaftesbury)的美学与亚当·斯密的“内在的人”(man within)在18世纪自由治理诸形式的发展中的关系。

---

① Lee, Richard E.(2003), *Life and Times of Cultural Studies*, Durham and London: Duke University Press.

② Cit Rose, Jonathan(2002), *The Intellectual Life of the British Working Class*, p.276.

③ Hunter, Ian(1988), *Culture and Government*: *The Emergence of Literary Education*, Basingstoke: Macmillan.

④ 我注意到,以这种方式将康德当作一个“铰链”来使用具有重重困难,因为它承认了他对以前的命题的超越。这些命题是他通过自己的辩证批判而为自己提出来的(参见 Hunter, Ian[2001], *Rival Enlightenments*: *Civil and Metaphysical Philosophy in Early Modern Germany*, Cambridge University Press)。不过,对于我的研究的这一阶段来说,这不失为一种十分方便的描述性手段。

从治理到自治

沃尔夫的《哲学王治下人民的真正幸福生活》,对于他构想的应该在哲学家与治理之间获得关系的观念做出了简洁的概括。他的理想是,“如果国王或统治者是哲学家,或哲学家是国王,那么社会的目的就达到了”①。此处的这一目的被设想为一套由规训原则所统辖的有序的社会与政治关系。当哲学王有能力带来“最高的善,这个世界的每一个个体,按照他们所处的不同国家,都能获得这个最高的善”时,“共同的善”就得到了确保②。就此而言,哲学的作用存在于小前提判断的逻辑中,这就是说,存在于它将每一种特别的情况都置于决定性概念的标题下的能力之中,以便共同的善的要求能够在一个接一个的情况下准确而一致地被确定。

对于沃尔夫来说,关于美的诸种判断提出的困难,涉及它们对于较低级的直觉能力与较高级的理性能力之间关系的多种含义。在腓特烈大帝(Frederick the Great)的普鲁士警察国家的背景中,这种较高级的理性能力作为统治者与被统治者之间(也就是说,在一方是君主及国家官僚的开明专制主义,另一方是他们不开明的臣民之间)关系的被编码的参照而起作用。如果美能够作为完满的一种形式明显地被直觉到,并且因此潜在地对每个人而言都是可以获得的,那么,这与由较高级的理性能力获得的关于完满的理性知识之间的关系是什么呢?或者,被转换成关于统治手段的问题时,就涉及美的问题而言,假如人民被允许有判断的权利,人民混淆的理解力跟国王和哲学家们引导国家治理的包摄性推理力之间的关系是什么呢?就允许关于美的直觉的,或者感觉的理解力存在而言,沃尔夫的解决方案只有在它已处于被明确的判断规则所支配的,对美的理性鉴赏的影响之下所带来的校改和修正为条件的情况下,才能起作用。这样一来,较高级的能力就提升了较低级的能力,使它脱离了对完美的混淆而模糊的鉴赏,这正如开明的统治者打算通过教导的纲领,将不开化的人从混

---

① Wolffe, Christian(1750), *The Real Happiness of a People under a Philosophical King*, London: M.Cooper, p.5.

② Ibid., p.4.

淆和模糊中提升出来。这一纲领是自上而获得合法性的,并不涉及被统治者这一方的任何自我活动。

在这一霍布斯式观点的复兴中,多方面的统一源自主权(sovereignty)的政治行动,社会秩序是自上而被治理的——正如较低级的能力是由较高级的能力所安排的一样,即由按照自己对共同福利的理性理解而治理国家事务的国王和哲学家官僚所治理的。这样,治理就避开了市民社会的个体成员,他们如同被强制进入了自由和自治之中,而不是要么像自然属性一样拥有自由和自治,要么通过他们自己的活动而获得它们。公民的作用就是通过学习,经由公开的讨论,被引入自愿的服从,被引导着去理解体现于法律中的理性。然而,通过与较早的、未开化的主权形式相联系的表演政治的永久化,普通人要被引入盲目的服从:

> 普通人依赖他的感官,而很少能够运用自己的理智,因而不能够理解王权是什么。但是,通过他经由自己的双眼捕捉到的事物,以及影响他的其他感官的事物,他以一种虽不确定但明白的概念认识了王权、强权和力量。①

正是作为沃尔夫否认任何被普遍分配给独立判断的能力的一个后果,审美的问题才让18世纪中晚期的德意志背上了沉重的政治包袱。通过探究其与美的诸种判断的解释相联系的困境(aporias),凯吉尔挑选出了两个人物,他们在摧毁沃尔夫的哲学体系的结构方面发挥了关键的作用:鲍姆嘉登和赫尔德(Baumgarten and Herder)。就其寻求为承认审美是一种确定且独立的能力奠定科学的基础,并因此影响感官对理解的循序渐进的服从而言,鲍姆嘉登的早期著作习惯上被认为仍然属于沃尔夫体系的秩序之内。尽管凯吉尔同意鲍姆嘉登的这种看法,他仍然认为,鲍姆嘉登在他后来的《美学》(*Aesthetica*)中使得关于美的感知判断与理性之间的关系既连贯又不连贯,其方法是为统治者与被统治者间新关系的可能性敞开大门。在这部著作中,既然审美判断与

① Wolffe, Christian(1989), cit Howard Caygill, *Art of Judgement*, Oxford: Basil Blackwell, p.139.

理性知识仅仅在程度上而不是在种类上有区别，而且，对于鲍姆嘉登来说，既然审美是作为并不会自动地从属于较高级的理性法庭的独立判断的一个领域而操作（“我对事物的完满与不完满的鉴别就是判断。因此，我拥有判断的力量”①），那么，审美就作为存在于仍处于判断（人民/公民）对理性（国家）的监护性关系的背景下的自我活动的一个领域而被敞开了。赫尔德的《论雕塑》（*Sculpture*）更加激进地将判断力置于感官的动态系统之中，与绘画相联系的视觉在其中所拥有的特权由于从属于触觉而被褫夺了。对于感官系统来说，这是作为组织中心而起作用的。在这个感官系统中，社会并没有被“好像在看得见的表面上高人一等的眼睛所命令”②，而是随着公民通过把自身塑造成供自己凝视的对象所产生的。在他为赫尔德的著作所撰的导言中，雅松·格雷戈尔（Jason Greiger）把公民与雕塑的这种关系描绘为“空间上的看和有关触觉的回忆的”联合③。于是，此处的判断是一种建构性活动——自我雕塑的一种反思过程——与视觉的范式及它的“被动的、被规训的主体的必然结果”决裂④。

上述这些就是康德的《判断力批判》⑤需要与之对照的一些相关的同等观念。该书出版于1790年，它在导致1806年改革的论战中发挥了关键作用。就其通过将审美刻写在市民社会所规定的作为自我塑造过程的文化概念之中而为审美所创造的地位来看，1806年的改革标志着从警察国家向立法国家的转变。康德对审美判断的无功利性的论述，出现于他的纯粹理性批判与实践理性批判之后，这一描述清楚地表明了将这三种能力之间的关系作为自由的实践互相补充的部分而和谐地结合起来的逻辑，它补足了康德对沃尔夫以国家为中心就理性所作的论述的解决办法。为其实施，理性必然依赖于总括性原则。有鉴于这些观念都要求所有的对象被统摄于普遍性之下，康德的体系

---

① Baumgarten, cit Caygill, Howard (1989), *Art of Judgement*, p.164.

② Johann Gottfried Herder, *Sculpture*: *Some Observations on Shape and Form from Pygmalion's Creative Dream*, Chicago and London: University of Chicago Press, 2002, p.185.

③ Herder, Johann Gottfried(2002), *Sculpture*: *Some Observations on Shape and Form from Pygmalion's Creative Dream*, p.16.

④ Ibid., pp.181—182.

⑤ Kant, Immanuel(1987), *Critique of Judgement* (trans. W.S. Pluhar), Indianapolis/Cambridge: Hackett Publishing Company.

就是一种有关系的体系。在这一体系中,判断力决定着体系或视域之内的对象之间的吸引与否定的真实关系,决定着由产生于知识能力、欲望能力以及情感能力中的主体的气质所确立的关系的真实。吉尔·德勒兹(Gilles Deleuz)认为,康德为了使他对三种能力的论述同自由的实践相调和,他就寻求在每一种能力的情况下鉴别出那种能力的一种较高级的形式。这样,它或许能在那较高级的形式中发现在其自身的实践之内的规律,并因此而不必被迫屈从于任何外在的权威。此外,正是通过这一较高级的形式,主体被置于世界的治理之下,理性的利益于是就得到了确保。因为,就知识而言,当"知识的能力在自身之中发现了它自己的规律"时,那么它就"在知识的客体之上以这种形式立法"①。

然而,说到情感能力,这种能力的较高级形式——审美判断力、美的判断力——则既不是在客体之上立法,也不是确保对于理性的兴趣。从定义上来看,它之所以不能做到后一点,是因为审美判断力是无功利的,因而它既独立于思辨的功利,也独立于实际的功利。思辨的功利与实际的功利分别激起了知识的能力和欲望的能力。再次按照定义,它之所以不是立法性的,是因为它总是个别的("这朵玫瑰花是美的"不等于"玫瑰花一般都是美的",因为这样的概括意味着:逻辑上的比较是知识能力的本分),因此,不能使客体的领域从属于它的运用。因为无力在客体之上立法,"判断力就只能是他律的,这就是说,它在它自身之上立法"②。但是,在这样做的过程中,它为所有能力的和谐化运用提供了基础。认为审美判断力是普遍的,并因此而在没有概念的干预下也能为所有的人理解,这种假设为以诸种能力自由的相互作用为基础的共同判断力提供了基础。在诸种能力自由的相互作用中,想象力与理解力被带入了一种自由的、未及确定的相互和谐之中。于是,作为情感能力的较高级形式,审美判断力就规定了诸种能力之间自由的主体性和谐。如果其他的能力要扮演康德赋予它们的立法角色,这一和谐就十分必要。

---

① Deleuze, Gilles(1984), *Kant's Critical Philosophy*: *The Doctrine of the Faculties*, Minneapolis: The University of Minnesota Press, p.5.

② Ibid., p.48.

众所周知,对于康德来说,较高级的情感能力被分割成了两种形式:在艺术作品中被体验到的美感和在自然中被体验到的崇高感。德勒兹为注解这种区分及康德对崇高的更高级估价,注意到了康德的名言:"留下一座博物馆用于走向自然之美的人值得尊敬。"①不过,就这个论点而言,由于审美判断力的自由论题现在几乎完全汇聚在一起了,因此,当这个论题被移植到英国语境,准备要么激发社区文化,要么发动最近的艺术画廊时,我想要改变过去的主张,去考虑无功利性、审美判断力及自由的概念之间关系的更早期历史,它们都与市民人文主义以及 18 世纪有关审美趣味的话语联系在一起。因为这有助于阐明康德是怎样利用这些传统的方方面面来削弱沃尔夫体系的基础,以及在此过程中他是如何改造它们的。

无用性、审美与社会治理

18 世纪关注审美趣味与社会治理之间关系的整体背景,是由 1688 年后重构国家与市民社会之间关系的需要所规定的。在此有大量需要考虑的因素:(相对)未受束缚的市场社会的成长,以及作为这种成长的一部分,封建地位和霸权统治的衰落,连同作为规定并公开地标志社会差别方式的限定费用的法规逐渐式微的影响;在内战的余殃中,产生动荡的社会分化的宗派主义之宗教分歧的持续潜能;有鉴于君主被削弱的权威和继续存在于国家之内的领土分化的潜在可能所带来的被削弱的主权权力,尽管(或者因为)有强加于英格兰、苏格兰和威尔士之上的政治统一。如果说上述这些就是保罗·居耶尔(Paul Guyer)②挑选出来需要注意的因素,玛丽·普维(Mary Poovey)③

---

① Deleuze, Gilles(1984), *Kant's Critical Philosophy: The Doctrine of the Faculties*, Minneapolis: The University of Minnesota Press, p.56.

② Guyer, Paul(2005), *Values of Beauty: Historical Essays in Aesthetics*, Cambridge: Cambridge University Press, p.57.

③ Poovey, Mary(1994), "Aesthetics and political economy in the eighteenth century: the place of gender in the social constitution of knowledge", in George Levine(ed) *Aesthetics and Ideology*, New Brunswick, NJ: Rutgers University Press, pp.79—105. Poovey, Mary(1998), *A History of the Modern Fact: Problems of Knowledge in the Sciences of Wealth and Society*, Chicago and London: University of Chicago Press.

则加速了威廉·佩蒂(William Petty)的政治周密规划在1688年前后的破产。该计划提出借助作为社会治理坐标的经济功能对人口进行合理分类,旨在用一个"通过信息治理"(government through information)的纲领取代主权。这种社会治理将会取代宗教宗派主义的社会紊乱。①因为这种失败意味着,不同于他们的大陆同行,英国的社会理论家不能够指望警察学的官僚政治程序来提供一种社会治理的机制,反而指望趣味是一种可能从作为消费者的个体在他们的能力的自由活动中涌现出来的机制。

在18世纪关于审美趣味论争的环境中被界分出来的观点的多样性过于宽泛,以至于我们在此无法予以充分的评价。反之,我将聚焦于两个人物——沙夫茨伯里伯爵和亚当·斯密——去追溯18世纪美学话语两个方面的构成,这对进入自由治理技术中的集合具有重要意义。第一方面关注的是沙夫茨伯里有关审美判断力作用的观念的影响。审美判断力在自我之内开辟了一个新的空间——一个自我检查和自我改良的空间——其不均衡的分配成了划分自由治理的边界的重要手段之一。第二个方面关心的是在市民人文主义的文化之内,无功利的概念是怎样被重写的,从而脱离了它与拥有土地的贵族们的独立性的联系,进入了"无目的的合目的性"这种关于审美判断力的康德式概念。按照康德式概念,审美判断就是存在于它自身之内的目的。第二个方面也关注无功利性在康德的自我管理概念中所发挥的作用。按照康德的概念,自我管理是自由的一种实践。

鉴于沙夫茨伯里的位置处于两种传统的交汇处,我就从他开始。首先,凯吉尔告诉我们,他是17世纪自然权利理论家坎贝兰(Cumberland)对霍布斯所作批判的继承人。与引领从霍布斯中经普芬多夫(Pufendorf)到"警察国家"的传统形成鲜明对照,坎贝兰对主权的治理权力提出质疑。他将公民社会视为像艺术品一样的实体:就其功效

① 首先在与爱尔兰殖民政府的任务中发展起来的佩蒂的政治算术,通过按照他与生产的关系来界定每一个个体,意味着每一个个体都能够按照同样普遍的等值被测量,土地的生产力就是按照这一等值来量度的。这就创造了一个基础,爱尔兰人和英格兰人在此基础上能够带着宗教的偏好、文化、语言,以及政治的渊源变得互相喜欢,一如"经济人"(*homo economicus*)的实例一样,变成仅仅是"幽默的倒错"。

和构成而言，是规则而均衡的，但是并没有获得任何政治权威的立法，也不是由任何政治权威产生的。相反，它证明了神圣的天命的"看不见的手"(invisible hand)。其次，约瑟夫·查特里(Josef Chytry)①将沙夫茨伯里的关系追溯到了市民人文主义的佛罗伦萨传统，接下来又追溯到了新罗马的自由概念。按照这种观点，通过提供公民能够不受依赖或从属于他人的那些关系(它们通过使公民易受腐败或来自他人的威胁②的影响而从美德上推翻他们)的影响而在其中参与公民事务的政治体制，从而确保自由的条件，这是治理的职责。

在沙夫茨伯里所关心的问题的语境中，即在1688年后的"辉格党继承法案"中，这一佛罗伦萨遗产被人重写，以便界定并塑造作为礼貌准则的绅士文化的标准。按照劳伦斯·克莱因(Lawrence Klein)③的看法，礼貌准则被构想为一种相互作用的谈话实践，它既可以用来划定身体政治之内的差别，也可以用来在一个后帝国的、后上帝的，前职业的以及前能人统治的社会里，以新的方式分配权威。借助构建一种通过情感和观点交换的主体间性领域，中经关于艺术与文学的话语，礼貌文化以观点的分歧为先决条件，同时也作为协调并调和这些分歧的一种机制而起作用，允许自我能在与他人的对话关系中被塑造。在其更通俗的版本中，人们将这种文化同宫廷以及教会衰落的影响，同都市主义新形式的兴起联系在一起。这种新形式与伦敦西端的发展，以及其拥有建制(咖啡屋、俱乐部、花园、跳舞会以及剧院)的网络系统的游乐胜地城市的发展相联系。这些建制创造了贵族、拥有土地的绅士以及商人与商业利益诸要素之间的社会性新形式。在这样的背景下，"礼貌范式给为了治理散漫的世界而对传统的权威体制的依赖提供了另一种选择，因为它在这个城市的新散漫世界的胡言乱语、繁杂多样、放肆无礼之内寻求将要产生秩序和方向的步骤"④。沙夫茨伯里的谈话实践概念的模

---

① Chytry, Josef(1989), *The Aesthetic State: A Quest in Modern German Thought*, Berkeley, Los Angeles and London: University of California Press.

② Skinner, Quentin (2002), *Visions of Politics. Volume 2: Renaissance Virtues*, Cambridge: Cambridge University Press.

③ Klein, Lawrence E.(1994), *Shaftesbury and the Culture of Politenesss: Moral Discourse and Cultural Politics in Early Eighteenth-Century England*, Cambridge: Cambridge University Press.

④ Ibid., pp.11—12.

式是一个更加有限的模式，它与辉格党贵族的立场密切相关。克莱因坚称，它的理想形式是绅士们坐在乡村别墅、公园的马车内的那种谈话形式。此处的礼貌与处于多重困境的城镇生活的对话主义没有什么关系，相反地，它是作为牧师及艺术鉴赏家们无礼而又权威的实践之反面而运作的。

不过，它也作为霍布斯有关主权及其在社会秩序与政治秩序的生产中的作用之论述的反面而运作。在沙夫茨伯里看来，关于美的礼貌话语就是为政治的权威与社会的秩序提供一个基础。这政治权威和社会秩序既不依赖于神权，也不依赖于霍布斯式的权力，而是一种期望被统治者成为"他们自己的政府内的全部持股人（尽管相互之间处于如此遥远的距离）"的政治权威和社会秩序。（沙夫茨伯里，转引自道林①）。通过沙夫茨伯里引起的对自我的外科手术式分裂，有关趣味和判断力的礼貌话语将被转化成一种自我管理的内在机制。沙夫茨伯里的做法是，将社交谈话的对话方面转化成一种手段，通过这一手段，借助于使其许多部分进入和谐状态，自我展开与自己的对话，并且调节自身。沙夫茨伯里提出，作为这种自我分裂的模式，演员通过其"开展自我分裂任务"，中经与不在场的他人的内心谈话的戏剧独白，而变成了"两个不同的人……学生与导师"②。因此，他就能够同时既传授又学习：这就是一种通过对话机制而获得的自我管理模式。

然而，这原本是个体对一个已经建立得很好的秩序的调整。尽管沙夫茨伯里是一名坚定的教会反对者，他还是相信一个神圣有序的宇宙，它由数学比例的原则所支配。个体通过被设想的对于支配着美的秩序的数学比例的无功利沉思的审美判断力实践，能够逐渐直接而自由地（不是通过教士式的冥想）理解这些原则。正如普维概括这种立场时指出的，"那么，对于沙夫茨伯里来说"，"人类的主体性——自由的治理术（governmentality）的基础——是按照数学秩序的形象被塑造的，于是自然地受到它的吸

① Dowling, Linda(1996), *The Vulgarisation of Art: The Victorians and Aesthetic Democracy*, Charlottesville and London: University Press of Virginia, p.5.

② Poovey, Mary(1998), *A History of the Modern Fact: Problems of Knowledge in the Sciences of Wealth and Society*, p.178.

引。社会本来可以是井然有序的……因为个体……想要的只不过是实现他们在自身之内领悟到的秩序”[①]。

在沙夫茨伯里的美学中,无功利扮演的角色有许多方面。普维所指的首先关系到沙夫茨伯里在美学论争中引进的无功利观察的原则,它们与树立经验科学的真理主张过程中“可靠的见证人”的作用相联系[②]。第二个方面指的是,他将审美愉悦和占有或所有权(尽管,一如居耶尔所揭示的[③],不是同功利的所有形式)分离开来,这是通过谈话实践形成审美判断力的必要条件。而就更加普遍的意义而言,最值得注意的方面是与市民人文主义的文化具有共同之处[④]。他将无功利的能力局限于这些人:(1)他们对地产的占有使他们免于依赖他人;(2)他们被授权拥有武器;以及(3)他们的自由职业给了他们时间和理智的能力,从而不带私心地去关心民众。这就排除了“乡下人”“普通的工匠以及地位低下的人”(转引自鲍尔森[⑤]),还有那些机械行业的人,他们的消费的以及例行公事的特征既没有为他们提供时间,也没有赋予他们能力去对艺术或国家事务进行无功利的沉思。鲍尔森将这一立场的社会与政治的逻辑概括如下:

> 用这些术语来说,他以这种形式发明并界定了现代美学。但是,假如他用美取代神,他也会把注意力从作为统治者(如果不是创造者的话)的神转向能够理解他们自身并为他们自身做出判断的人。辉格党人沙夫茨伯里(第一个沙夫茨伯里大伯爵的孙子)以同样的方式用贵族的寡头政治取代了国王及其牧师们……就美

① Poovey, Mary(1998), *A History of the Modern Fact: Problems of Knowledge in the Sciences of Wealth and Society*, p.179.

② Shapin, Steven and Simon Schaffer(1985), *Leviathan and the Air-Pump: Hobbes, Boyle, and the Experimental Life*, Princeton University Press.

③ Guyer, Paul(2005), *Values of Beauty: Historical Essays in Aesthetics*, pp.110—111.

④ Barrell, John(1986), *The Political Theory of Painting from Reynolds to Hazlitt: "The Body of the Public"*, New Haven and London: Yale University Press.

⑤ Paulson, Ronald(1996), *The Beautiful, Novel and Strange: Aesthetics and Heterodoxy*, Baltimore and London: The John Hopkins University Press, p.7.

学而言，他所阐述的市民人文主义话语把注意力从创造者、画家或者建筑师转向了有品位的人、鉴赏家以及收藏家。沙夫茨伯里的政治学和美学在他的无功利概念中结合在一起了：作为财产所有人，市民人文主义者超出了对野心、占有、消费以及欲望的考虑，并因此有能力对道德和美都做“理性的和正确的”沉思——既有能力统治人也有能力判断艺术。①

毫不奇怪，这一无功利性的观念遭到了严厉的批评，被当成有利于地主的小集团的利益而生造的怪物和借口：当荷加斯指出“人们从来没有观察过，在所有的绘画拍卖会上，最拙劣的画家们像最高深莫测的鉴定师一样坐在那儿，获得了人们的信任，我猜想，是因为他们的无功利性”②时，他对这种观点予以了嘲讽。

这一批评和类似的批评为布尔迪厄的著作③及其所激发的著作中曾经存在和现在仍然存在的审美无功利性批评提供了一个样板。作为特殊利益的面具，审美无功利性批评使得等级的划分合法化而且永久化了。④不过，我在此想采取一种不同的策略，即借鉴雅克·朗西埃(Jacques Rancière)对待审美的方法。朗西埃认为审美是一个感官分配的系统。他坚称，这个系统对产生和划分政治分化所造成的影响要比将不平等合法化所产生的影响小：这种政治分化是政治的和公民的权利的不平等配置。根据这种不平等配置，只有其地位允许他们成为艺术鉴定师的那些人才能够作为统治者与被统治者参与治理⑤。因为，就其在政治空间中创造地位的过程中所起的作用来看，正是刻记在审美话语中的社会性的历史这一方面，对美学与自由治理之间的关系具有重要

① Paulson, Ronald(1996), *The Beautiful, Novel and Strange: Aesthetics and Heterodoxy*, pp.4—5.

② Hogarth, William(1997), *The Analysis of Beauty*, New Haven and London: Yale University Press/Paul Mellon Centre for British Art, p.19.

③ Bourdieu, Pierre(1984), *Distinction: A Social Critique of the Judgement of Taste*, London: Routledge and Kegan Paul.

④ 此处没有篇幅来估价这种传统的力量与局限。不过，对布尔迪厄就审美话语的社会刻写的解释之片面性本质的评价，请参见 Bennett, Tony(2007), “Habitus Clivé: Aesthetics and Politics in the Work of Pierre Bourdieu”, in *New Literary History*, *38(1)*, pp.201—228。

⑤ Rancière, Jacques(2004), *The Politics of Aesthetics: The Distribution of the Sensible*, London and New York: Continuum.

的相关性。这一政治空间授予那些能够对自我行使命令而且能够控制自我的人以指导他人行为的能力。

在《论人的特征》中，沙夫茨伯里对于自我之内的对话空间的组织的论述是以独白为模型的。独白在此被证明是一种具有独特重要性的机制，它被证明可以同沙夫茨伯里的著作中论及的有土地贵族中的特别立足点分离开来，以便形成关于自由治理的更具扩张性的概念的一部分，同时也划分了阶级的、性别的及种族的界限，它不可能扩张到这些界限之外。然而，正如维维恩·布朗(Vivienne Brown[①])和其他人已经指出的，沙夫茨伯里经常混淆他的隐喻，经常从独白的听觉上的联想转换到"一面有声镜子"(a vocal looking glass)的听觉的/观看的意象去描绘自我是怎样分裂成为两部分的，这样独白就可以监控自我而且依据自我来行动。而且在他的著作中，有多处地方全部都是用观看的术语来描绘独白，一如人们为了成为他们自身的治理者，就变成了他们自身的经常的看客。

> 这些魔镜中值得单独注意的是什么，它碰巧是，通过经常而且长期的观察，政党已经习惯于这种做法：乐意获得一种独特的观看习惯，以便实际上他们随身携带一种口袋镜(Pocket-Mirrour)，总是做好预备，而且在使用。
>
> (沙夫茨伯里，转引自克莱因[②])。

亚当·斯密在其《道德情操论》中有关"内在的人"的论述，主要是在其观看的形式方面，发展了这种机制，但是仍然具有独白的听觉联想的痕迹。通过斯密从休谟对自然的同情心的论述中推导出的相互性准则——他人观点的互相借鉴，自我审视的这种内在机制解释了人是如何成为他们自身的治理者的：

---

① Brown, Vivienne(1994), *Adam Smith's Discourse: Canonicity, Commerce and Conscience*, London and New York: Routledge.

② Klein, Lawrence E.(1994), *Shaftesbury and the Culture of Politnesss: Moral Discourse and Cultural Politics in Early Eighteenth-Century England*, p.117.

我们努力检视我们自己的行为，一如我们想象的任何其他公正而不偏狭的观众会检查它一样。例如，一旦我们将自身置于他的处境，我们就彻底体会了影响它的全部动机与激情；我们带着认可这种假定的公正判断的同情心赞成它。如果不是这样，我们就同情他的非难，并且谴责它。①

此处对自然同情心的援引转变了这种观看机制的功能。按照沙夫茨伯里对审美，即判断力的论述，尽管它是由话题的谈话参与者所形成的，但最终是由信仰证明的，一如霍华德·凯吉尔对它所做的概括：(1)有一种天命，它安排所有的事物进入，(2)一种美的秩序，它(3)赋予人类承认这一秩序并按照这一秩序行动的能力，这一秩序(4)于是确保了个体判断的一种和谐的秩序和不需要国家干预的普遍的善。②通过对照，维维恩·布朗争辩说，在《道德情操论》中，"真正的道德结果是公开的；它们既不受制于统治，也不是强制性的，而是道德代理人与公平的观众之间的公开论争的结果，在此过程中，最终的结果既不是预先决定的，也不是由神学决定论所决定的"③。在《国富论》提出的"看不见的手"之前，借助霍布斯式主权行为的多样性统一的反射产品被通过行为的相互调整而出现的秩序所取代。行为的相互调整兴起于镜子系统所产生的"辅路上的扫视"。借助这一系统，市民社会的成员通过他人的眼睛来观察自己的行为。④

不过，如同在沙夫茨伯里那里一样，这种"反射的道德"(specular morality)是为这些人保留的：他们在生活中的地位赋予了他们获得这种道德的能力。斯密并没有把妇女当作这一角色的可能人选来考虑，而且他藐视野蛮人和暴民，尽管是出于不同的立场。他坚持认为，野蛮人只是受到了必要性的严厉的迫切需要的驱使而执行斯巴达式

---

① Smith, Adam(2002), *The Theory of Moral Sentiments*, Cambridge: Cambridge University Press, pp.128—129.

② Caygill, Howard(1989), *Art of Judgement*, Oxford: Basil Blackwell, p.46.

③ Brown, Vivienne(1994), *Adam Smith's Discourse: Canonicity, Commerce and Conscience*, London and New York: Routledge. p.64.

④ 反射视觉是指一种根据梅森圈(the Mersenne circle)发明的设备。为了辨认畸像艺术作品，梅森圆为观众消除了改变位置的需要。在霍布斯那里，反射视角作为一种将来自单一而无变化的主权立场的政治秩序的产物视觉化的方式起作用。Caygill, Howard(1989), *Art of Judgement*, Oxford: Basil Blackwell, pp.19—25.

的纪律，这使他们既没有时间也没有空间去给予他们周围的人同情或者从他们周围的那些人那里期盼同情。[①]那么，他的主张就是一种完全由需要所驱使的铁一般的自我命令。像沙夫茨伯里一样，斯密描述的暴民仍然被壮观的景象弄晕眩了，通过引导他们以习惯的机制而不是通过“反射的道德”而获得的自我意识的同意机制为中介，循规蹈矩地遵守良好的道德规范而被治理。不过，斯密也非常清楚，即便在较高的社会阶层中，不随流俗的反射道德的能力仅仅对“虽然是精选的，但我恐怕仅仅是一小部分人”才有效，他们“谨慎而仔细的”观察能力准许他们做出分辨：与“俗艳而灿烂的”财富与权力模型相比，智慧而有道德的途径“在轮廓上美得更加优雅”，而且更加值得仿效，而前者使自身铭记的仅仅是“每一只徘徊的眼睛的注视”[②]。把审美标准当作筛选那些能够最充分地践行自我管理，因而就是最有资格负责治理他人的那些人的手段，这种呼吁回响着斯密早期对于体现在艺术作品中的完美的呼吁。他主张视艺术作品为一种手段，用以校准个体满足或达不到优秀的治理所要求的自我管理标准的程度。[③]

自由与治理的文化集合物

我已经说得够多了：自从离开康德以来，我已经竭力描绘出了审美话语的某些元素的轮廓，它们在18世纪英国有关审美的论争中得到了发展。一如我稍早揭示的，康德后来将这些论争重新构成了有关自由、审美判断力与治理之间关系的一套崭新论述。不过，有关这些发展的恰当的解释，显然需要对这些审美文化的概念在其中形成的方式进行更加细致的探讨。审美文化的概念，是由于文化治理的新物质集合的发展并且作为它的一部分而被塑造的。在文化治理中，恰恰是通过被与社会隔离开来，审美文化才作为一种能够从治理上作用于它的有益手段而被提

---

① Smith, Adam(2002), *The Theory of Moral Sentiments*, Cambridge: Cambridge University Press, pp.239—243.

② Ibid., p.73.

③ Ibid., p.32.

了出来。[①]我在别的地方已经概述过其原则的这样一种解释[②]，将聚焦于物质的、技术的及体制的过程。通过这些过程，审美文化在新的环境（博物馆、艺术馆、交响音乐厅、图书馆、文学与科学协会）中变得可以触知、可以看见并且可以表演了。这些新的环境汇集了处于新的相互关系中的文本、人工制品、技艺和人。对于通过制度而针对社会的行动的新形式来说，审美实践变成了可以利用的东西。审美实践在这些制度中新近被集合起来。让我们举公共艺术馆的发展为例。作为一种手段，它将关于政府官僚的伦理培训与资产阶级的私人修养的教育范围，延伸转变成一种公共教育规划。被统治者通过这种规划被引入了它所颁布的自我管理实践的轨道。[③]让我们回到我的出发点，另外一个例子存在于文学与自由之间的关系之中。一如我业已证明的，这些关系并不具有纯粹抽象的非物质形式，而是被刻记在特殊的治理集合物之中的。在马丁看来，这些就是由"英国人"独特的理智构成的关系，审美文化在其中被抛入了一种独特的公有制社会的形式之中。[④]

尽管用这些方式将审美、治理与自由的相互并置，很可能会在那些认为自由兴起于治理实践的领域之外的资源之中，是某种纯粹而未掺杂质的东西的人中间敲打出的不和谐的音符。的确，审美本身经常被等同于自由的这样一种所在——作为治理术的外在物、一个纯粹自由的领域，以及一种批判的源泉。福柯对启蒙运动与审美文化之间关系所作的解释，以及他的"存在的美学"（aesthetics of existence）的概念，的确很可

---

① 这在精神上是一种类似于玛萨·伍德曼斯的计划。伍德曼斯指出，"那些以审美为职业的人倾向于否认他们自己的论题的历史"。他们超越将审美的独特概念与文化生产及消费的独特环境联系起来的特定历史背景，以"伟大的头脑互相交谈的传统"这一形式重新审视美学史。因此，她在论及特里·伊格尔顿所谓的审美历史化主张时指出，他"采取的是类似于哲学史家们的路线的'高度先验'路线"，"至关重要的是挑选出按年代安排的少数几位大人物的观念加以评论"。Woodmansee, Martha (1994), *The Author, Art, and the Market: Rereading the History of Aesthetics*, New York: Columbia University Press, p.7.

② Bennett, Tony(2005), "Civic Laboratories: Museums, Cultural Objecthood, and the Governance of the Social", in *Cultural Studies*, *19(5)*, pp.521—547. Bennett, Tony (2007), "The work of culture", in *Journal of Cultural Sociology*, *vol.1*, *no.1*, pp.31—48.

③ 我此处对教育的这三个方面的讨论借鉴了科斯勒(Koselleck, R.[2002], *The Practice of Conceptual History: Timing History, Spacing Concepts*, *Stanford*, Cal: Stanford University Press)的论述。

④ James English, "Literary studies", in Tony Bennett and John Frow (eds)(2008), *The SAGE Handbook of Cultural Analysis*, London: SAGE, pp.126—144.

能指向了这个方向。[①]不过，我相信，这一点或许是错误的。话虽这样说，但这并不是要贬损我业已描绘的审美、治理与自由之间的“自由效果”。如果我们回到乔纳森·罗斯所讨论的“工人教育联合会”的学生，那么他们的声明就为“普通人”理解通过公共设施来传播的艺术与文化之形式的手段提供了清楚的证据，普通人还将它们当作辅助他们自己以技艺谋生的资源。我想，这也是福柯在其“存在的美学”的概念中曾经思考过的东西。在这个概念中，康德仅仅归于天才的产物的艺术作品的那些特质，被扩展到了指每个人在他们的日常生活中都能够做的某种东西，即“生活方式的创造”。一如托马斯·奥斯伯恩(Thomas Osborn)指出的，“生活方式的创造，”“一方面用不着求助于道德规范的稳定性，或者另一方面也用不着求助于认识论保证的稳定性”[②]。如果这被等同于我们时代的批评将它自己置于“文学”与“解放”的关系之内或许要扮演的一个延伸了的角色，那么，它是在文化的现代集合物与自由治理的实践之间一系列独特的、被历史锻造的联系中突现出来的一种角色，而且它只有通过确认生活方式的创造才能扮演的一种角色。在道德规范与认识论保证的稳定性之间保持平衡的生活方式的创造，是一套独特的能力和才能，它需要培植和训练，而不是人类主体天生的属性。用福柯的话来解释，它是这样一种生活方式，它宣布的要求并不是我们不应该被统治，而是我们不应该像那样被统治——无论“那样”碰巧是什么。正是以这种方式，审美、治理与自由之间的历史连接关系，在自由治理的诸种机制之内刻记了某种特有的张力。

（北京师范大学文学院　姚建彬译）

---

① Foucault, Michel(2007), *The Politics of Truth*, Los Angeles: Semiotext(e).

② Osborne, Thomas(1998), *Aspects of Enlightenment: Social Theory and the Ethics of Truth*, London: UCL Press, p.103.

影响社会：艺术、文化与治理

[英]托尼·本尼特

（澳大利亚西悉尼大学文化与社会研究所）

近来，社会学中的一个独特倾向是所谓的“文化转向”的影响。①这与其说是与工业社会学或政治社会学比较时，给予文化研究的更新意义，不如说是依据社会而给予文化的新的组织位置。这种发展最明显的受害者，就是早期马克思主义文学与社会关系的地形学观念之影响的标志性衰退。②在早期马克思主义那里，不管可能如何强调文化的相对自律，或者如何重视它与社会关系的中介本质，都始终给予文化一种中转性的角色，从而把文化的作用论述成社会加诸它本身的一种效应。这在霸权理论中是显而易见的，在那里文化是作为阶级关系结构的效应而出现的，但是又赋予其可以反作用于那些关系的能力。然而，当进一步审视这种能力时，文化作用的程度通常又限制了

---

① 这种普遍的倾向在斯图尔特·霍尔的著作（Hall, Stuart[1997], “The Centrality of Culture: Notes on the Cultural Revolutions of Our Time”, in Kenneth Thompson[ed.], *Media and Cultural Regulation*, London: Sage Publications.）、《理论、文化与社会》杂志的规划和更为晚近的弗雷德里克·詹姆逊的著作中（Jameson, Fredric[1998], *The Cultural Turn: Selected Writings on the Postmodern*, 1983—1998, London: Verso.）是非常明显的。

② 我在这里借取了我以前在其他地方所进行的相关主题的开场白讨论，参见 Bennett(1997)。Bennett, Tony (1997), “Culture, government and the social”, *Cultural and Policy* 8(3): pp.169—176。

它在协调如下方式上所扮演的角色,即从社会组织中出现的力量和关系能够反作用于它们本身的方式。这可能加强了社会生产关系孕育的阶级力量关系,或当潜在的经济运动生成了危机的时候,促成当下的阶级力量关系的解构。不管怎样,在这些观念中确定无疑的是,社会是不依赖于文化而存在的一种行为和相互关系的领域。

就是在挑战这种假说的过程中,社会学中的"文化转向"已经给文化型塑了新的位置,使其形成新的关涉社会和影响社会的形式。其本质在于把文化合并到社会网络中,这是因为授予了文化组织社会行动者的认同及其相互作用的方式的角色。这样,就否定了社会可以不依赖于文化形式而存在,因为社会是在文化形式中得以构成的,而文化的作用在于建构,这是社会相互作用得以发生的话语基础。毋庸置疑,这是一种富有生产性的飞跃:其作用在于废除了早期的具有等级色彩的观念,即相对于社会,文化作用始终是第二性的和派生性的,这尤其值得欢迎。然而,"文化转向"也有一种潜在的负面后果,在一些表述中,它使文化领域和社会如此相互关涉和相互渗透,以至于有使二者事实上变得不可区分的危险。①情况确实如此,结果就是"社会的文化化",两个平等的术语就倾向于丧失一切区分性的特征和效应。

因此,我在这里意欲主张的一种举措就是,通过把历史扭曲加之于"文化转向"上,文化就不会被合并到社会中,而是明确与后者区分开来,而且所采用的方式是强调二者的历史特定和人工制品的特征。19 世纪的社会作为一种历史形成的平面(是由充满问题的行为和相互关系的领域构成的,各种各样的纠正行为在这里得到运用)的出现,已在随着雅克·唐齐洛特(Jacques Donzelot)的《家庭治理》浪潮而出现的文献中得到详细审视。②很少有人关注大约同一时期到那时为止的分散的文化活动形式作为一种活动领域(拥有可识别的作为"文化"的独立身份)是如何凝聚起来的,或者这些分散的

① 霍尔显然充分地认识到这里的困难,他在那时表明了"文化转向"可能成为新的文化唯心主义形式的危险,在其中,什么是文化和什么不是文化之间的一切区分的意义都已经丧失了。参见 Hall, Stuart(1997), "The Centrality of Culture: Notes on the Cultural Revolutions of Our Time", in Kenneth Thompson(ed.), *Media and Cultural Regulation*, London: Sage Publications, p.225。然而,霍尔对这些困难的反应与我想在这里指出的有所不同。

② 现在这方面的文献非常丰富。然而《意识形态和意识》的编辑方案可能是最有影响的早期线路,通过它们,这些理念与早期英语-言说的讨论联系起来,尽管《经济与社会》在这方面的作用已经被证明要更为持久。

文化活动形式是如何形成一种(通过归之于它们的可以转变生活方式的能力)影响社会的手段。[①]在这里我想探讨的是这种历史进程的第二个方面。我想通过审视一些不同方案来探讨(这些方案,在过去的150多年来一直利用艺术来达成治理意图),并审视在这种过程中,它是如何形成并以不同的方式影响社会的。

在亨利·科尔(Heny Cole)改革方案中给予艺术的作为抑制酗酒的手段的角色,提供了一个进入这些关注的合适的通道。在1867年,在扩展投票权给工人阶级男性的重要部分的语境中,科尔敦促需要"把这些要成为投票者的民众从酒馆拉出来",他声称要做到这一点,没有比"让博物馆向他们免费开放"更好的方式了。[②]在1875年,他在利物浦学院的一次讲演中,主张博物馆应该"与酒店竞争"[③],反映了他相信在各种发挥作用的形式中(文化与公共卫生),博物馆肯定是一种非常有效的道德教养机构,政府需要考虑以便使男劳力脱离酗酒和鲁莽的生活。在他讲演结尾所描绘的图景中,科尔引用了一个场景——如果允许博物馆在礼拜天开放——它们将使上帝的休息日变成"提升和文雅化工人的节日"。它们使他变得"智慧和绅士",把他与自己的妻子和家庭束缚在一块,同时也使他与"残忍和地狱般的生活"分离开来,如果听任其"先是床笫之欢,之后在酒店"找乐子,那么,他的大部分时间仍然没有摆脱这种地狱人生。[④]

---

① 参见Brewer, John(1997), *The Pleasures of the Imagination*: *English Culture in the Eighteenth Century*, London: Harper Collins Publishers。关于这方面的富有启示性的论述,在其中,早期的文化的典雅实践随着商业文化形式的兴起在18世纪的过程中的新的运用和效应的关系中又一次聚合起来了。布鲁尔表明,正是作为这些发展的一个后果,文化作为区分与隔离的领域,本身首先成为可识别的。特雷鲍对马克思主义与社会学的关系的论述(Therborn, Goran [1976], *Science*, *Class and Society*: *On the Formation of Sociology and Historical Materialism*, London: New Left Books.)和赋予文化道德因素在后者中作为影响社会的手段的角色,也是一个富有启示性的19世纪后期给文化领域套上治理任务的担子的倾向的实例。特雷鲍的讨论是一个有益的提醒,社会学中的"文化转向"的层面体现了回归于(而且是以不同的理论政治形式)强调文化的作用,这突出地表现在社会学的古典时期。霍尔也论述了这一点:可参见Hall, Stuart(1997), "The centrality of culture: notes on the cultural revolutions of our time", in Kenneth Thompson[ed.], *Media and Cultural Regulation*, London: Sage Publications, p.224。

② Report of the Select Committee of the House of Commons on the Paris Exhibition(1867), Parliamentary Papers10, para.808, p.730.

③ Cole, Sir H.(1884), *Fifty Years of Public Work of Sir Henry Cole*, *K.C.B.*, *Accounted for in his Deeds*, *Speeches and Writings*, (*2 vols.*), London: George Bell and Sons, p.363.

④ Ibid., p.368.

绝不是只有科尔持有这种期望。还有不少人都持这种立场。他们构建了当时的措辞术语，这样，向公众开放艺术博物馆的诸多益处，就在 19 世纪后半叶时不时地被提出来并得到讨论。当维多利亚的希普尚克斯(Sheepshank)艺术馆和艾伯特(Albert)博物馆在 1858 年得到开放时，一份当时的杂志坚信这将给工人阶级家庭带来直接益处：

> 焦虑的妻子将不再被迫访问各式各样的酒吧，把她的可怜的烂醉如泥的丈夫拖回家。她将在洁净优雅的博物馆寻找他，在那里她将不得不试着用一切怜爱的手段来感化她的丈夫，用眼泪将其从对拉斐尔的一幅绘画的心醉神迷的凝视中拉出来。①

倡导博物馆作为一种可能的邪恶腐化娱乐的解毒剂，有一个更为漫长的历史。这通常作为转向偏离策略的组成部分，在其中，更应该是，博物馆要为工人提供一种花费其自由时间的替代方式，而不是作为改革策略的组成部分。在这里，我所指的差异在评价(上面引用过的)希普尚克斯艺术馆可能带来的益处上是显而易见的。因为，在这里所想象的不仅仅是艺术馆将提供一种替代酒馆的娱乐形式；魔幻式地变出来供我们凝视的场景是，工人不仅不再酗酒，而且已经转变成一种更高水平的存在，他已经不再有酗酒的欲望。对于像科尔这类 19 世纪的自由主义改革家来说，这是对艺术改革能力的严峻考验。它本身依赖于坚信艺术可以实现一种内在转变，其普遍效果是把工人变成自我调控的道德行动者，他能够管理和制服他的激情，从而树立发展一种步向基于自我抑制的审慎原则的生活方式的使命。

当然，现在对我们来说，期望艺术可以诱使工人(或任何其他人)避免恶魔式地酗酒，即使不是彻头彻尾的幻想，也似乎是缺乏实效的。那么我首先关注的是，通过历史复原的行为得到一些好处，主要是通过为艺术展览的可理解性(而不是历史古董)创造新的公众语境来实现。

---

① 引自 Physick, J.(1982) *The Victoria and Albert Museum: The History of its Building*, London: Victoria and Albert Museum, p.35。

我的第二个关注是，发展艺术与自由治理形式之间系列独特的现代关系时，这种结构性要素（就我而言的）更加持续的影响。这在于把艺术构建成影响社会的工具，其机制依赖于它可以实现一种内在转变的能力，这会引起行为方式的改变。这种机制的具体细节很长时间以来在历史上被搁置起来，正如使“社会的”（the social）这一观念成为一系列充满问题的工人阶级的行为，而这种行为有待于通过提高工人的自我调控的能力而得到调控——采用了一种显然越来越清晰的性别取向的逻辑。因此，艺术可以被形塑为影响社会的手段的观点，在许多方面仍然是当代艺术和艺术博物馆实践的组成部分。这现在确实是艺术与自由治理形式之间最独特的关系联结。这在于把社会构建成一系列并不相同的共同体形式的方案的扩散，这些共同体当受到艺术的影响时（现在被视为共同体认可的手段），作为集体能够自我管理和自我维持，同时也成为它们的个体成员认同形成的重要场所。那么我在这里所关注的是如下方面，即为了这种目的对艺术的征用，是由在19世纪自由主义的改革方案的语境中发展起来的艺术、治理和社会的关系的突变构成的，而不是对这种关系的背离。

我的第三个关注是明确这些关于艺术、治理与社会的关系的视角对于现代艺术博物馆史应该得以书写的术语的意义。这里最有影响的传统以一种从阿多诺（Theodor Adorno）①到道格拉斯·克瑞普（Douglas Crimp）②的线索，把现代艺术博物馆视为一种“把本来扎根于各种各样的社会语境的艺术品聚合在一起，而把艺术从生活中抽象出来，使其不再有效地附着于和卷涉于世界”的机构。这并非质疑这种传统的生产性和它所生成的丰富的启示。然而，它最多不过是故事的一半。对于现代史（我指的是后启蒙运动）来说，艺术博物馆一直发挥着一种作用，即艺术博物馆中收集在一块的艺术品在从它们原来所处的早期社会语境中被攫取出来的过程中，又以各种各样的方式重新联结和回到了世界社会。

这些世俗的联系是由艺术家、馆长、教育官员和艺术行政人员所设计的方案组成的，在其中，为了让宽广范围的行动者（工人和共同体）自愿进行他们自我的管理调控

---

① Adorno, Theodor(1967), “Valery Proust Museum”, in *Prisms*, London: Neville Spearman.

② Crimp, Douglas(1993), *On the Museum's Ruins*, Cambridge, MA: MIT Press.

而影响社会，一直在运用艺术。进而言之，在其实践的这种层面，现代艺术博物馆包含了自由治理形式所需要的新形式的文化管理的模式。为了避免基于国家利益原则的早期法规形式的强制逻辑，这些模式典型地依赖于尊重个体(或共同体)的自由和自主的影响社会的手段，寻求远距离和并不直接地支配个体，而把他们作为积极行动者引入他们的自我转变和自我调控的过程。①把艺术构建为一种自我改革的手段，给政府提供了一种介入社会生活管理、同时又与其保持距离的手段。在指出这一点时，我要主张，艺术与政府的这种关系包含了一种影响社会的文化形式，它可以从我所勾勒的社会学的历史扭曲视角使"文化转向"得到充分理解。

远距离支配：艺术与工人

让我们回到科尔。发现一种既影响工人的行为方式、又采用尊重他的自主和自由的方式，这种关注显然来自他之前彩排的替代选择，他把艺术博物馆作为一种非常适宜的文化手段，来完成与男性酗酒进行战斗的任务。鉴于穷人以前一直通过礼拜堂、修道院、教堂不得不接近纯艺术——"宗教和绅士文化的侍女"，科尔警告他的利物浦听众，把宗教视为治愈酗酒的良药是没有用处的，因为"我们的新教的教堂和礼拜堂在成千上万的这种乡村不再有吸引力，法律并不能强迫农民出席礼拜"②。与此类似，索尔泰尔(Saltaire)的实验城镇(在那里小酒馆已经被其业主的简单粗暴的命令所禁止)并不能普遍化地解决酗酒问题，这恰恰是因为它依赖的是霸道的个人的独特异常和专断任意的权力。如科尔所指出的："但是泰特斯·索尔特(Sir Titus Salt)是一个粗鲁的压迫者，正如他的真正名字所证明的(Titus是古罗马专制皇帝提图斯的名字)，他使他的民众健康、快乐和虔诚，绝不酗酒。"③显而易见的是科尔努力寻找一种避免需要外在

① 我在这里引用了我早期的一篇文章关于这个论题的讨论。参见 Bennett(1995). Bennett, Tony(1995), "The Multiplication of Culture's Utility," *Critical Inquiry* 21(4): pp.859—89(Culture)。

② Cole, Sir H.(1884), *Fifty Years of Public Work of Sir Henry Cole, K.C.B., Accounted for in his Deeds, Speeches and Writings*, (2 vols.), London: George Bell and Sons, p.368.

③ Ibid., p.366.

强迫形式的内部机制。他继续说，他的目标在于，“使每个地方都比酒馆更有吸引力，激励一切阶级之中的责任感，即醉酒(即使在酒馆酗酒)是不体面的”。[①]直接地干涉工人阶级家庭而越过作为一家之主的男人的愿望也得到了保留。科尔显然坚信，环境认可了这种干涉，即使它与自由治理的原则并不相容。尽管他同时认识到，它将事实上超出自由主义改革者所保证的行动范围：

> 对于躺在草坪上烂醉如泥的四十多岁的那类人，我并不抱多大希望。我不知道能为他们做点什么；但是如果我能够，我要在他们将工资花光之前，将其夺过来送给他们的妻子和孩子，尽管这可能干涉了主体的自由。[②]

政府不应该擅自越界的限制是显而易见的。它可能进入工人的前门，但不会再进一步；它可能提供通过自由优秀的个体的自愿行为而使行为举止得到改变的语境，但是它不能强迫行为发生任何具体变化。如果这一点是显而易见的，那么我们就需要寻找别的理由解释，为什么对于科尔和其他的自由主义改革家来说，一直只是挑选工人来达成这种特定意图。最终这可归之于马尔萨斯的人口论的影响，归之于它所造成的 1834 年《新济贫法》所引进的新的管理和救济穷人的形式中独一无二对工人道德关注的影响。[③]这部法规受到马尔萨斯学说的直接启发，其目的是在道德和贫困之间构建一种密切联系，在给穷人提供物质必需品时力求对有意让它们带来的工人的道德转变进行评估。在马尔萨斯人口论冷酷无情的逻辑中，允许“目光短浅的”穷人不受限制地繁衍后代的贫民救济形式，只是助长了人口的几何级数增长。数量上加速度增长的前景，始终超过了生存手段的算术增长，因此把 18 世纪的乌托邦式的进步观转变成一个注定悲惨、大匮乏和文明冲突的反面乌托邦的景观，这支配了 19 世纪

---

① Cole, Sir H.(1884), *Fifty Years of Public Work of Sir Henry Cole, K.C.B., Accounted for in his Deeds, Speeches and Writings*, (2 vols.), London: George Bell and Sons, p.366.

② Ibid., p.365.

③ 例如，参见科尔对《1867 年议会委员会关于巴黎展览报告选本》的记叙。我也在其他地方讨论了科尔在这方面的立场，参见 Bennett(1992)。Benett, Tony(1992), “Useful Culture”, *Cultural Studies* 6(3): pp.395—408.

的思想。①

避免这种马尔萨斯所揭示的看起来无可避免的命运的唯一可能的方式是，对夫妻恩爱行为实施谨慎限制，或许会避免人口膨胀危险。然而，这是一种（如米切尔·迪安[Mitchell Dean]所展示的②）只会让作为一家之主的男性厌倦生理的需要。因为只要存在一种仍然把家庭作为其基本单位的经济理论，存在一家之主是男性（也有例外）的法律语境，家庭的男性之主就成为家庭、市场和（在那之外的）永不停止的自然匮乏之间的唯一联系纽带。与此相应，只有他处于解释自然匮乏的效应（受到市场的调节）的位置，并把这种教训转换成一种自愿的、审慎限制的自我强加的方案，这种方案才会把家庭从无情地堕入残酷贫困与饥饿地狱中拯救出来。当然，这法律所保证的男人仍在享受的夫妻恩爱权被强化了。

由于复杂的原因，工人道德就以一种从未存在过的、根本没有类似物的方式而就位了。《新济贫法》立足于这种无可避免的职责，拒绝在厂房的纪律性规定之外给予体格健康的男性、他们的妻子儿女（不管他们是否生活在一块）任何形式的救济。在这些压力之中，工人道德被拓展成一种新领域的个体化职责。要么是人口膨胀的幽灵，要么是邪恶和悲惨的生活，始终与其相伴，它们是否能够避免被认为取决于工人是否能够发展一种自我限制其恩爱关系的能力，这相应的与他是否能够在一切生活领域发展一种自我调控的能力连接起来。男性酗酒在这种关注的节点中占据着一种特殊位置。它关涉着对工人阶级乱交的恐惧，因为酗酒使限制男人性欲不再可能。当与要求工人所做的相比时，酗酒的公众性也意味着它成为工人的道德能力局限的最明显可见的标志。男性酗酒也被看成对新形式的贫困救济的道德经济的威胁，也被与挥霍奢侈和没有家庭责任感相联系起来。妇女和女子，只要她们嫁给了体格健康的男性，就没有资格领取任何形式的直接公共救助，她们只有在丈夫死后才能以她们自己的权利在法律

① 参见 Young, Robert M.(1985) *Darwin's Metaphor*: *Nature's Place in Victorian Culture*, Cambridge: Cambridge University Press。

② Dean, Mitchell(1991), *The Constitution of Poverty*: *Toward a Genealogy of Liberal Governance*, London: Routledge.

的名义下得到资助。因此，那些酗酒而死的人甚至在离开世界之后都将给公众或慈善事业强加了一种负担。科尔把这种问题描绘得非常清楚：

> 现在，如果想在利物浦看一下把男人还原成原初自然的景象，你就会看到那些让自己喝得没办法再喝酒的状态的人们，他们让妻儿老小挨饥受饿，在死之后却让别人来为他们自己寻找棺材，并赡养他们的妻儿，直到他们进入工厂。①

正是因为马尔萨斯学说和它所产生的新的穷人管理系统，以一种新的方式使工人的内心生活成为关注的目标，艺术与文化就登堂入室在新出现的自由治理策略中占据了一个重要位置。米切尔·迪安在概括马尔萨斯学说的文化逻辑时指出，“人口原则伴随的邪恶因而是促使行为和制度文明化的力量”。②当然，劳工阶级的生活方式一直是与早期济贫管理形式相联系的关注的目标。在18世纪的讨论中，啤酒馆被看成是对生产性经济所需之物的威胁，那里有很多要求把监督的机制和形式合法化的建议，意欲为了生产性工业的自身利益把工人从啤酒馆抢救出来，使其身体免遭酒精的肆虐。也有对提供替代性的具有吸引力的大众娱乐形式的需要的赏识（这也是科尔主张的一部分），因为它们能够帮助引诱工人摆脱饮酒的诱惑。然而，这是一种分散注意力的诡计，它缺乏“寻求影响或依赖道德控制的内部机制的”改革策略。同样重要的，它没有提供可以实行将会更为普遍地运用的道德自我调控的能力的机会。然而，如我们所知，促成俭约和自力更生的，同时又让挥霍没有回报（这突出地表现在1834年之后的济贫系统中）的关注，就把主要重点放在这种能力的培养上。如果文化改革的自由主义的方案（在18世纪中期，最显而易见的象征是南肯辛顿博物馆群的发展），兴趣落在艺术在帮助塑造没有欲望饮酒的工人的作用上，那么这是因为同样重要的是，该方

---

① Cole, Sir H.(1884), *Fifty Years of Public Work of Sir Henry Cole, K.C.B., Accounted for in his Deeds, Speeches and Writings*, (2 vols.), London: George Bell and Sons, p.364.

② Dean, Mitchell(1991), *The Constitution of Poverty: Toward a Genealogy of Liberal Governance*, London: Routledge: p.89.

案想帮助培养那些能力，它们会使工人想去节约、想去实行性欲限制和想去工作。

如果马尔萨斯学说满足了需求，浪漫主义美学就促成了艺术品可以成为满足那种需求的手段的信念。然而，科尔与浪漫主义的关系有点复杂。一方面，他关于南肯辛顿博物馆作为国家系统的艺术设计学院的中心将有助于提高英国设计和制造的标准的观念，成为浪漫主义本身极力反对的那种艺术的“实用化”和商业化的一种实例。例如罗斯金(Ruskin)认为，科尔“把英国各地的艺术教育系统糟蹋成一种夭折和虚妄的状态，这需要二十多年的时间才能得到恢复”。①科尔也与许多他的同时代人并不一致，他声称一切艺术(未必是最高质量的)都将有助于改革的目的，只要让工人步入审美的旅程，开始道德上的自我培养的进程。②另一方面，他又坚信，经常接触艺术可能使工人获得自我审视和自我调控的力量，这依赖于如下的方式，即浪漫主义已经在艺术文本中形塑了一种空间，在其中主体可以嵌入进去，并由于凝视到艺术品中所体现的理想的完美形式和经验自我的不完善、不充分性之间的差距，而发起一种自我改善的方案。因为正是感知到这种鸿沟，才可以激励个体开始一种设计来用于弥合两者之间差距的自我培养的方案。

科尔将自由主义、马尔萨斯学说、功利主义和浪漫主义丰富复杂地融合起来的独特成就，恰恰在个体内部制造了一种道德层面的结合带，由此艺术可以影响社会。因为艺术可以成为“道德技术”③的观点是启蒙运动的主要认识，并在法国大革命之后通过在节日④和博物馆⑤中把艺术作为一种培养公民品质的手段来运用而发挥实效。然

---

① 引自 Alexander, E.(1983), *Museum Masters. Their Museums and Their Influence*, Nashville, Tennes 参见：The American Association for State and Local History, p.152。

② 我要指出，浪漫主义的艺术建构和把艺术当成治理工具的运用之间的明显矛盾，类似于布尔迪厄在主张“正是对艺术灵韵的组织，构建了它的商业流通的条件”时所表明的。参见 Bourdieu(Bourdieu, Pierre[1993], *The Field of Cultural Production: Essays on Art and Literature*, Cambridge: Polity, pp.113—114)。两种情况中，看上去使艺术与世界保持了距离的美学观，事实上给它的世俗运用的具体形式提供了必要条件。

③ Levin, M.R.(1982), “The wedding of art and science in late eighteenth-century France: a means of building social solidarity”, *Eighteenth Century Life* 7(3), p.54.

④ 参见 Ozouf, M.(1988), *Festivals and the French Revolution*, Cambridge, MA: Harvard University Press。

⑤ 参见 McClellan, Andrew(1994), *Inventing the Louvre: Art, Politics, and the Origins of the Modern Museum in Eighteenth-century Paris*, Cambridge: Cambridge University Press。

而，在这里运转的机制主要是仿效性的，因为公民是被召唤来对照着艺术博物馆（在共和制观念中）中所展览和纪念的民族美德和公民美德的榜样人物而纠正自己的行为。我一直关注的19世纪中期与这种机制的结合的是，个体与艺术品之间所形成的关系模式，它使艺术品影响生活方式成为可能，由此极大地扩展了它的可能的活动范围。

使社会公有化

这种把文化资源作为影响社会的手段的关注，并不局限于美学领域。19世纪后半叶见证了大量的方案以这种或那种方式，招募新的给予选举权的（作为积极的参加者）西方民主社会的公民，通过将他们与自然教训（无论是宽厚仁慈与和谐友好的培利主义，还是达尔文式的激烈残酷竞争的人性）和进化论课程（无论是刻记在岩石上的历史、物种发展，还是人类社会从"原始"到复杂的进步）联系起来，让他们完成自我管理的任务。对这些尝试者来说，一种极为重要的（尽管绝不是仅有的）场所，是由那些在该时期发展起来的新的收藏机构（自然历史、地质学和人种学的博物馆）构成的，它们与公共艺术博物馆一道，构成了一系列富有特色的语境，在其中，一些新的门类的专家（在人类学、自然历史或艺术史方面的专业指导者）设法管理一系列文化资源（绘画、雕刻、骨骼、服饰、各种物种、工具、岩石、矿物），并以这种方式使它们在公开展览之时，能够作为道具和场合为满足各种各样的文明或道德的自我管理形式而发挥作用。

认为这些在设计或目的上具有某种统一性肯定是错误的。这种新门类的科学经理人的改革方案，随着他们在该时期的科学争论（达尔文主义对欧文主义者，自由主义的达尔文主义对优生学倡导者）中所采取的具体立场和不同国家语境中的社会领域结构的变化而变化。移民子女在美国是困扰人的关注对象，其所采用的方式在英国没有现成的类似物，与之相对，在澳大利亚，担忧主要集中在澳大利亚出生的或街头无赖的孩子。那就是说，这些改革方案共有的观念是把社会作为主要依据阶级术语来定义的行为领域。由于利用艺术与文化影响社会，因此它们被看成了避免可能的灾难性或危险性的结局而使工人生活方式发生变化的手段:如工人饮酒过量而导致的人口膨胀的马尔萨斯式的梦魇;如达尔文的进化物种渐进论信息的政治意义没有得到足够注意所导致的革命;如不健全的人继续繁衍得比健全的人还快而导致的退化。在绝大多数情况下,这些方案确凿无疑的目的在于,通过个体机制发挥实效,通过生活方式的变化而间接地影响社会,这是由于个体已经学会影响自己并以新的方式调控他们自己的行为。①

19世纪自由主义将艺术(与事实上更为普遍的文化)、政府和社会整合成相互联系的新形式的方法的遗产,仍然是文化资源得以管理的历史视域的组成部分。坚信通过在治理上运用艺术文化资源可以改变生活方式的信念,仍然充斥在公众或私人的文化机构的实践和政府的治理日程中。然而最显而易见的差异是,视为艺术和文化的行为要在其中运用的主要目标,不再是哪类个体。取而代之,艺术的对象(艺术要在其上运用)更为典型的是在共同体的层面,指派给它的任务是越来越认可共同体,这导致把艺术资源当作建构强大的自我依赖的共同体的手段,该共同体能够管理它们自己,能够生产一种对于它们的成员来说强烈(但并不排外)的认同感和归属感,同时又促成社会问题在共同体层面得到解决。默西赛德郡(Merseyside)的艺术才艺训练工程的方案便是一个非常恰当的实例。在提供艺术才艺的训练时,其目标在于把充满愤怒的年轻人带回主流,主要通过共同体干涉的路线,同时也把艺术训练作为(用其统筹者菲奥纳·卡梅伦[Fiona Cameron]的话来说)"培养年轻人有不同方式的意识,这可以在他们生活的每个层面帮得到他们自己的"手段。②

这种聚集的变化先是在罗斯福新政的共同体艺术中心方案中预演过,而其进取心在战后的美国、英国和澳大利亚的文化政策中经常重现,尽管是以不同的形式。③这种进取心的形成作用,也在布莱尔政府的保护共同体方案的新政名义下得到认可。然

① 主要的例外是优生学方案所构成的,优生学方案经常建议针对特定社会团体(通常用种族术语来定义)进行直接介入的形式。

② 引自 Hilpern, K.(1998), "Arts and Soul", *The Guardian Society*, 26 August:8—9。

③ Gibson, Lisanne(1997), "Art, Citizenship and Government: 'Art for the People' in New Deal America and the 1940s in England and Australia", *Culture and Policy* 8(3).

而，共同体艺术中心方案在倡导特定共同体的文化和价值上（有时是以区域性术语，有时是以种族术语来明确的）更多的是一种过渡形式，其路线是重构在国家层面被视为四分五分裂的共同体。其意图是把美国社会重构为总体上有一系列非对抗性的差异，其中整个国家的认同是通过其理想的、和谐的、构成性的共同体实现的。[①]要把现在的艺术、文化和共同体最富有特色地整合在一块的意图是各不相同的。因为焦点现在典型地聚集于自我调控、自我管理的共同体的组织，这种共同体在某些方面，与更大的国家层面限定的社会脱离开来，或者在"流散共同体"那里，根本无视国家层面的限定。

然而，这种发展并不局限于文化领域。"通过共同体来治理"的规划在尼古拉斯·罗斯(Nikolas Rose)的评估中，是自由治理的形式和模式中极为重要的突变的一部分。在这里有两个主题。第一种关注政府、个体和共同体之间的关系。这些已经发生了非常重要的转变，因为现在要尊重的不再是个体本身的自由和自主，而是只有在他们是共同体成员的前提下才能享受的个体自由和自主。第二个主题关注共同体与国家之间的关系。这些现在已在某种程度上被转变了，要求政府在其上发挥作用的主要平台不再是那种国家统一的社会，而是有差异的、经常去疆域化(deterritorialized)的共同体领域。罗斯在这里的关注是描绘对早期自由治理形式的批评的影响，自从20世纪60年代以来，在新的认同政治与争取权利的形式兴起的语境中，公民权利活动家、自由主义者和新社会运动一直在对早期自由治理形式提出批评。这些批评质疑早期把政府主体的角色理解为"公民与社会之间的义务关系（通过国家的中间党派的规定和调控）"的做法。[②]这些批评强调替代那种使个体更积极地卷入他们自己的治理的需要，他们用那种人们对更为关心的事情（他们命中注定联系在一块的……个人的家庭、邻居、共同体和工作地）的忠诚和职责的关系[③]取代了公民义务的形式纽带。在他们对早期的集中在组织未经中介的关系（把"社会认同的公民"变成"单一有机的国家社会的成

---

① 参见 Harris, J.(1995), *Federal Art and National Culture: The Politics of Identity in New Deal America*, Cambridge: Cambridge University Press。

② Rose, Nikolas(1996), "The Death of the Social? Re-figuring the Territory of Government", *Economy and Society* 25(3): p.330.

③ Ibid., p.331.

员”)的认同工程的批评上，罗斯主张，这些批评运动导致了新的个体必定会加入的认同形式的新观念。

> 把主体当成与义务和责任的纽带捆绑在一块的道德主体，因为他的以新的方式聚合在一块的行为(处于共同体的个体既是自我负责的，又要遭到隶属于其他个体的限定网络的某种情绪纽带的捆绑)是由家庭情结、地方性和环境保护与动物福利呵护的道义而统一起来的。从社会秩序规定救赎出来的行为，又渗透进一种个体化和自律化的行动者的新的道德观，这些行动者都有一种对他们的具体家庭、具体的道德共同体的独特的、地方化和特定的情结。①

大部分理由都为人熟知。而就我所关注而言，更重要的是，罗斯进行这些评价的倾向性，那时他持续主张，应该把这些公有社会(communitarian)和自由主义的主张看成自由治理的标准、形式和策略(绝没有放弃)得以重构的程序的组成部分：

> 共同体现在成为某种事物，有待共同体发展方案来规划，有待共同体发展官员来发展，有待共同体政策来治理，有待共同体安全方案来保护，有待追求“共同体研究”的社会学家来推广。共同体现在成为有待研究、图绘、分类、记录和解释的区域，它们的影响在无数的大学课程中被解释引导成需要专业对待、在专业人士及其委托人(他们的个体行为要依据“他们的共同体”的信仰和价值才能为人理解)的无数遭遇中需要考虑。②

这确实一下子冒出来一大批新的专业技能形式，它们以新的知识对象为基础，且与治理策略联结起来，这种治理策略本质上是通过把共同体组织成情绪投入和情感认

① Rose, Nikolas(1996), “The Death of the Social? Re-figuring the Territory of Government”, *Economy and Society* 25: p.334.

② Ibid., p.332.

同的焦点而运转的，目的在于使它们可成为自我治理的集体，能够管理它们成员的活动。这体现了对来自国家中心机制的职责的重新分配，使其零散地贯穿相互叠合的共同体网络。这确实如此，不管这些是被定义为基于具体地方的地域共同体，还是被定义为由跨越国界和包括跨地域移动人口网络构成的“流散共同体”，或者定义为基于共享生活风格或共同的政治利益的事实上的共同体：例如男女同性恋共同体。它对于这种新的治理观念非常重要，然而与此同时，又不断要将共同体从其即将消失的状态中抢救出来，或者又因为感知到共同体经常超越其存在的需要，因此要不断地将这种需要组织成为存在：

> 共同体的每一个断言都使本身与已经存在的事物关涉起来，都是对我们的要求：我们作为同性恋男人、有色妇女、艾滋病患者、少数族群成员、小村庄或郊区的居民、残疾人的共同命运。然而我们对这些中的每一个特殊共同体的忠诚，都是我们不得不意识到的事物，需要教育者、竞选之战、活动家、象征操纵者、叙事与认同的努力。①

那么这里是一个宽广的要安置各种形式的语境，在其中，艺术与共同体在一个世纪的最后25年左右整合起来了：在共同体艺术、共同体文化发展、文化多样性和文化维持方案中；在社区博物馆、生态博物馆或者在更大博物馆的社区艺术馆中。②这些新空间和形式（艺术在其中一直非常活跃）当然也伴随着新知识技能形式。它们典型地

---

① Rose, Nikolas (1996), “The Death of the Social? Re-figuring the Territory of Government”, *Economy and Society* 25(3): p.334.

② 关于不同形式的艺术/社区关系的例子，可参见Nancy Fuller(Fuller, Nancy J. [1992], “The Museum as a Vehicle for Community Empowerment: the Ak-Chin Indian Community Ecomuseum Project”, in I. Karp, C.M. Kreamer, and S.D. Lavine[eds.], *Museums and Communities: The Politics of Public Culture*, Washington and London: Smithsonian Institution Press, pp.327—366)对生态博物馆社区赋权方案中的艺术运用的论述，还有Gay Hawkins(Hawkings, Gay[1993], *From Nimbin to Mardi Gras: Constructing Community Arts*, Sydney: Allen and Unwin.)对澳大利亚理事委员会的社区方案的论述。我也在其他地方讨论了这些话题：参见Bennett, Tony(1997), “Museum and their Constituencies”, *New zealand Museums Journal* 26(2)(Culture): pp.161—190。

聚焦于基于对话和协商的社区程序的组织和管理。与社区的艺术和发展官员相联系的技能形式,在这里也是非常显而易见的。但关键的是,……这也日渐要求指导者来作为跨文化调停者发挥作用,管理(用詹姆斯·克利福德[James Clifford]所建议的话来说)"殖民者"与土著社区之间的"联系区域",或者在不同的语境中管理其他的跨文化边界。艺术、政府与社会的这些新关系之下并没有一个单一统一的基础性意图:要达成的目标的范围可能从通过促进有差异的共同体之间的跨文化对话的特定共同体的赋权,到艺术在保证特殊共同体的文化存活方面的作用。这里也没有一个单一的政治在发挥作用。更应该说,共同体中为人认可的政治价值,可能涵盖从那些贯穿共同体社会福利的建设的激进认同政治,到把共同体作为一种道德宗教改革的力量的理解(这尤其突出地表现在新自由主义的保守形式中)。"第三种道路"的共同体更新策略(在其中,文化要在复活已丧失的文明形式方面发挥作用)提供了共同体主题的另一变体。[①]不管是哪一种情形,所需讨论的是艺术文化资源如何能够通过如下的方式发挥作用,即它们如何通过组织、维持和发展基于社区的生活方式而组织起来影响社会。显而易见,这不是亨利·科尔的世界。同样显而易见,艺术、政府和共同体之间的关系的当代连接,是对(科尔和他的同时代人所构建起来的)自由治理方案中艺术品作为工具的运用的协调的吸收,而不是彻底背离。

艺术、博物馆与围墙

我们如何依据上文所勾勒的视角来最有效地审视现代艺术博物馆,最终依赖于我们如何看待艺术、博物馆及其围墙之间的联系。对博物馆的批评(即认为它要为把艺术与世界隔离开来负责),把博物馆的围墙解释成本质上的功能是将艺术与博物馆之外的世界隔绝分离开来,从而使艺术可以成为顶礼膜拜的对象。如我已经表明的,这种传统不是没有切中要害,特别是当依据让艺术博物馆作为社会专门机构发挥作用的

① 参见 Giddens, Anthony(1998), *The Third Way: The Renewal of Social Democracy*, Cambridge: Polity: p.87。

倾向(不可否认我们仍然有这种倾向)来进行审视时,在这种专门机构中,它们的常客由于社会距离积累了区分的标志(因为艺术博物馆在那些它所容纳进来的人们与它所排斥的人们之间构建了一种社会距离)。即使如此,这并非事实,就现代艺术博物馆的历史而言,这绝非事实。应该说,这是因为这种倾向(把博物馆的围墙看成一种使民众不能随便进入的区隔之物,造成了一种对立)与对抗性的倾向(把博物馆的围墙视为平台,在其上,如此安排艺术,以至于其效应——不管可能如何解释——将是重新回归于世界并能够影响世界)之间的张力。

这种紧张可能在许多方面呈现出来。它可能存在于处于激烈斗争(这经常突出地表现在专业指导者与教育部门的关系中)的单一机构的空间中。它可能采取一方面是主要的大都市博物馆、另一方面是地区艺术馆(它们关涉着社区艺术工程)之间的一种不同系统的优先权的形式。在某些语境中,它也可能采取艺术博物馆的专业人员与地方精英代表(经常支配着它们的理事委员会)之间的紧张形式。然而,这些机构的复杂矛盾的本质——不是仅仅作为单个的、而是作为一种网络式的组成部分来审视时——只有当我们考虑到方方面面,才能显露出来。

但是,这里也有另外的需要讨论的要点。因为重要的是恢复艺术博物馆史中的那种方面,可以说它已经不断奋力地伸出了它自己的围墙——给艺术设计一种手段连接外部的世界,从而使其可以有效地作用于世界——这是因为这种倾向始终在废黜艺术,将其卷入一系列泥泞纠结的现实,采用的方式是否认"所要求艺术作为社会专有的特权区域的标志而发挥作用"的特殊身份。当亨利·科尔在利物浦学院的演讲中讨论他所想象的艺术博物馆作为教养院的作用时,他还一道讨论了许多其他事情——有效的污物处理系统和清洁水供应——这些可能有利于达成与男性酗酒战斗同样的目标。这是自由主义改革家的演讲和写作的普遍特征:源于艺术浪漫主义理想化的改革能力受到吹捧,同时,在同一个层面所讨论的艺术又被打落凡尘,取决于达成同样目标的整个系列的实践纠正。将艺术招募进社区服务中也有同样的效应,它使艺术"实践化",使其成为具有类似特征的整个系列的其他进取心(社区发展方案、文化多样性的促成、土著社区的维持)的组成部分。

在我看来这些是值得讨论的问题:通过它们的运用语境,如何把艺术与社会联系起来产生良好有益的效应。它们如何被定义当然是一种政治斗争和对抗的事情——今天,斗争很大程度上是围绕着赋予社区政治在公民生活和公共政策中的意义而一再展开的。因为如果在艺术与认同政治、社区赋权、文化多样性、社会政治运动的关系中,艺术是通过它的"良善"的一面与社区联结起来,那么我们也能看到,在试图重构一种权威道德的或道德高尚的社区的新的力量中,艺术如何可以通过它的"邪恶"的一面"附加"到社区上。鉴于这些考虑,我们时代的文化之战更多的是关乎文化资源在这些语境和其他竞争性的社区中如何运用和管理的方法——在社会治理上如何运用这些文化资源。然而,只有在承认艺术博物馆不只是一个隔绝艺术的地方,即"在那里艺术看上去呈现为自律、疏离和独特之物,仅仅指涉它自己的内部的历史和动力"[①],这些斗争才能更有效地进行。这也需要积极地认识和践行如下的方式,即艺术博物馆在各种时代的系列语境中是如何与有志于给生活方式带来变化的各种各样的治理方案(话语的和制度的)联系起来的。

同样清楚的是,这种文化政治要求艺术与文化的作用、它们与社会关系的本质应该沿着本章一开始所建议的理路来进行评论。从阿多诺或克里普的视角来看,如果将艺术与它所产生的社会历史条件分离开来,或者如果它仍然没有通过传统的有效连续性与社会历史条件连接起来的话,艺术品就是残缺不全的。一旦这些立足的起点被剥夺,它就不能与社会联系起来,也不能作用于社会,除非是以不证自明的否定的方式。从社会学中"文化转向"的视角来看,艺术品被整合到社会中,成为许多符指实践之一,有助于构成社会行动者的身份和他们相互作用的话语基础。当"文化转向"沿着我所表明的线路而产生了一种历史扭曲,然而,艺术品就是以不同方式与社会连续地连结起来而出现的。它们与社会的关系并没有一种普遍的理论特征,而是依赖于文化作用于社会的不同的话语制度形式,其中,艺术逐渐被刻记,随着历史变化而变化的影响形

---

① Crimp, Douglas(1993), *On the Museum's Ruins*, Cambridge, MA: MIT Press, p.13.

式得到组织。文化不是被作为意义关系以一种普遍方式强加于社会之上(这最终反映了语言学的影响),而更应该被看成以一种让我们看到历史多变路径(在其中,文化以不同的治理策略与社会连接起来)的方式而离开了社会。

(咸阳师范学院文学与传播学院　强东红译)

文化、历史与习性

[英]托尼·本尼特

(澳大利亚西悉尼大学文化与社会研究所)

柯林·坎贝尔(Colin Campbell)在评论社会学文献的去传统化时指出,"尽管习性[①]概念对于这种学科缔造者的概念纲要和理论观点是非常重要的,但令人费解的是,迄今为止,它一直没有得到社会学学者的重视"[②]。他可能也表明了习性对于文化社会科学方面的一系列现代学科的基本关注也是同样重要的。它在现代政治思想的发展方面扮演了至关重要的角色,在把社会心理学既从心理学又从社会学区分出来方面也起了重要作用,它是一个贯穿现代美学史(从其公民人文主义起源开始一直到后现代表述)的概念。不过大量迹象表明,习性问题在近十年左右受到更为批评性的关注。吉尔·德勒兹(Gilles Deleuze)关于重复和差异的论述在这方面扮演了一个重要角色。他复活了柏格森(Bergson)用来区分习性与记忆的术语,力求论述与机械形式的重复

① 在英语原文中有三个相近的单词:habit, habitus 和 custom。考察托尼在文章中的用法,habit 偏重于个体的心理结构,暂译为习性,而 habitus 偏重于个体的无意识的自动化行为,暂译为习惯,而 custom 偏重于社会意义上的习惯规则,暂译为习俗——译者注。

② Campbell, Colin(1996), *Detraditionalisation: Critical Reflections on Authority and Identity*, Oxford: Blackwell, p.159.

(他认为是由习性造成的)不同的独特性重复,他的论述已经产生了广泛影响。[①]在加布里埃尔·塔尔德(Gabriel Tarde)的著述中表现出来的对这种术语复活的兴趣也有类似指向,在其著作中,对建议(suggestion)与模仿二者的关系在社会性的形成过程中所起的作用进行论述时,认为重复性实践发挥了重要作用。

后福柯主义关于自由治理的文献也是非常重要的,它们特别注意作为一种机制的习性,因为它能够区分,一是在何处应该实行通过个体的自由渴望实现对个体统治的构想;二是,相反,在何处应该实行更为直截了当的统治形式。他们把习性对行为的控制看得非常重要,认为人格的决定层面完全干涉了进行反思性判断的自由践行的能力,而在强调习性成为自我统治的自动化形式的机制方面,也可以看出这种快照(shutters)已经注意到自由统治策略。

鉴于这些考虑,我在这篇论文中意欲表明,与充斥在自由治理文献之中的假说相反,习性在人格建构中(或者相应地,在与不同统治形式相联系的统治个人的手段中)并非总是占据同样的位置。我并不把"人格结构"看作永久不变的心理结构,而是看作(用尼古拉斯·罗斯[Nikolas Rose]的话说)一系列随着历史变化的"空间、洞穴(cavities)、关系与分隔(divisions)",这是由于不同力量造成的自我分裂以及对这些碎片施加影响的各种方式相互作用而形成的[②]。我将审视后达尔文主义在生物学和人类学中的发展是如何改变习性在人格结构中的地位(习性最初与习俗观念相联系,它们割裂了这种联系,而将其与对本能的新理解联系起来),来展示这些关注,审视其后果。

首先,我将参照关于自由治理的讨论(因为这些讨论给予成为一系列社会文化学科的通货的习性足够关注)来更为充分地勾勒习性的地位。然后,我将审视皮特·里弗斯(Henry Pitt Rivers)将习性与本能相互区分开来的术语,并考虑他用以解释习性

---

① 柏格森区分出两种记忆,一种是纯自动的,随着身体的活动机制而运行,"带有一切习性的标志",而同时,第二种是通过意识表征的介入而形成,"没有任何习性的标志"。Bergson, Henri(2004[1912]), *Matter and Memory*, New York: Dover Publications, pp.89—90。第一种如柏格森更为深入所审视的,"随着自然的指引",而第二种"往往走向相反的方向"。

② Rose, Nikolas(1996), "Authority and the Genealogy of Subjectivity", in Paul Heelas, Scott Lash and Paul Morris(eds), *Detraditionalisation: Critical Reflections on Authority and Identity*, Oxford: Blackwell, p.301.

与本能的相互关系的方法，是如何与澳大利亚殖民统治实践牵连在一块的。最后，作为总结，我要讨论后达尔文主义对习性与本能的关系建构的替代选择，并讨论将习性与本能纠缠在一块，是如何有利于达成更为历史化的巧妙的自由治理实践的目的的。

习性与自由治理

帕特里克·乔伊斯(Patrick Joyce)论述性格在19世纪中期的自由治理观念中所起的作用时，注意到关于习性观念的一系列复杂问题。这些问题就是，习性观念在调节欲望与冲动时发挥了作用，这种调节把主体形塑为静止而又变化的中心："习性就深深地印在天性之中，但并非不能被意志力所动摇。"他可能是在谈约翰·穆勒(John Stuart Mill)的例子，在穆勒《论自由》的文章中，自我观念是依据遗传的习俗分量和意志力的反对力量之间的对立而组织起来的，这种对立成为他在有历史社会和无历史社会之间所做的区分的基础，这种有历史社会是在柯施莱克(Koselleck)所用术语的意义上来谈的，即期望未来与现在和过去不同，这是主体行为迟早会引起变化的结果。就是在这种新暂存性与它所引起的对未来一定不同于过去(这是因为人的能动性在不断革新)的期望之中，习性成为须以新的方式来解决的问题。在穆勒那里，这种须解决的问题是以下面二者之间对立的形式呈现出来的：一方面是在自由民主中所发现的对自由和革新的激励，另一方面是亚细亚社会和原始社会。穆勒把前者解释为通过改善与"东方专制主义"相应的习俗而已退出历史的社会(过去曾经在历史上非常活跃)，相反，把原始社会解释为由于持续不断重复的半自然形式的力量的存在，仍然没有进入历史的社会，这是因为它仍然逗留于自然与文化之间的难以察觉的过渡区的原始位置。

乔伊斯并不是唯一意识到习性对于自由治理问题的重要性的学者。玛丽安娜·瓦尔德(Mariana Valverde)也讨论过习性与专制倾向的密切联系，而专制倾向经常可以在自由治理之中看到。这一点也可以从对被殖民者的行为习惯模式的改善中看出来，那些统治者认为被殖民者缺乏意志力得以实行的自我结构。玛丽·普维(Mary

Poovey)也说明了类似观念如何充斥在 19 世纪对缺乏技术的部分工人阶级进行治理的观点之中,这些工人被认为缺乏那些镜子似的道德形式,要依照亚当·斯密的著名的"内在的人"(man within)的模子而形塑,而如果要通过使习性面对反思性审视来松动习性对行为的控制的话,这种形塑是需要的。

就是通过这些方式,习性观念成为自由治理的理论与实践之中占有重要地位的人格结构的组成部分,这样就将个性纳入轨道之中,并将习性置于自我重新型构过程的中心,通过这种典型运作,自由治理的目标开始运转了。习性之所以位于这种过程的中心,正是因为,如果要摧毁习性的力量,只能(如乔伊斯指出的)用一系列其他习性替代它。如他指出的,"习性必定遭遇习性"①,因为如果要实现不断自我革新的人格(人格能使自身保持稳定)的理想的话,意志的实行就必须既挑战习性,又努力输入一系列调节行为的新习性,这样通过主体的自由活动,社会可以继续得到进步。然而,如果习性在自由治理的话语与实践之中继续运转,它就很难以同一方式继续发挥作用。乔伊斯实际上谈到了这一点,他曾指出,在 19 世纪晚期,习性以新方式被观念化了,正如性格逐渐被观念化为心理学或社会学的术语,而不是道德术语。例如,威廉斯·詹姆斯(Williams James)曾谈到,在 1890 年前后,习性已经成为一种"物质性法则",刻记在大脑生理机能的运行之中。然而,在相关的变化之中,对于像穆勒那样的作家来说,习性常常等同于那些与习俗观念相联系的重复形式,而在生命科学的后达尔文主义发展那里所创立的自然/文化关系的新概念之中,(对于劳埃德·摩尔根[Lloyd Morgan]来说)习性更多地成为要依据本能来考虑的事物,成了一种连接进神经系统之中的重复形式。

更多的是因为受到穆勒的影响,在爱弥尔·涂尔干(Emile Durkheim)处理习性的手段之中也充斥着类似的区分,他也把习性看作需要改变的障碍。涂尔干把社会行为划分成对立的两极:一种是在习性影响下的重复行为形式;一种是在自觉反思控制下的行为。对于他来说,重大挑战是当将社会行为带入自觉意识的控制之下时,要面对

---

① Joyce, Patrick(2003), *The Rule of Freedom: Liberalism and the Modern City*, London: Verso, p.120.

习性的力量。因为把习性看作自然的强大力量,要通过社会学对道德文明教育的影响来克服,所以社会学实践的社会作用是要使习性屈服于意志力与意识力量的调节作用。这并非如查尔斯·卡米克(Charles Camic)所强调的,是用无习性甚至新习性形成来替换习性的问题,所谓新习性,就是在自我控制意识的最佳形式引导下行动的习性,来取代本能的或机械的习性,而这种自我控制意识是在讨论过程中形成的。然而,涂尔干的习性实践使命实现的代价是将其排斥在社会学理论区域之外。他把习性接纳进心理学学科之中,以便于研究植根于人类动物性的生理结构之中的行为形式。卡米克认为涂尔干指出了社会学学科化、自律化的要求,只关注道德因素和观念因素(即意识)在社会行为组织化之中的作用。

韦伯的著述尽管与卡米克所考虑的截然不同,但也有类似指向。他认识到习性力量是传统形式的社会组织化的钝性资源,在其"习惯"(habitus)概念中,他揭示了完全是由传统形成的习惯和习惯的某种动态形式之间的差异,而那种习惯的动态形式克服了日常生活的静态习性的影响,从而推动习惯步入那种终结历史所必需的动态过程。而且,韦伯也展现了与涂尔干相似的关注,努力为社会学在德国高校系统中获得一种特殊地位,他强调了文化在构成有意义行为场域方面的作用,将其作为社会学的真正问题,这样就真正把习性引入心理学之中,而习性行为尚未受到表征、意识和意志力调节的影响。

卡米克继续指明帕森斯(Parsons)对习性的论述在美国社会学中的重要作用,尽管他也指出,帕森斯在欧洲社会学中并非那么重要。这里最明显的例外是皮埃尔·布尔迪厄,他的关于习惯的论述吸取了胡塞尔和梅洛-庞蒂所倡导的尽管是现象学传统但也可以是哲学社会学的表述,当然还有莫斯(Mauss)的遗产,继续在韦伯著述的轨道上将习俗机制与习性机制区分开来。布尔迪厄在回溯性表述之中,坚持"在古代社会和现在社会,社会代理人并非像时钟一样遵循他们并不理解的规则而被自动调控"①,他们将习惯融入通过经验获得并重塑的倾向性能力之中。在可能是其最有影响的论

① Bourdieu, Pierre(1990), *In Other Words: Essays Towards a Reflexive Sociology*, Cambridge: Polity Press, p.9.

述习惯的著作《区分》中，习惯的这种特点并没有平均分布，一些习惯（如他归之于工人阶级的显著习惯），具有植根于必要选择的习性的所有特点。习性也在日常生活社会学的文献中占有重要地位，从乔治·卢卡奇开始到亨利·列斐伏尔，不过在这里被看作对立形式中的负面因素，即一方面是社会行为完全规则化的、非反思性的重复形式；另一方面，是授予一些团体洞穿日常生活的物化表面而获得超常卓异的非凡因素的能力，这样他们就可以成为社会革命行动的自觉代理人。

这种文献与平行发展的（将感知和注意的自动形式陌生化或去习惯化的）现代主义美学对习性的否定性编码之间也有着重要联系。显而易见，这也适用于俄国形式主义将感知的习惯模式陌生化或去习惯化在革新文学系统之中的作用的论述。而且，这也同样适用于现代主义的先锋派对陌生化或去习惯化的作用的构想，他们的第一代在19世纪晚期法国的已经自动化的文学艺术场中，运用了一系列陌生化手段，打破了早期惯例化的文学形式，在布尔迪厄对他们的论述中，去习惯化机制也占有重要地位。

我出于两个原因注意到现代美学与日常生活社会学关于习性的理解的联系。第一，它是一条非常有效的途径，用来强调在现代美学和现代社会理论的漫长历史中，习性得以表征的术语之间的紧密联系。第二，它提供了一种手段，便于回到我刚才关于习性与自由治理的话语实践之间关系的评论。鉴于现代美学与自由治理的问题式的早期表述的关系，现代美学成了一个平台，使习性本身（即习性被理解为无思想的重复而不是任何特殊习性）第一次出现并成为一个问题。这里重要的人物是沙夫茨伯里，因为他的关于美的礼貌话语给政治权威奠定了基础，这种政治权威既不依赖神圣权力，也不依赖霍布斯式的强权，其目标更多的是，使治理者共享（尽管相互之间保持相当距离）他们自己的政府。关于品位与判断力问题的礼貌话语要通过自我表面分裂转换成自我治理的内部机制，沙夫茨伯里达成这种目的的方法是，将社交谈话的对话层面转换成一种手段。这样，自我和自己对话（或自我调节），从而使许多部分达成和谐。

然而，在许多其他限制当中，这种经由自我多重组织化达到自我治理的能力，在其社会分布状况中也受到限制。沙夫茨伯里（作为雅克·朗西埃[Jacques Ranciere]已经指出的一个话语范例）在从马克思到布尔迪厄的现代社会政治思想的随后发展中发挥了重要作用，它排斥了“乡巴佬、朴实的手艺人、底层民众”①和更为普遍的机械工人，理由是，他们的职业规则和习性本质耽搁了他们发展成这种多重自我。这样，市民人文主义的审美政治话语就在统治者与被统治者之间造成了一种对立，那些统治者有资格参加集体自我统治政党，因为他们能够反思性地监控和调控自己的行为，而那些被统治者囿于习性，注定遭到更会反思的统治者的统治。

这使我不得不在此更为详细地说明，在《判断力批判》里的现代自我范式构建中康德是如何尽力把市民人文主义范畴转变为他所给予审美判断的角色。但是，在康德看来，习性和文化对于他所心仪的自我特殊层叠来说是非常重要的。“只有文化，才能生产出无论选择什么都没有倾向性的理性存在，才能生产出那种心仪存在自由的倾向性。”②同样，康德在《实用人类学》中指出，文化的对立面是习性：

> 然而，习性是一种肉体的内在强迫，强迫人今后如人们至今所做的那样以同样的方式行事。它之所以甚至使良好的行动丧失道德价值，正是因为它损害了心灵的自由，此外被导向同一行为的下意识重复（单调），并且由此变得可笑。——他人的习性在我们心中激起厌恶，其原因乃是从人身上过分地表现出动物性，这种动物性就像另一个（非人的）本性一样，并冒着与畜生成为同类的危险。③

这样，习性就在自然与文化之间的敏感区运转，被安置在自然/动物与文化/人二者之间对立的交界点之处，这在布鲁诺·拉图尔（Bruno Latour）对现代社区的论述中也是显而易见的。

即使从这种非常简要的勾勒中，也可以看出习性在现代社会理论、政治理论、美学

---

① Paulson, Ronald(1996), *The Beautiful, Novel and Strange: Aesthetics and Heterodoxy*, Baltimore and London: The John Hopkins University Press, p.7.

② Kant, Immanuel(1987[1790]), *Critique of Judgement*(trans. W.S. Pluhar), Indianapolis/Cambridge: Hackett Publishing Company, p.389.

③ Kant, Immanuel(2006), *Anthropology from a Pragmatic Point of View*, (trans. Robert L. Louden), CUP, p.40.此处采用了既有的中译本文字。李秋零主编《康德著作全集》(7)，北京：中国人民大学出版社，2008 年，第 141—142 页。

理论和文化理论之中扮演了一个重要角色。而且不止如此，它一直横跨了这些不同的理论体系，成了一个重要的连接性术语，从而使它们对治理实践和手段的关注聚集起来，凝聚成一系列对立：自然/文化，必然性/自由，这样就将包含自由治理与排斥自由治理二者组织起来了。而且，也有大量迹象表明，现在的情况也是如此。正如利萨·阿德金斯(Lisa Adkins)和贝弗·斯基茨(Bev Skeggs)二人已经指出的，关于反思性自我的叠合组织化(乌尔里希·贝克[Ulrick Beck]，安东尼·吉登斯[Anthony Giddens]和斯科特·拉什[Scott Lash]将其视为“高级现代性”的特征)的论述，对于当下的分层化话语的运转是非常重要的，这种运转侮辱了那些所谓的缺乏这种叠层化自我所需的反思性自我调控能力的阶层。更概括地说，这种观点只不过是尼古拉斯·罗斯(Nikolas Rose)所概括的社会学的基础性的“历史编织”的重新表演而已，在由一部单一线性编年史所支配的只能如此的故事中，束缚于传统和共同体力量的行为方式，渐渐让位于个体性和自治的现代实践，而这条单一线路横跨了一切生存经验的领域，不管是进步还是落后，都是从固定性发展到不稳定性，从习性发展到反思性。①

然而，我在这里更为关注的是，习性的那种概念通过突出能够自由地自我建构的社会与那些注定以过去/现在的区分形式(那种区分把扁平、简单和机械的重复结构归之于是由“古老”或“原始”的个性形式造成的)无休止地重复的社会之间的对立，把差异世俗化时所扮演的角色。我在这里主要想表明，必须密切注意这种过去/现在区分得以表达的不同方式，这种表达依据的是授予习性在个性结构之中位置的变动结构。

习性、本能与竞争存活

为了探讨这些问题，我现在转过来看看英国人类学的达尔文主义与后达尔文主义的争论中的习性与本能的关系。我在这里主要参照着19世纪晚期的进化人类学的问题式之中的适者生存法则来探讨习性与本能所起的作用，尽管我也会叙述政治理论与

① Rose, Nikolas(1996), “Authority and the Genealogy of Subjectivity”, in Paul Heelas, Scott Lash and Paul Morris(eds) *Detraditionalisation: Critical Reflections on Authority and Identity*, Oxford: Blackwell, p.304.

生命科学中的相关争论。不过,我要从一系列出版于1844年的《关于土著与澳大利亚殖民的文件》的英国议会文件开始。我引用的文件来自洛德·史坦利(Lord Stanley[他是殖民办公室的政府首脑])写给新南威尔士殖民总督乔治·吉普斯爵士(Sir George Gipps)的信件,是关于吉普斯转交的格雷上尉报告的信件,格雷在报告中,讲述了他作为探险队队长在澳大利亚内陆的经验,讲述了试图将土著文明化的徒劳行动,强调了这种企图是毫无希望的。史坦利评论道:

> 我极为认真地拜读了这些快报,为那些让人沉重压抑的经历深表遗憾。考虑到这种使命所面临的匪夷所思的困难,似乎难以否认,迄今为止所做的使土著文明化的努力一直是徒劳无功的,仍然没有实现实质性的进步,也没有合乎理智的理由期望他们在未来获得更大成功。阁下一定会理解我是多么痛苦、多么不情愿地得出这个观点,但是我不能对不可避免地从您提交给我的关于这个问题的陈述得出的结论装作不知。①

但是,他又继续表示,尽管非常勉强,但保留土著还是可以改善的希望要比另一种选择,即已经广为讨论的观点更好:

> 我还是更愿意相信,可以做一点事情;我并不认为给他们一点关怀,基督教义就一定不会生效,我也不认为,文明化的益处是不可交流的。我并不能在理论上默许:他们是不能改善提高的,在白人殖民者的先进发达面前,他们的灭亡是必然的,是不可控制的。

凯·安德森(Kay Anderson)在《种族与人文主义危机》中,把这些文件视作对18世纪四五十年代这段时期的表征。在这段时期,殖民话语在两方面之间维持着平衡,

① Anderson, Kay(2007), *Race and the Crisis of Humanism*, London and New York: Routledge, pp.120—121.

一方面，是18世纪基督救世主义话语的遗产和启蒙运动阶段理论的现世改良主义，它们相信，尽管采用不同手段，澳大利亚土著是可以改善提高的。另一方面，是19世纪晚期的更为典型的种族话语。这些种族话语坚信种族特征根深蒂固地植根于身体之中，它们将土著从基督救世时代和文明化的进步时代剔除出去，认为土著是劣等种族，在生存竞争中无可避免地会走向灭亡，从而将其置于灭绝的死亡时代。然而，对于安德森来说，这里更为危险的是一系列具体殖民实践。她是从后人类视角来写作的，这种视角是堂娜·哈拉维(Donna Haraway)、拉图尔和其他人在挑战那些将人与自然世界区分开来的二元本体论的著述中提出来的，安德森指出，澳大利亚土著引发了一种表征危机，搞乱了这种本体论术语。她将美洲野蛮人被启蒙运动的推测性的、阶段性的历史所同化的方式与突如其来的挑战进行了比较与对照，这种突如其来的挑战就是"18世纪晚期太平洋航海家和随后的澳大利亚殖民者，在发现了一类显然难以改善(正如经验所表明的)和难以提高的人(他们似乎如此稳定地徘徊在自然/文化的分界线的入口处，以至于对这种分界线造成一种冲击和质疑)时所呈现的这种历史"造成的。

安德森指出，这种紊乱紧张得以解决的最重要方式之一，就是把种族差异自然化。从18世纪晚期到19世纪中期，这种方式最初采取了多基因发展学说的形式，这种学说将种族差异解释成不同发展线路的结果，这对基督教和启蒙运动的人类整体论构成了挑战。安德森表明，尽管达尔文的进化论学说开拓了一个空间，可以通过否认种族差异是天生的、不可逾越的方式，把土著放在文明化工程之中，但是，人类学的随后发展依然将土著置于这种工程所能触及之外，将他们划拨到史前史范畴所表征的自然与文化之间的新历史过渡区。作为过去在目前的存活(survivals)，土著面对的困难不是被认为天生不同，而是被认为太落后于时代，仍然位于从自然进入文化的入口处，他们表征了人类进化的零度发展，这意味着他们远远没有达到穿越进化时代的漫长时期，这将他们与殖民者所处的正确历史时代分离开来，而种族竞争的必要性就导致了他们的灭绝。

现在看来，一切都合乎逻辑，然而，我想指出，要充分理解在这里运转的独特动力，就需要理解这种把土著视为残存(survivals)的构建，是如何成为对早期关于习性与本能的关系更为公允论述的重构的。因为如果将这两种构建相互分离，适者生存法则就把个性置于人格形成的完全不同的辩证过程之中，这种辩证过程就是从那种康德之后发展起来的习性与本能倾向缠绕成一对的人格，到文化力量（被视为自由地自我形塑的能力，可以推动历史的发展）所坚决反对的人格。桑克·穆图（Sankar Muthu）指责康德道："他所构建的阻挠人性的动物性，实际上是由本能驱动的。从动物性到人性的运动是一种通向自由与文化的运动。"①正是这种对立为文化的制度行为设计了人格完善的方向，而文化制度在其经典的 19 世纪形式中，被塑造为一种削弱习性对人类行为的控制的实践。传统、习俗、习性、习惯，这些在后康德主义的文化观念中，都是"能够实现我们的充分人性之前要去克服的对手"②。这样，文化就发动了一种审视过程，使个人将他们自己从沦陷于前反思或不思考的行为习性模式中解救出来，而启动自由自我的构建程序。

在维多利亚晚期的人类学中所说的人格结构，与此截然不同。第一，它把人格设想为一系列历史化的渐变阶段（即不是对立形式而是上升形式）；第二，它不是把本能解释为与文化对立的纯自然，而是作为自觉行动的储存库，它通过习性的调节作用而步入本能的自动化形式。对于土著来说，其后果是一种矛盾悖论，一方面，认为他们没有丰厚的可以文明化的本能储存；另一方面，认为土著处在从自然过渡到文化的入口处，所以其行为是由一系列原始本能引导的。在某种程度上说，这些本能作为从未完成的自然向文化过渡的残存，在千年的干预中一直重复着，因此其力量得到了加强，这样它们现在多多少少有点像钢铁一样控制束缚着行为。这种逻辑在皮特·里弗斯关于人类学收藏原因的论述中是显而易见的。他遵循着达尔文对习性和精神性力量在人与低等动物中所起作用的论述，将动物与人类身上的习性与本能的关系视为本质上受到同一原则支配。就像动物通过豢养或者通过经验理性形成习性，成为本能且遗传给下一代一样，类似过程也发生在"智性心灵"和"自动心灵"在调节人类行为上所扮演的角色之间的关系中。

---

① Muthu, Sankar(2003), *Enlightenment Against Empire*, Princeton University Press, p.128.

② Ray, William(2001), *The Logic of Culture: Authority and Identity in the Modern Era*, Oxford: Blackwell, p.16.

我们知道智性思维可以对不熟悉的情况做出理性反应，而自动思维可以直觉地对特定情况做出反应，不需要意志和意识的努力。然而我们也知道，习性通过有意识理性的运行而获得，而不变的习性就成了自动化，那么就不再需要开动意识理性指导行动，就像它们最初所做的那样……①

皮特·里弗斯由此得出的结论是，“每个由本能引发的行动，在那些物种历史上的先前阶段都是自觉经验的结果”②。这种观念成了(动物和人的)发展机制的组成部分，它认为源于经验的简单思想更多地被传递形成本能的自动化形式，就可以更自由地对新的和复杂的思想做出反应。在这种机制中关键点就是习性，皮特·里弗斯将其视作一种包含了智性心灵有意识理解的形式，但是，它由于重复而成为惯例了。就是通过习性，经验教训由一种储存逻辑被转变成本能，这种储存逻辑是，由习性到本能的循环完成之后就为另一种循环敞开了空间，从而导致了一系列逐渐成熟的本能反应，构成了自动心灵。同样，习性控制着行为，如穆勒所说的习俗控制着行为一样，尽管这种抑制力量得以运行的机制是截然不同的。对于穆勒乃至于康德而言，本能等同于人的自然性的动物成分，这种力量可以既在人身上也可以在豢养动物身上得到校正，但并非社会行为的先前学习形式积累形成的倾向性。③

殖民圈套在论证结尾大煞风景地出现了，皮特·里弗斯指出，“自动化倾向根据任何既定系列观念来行动的能力，必定与个体祖先为了那些具体观念而进行思维的时代长度是相应的”④。正是由于这种原因，低等动物要比高等动物更倾向于自动化的行为

① Pitt Rivers, H. (published under Col. A. H. Lane Fox)(1875), "On the Principles of Classification Adopted in the Arrangement of His Anthropological Collection Now Exhibited in the Bethnal Green Museum", *The Journal of the Anthropological Institute of Great Britain and Ireland*, vol.4, p.296.

② Ibid., p.298.

③ Mill, John Stuart(1967), *A System of Logic, Ratiocinative and Deductive. Being a Connected View of the Principles of Evidence and the Methods of Scientific Investigation*, London: Longmans, p.561.

④ Pitt Rivers, H. (published under Col. A. H. Lane Fox)(1875), "On the Principles of Classification Adopted in the Arrangement of His Anthropological Collection Now Exhibited in the Bethnal Green Museum", *The Journal of the Anthropological Institute of Great Britain and Ireland*, vol.4, p.299.

形式；因为其本能还没有被纠正到与那些高等动物相同的程度，所以它们实践着同一套自动反应的时间就会更长，相应地，本能对行为的控制就增长了。土著的位置大体而言是相同的，因为把他们永远定位在自然/文化对立的入口处，所以他们就从不会超越简单模仿自然的形式，不会出于一定目的调整这些行为（皮特·里弗斯用这些术语论述石器工具的发展），结果这些行为一直重复沿袭了好多代。因此，“与这种观念联合持续存在于这种生物（我们现在可以称之为人）的连续数代的头脑中的时代长度相应，总会有一部分后裔倾向于继续选择使用这些特定形式，这多多少少出于本能——事实上，不是出于那种永恒本能（它是动物内部机能为了更好地适应外部条件而逐渐形成的），而是出于纠正过的本能，这种本能呈现了一种永不变更的保守僵硬形式”。[①]对于未开化人和尤其是（以皮特·里弗斯的野蛮人范畴而言）土著来说，问题在于，习性机制不能以充分活力来构建“纠正过的本能”的储存库，它仍然非常微弱稀薄，只能达到对行为的格外束缚控制，这是由于数千年来的无休止重复而造成的。

作为坐在摇椅里的人类学家，尽管皮特·里弗斯的写作与殖民统治的即时性还保持着一段距离，但显而易见，这些表述在19世纪晚期的澳大利亚引起了反响。帕特里克·沃尔弗（Patrick Wolfe）在其关于殖民主义逻辑的精彩的探索性的著述中提醒我们，最好把这种逻辑看作一种结构而不是一个事件，这种结构在不同历史时期采取了不同形式。因为殖民主义的主要目标不是剥夺土著的劳动剩余产品，而是占有土著的土地，因此其逻辑就是灭绝土著人口。沃尔弗指出，就澳大利亚而言，这种结构呈现了三种不同形式：边界冲突形式的目标在于灭绝殖民人口；通过进化规则和不可避免地遭遇优等民族的监禁形式，而推迟土著的灭绝；通过管理方案的传播和与白人的文化合并而将其融化吸收。不难理解皮特·里弗斯关于习性在土著人身上所发挥的作用的论述如何与第二种灭绝策略相关，第二种灭绝策略在19世纪末期产生了很大的影响，事实上，这种影响也波及了20世纪初期。在1901年澳大利亚联邦成立之后，它也

① Pitt Rivers, H. (published under Col. A. H. Lane Fox)(1875), “On the Principles of Classification Adopted in the Arrangement of His Anthropological Collection Now Exhibited in the Bethnal Green Museum”, *The Journal of the Anthropological Institute of Great Britain and Ireland*, vol.4, p.300.

渐渐让位于当时语境下的融化策略，那时民族政府工程得到发展，蒂姆·罗斯(Tim Rowse)称之为“土著领地”(其目标在于将土著人口合并于国家之中)的联盟形态得到了发展。

更为深入的分析

在后达尔文主义的人类学与生物学之中，有许多其他模式显示了进化观是如何最大限度地体现在当代的关于不同人性级别之间关系的争论之中。一些是在类似于皮特·里弗斯所论述的相同领域之中，另一些情况在其表述中要更为简约。哈登(Alfred Court Haddon)利用了他在托雷斯海峡岛所做的田野调查，费尽心思讲述了一个完全以达尔文主义术语编织的进化故事，并认为这是物竞天择所调节的没有计划的进化结果。这样，就把他所设计的品质进化看成令人失望的习性结果(菲利浦·斯蒂德曼[Philip Steadman]称之为“不精确复制”)，就可以将其描述为“就人类整体智力而言，它是完全没有引导的操作”[①]。沃尔特·白芝浩(Walter Bagehotu)关于“文明化连接问题”的论述，在穆勒对习俗控制的论述和达尔文著述之间铸造一种联系方面也产生了同样影响。对于白芝浩来说，习性获得是通过社会训练、通过达尔文式的变化机制的运行，有选择地遗传给下一代的“遗传技艺形式”，并以某种方式嵌入神经系统，成为能力的储存库，使其有可能推动社会进化。不管在什么地方，不管什么原因，如果这种情况并不发生，社会就不能生成变化，因而就不能提供一系列进化选择，不能挑选性地从一代遗传到下一代。白芝浩在此接着穆勒表明，这种情况主要发生在专制主义控制下的社会中，因为专制主义摧毁了讨论的民主原则，而这种民主原则是变化得以形成一种政体的主要机制。这些关注所引起的回响可以在鲍德温·斯潘塞(Baldwin Spencer)所使用的术语中听到(他是一个曼彻斯特自由家庭的儿子，并不墨守成规)，他在古典自由主义和达尔文主义思想方面都受过很好训练，他用这些术语描绘他在澳大利

① Haddon, Alfred Court (1895), *Evolution in Art: As Illustrated by the Life-histories of Designs*, London: Walter Scott Ltd, p.318.

亚中部的土著居民阿兰达人中间的遭遇：

> 如在所有的未开化部落一样，澳大利亚土著的习俗注定了他们只能使用手和脚。他必须做父辈在他之前所做的事情。如果在一场仪式表演中，其先辈在前额上涂了一条白线，那么他必须涂一条白线。在一定范围内，任何对习俗的违背，都肯定会遭到经常是严厉的惩罚。然而，尽管土著非常苛严保守固执，仍然有可能将变化引入。①

斯潘塞为了说明这种变化如何到来，引用了讨论原则。不过他是以一种既解释变化如何能够发生（它是由对不同的地方性集群相遇时发生的不同行事方式的讨论激发的）又解释同时这种变化是有限的（这些讨论并不是平等的自由讨论，在穆勒和白芝浩所倡导的作为促进变化的必要条件的风尚之后，而是由男性长者权威支配的，结果是，变化只有在那些长者认可的保守有限的范围内才是可能的）方式做到的。

论述也无疑继承了罗马尼斯（Romanes）-赫胥黎（Huxley）的传统，这种传统偏离了新拉马克主义（neo-Lamarckian）关于习得特征遗传的论述，也偏离了达尔文自己关于泛生论机制的晦涩说明，还将文化发展机制与自然进化机制脱离开来。这种习性进化观跟习性与本能的关系在劳埃德·摩尔根（Lloyd Morgan）的《习性与本能》这个文本中得到严格贯彻。摩尔根依据达尔文把本能和习性解释为既是人又是动物的行为要素，把本能界定为“人的并非有意识推理过程形成的性格和行为的组成部分”②，把习性界定为“多多少少是既定的程序或行为模式，它通过重复由个体获得，可以说已经成为惯例”③。他所提出的关键问题是，“习性的第二次自动作用是否由遗传传递，以至于导致了本能最初的自动作用”④。但是与皮特·里弗斯和白芝浩不同，摩尔根否认这些

① Spencer, Baldwin and Frank J. Gillen(1899), *The Native Tribes of Central Australia*, London: Macmillan & Co.
② Morgan, Lloyd(1896), *Habit and Instinct*, London: Edward Arnold, p.2.
③ Ibid., p.1.
④ Ibid., p.325.

之间存在什么联系。他指出,“种族进步”之所以可能,是因为进化已经从机体转移到环境。作为进化的必要条件的增长物,通过在社会环境之中储存而出现,因此,每一个新一代以跨代增长的形式调整着自身,但是并不需要任何增强的作为本能的天生适应能力:

> 在书写记录中,在社会传统中,在各种各样使科学和工业进步成为可能的发明中,在艺术品中,在所记录的高贵生活的典范之中,我们拥有一个环境,它既是智力进化的产物,也提供了目前的每个个体心灵发展的条件。①

就行为调节而言,这种情况的主要后果是,将注意力从白芝浩和皮特·里弗斯所关注的习性/本能的关系,转向取而代之的文化(已经储存在社会环境之中)与习性的联系。那么,这里又要回到康德所提出的文化与习俗之间对立的术语,这种回归在赫胥黎的《进化与道德》中是明确的,尽管这种回归仍然深深打上进化论思想所塑形的进化人格新历史深度的烙印。这种回归在对竞争和殖民的反对中(摩尔根将这种反对作为其论说的一般逻辑)也是显而易见的。因为当最终面对他自己的立场带来的后果时,摩尔根又不愿意接受,出生在文明化国度的孩子与出生在野蛮或未开化国度的孩子之间的唯一不同,是储存在社会环境之间的精神氛围,而不是任何遗传的自然习性。在这种“局限情况”之中,依然存在种族差异,植根于仍然进行的物竞天择过程之中,在野蛮人可以进入真正的智性和文化进化的阶段之前,物竞天择必然仍会折腾消耗他们。

然而,我在这里不只是把这些标成需要更加深入研究的问题。我的更为普遍的目的一直是要建议一些研究途径,使“文化、历史与习性”和自由治理实践二者之间的关系可以敞开,以便进行更加多样的历史分析。我强烈主张,尤其是当把上述二者的关系跟瓦尔德(Valverde)的习俗与专制主义的关系进行比较时(专制主义作为一种制度

① Morgan, Lloyd(1896), *Habit and Instinct*, London: Edward Arnold, p.340.

被引用来作为自由治理的替代物)，要特别重视研究把不同人格结构中的习性操作成治理行为目标的多种手段。如果说，在穆勒的分析中，对亚细亚社会的静止状态的论说是依据习俗的丰厚度来进行的，那么，皮特·里弗斯引用的说明“原始”社会惰性的就是本能的浅薄度。因为依赖于习性如何依据习俗或本能来定位，依赖于习性即习俗或习性即本能如何依据文化来定位，所以，不同类型的人格就被以不同方式向治理干预敞开。

（咸阳师范学院文学与传播学院　强东红、陈春莉译）

把政策引入文化研究[①]

[英]托尼・本尼特

(澳大利亚西悉尼大学文化与社会研究所)

在我的题目中存在一个故意的含混。在一些人读来,可能似乎是我只想指出,在文化研究中对政策的思考应该被置于更为重要的位置。但在另一些人读来,可能会认为,我在建议将“政策”引入“文化研究”的目的是,倡导用一些别的东西(即文化政策)取代文化研究,或转变成文化政策研究。那么,让我使这个含混稍微清晰一些:我的论述并没有前一种阅读所暗含的那种谨慎,但是它的范围也不完全是后一种阅读所能描述的,理由非常充分,这是因为“文化研究”的通货(currency)目前仍未确定下来,因此,我将要倡导的视角可能或者最后包括了在这种名义之下的未来工作的基本成分;或者是另一种选择,即要求构建将自己的领域与文化研究领域区分开来的拥有自己的术语的独特研究领域。哪一个选择被证明是必要的,将取决于在接下来的几年中,安排这种会议来进行的那种讨论被如何引导和解决。

不过,就目前而言,我并没有看到多少另外的选择,而是认识到术语“文化研究”在

① 译自 Bennett, T.(1992),“Putting Policy into Cultural Studies.” Lawrence Grossberg, Cary Nelson, Paula A. Treichler, (eds.) *Cultural Studies*. New York and London: Routledge, pp.23—37。

用法上的灵活性。对于一连串相当分散的理论上和政治上的立场而言，无论它们在别的方面可能多么宽泛地背道而驰，从它们与权力关系的(和在权力关系之中的)复杂纠缠的视角来看，这些立场都在承担着审视文化实践的职责，文化研究现在很大程度上作为一个方便的术语在运转①。那么，假定未来的工作在这个领域可能会如何发展，实际上是在下赌注，关于任何满足文化与权力之间的关系的(不论是理论上还是实践上)约定形式的必要条件，我想提出四个主张，这些主张是：第一，在给文化下定义时，需要将政策考虑进来，以便把它视作特别的治理领域；第二，在这种综合领域，需要根据对象、目标和它们特有的治理技术来区分不同区域的文化；第三，需要明确(identify)如此定义的文化的不同区域特定的政治关系，需要在这些文化的不同区域中发展适当的有针对性的研究方法；第四，需要一种引导学术工作的方式，使它不论是在物质内容上还是在风格上，都可以在相关的文化区域中有计划地影响或者服务于可被视为相同的代理人(agent)的行为。

如果说这是要为文化研究标出一个可能的未来，那么显而易见，也需要与它的过去的许多方面决裂。因此，与其说要很详细地勾勒出这样的可能未来，不如说我将尽可能明确我所思考的被召来重新导引文化研究沿着我所建议的道路前进的政治上和

---

① 我要明确地说，我认为文化研究并不曾被界定成一种特定民族传统或者固定在一个特殊机构场所的思想学派。尤其是，即使在英国语境中，也很难说清楚比通常考虑的起源神话来说更为分散和多样的起源，这种神话认为某种程度上文化研究是在伯明翰产生的。这样的一个谱系，也不能帮助我们理解现在被置于“文化研究”名义下争论的范围。现在这个术语不得不被看作是一个便利的标签贴在整个范围的研究之上，这些研究尽管可能在其他方面是背道而驰的，但从它们与权力的复杂关系的观点来看，它们都在努力审视文化实践。相应地，这也说明了把这些研究问题从那些审美化、道德化问题或形式主义的文化分析区分开来的共同属性。

这样来看，文化研究所包含的与其说是特定理论政治传统(或学科)，不如说是一个重力场，许多学术传统都在这里找到了暂时的约会场所(rendez-vous)。它设计了一个争论区域，使确定的事情更理所当然，对话可以更加集中。同样，在这些争论中，唯一的实质问题关注的是，发展起来的理论地表述文化与权力之间关系的方式，那些关系有助于权力的实际运行。

既然文化研究正在吸引着历史学家，就需要考虑能最好地服务于这个目的的这类历史。就研究英国文化的论述而言，至少在一段时间内，极为可能的是，这种历史将对那些文化研究形成的纯理论解释做出密切回应，这些纯理论解释追溯了它从范式到范式的转变——从文化主义经由结构主义到霸权。除了倾向于讲述的宏大模式(这种模式把文化研究转变成一种充分的主体，它似乎能代表自己利益进入战场)之外，这种论述的最具标志性的弱点在于它们忽略了文化研究在学院中的位置。只有当注意力从这种思想史转变到关注文化研究的制度条件时，特别是考虑到高等教育的学生和教师的不断变化社会构成时，才能提出更有趣、更有用的解释。

理论上的重新定位的类型。我将批判性地与从英国文化研究(过去的与现在的)接轨来做到这点,目的是明确它们在哪些方面阻碍了我所勾勒的那种立场的构型。聚焦于这种传统的葛兰西的要素和它与后现代主义的联盟而涌现出的差异性的政治,我要指出,它在三个关键方面可能有所不足:文化的定义、对葛兰西式的霸权观念所提供的理论的和政治的相关问题的关注(不论多么有资格)、代理理论(theory of agency)。

一个简短的个人生平注释在这一点上可能是适合的,因为在批评英国文化研究的这些方面时,我将非难我自己的一些早期作品中的观点和立场。事实上,在某种意义上,接下来的是一种正式探讨,我通过一些与早期立场区分开来的论述(这一直伴随着我最近的关注,在格里菲思大学成立文化政策研究所),把"政策"理论地、实践地、制度地引于"文化研究"中。①不管怎样,这已经成为一项完全合作性的工程,在这种意义上,我的论文是由推动这项工作发展的许多讨论和争论集体性创作的。

文化、政策和治理

那么,让我首先从文化定义的问题开始。不过请允许我以先考虑与它有关的文化政策问题在文化研究中得以典型地提出和想象的方式,来间接地这样做。两个主要的问题可以在这里提出来。首先,重点落在调整人与那些文化形式之间的关系,就人而言,不管他作为读者、亚文化的成员,还是时尚体系的爱好者,就文化形式而言,已经相应地对人的形成产生影响。在这里政治的关键手段是批评,它的主要目标是以这样的方式调整如文本与读者之间的关系,从而使所讨论的文本成为将读者引导成自我的政治转变实践的手段。当然,假定这种自我实践被引导去的地方,随着它们意欲文化地武装读者或授权于读者的具体方式的变化而变化。这种自我实践能从意识形态的幻想导向真实的意识,由此带来变革,或从对父权制的批判导向寻找对话中的女权主义

① 文化政策研究所建立于1987年,主旨是组织研究、出版和研讨会计划,使其能够在澳大利亚文化政策形成过程中发挥一种积极作用。迄今为止,它的工作的成果是,发展了与宽范围的地方和政府或半政府机构的各种各样的合作关系,这些机构在博物馆、艺术、电影、语言以及教育政策领域运转。

立场。但是，无论哪种情形，这样的批判政治通常共同地具有两样事物。第一，总是为主体制订一种方向，绘制一条路线。第二，作为自己程序的人工制品，它们生产了一个文本，它可以成为它们所倡议的路线的资源和景观。阿尔都塞式的马克思主义批评为读者勾勒的路线，因而就是这样贯穿于文学文本的认识论上的景观和策划。文学文本被认为在意识形态的错误认知的影响和科学知识之间保留了一种中间路线，以至于如此流行，文学文本可以帮助主体从意识形态过渡到科学，并为之提供一种手段，通过这种手段来不断地衡量文学与意识形态之间的差异，读者能够透过意识形态的阴云密布的幻象，踏上通向科学知识的坦途。

如何精确地绘制这样的路线，如何展开这种文本场域来支持这样的路线，这都随着对文化与权力之间关系的不同的论述的变化而变化。这样的关系被如何看待也影响着与文化研究相联系的第二种文化政治。这是因为下面两方面之间所构建起来的联系类型，一方面是通过文化政治的指导而密谋策划的自我的不同转变轨迹，另一方面是所想象的那种政治的主体或选民，他们可以被组织和动员起来支持特定的集体政治工程。尽管不止有一种观点，但文化研究中葛兰西式的传统由于其关注点而凸显出来。首先，生成了反对多种多样的五花八门的权力形式的主体，他们发现了自我；其次，用一种联系的政治将那些主体组织成一种集体的政治力量，不管这种集体是多么松散、不稳定和临时性的，来对抗权力集团。

当然这些粗略的概要绕开了一些困难。然而我的论述关注以下方面，即两种政治都依赖于将文化视为主要符指实践领域的文化观。更进一步，在两种情况下，文化手段在符指意义或话语意义上追求着文化政治的主要任务：在第一种情况，凭借文本/读者关系的特定的技术化手段；在第二种情况，凭借压迫的不同形式与反对它们的斗争之间的一连串的同义的话语组织。因此，这两种情形都易于受到批评，说它们对调节不同文化领域的制度背景没有给予足够的注意。这就忽略了这种制度背景所产生的特殊类型的政治问题和关系的方式，而这种政治问题和关系的独特性在发展易聚焦并且可实行的政治行为时应该被考虑进去。

然而，需要指出，如果要把制度和更宽泛的政策与管理的背景及手段，看作文化的不同的形式和领域的重要成分，就必须使术语"文化"的通货如它在文化研究的主要问题框架中已经成形的那样被重新审视。当然在这里，最重要的独一无二的影响是雷蒙德·威廉斯的著作，特别是他所建议的两种文化之间的区分：一种作为"特殊的生活方式，不论它是一个人、一个时代还是一个集群的生活方式；另一种是狭义的，作为智性活动的作品和实践，特别是艺术活动"。尽管这种区分的价值一直是巨大的，但它也易于使人不能注意到（我要说，包括威廉斯自己），他所认证的文化的第三种现代用法，它作为独立和抽象的名词，"描绘了智性、精神和审美发展的一般过程"。威廉斯指出，这种用法在18世纪晚期第一次成为惯例，不过它在这个时期的流通并不是没有预兆。事实上，在阐明这种用法时，他主要详述了来自弥尔顿的"构建一个自由共和国的快速和轻松之路"的一个17世纪晚期的例子，在这里弥尔顿极力要求：

> 通过将政府与文化的自然热力，更均匀地传输到所有现在处于死气沉沉和被人忽视的遥远地区，给所有的国土传播更多的知识和文明，诚然还有宗教。

这里，威廉斯继续评述道，我们可以"在一个更现代意义上解读治理与文化"。可惜他没有继续说明他的意思。但是，显而易见，他没有看到治理与文化之中的矛盾被置于等式的同一边。因为在弥尔顿的论述中，文化既不是治理的目标，毫无疑问，也不是它欲颠覆的对立面；文化是治理的工具，并且（伴有残存下来的早期园艺用法，而且由于其概念获得作为一种社会政治的进程的资格）要运用到帮助治理所有那些还处于死气沉沉、被人忽略的区域。然而威廉斯在指出这种用法之后，他差不多立即离开这个问题，开始讨论另外的为人熟知的用法，他首先上溯文化与文明（仍然是引用弥尔顿的论述）得以最后被相互分离的过程，随后上溯到19世纪"文化"用法的矛盾，即"文化"的用法在同时既是狭义的（在美学中）又是广义的（从赫尔德[Herder]到最终的威廉斯自己的"整个生活方式"）。

大量的英国文化研究史可以依据如何解读和重新界定两种意义的文化之间关系的方式来撰写：广义用法使亚文化的研究、大众文化的研究和生活方式的研究合法化，并给其奠定基础;并使广义文化的建构成为(与狭义的主流审美形式文化相对的)符号形式的结实基础。然而,尽管这种方法论的假定(它是威廉斯对这些"文化"的现代用法进行谱系式地说明的基础)承担着相当的重负,却很少有人对它进行批判性审视。但是这里有足够的理由提出警告。正如肯·鲁斯文(Ken Ruthven)已经小心翼翼地指出的,当威廉斯"坚信历史的潜在过程以某种方式沉淀在一小撮所谓的关键词中"时,他这方面的大部分作品仍然停留在剑桥英语的轨道上。尽管正如肯·鲁斯文继续标明的那样,威廉斯的这种论述的特殊变体,在"重新统一由个别的单词与和它相伴的词生成的共时语言学的纬线所产生的历时语言学的扭曲"的方面是有益的,但事实仍然是,威廉斯给我们提供的与其说是对调节着它们作为话语领域的组成部分的背景的分析,不如说是一张由词典编纂者所追溯的词语的正在转变的语义学视域的快照。

这种局限性被组织了威廉斯的关键词之间关系的参照系统所加强。因为承认,每个关键词的历史和意义,只有与其他关键词相关联时才可以进行书写,这些参照物就使下面的论述非常清楚,即威廉斯就(每个关键词有待定位的)语义学领域而下的判断在某种程度上可以说是随意的;它凭借的是有利于一些语义学的坐标,同时无视另一些语义学的坐标的选择。对于威廉斯而言,"文化"的历史和意义因而根据它与"审美""艺术""文明""人性"和"科学"的关系而被想象为可书写的。尽管不怀疑这些选择的实质作用,它们的不完全性同样也是明显的,例如依据"道德"和"行为方式"来考虑"文化"就会造成截然不同的后果——将分析指向完全不同的话语领域。

事实上,因为没有认真考虑这种事情,威廉斯和相应的许多随后的英国文化研究中的定义的讨论,才错过了18世纪晚期和19世纪的转变的最有特色的层面,这种层面曾经影响了文化的变化与冲突的语义学的命运。这是因为出现了新社会管理领域,文化被构建为既是管理的对象又是管理的工具:就对象或目标而言,术语指涉着下层社会阶级的道德、礼仪和生活方式;就工具而言,狭义文化(艺术和智性活动的范围内)成为对作为道德、礼仪和行为符码等领域的进行管理干预和调节的手段。

文化研究在给文化下定义时指出了与狭义的审美意义相对的威廉斯广义文化定义的丰富的人类学意义,不过,文化研究至少误解了一些它的研究领域的有机层面。

我想提出，当把文化看作一系列通过历史特定的制度地形成的治理关系，目标是为了转变广大人口的思想和行为，这部分地是通过审美智性文化的形式、技术和规则的社会体系实现的，文化就会更加让人信服地加以构想。同样，它的出现最好可以被看作现代化早期社会生活特有的日益治理化过程的一部分，福柯和其他人在谈到“治安”(police)概念时已经谈过这一点。

尽管这个概念有许多层面，但我在这里只会提到两点。第一点是它突出了权力的封建形式与现代形式之间的对比，正如福柯所指出的，前者只关注“法律主体之间的关系，他们通过出生、身份或个人婚约卷入的法律关系”。相对而言，关涉个人时，治安“不仅依据他们的法律身份而且把他们当作人，当作工作的、贸易的生命存在”，在个体与特定人口的生存的生活和背景中，治安形成一种网络般的永久不断扩大的积极的干预机制。又一次援引福柯的说法，治安的目标是永久地不断地生产一些新的东西，假定这些东西会保护公民生活和培育国家的力量。进而言之(这又提出了我的第二个观点)，在我对文化这个术语的定义的意义上，从最早的对警察这个概念的论述来看，显而易见，文化总体上被看作是警察所干的事的组成部分。在德拉玛(Delamare)的《警察的历程》里，戏剧、文学与娱乐基本上是关乎公众健康和安全的事务，而在英国的语境中，帕特里克·柯乐洪(Patric Colquhoun)在论文《论大都市的警察》中，倡导文化调控形式，而在半个世纪后，这种文化形式可能也在理性娱乐的倡导中记录下来了：

> 治安科学的重要特征是鼓励、保护和控制这种倾向于无害的娱乐，保留公众的良好幽默，使人民的心灵有一种同情心……既然娱乐对于文明社会是必要的，那么，所有公众展出都应该追求道德的改善，努力成为给心灵灌注天性的爱、敬畏和尊重法律的手段……相对于使他们自己烂醉在酒店里、密谋叛乱和叛国的计划或者卷入追逐最卑劣的荒淫堕落、损害着健康与道德的可憎的活动而言，这是多么优越呀！

这样来看，文化以及它的出现可以被看作和说明为独特层面的社会管理，这类似于唐齐洛特(Donzelot)关于社会的构成和发展的那些措辞。这将带来与那些寻求一些文化特性的超历史建构不同的理论手段,例如作为特别层面的社会形态,或作为符指实践的领域,或者既作为活跃的文化与文本的实践,又作为它们的相互关系。取代它们的是,它将把文化看作为历史生成的社会管理层面,其独特性要依据以下四个方面来辨识和说明:(1)特殊的行为品性和行为方式,这些被构建为文化的目标;(2)用来培养或转变这样的行为品性或行为方式的技术;(3)这样的技术集合成特别的管理手段;(4)这种手段在特定文化技术运转程序中的刻写。

尽管这不是我在这里要着手的任务,但对这种论点的历史侧面以及它的方法论与政治后果进行一些简短地评论,可以帮助进入我随后要讨论的背景。那么,首先让我简单地强调艺术智性活动得以最后被刻记进治理手段的过程(可上溯到18世纪)的历史特质,这并不是说,在前现代时期,这样的活动在统治者与被统治者之间关系的组织化中没有起到任何作用。它们显然发挥了作用,不过更多的是通过狭窄地(例如)构建起来的精英内部交流的循环而实现的,广大的下层民众被排斥在外,而且还要感受那种被排斥的象征性分量,就像公共博物馆各种各样的前身一样,或如果我们回想一下伊丽莎白时代的戏剧,它实际上成了王权的公众展示和王权教义传播的工具。只是随着启蒙运动和它的余波,艺术智性活动才逐渐被认识到可以成为工具,以一种积极建设性的方式来改善一般大众的特殊精神和行为品性,并且可以成为培养公民计划的一部分。

然而,绝不是在它们自身的意义上或者单单凭借它们自己的特性,就能将这样的活动整合进这种计划中,如果这样假定的话,将要受到文化倡导者(如柯勒律治和阿诺德)自己的非难,当他们认可狭义的文化艺术在本质上拥有改善的品质时①;而是只有通过这样的方式,这种实践可以作为特殊文化技术的有机成分发挥作用,并且相应地,

① 但是,也许这是对阿诺德的诽谤,阿诺德在他的《文化与无政府状态》中的一个段落明确设想,文化必须经历一个转型的过程,以便作为一种管理工具有效地发挥作用,他指出"文化伟人"是那样一些人:"他们悉力剥除所有那些粗糙的、粗俗的、难解的、隐晦的、职业的和排外的知识;使之人性化、使之在至今仍然保留了时代最好的知识和思想的有教养的及有学问的派系之外也是有效的,因此,成为美好和光明的来源。"

这样的实践的使用和实现所需要的场域也构建起来了，它们才能被用来影响特别类型（或区域）的公民或个人的形成。伊安·亨特在对现代文学教育将文学文本塑造成形从而使它们能在道德自我监控能力的发展上起到促进作用的分析中，对这种观点做了最充分的发展。然而这一观点可以被普遍化。19 世纪视觉艺术的教化功能直接依赖新的文化技术：公共博物馆。在这方面特别重要的是，艺术博物馆所组织的艺术活动的新情境化，正如卡罗尔·杜肯（Carol Duncan）和阿兰·韦勒克（Alan Wallach）所指出的，艺术博物馆提供了一种被规划的体验；访问者不是如早期的王室收藏一样被当作主体，而是使其扮演理想公民的角色——理想化的“公众”的成员，并且继承了理想的、文明化的过去。

如果说这是一种历史的论述，那么它也是一种方法论的论述。因为它指向了更一般的思考：文化活动刻记于其中的计划性的、制度的和管理的背景，简言之，关系网络，在正确地以理论理解政策时要考虑它的影响，相对于这种活动的符号特性而言，它有一种物质性的优越性。因为正是这些特性的“多元决定”，在某些特定环境下，构建了与特定文化实践相联系的个人或公民形成的领域，也构建了行为规范，作为发展起来的部分技术，获得了特殊的效果。因此，只有通过赋予这种思考（而不是文本或鲜活文化的更直接的可感的品质）一种方法论上的优越性，文化研究才能正如马克思建议我们的，在思想中占有“现实凝聚物”（real concrete）。

而且，所赋予物质上和方法论上的优越性的东西在实践理性的层面应该被同样看待。文化被视为主要的符号化领域，也就把文化实践批评导引向使它们的参加者或使用者有一定的能力，或成为它们的文化资源，因此，这些文化实践批判在新的理解上，似乎经常成为既是文化政治的起点又是它的终点。然而，如果我的分析站得住脚的话，就可以说这并非事实。正如我所勾勒的，政策关系的领域提出了排外性的批判政治学（critical politics）不能提出的政治问题。同样人们不能周密规划，特殊类型的批评的政治学如果不考虑它自己可能出现于其中并产生影响的政策关系领域，将会是什么情形。瓦尔特·本雅明曾经指出，对任何文学作品提出的关键问题不是它如何与它的时代的生产关系面对面（是赞同它们还是决意革命性的颠覆），而是如何处于它们之中。由此引向我自己的意图,我的论点是,对任何文化政治所提出的重要问题是:它如何处于特别的文化技术之中?它所追求的什么样的差异性造成那种文化技术的功能?它将指向什么样的新方向?并且要表明,也要开始思考可以呈现管理规划形式的政治可能性,同样也要思考一类文化研究的可能性,这种文化研究的目的是生产知识,从而能帮助发展这样的规划,而不是无休止地花费力气去组织仅仅作为它自己的修辞的幻影效果才存在的主体。

超越霸权

稍后我将回到这个最后的问题。在这样做之前,我想陈述一下要点,之所以这样提出,是为了使我的开场评论与文化研究中的葛兰西式的要素的局限性相关联。显而易见,我的论述有点向福柯式的分析形态倾斜①。不过,我同样会吸收很多葛兰西的资产阶级政府的教育和道德功能的历史特殊性的概念。尽管如此,在进行这些论述时我并没有采用葛兰西式的谱系,而是通过暗示的方式指出,尽管在文化研究中,毋庸置疑葛兰西式的要素一直是重要的和具有建设性的,但在他的传统中所做的工作也具有实实在在的局限性。

这部分地是因为,葛兰西式的重重问题在各种各样的试图运用它的方式上尽显无遗,那些试图一直在如下两方面构建一些相容的形式,即一方面是葛兰西式的霸权理论和霸权方案,另一方面是后现代主义和话语理论层面。但在我看来,由此而来的表述常具有深层的矛盾,特别是其自由论者的倾向在政治上是有害的,由欧内斯特·拉克劳(Ernesto Laclau)和钱特尔·莫菲(Chantal Mouffe)所进行的那种对葛兰西作品的理论挖掘已经清楚地表明,葛兰西的霸权观念之下的许多假定既不能在理论上得到

① 然而,并非没有保留意见。强调权力关系的多元性和分散性的倾向,是对从国家而来的权力概念的有益纠正,同时经常导致不同治理性场域相互之间被授予过分夸大的自治程度:这就犯了从没有必要调节到根本没有调节的错误。这种观点经常与福柯自己的表述矛盾,尤其是他的论断:尽管不是所有权力关系都可能源于国家,但"国家却存在于整个多种多样的权力关系的法典汇编之中,正是这些权力关系使国家功能成为可能"。

支撑，也不会在政治上有更多用处。

但在我看来，还有更加难以克服的困难伴随着葛兰西式的问题，即它把我们带向一种过分机械的政治，既然这种政治声称所有的文化活动都被绑入与霸权所作的斗争，它在本质上就是相同的，不管它运用于哪一种领域。因此，在文化研究中，葛兰西式的要素倾向于对制度不感兴趣，相应地，也并没有充分地注意到那些考虑，它们在把文化技术与另一种文化技术区分开来时，也带来了特定系列的规划的政治关系和政治形式。

让我举个例子。很多(但不是全部)我所说的文化与治理之间的关系都可以宽泛地容纳进葛兰西的现代政府是教育者的思想中。而且在许多方面，这种视角有效地阐明那些文化技术(我所想的是公共博物馆)，它们的形成密切地与政府—人民关系的现代概念的形成联系在一起。杜肯和韦勒克因而有效地表明了以下方面，作为展示权力的一种工具，公共博物馆受到来自那些管理早期王室收藏的不同原则的支配。因为这种博物馆的特征是修辞性地将大众(被视为公民)整合进博物馆本身展示的权力形式中。王室收藏的图解规划有助于确证王室的辉煌和权力，从而将参观者置于臣服于上级权力的关系之中，与之相对，公共博物馆将访问者置于一种新的权力关系中，使他/她“成为公民因而成为政府的股东(shareholder)”。也就是说，公共博物馆成为向现代民主政体的公民传输一种权力(将这种权力表征为是属于他们自己的)的工具。

因此，博物馆在将访问者带入与它所显示的权力同谋的关系之中时，可以被视为一本教科书，例如当葛兰西将霸权的现代形式与纯粹的统治区分开来时，他所想的是人民与政府之间的关系，他谈到了修辞性地将人民招募以支持道德、文化和知识的领导权的规划。尽管我不希望否认这些论述，但表明它们的局限性也是同样重要的。在这里我将聚焦于两个问题，其实是同一个论点的两个层面：不管它以一种概括的手段多么有效地将博物馆视为霸权机器，这种视角不可能如它现实地和生产性地研究博物馆政治领域中进行操作的实际行动者(actual agents)那样，理论地说明博物馆特有的政治的特定形式。

就第一个问题而言，博物馆最典型地和最独特地承担着的两类政治需求源于两种矛盾，这在公共博物馆的肇始之时就被刻记在它的制度形式之中。首要的矛盾存在于以下两方面之间：一方面，博物馆作为文化财富的集体所有权的工具的概念，有责任使它的资源平等地和免费地向所有可算是公民的人开放；另一方面，事实上在现实中，博物馆更是作为区分大众的工具而在运转。也就是说，在理论上博物馆是民主的，向每个人开放，但在实践中它已被证明是一种促成那些社会区分实践发展得非常有效的生产性技术，而通过那些社会区分实践，19 世纪的资产阶级和在当代语境中的布尔迪厄的"统治阶级的被统治的少数派"，努力寻求展示那些趣味原则和风度形式（它们象征地校正着他们自身与大众阶层的桀骜不驯成员的界线）。我要指出，正是博物馆在理论上是什么和在实践中又是什么之间所生成的紧张，说明了面对面地接近博物馆的政治的出现，说明了博物馆所形成的公众利用接近更为民主的形象这一需求尚未满足，也难以满足。

显而易见，这是公共博物馆特有的政治需求。使其易于理解，并给其提供动力的条件是私人博物馆或其他展览机构所不具备的。同样真实的是，可以被称作表征均衡性的原则，支配着加在博物馆中的表征实践之上的政治需求，即不同族群的文化应该在博物馆中得到平等地表征，并且是按照他们自己的术语来表征，或者根本不表征，例如，支配着土著需求的观点"不要将我们包括进去"，要求澳大利亚博物馆将文化财产归还于他们。这是由下边两方面之间的矛盾所生成的：一方面是与公共博物馆的形成相联系的逐渐成形的表征空间，这种空间在声称讲述人的故事方面体现了一般人类普遍性的原则；另一方面是以下事实，即从这种角度来看，任何特定博物馆的展览都可以被视为有所缺憾，这是由于性别、种族、阶级或民族模式的排外或偏见。因为形成了一种不可能满足的表征准则（人类），所以博物馆本身在给它所遭遇到的永不停止的批评火上浇油。就这种标准而言，没有现成的表征可以被认为是充分的，所以每个博物馆展览都需要一些形式的补充，或另外的补充，因而带来了一种难以停止的表征政治，它在早期的没有基于一般人类普遍性原则的收藏中（例如王室收藏或珍品柜）将是不可理解的。

当然这些只不过是那种光的简要暗示，那种光恰如其分地聚焦于不同文化技术的系统，它可以帮助阐明目前是博物馆的机构功能特征的政治合理性。尽管如此，我们已经在这里说了很多来支撑我的扼要观点。因为从霸权的视角所表明的那类政治，例如重构博物馆的表征实践以促成反霸权的对抗主体的出现，并没有提供与那些特定的制度和话语背景相联系的手段，相应地，那些特定的制度话语的背景与所形成的政治压力从内到外对博物馆施加了压力，决定了那些行动者的规划形式，而那些规划形式可以影响博物馆的实践。

斥责意识形态国家机器

这使我来到论述的最后的荆棘：如果葛兰西式的观点在理论地说明政治冲突的形式，尤其是说明特定文化技术功能的特有关系时是有局限的，那么同样，它们在发展可实践的政治形式上伸出援助之手以便于影响那些文化技术之中的代理人的行为方面，也受到了限制。于是最终就引出了我以前就谈到过的“代理”(agency)的问题，该问题可以通过布莱希特的评论方式有效地提出来，他指出，仅仅写出“真理”是没有用的，人们“不得不为了某些人来写出真理，这些人可以用这种真理做些什么”。当然，对于布莱希特而言，这意味着无产阶级。对于葛兰西而言，这些人就是所构想的被融入了暂时统一体的下层社会力量集合的“民众”，这种暂时统一体通过表达的政治手段(其主要手段是修辞或话语)围绕着无产阶级而被凝聚起来。对于文化研究中的后葛兰西主义阶段而言，布莱希特的“某些人”总是指涉着所有下层社会力量的总体(totality)，他们并不围绕着无产阶级或任何其他特定的社会力量而凝聚，就他们想要去反对的被修辞地构建起来的权力集团而言，他们同样树立了自身的领导权。

然而如巴里·辛德斯(Barry Hindess)所指出的，即使是社会阶级也不能被解释为行动者，就是说，如同他界定他们那样，作为能得出决定并使其实现的实体，那么显而易见，不论是葛兰西式的还是后葛兰西式的对人民的构建，都经不起这种审视。在博物馆的政治领域，人们既不能找到阶级也不能找到“人民”(或者就其问题而言，种族或者性别)积极地充当可确认的代理人。当然，人们总能碰到要求表征阶级或大众兴趣的主张，它可能被整个范围的有效社会代理人所提出来，如博物馆的批评家、“女性遗产和博物馆”之类的不时施加压力的团体、管理委员会、设计团体、馆长，有时候甚至包括理事委员会。人们也可以指出，这种代理人的周密规划可能已经把阶级、种族或性别作为他们的目标，因为他们意欲生产设计来用于(仁慈地或恶毒地)影响特定的阶级、种族或性别立场的所有人的存在状况的行动。然而，尽管“阶级”“人民”及类似构成，毫无疑问，作为特定政治规划的目标和告知社会代理人的说服策略的代表，是真实存在的，但他们自身不可能是这样的代理人。

的确，这并不是要反对那些政治手段的修辞，它努力促进同一社会阶层共享某一观点，或努力在不同的下层社会群体的政治斗争之间组织联盟。这也不是要反对目标瞄准了阶级妇女、或黑人、或这些特定的混合的政治行为，其目的是以具体形式改善他们的生活状况。所要反对的是，指导这些政治手段层面的方式和将它们彼此联系的方式，这种方式期望(并被设想为之铺设了道路)所生成的统一的阶级、性别、人民或大众作为社会代理人，有可能在政治地履行所指定的职责(把动因变成现实)的最终时刻采取明确的行动。①之所以这样做，是因为一定程度上，这种政治工程和构造使得它们妨碍了有可能改善社会环境，以及增加尚在谈论中的成分的可能的更具体、更直接形式的政治预测和政治行为。诱惑许多文化理论的妄想代理人的道路被迷失的政治机遇弄得乱七八糟。

因而我重召布莱希特的注重实效的箴言要表明，为了随之而来的后果，必须更加小心谨慎、更加审时度势地预测知识如何以及在哪里显示出现。福柯通过特定的真理体制(这种体制以特定的方式，在不同的社会调节领域组织着知识与行为之间的关系)的生产和流通的手段，明确了他所关注的我们被支配和支配我们自己的方式。依据这

---

① 因此，我的立场与斯图尔特·霍尔提交于那次会议的论文(见会议论文预印集)的观点不同，我认为文化研究应该关注有机知识分子在“好似”(as if)模式中的生产——也就是说，阶级、种族或性别的社会运动好似通过能使有机知识分子的功能为人理解的形式而存在。对我来说，这似乎是一种关涉“新时期”(new times)的方式，它并没有认可它们的“新”，因为它显然掩饰了旧时代政治逻辑的回归充分发展的主体的渴望，它的充分性发展确切言之是它们孕育的历史进程的产物。把这种有机知识分子的功能归之于主要基于也继续基于学院的知识分子工程，那种偏离表明了一定程度上错误地认识了它与自己生存的现实状况的关系，这只能被描述为意识形态的。

种观点，依据我先前的论述（文化领域应该被看作本质上是统治的），运用布莱希特的箴言是要表明，需要文化理论和文化政治的形式，它们会使自身从事生产，并替代知识的形式，即正在运转的真理形式，而这些知识能具体地影响那些实体的议程、预测和程序，那些实体就是运行在（或与其相联系的）相关的文化领域的代理人。

这可能意味着许多事情。它可能意味着在服务于特定文化行动集群时更加小心翼翼地集中地工作。它可能意味着在特定的文化机构的运转程序和政策议程之中，计划着用学术工作来做出更多策略性的干预。它可能意味着，在可以使它们浮现在政治争论的层面，或以促进管理规划发展（它们可以进行那种统计工作）的方式而渗入政策制定过程中的方式中，周密规划的事无巨细的统计工作可以使某种问题更加明显。它可能意味着给私有公司提供了这种信息。不过一件事情是毫无疑问的：它将意味着斥责和影响所谓的意识形态国家机器，而不是一开始就将其抹除，并且随着它们似乎证实某个人的最极端的功能主义的规划，以一种自我兑现的预言再次批评它们。

我必须承认，与其他可以重振我们的力量以支持不同的文化研究未来的感人的号召相比，这些并不是令人陶醉的情景：可能是在后现代主义过时之前，还要与其碰撞摩擦几年，也可能是仅仅在最没有希望发现颠覆性实践的地方还会再来一些侦探式的搜索。然而我在这里指出的是，只有通过使用这种来自把“政策”引入文化研究的纠正，才能使文化研究从那些陈词滥调的形式偏转方向，尽管在一些领域已经要求文化研究不再争论，但这种论争的故意为之的复杂性的外观给实践思维制造了一个致命陷阱。

附：讨论

比尔·巴克斯顿（Bill Buxton）：我听说澳大利亚像加拿大一样有一种保护政策，要求在文化媒体容纳不低于最低限度的“澳大利亚内容”（Australian content）。您如何看待这个问题？在加拿大，在艺术品习得和加拿大电影在加拿大国内发行方面，已经出现了这种问题。

本尼特：欢迎您的问题，因为我认为您的问题正说明了在政策竞技场的实际研究对于我们是何等重要，因为后果可能是非常重要的。不过我要把我的评论限定在广播领域。关于澳大利亚电视内容管理一直有争论，目前也存在份额要求，详细指定商业广播公司必须在澳大利亚素材方面投入非常多的时间。然而这就造成庞大的界定问题。例如，在近来对管理规定的评论中，澳大利亚广播审查委员会（Australian Broadcasting Tribunal）已经提议在电视领域，应该根据特殊的"澳大利亚风貌"或者视觉风格来界定什么是澳大利亚的。我的一位格里菲思大学的同事，阿尔伯特·莫冉（Albert Moran）已经发表了对这一立场的批评，认为它可能会阻止获得更多的政策推动力。莫冉指出，这种内容政策可能意味着大家将欣赏更多的关于澳大利亚内地的节目而不是与城市背景有关的节目，这仅仅是因为，"澳大利亚风貌"在传统上依据土地和地貌来界定。相应地，这就会导致"澳大利亚特征"被描绘成内地类型，这样的话，就忽视了主要城市观众的文化需要。莫冉因而指出，更重要的问题是，界定澳大利亚性的节目要依据是否在澳大利亚制作，或是否邀请了澳大利亚演员等。这就提出一种相当不同的文化政策程序，它只是界定一种更为实用事务的内容，而不是本质主义式地界定澳大利亚性。

桑德拉·布拉曼（Sandar Barman）：您认为为了一个在政策语境中说得通的论点而将政治经济和文化研究连接起来是必要的吗？

本尼特：把文化制度和文化政策的功能跟政治经济连接起来是绝对必要的。让我举一个例子。关于多少巨额公共资金应该花费在文化领域的政府预算，越来越依赖于施行标准。决定施行标准得以限定和解释的参数因而是非常重要的。如果任由他们根据鄙俗经济学的理性主义标准来界定，澳大利亚的保护特定社区的文化成果就会被极大地破坏。因此，采用主要的文化行政体制所做的和被迫做的统计预算的形式，来非常直接地和切中要害地干预政治就是至关重要的。在这方面，能够从事复杂的统计和经济工作的人在文化研究/政策方面所做的工作就会有巨大的贡献，可能远远超过那些单单从事文化批评的人。

汤姆·斯特里特(Tom Streeter):您是如何使用“政府”(government)和“代理”(agency)两个的词语的?在美国,“政府”和“政府行为”很大程度上是意识形态的问题式,它告诉我们,我们是民主的,我们可以影响政府并影响政府控制事态,因为我们可以投票。然而,就文化而言,政府并不能控制文化,托词是因为文化是共同体,也就是法律所说的“私人支配”。当然,某些时候,政府弥补了资金短缺。因此,自由主义政策的激进主义分子鼓吹美国联邦通讯委员会(FFC)的实践研究,告诉律师和官僚去做什么。这显然不是您所说的,但是那些关于您所使用“政府”和“代理机构”的方式似乎更接近于这些定义。您能阐明您在这些问题上的立场吗?

本尼特:我理解您的困惑,因为我认为我一直以两种不同的方式使用“政府”这个语词。在我的论文的理论部分,它指的是发展起来的相当广泛的社会管理机构,它们可以定义为政府:博物馆可以作为一个实例,国民教育或者统计机构也可以。但是,在我的论文的结尾,我在更为大众认同的意义上使用着这个术语,不知您是否喜欢,那就是国家。在那种意义上,我再生产了一个语意的混淆,这就是我对您的“政府”这个语词的问题的回答。

关于您所说的在美国语境中政府决定(这是我刚才所明确的第二种意义)能够影响文化活动形式的边缘性,我认为在这个区域,民族特性的问题特别重要。我记得以前,拉里·格罗斯伯格(Larry Grossberg)来格里菲思大学所做的一个研讨会,他与澳大利亚广播审查委员会的一位律师一起谈论了摇滚音乐,这个审查委员会是澳大利亚主要的媒体管理权威,也是我们通常错误地称为“意识形态国家机器”的一种。我在这里想说明三点。第一,澳大利亚和加拿大政府可能比美国政府在文化领域的影响更大。第二,终结了殖民主义和帝国主义关系的社会比占支配权力的社会更紧迫地需要文化政策。第三,美国和英国遭受了里根政府和撒切尔夫人政府的打击,同时澳大利亚也遭受了工党政府(公认的右翼)的打击,而且这个工党政府的政策一直持续了六年。这就造成与文化政策领域里可以通过政治进行操作的事情极为不同的结果。我还要补充说,澳大利亚公共服务目前也呈现了一个日益理性的行政体制。

汤姆·帕斯克(Tom Prasch):我们在里根政府和撒切尔政府下从事研究这一事实,某种程度上是不是限制了我们可以谈论国家机器的代表?特别是考虑到英国的情形,在那里,作为一种思想的传统,越来越把撒切尔的过去具体化。您在实际上如何看待它的?

本尼特:它确实限制了可以做什么,那是真的,不过它不可能不在政策领域做一点有益的工作。在我看来,格里菲思的文化政策研究所尽力做的并不是独一无二的。在澳大利亚有其他研究中心,在英国也有一些中心,不管它们可能在哪个层面上,它们都努力从事特定区域的文化工作,并且在理论和实践上为政策做出贡献。空间可能有所限制,但是即使政府(在在野党意义上)是保守的,随着官僚体制而来的并不一定就是,它们的监管功能就像没有缝隙的大网一样,在其内部就没有一点矛盾。这有点偏题。与政府文化机构合作的最有益的经验是认识到(尽管阿尔都塞说它们借助主体范畴发挥作用),一些机构似乎根本不能发挥作用!在野党的政治局面与民族政治传统所做的有明显差别,但这都不是放弃游戏的理由。

评论员(Commentor):您认为对于霸权关系终结之后的社会而言,文化政治与政策更为重要,我不同意您的观点。那些处于统治地位的人能终止文化的贫瘠(就像在美国),于是文化贫瘠的影响能以增殖效果出口。那些接受方可能更清醒地意识到它。在国际贸易协定之下,当前的文化产品的贸易之战正是这样的一个例子。例如,长期支持加拿大小说家实际上可以依赖写作为生的加拿大传统,现在被认为是不公平的贸易实践。

本尼特:我的意思并不是说,应该认为文化政策的问题在一种情况之下比另一种情况更为重要。我只是说,作为实际问题,似乎对我而言,在主要的大都市的权力政治争论中给予文化政策的重要性并没有比给予像澳大利亚这样的国家的重要性一样多。我只是呈述了一种个人印象。

评论员:我认为它是一个政治问题。美国商务代表的办事处在针对关于美加自由贸易协定的文化抱怨时发言声称:我们没有文化。对于经济辩论来说这是一种托词,因此也是一种否定了任何文化价值或作用的重要性的策略。

特里·科米托(Terry Comito):里根-布什政府的文化政策已经激起了平民主义的情绪,他们反对主要表现为纯艺术的精英主义和像我们这类人的理论表述社会变化的精英主义。相反,回归于经典和传统作为一种民主工程而被提议。我们的修辞还能落到实处吗?

本尼特:这并不是美国独有的,而且我认为它也不是现在的保守党和政府特有的。在澳大利亚过去的20年里,那是工党执政时期,一直有同样的反对人文学科的运动。与其直接回答您的问题,不如让我聚焦于澳大利亚的背景,因为我并不知道很多关于美国的背景。在澳大利亚,所谓的对人文科学的攻击并非基于他们的精英主义立场,而是基于他们缺乏对现实意义的感知。因此,有人要求人文科学本身必须直接地与澳大利亚的需要(文化的、经济的和政治的)相关。学术界对于这些压力的反应是有趣的、矛盾的,而我并不完全确信自己站在他们的立场上。人文科学的许多人(和那些更愿把自己看作左派和右派的人)在一种传统方式上做出回应,宣称这种要求是对文化、高雅艺术、所有我们认为有价值东西的攻击,因此不过是政府庸俗论的一种形式。我确实不再想附和这种观点,它给我的印象似乎是,人文科学相当区域性的作用成了再生产精英知识的特权的场所,它并没有特别用处,当然除了组织文化权力关系之外。我并不在意人文科学是否正在经历一个困难时期,没有必要再掩饰地保卫,更富有建设性的任务是要指出,人文学科需要重新定位,它们应该对现有的社会、学术、政治争论和手段做出切实可行的有益贡献。我们不应该让自己陷进一种一般地对人文学科的捍卫。总而言之,这就是我对澳大利亚形势的反应。

米格汉·莫里斯(Meaghan Morris):我接着那种交流继续说下去。托尼,我应该感谢您的论文,同样也感谢你的研究所在那种语境下所做的研究工作——我真愿意向大家指出——在你的那种语境,几乎没有进行我们一直谈论的那种研究的学术背景。非常有趣的是,从文化领域而来的人想成为另一场讨论中所谓的"学术上的自由战士",但这种人现在实际上被迫在传媒业、行政机构或在私人区域工作,这是因为那里没有学术背景。但是我想继续从您所说的向前推进,这也是我关心不动产的原因,我要指出,当您在一种民族语境中制定政策时,您被迫正视全球经济,被迫面对构建跨地区的国际联盟所带来的必然的真正困难任务,在这种空间中,您甚至没有一种共同语言。例如,就旅游业和旅游政策而言,您不得不考虑谁是理想的消费者,对于许多其他国家来说,通常是美国人或者日本人,您的这种工作给我们解决国际联盟的更大问题提供了一种方法。

本尼特:感谢您的评价之词,过誉了!

(上海交通大学人文学院　尹庆红、强东红译)

理论与经验:托尼·本尼特与20世纪英国文化研究

段吉方

(华南师范大学文学院)

在当代文化研究领域中,英国文化理论家托尼·本尼特的文化研究理论与实践具有重要的影响。相比英国文化研究理论的奠基者理查德·霍加特、斯图亚特·霍尔、E.P.汤普森、雷蒙·威廉斯而言,托尼·本尼特是文化研究的"后来者",处于理论传统的继承与深化的位置,但这不影响托尼·本尼特的文化研究理论与实践有独树一帜的风格与鲜明可见的特色,特别是从20世纪90年代以来,托尼·本尼特在当代文化研究理论与实践中的活跃表现与实践影响更是奠定了他的位置与身份,他注重文化的经验性、治理性以及实效性,其文化研究理论与经验已经成了当代文化研究领域中一种重要的理论范式。托尼·本尼特的文化研究对英国"文化研究"的理论传统既有呼应又有超越,对文学的意识形态、文学的历史性、文化研究的政府性与治理性等具有不俗的理论见识,从而与五六十年代的雷蒙·威廉斯、七八十年代的特里·伊格尔顿共同构成了20世纪英国文化研究与马克思主义美学的学术谱系。本文试图尽可能全面地探索托尼·本尼特文化研究理论与实践的成就与特色,特别是试图展现他的文化研究与20世纪英国文化研究与马克思主义美学理论传统与经验的呼应/挑战、批判/超越的关系，以丰富对20世纪英国文化研究与马克思主义美学理论的认识。

一、托尼·本尼特与英国文化研究的学术传统

在当下文化研究中，人们普遍会重点提到"英国文化研究"①，普遍认为这是当代文化研究理论与实践绕不开的理论传统。这种观念符合文化研究学术发展和理论发展的历史与现实。但是人们习惯认为"英国文化研究"是对"伯明翰学派"的理论继承与实践拓展，甚至认为"英国文化研究"仅仅是指英国伯明翰大学"当代文化研究中心"(CCCS)那一历史时段的研究。在关于文化研究理论上，我们当然不能忽略"英国文化研究"与"伯明翰学派"的理论继承关系，但是，将"英国文化研究"仅仅局限在伯明翰大学"当代文化研究中心"(CCCS)的理论视野上就会窄化"英国文化研究"的概念。首先，"英国文化研究"是一个整体性的概念，它不但包括"正牌""伯明翰学派"的理论家，也就是直接在CCCS工作过的成员如理查德·霍加特(Richard Hogart)、斯图亚特·霍尔(Stuart Hall)、理查德·约翰生(Richard Johnson)和乔治·拉朗(Jorge Larrain)等，还包括没有直接在CCCS工作过但对"英国文化研究"同样有重要理论贡献的雷蒙·威廉斯、E.P.汤普森、特里·伊格尔顿、托尼·本尼特等人的理论研究与贡献；其次，"英国文化研究"是一个历史的概念，它不仅仅指"伯明翰学派"那一个既定历史时段的文化研究，"伯明翰学派"之前的马修·阿诺德、利维斯传统与"伯明翰学派"之后的雷蒙·威廉斯、特里·伊格尔顿、托尼·本尼特的研究仍然属于"英国文化研究"的学术传统之内的，而且现在看来越来越成了一个重要的方面。从概念上看如此，从学术传统上看，"英国文化研究"也不仅仅是指"伯明翰学派"那一时期的研究，而是一个有着复杂的理论观念构成和学术经验整合的学术传统。

① "英国文化研究"的学术传统是指由英国早期文化理论家理查德·霍加特、雷蒙·威廉斯、斯图亚特·霍尔、E.P.汤普森所开创的在英国生长的文化与社会研究的学院派传统，它从"伯明翰学派"的理论内部发展而来，与英国工人阶级文化经验有重要理论关联。这里所说的英国"文化研究"指的是该学术传统内的，与当下泛化文化研究理论有一定差别。

在学术传统上，作为一个整体的“英国文化研究”的学术谱系基本上是在四个维度上展开的：其一，它是随着英国文学学科的学术发展而发展的，与英国文学研究的学术迈进有极大的同一性。早期“英国文化研究”的理论家大多经过了严格的职业化的学术训练，如理查德·霍加特、雷蒙·威廉斯、斯图亚特·霍尔等，后来的特里·伊格尔顿也是如此，英国文学的学术训练和职业培养使这批文化理论家获得了深入社会文化文本所必备的文学经验；其二，它是在对文化与道德、文化与素养、文化与高尚生活方式的培育、文化与卓越精英人才等观念的批判性超越中发展而来的传统，主要表现为对英国文化批评传统中的“利维斯主义”的审美道德意识和精英主义观念的批判性超越；其三，它是在对工人阶级与大众文化经验的研究与关注，在对英国成人教育的职业训练以及对战后大众文化、商业文化、消费文化经验的深入总结与理论提升中发展而来的传统；最后，它还是在一系列理论思想催生中形成的传统，如马克思主义、阿尔都塞思想、葛兰西的文化霸权观念、福柯的文化观念及布尔迪厄的社会文化学研究都对“英国文化研究”总结和提升英国工人阶级与大众文化经验起到了重要的作用。由于“英国文化研究”有着“伯明翰学派”创造的辉煌的开端，所以人们往往更多地将“英国文化研究”与“伯明翰学派”联系在一起也不足为怪，但从上述学术谱系也可以看出，在“英国文化研究”的学术传统内部，“伯明翰学派”的文化研究告一段落之时也正是“英国文化研究”吸收多重理论资源与文化经验从而再度走向深入发展之日，特别是从20世纪八九十年代以来，随着世界性和全球化的“文化研究”思潮愈演愈烈，“英国文化研究”更加展现出了引人注目的成绩，这当然与新一代的英国文化研究理论家的学术贡献是分不开的，这其中就包括托尼·本尼特。

就作为一个整体的“英国文化研究”而言，托尼·本尼特的文化研究是20世纪英国文化研究与英国马克思主义美学学术发展中的一处“重镇”。“英国文化研究”发展到20世纪80年代之后，到托尼·本尼特这里，理论观念和实践方式都有不同的变化，这个变化既有对英国早期文化研究传统的呼应，也有从文化实践的当下语境和既定领域中开始的批判；既有理论建构和实践方式上的继承，更有在不同文化视野与文化语境中的超越。托尼·本尼特自己也曾认为他与英国早期文化研究的学术传统不同①，就学术传统而言，他从英国文学学科的学术训练获得的影响不是很鲜明，所以他的文化研究不像雷蒙·威廉斯和特里·伊格尔顿那样注重对英国文学史经验的剖析和对话，他也不像“伯明翰学派”那样强调“青年亚文化”与“商业文化”进行直接正面的研究，特别是对“英国文化研究”中的“利维斯传统”，他表现出了宽容式的理解，更强调对之进行学理性的分析，注意到了雷蒙·威廉斯等人的批判的“二重性”立场以及对“英国文化研究”政治性选择的潜在影响。②就教育背景而言，托尼·本尼特大学和研究生阶段的专业是政治学、社会学、哲学和经济学，研究兴趣集中在艺术和文学社会学，所以他更多的是从社会学、人类学等学科角度关注文化问题和美学问题，更加注重实证性的统计分析和人类学、社会学方法的应用与实践。就学术经历而言，本尼特早年长期从事英国成人教育实践③，对英国社会底层文化经验与教育现状有深刻的体察，后来又长期受聘于澳大利亚文化与媒介政策研究中心，在文化的治理性、文化研究与文化机构、文化研究与文化政策、文化研究与知识分子等问题上既有理论上的总结和提升，又有文化实践上的实际工作，所以相比“英国文化研究”的学院传统而言，托尼·本尼特的文化研究更加注重经验性、实效性与参照性。最后，就哲学观念与思想方式而言，托尼·本尼特的文化研究主要发生在20世纪70年代后期，在20世纪八九十年代更加活跃④，所以，他对“英国文化研究”中的“利维斯传统”“阿尔都塞传统”以及文化研究中“文化分析”与“结构主义”的“两种范式”⑤没有明显的继承，他对雷蒙·威廉斯、

① [英]托尼·本尼特：《本尼特：文化与社会·绪论》，桂林：广西师范大学出版社，2007年，第13页。

② 同上，第17页。

③ 关于英国文化研究与英国成人教育的关系请参照付德根《战后英国成人教育与文化研究》，载《马克思主义美学研究》第11卷第2期。

④ 托尼·本尼特的成名作《形式主义与马克思主义》出版于1979年，他的《马克思主义与通俗小说》出版于1981年，《邦德及其超越》(与珍妮·沃考特合作)出版于1987年，《文学之外》出版于1990年，《博物馆的诞生——历史、理论和政治》出版于1995年，他的《将政策引入文化研究之中》《文化与治理性》《知识分子、文化政策：技术的、实践的、批判的》也都是发表出版于20世纪90年代以后，从中可以看到托尼·本尼特的文化研究过程与影响主要是在20世纪八九十年代之后。

⑤ 据斯图亚特·霍尔的观点，“文化研究”大致可以划分为两种主要范式：文化主义范式与结构主义范式。文化主义范式是英国文化研究的理论奠基者理查德·霍加特和雷蒙·威廉斯创立的，结构主义的范式则是在阿尔都塞的结构主义马克思主义和拉康的结构主义及后结构主义精神分析的理论基础上形成的。见斯图亚特·霍尔《文化研究：两种范式》，载罗钢刘象愚主编《文化研究读本》，北京：中国社会科学出版社，2000年。

特里·伊格尔顿、阿尔都塞等马克思主义美学传统的批判性也非常明显，而对福柯的“治理性”观念以及葛兰西的“文化霸权”观念则有明显的借鉴，在这个基础上更加注重文化研究的治理性与实践研究，因而体现了对“英国文化研究”早期传统的超越性，其文化研究观念不同于西方马克思主义的哲学美学传统，也不同于早期“英国文化研究”的“文化与社会”传统，而是注重经验性、治理性、实效性的文化实践。但是他的这种超越也是建立在及时必要的理论呼应的基础上的，他充分重视了英国文化批评的经验来源，对马克思主义理论中的基础/上层建筑观念以及“英国文化研究”的“文化唯物主义”传统都有明显的理论呼应，对文学的意识形态、文学的历史性、英国文化研究与马克思主义的关系、马克思主义与通俗小说的关系具有深刻的理论见识，同时文化理论建构的色彩也非常明显。正是在这个意义上，托尼·本尼特的文化研究既超越了文化研究中的文化主义和结构主义传统，又对20世纪“英国文化研究”的学术传统具有理论范式上的反思与深化，从而展现了“英国文化研究”的学术传统在20世纪八九十年代以来的新的发展。

二、将政策引入文化研究之中："文化"的重释

斯图亚特·霍尔认为，“无论是‘文化主义’还是‘结构主义’都不足以将文化研究构造成一个有明确概念和充分理论根据的领域”①。确实，文化研究的对象与范围太过复杂，文化研究的跨学科特性既使文化研究展现出生机勃勃的特征，但又造成了它的研究范畴的分散性，但正是因为如此，文化研究需要实证性的精神、实践性的立场以及可操作性的方法，只有将文化研究的具体过程落实到具体的文化语境与文化实践上，将文化研究的最终结论与可应用性的实施手段结合起来，才能实现文化研究本身所蕴含的实践精神。20世纪英国文化研究发展到托尼·本尼特那里，正是展现了这样一种实践主张。将文化政策、文化机构、文化治理等实践立场引入理论研究之中，从而引起

① 罗钢、刘象愚编：《文化研究读本》，北京：中国社会科学出版社，2000年，第61页。

了文化研究理论与实践上的策略转型与方向调整，这正是托尼·本尼特将“政策”引入文化研究的理论范式的主要特色。

在以往的文化研究中，或至少从“伯明翰学派”以来的文化研究传统中，无论是文化主义的理论范式还是结构主义的理论范式，都没有设想过将“文化政策”“文化与政府的治理性”“文化与现实政治机构的关系”作为文化研究的内容，更没有作为文化研究的方向与焦点，甚至有这样的认识：将“政策”“政府”“政治机构”引入文化研究会使“文化研究”被“文化政策研究”所取代，文化研究会成为政府所倡导的行为。由于既定的观念与方法几乎厘定了文化研究的理论范式，以至于使文化研究成了“一个方便的术语在运转”①。从文化研究的传统与历史来看，文化主义和结构主义的理论范式承续了“文化研究”某些有针对性的方法特征，如文化研究的跨学科特性、文化研究深入社会文本的实证方法、文化研究重视工人阶级与大众文化的经验意识、文化研究的意识形态批判精神等，但也至少在以下两个方面损伤了文化研究的思想锋芒：一是使“文化研究”成了一种“文化文本研究”或“审美文化研究”，文化研究的跨学科特性日益消融在束之高阁的学院化工作的规范形式之中；二是导致了文化研究的制度化与商业化，使文化研究日益成了学术化和技术化的职业，文化研究成了通俗故事、电视媒体、文化公共休闲领域(如电影院、咖啡馆、麦当劳等)等大众文化消费经验的解读工具，而失去了它的批评精神与反省意识。对于文化研究是如何从一种对“传统”的反抗有走向了另外一种研究的“传统”的问题，当代文化研究虽然有所警觉②，但在具体研究中仍然是在强化文化研究的规范化与制度化的一面，正是在这种错位中，文化研究其实正在悄悄发生学科的分裂。

托尼·本尼特的文化研究在这方面有深刻的警醒，他提出，当代文化研究在学科格局上存在着分散的理论立场和政治立场，文化研究在承担审视文化实践的职责的同时获得了“术语”上的灵活性，但“需要与它过去的许多方面决裂”③。托尼·本尼特所

---

① [英]托尼·本尼特：《本尼特：文化与社会》，桂林：广西师范大学出版社，2007年，第158页。

② [英]佩里·安德森：《西方马克思主义探讨》，北京：人民出版社，1981年，第66页。

③ [英]托尼·本尼特：《本尼特：文化与社会》，桂林：广西师范大学出版社，2007年，第159页。

说的“决裂”并非是要文化研究有一个彻底的学科断裂，他指的是文化研究学科发展的缺陷，期望通过与目前正处于“流通”中的文化研究方法也就是那种“为研究而研究”的“理论化”的研究方式的“决裂”而实现文化研究的当代责任。他提出的方案和研究方式是将“‘政策’理论地、实践地、制度地引入‘文化研究’之中”[①]。托尼·本尼特这里所说的“政策”并非指影响文化研究的具体政治政策和主张，而指的是将政策、制度与管理的背景与手段看作文化的重要领域和成分，进而将文化研究视为特殊的“文化治理区域”，以便在文化研究主要问题框架内重新审视“文化”，强调文化既是治理的“对象”同时又是治理的“工具”。就对象而言，文化研究关注下层社会阶级的道德、礼仪和生活方式；就工具而言，文化研究则成了对道德、礼仪和行为等领域的管理干预和调节的手段。

在文化主义理论范式中，文化研究的重点落在了调整文化与读者、亚文化成员及大众文化等文化形式的关系上，目的是引导主体自我的政治实践转变，结构主义的理论范式则强调从意识形态的幻象中导向真实的意识，由此带来主体认识上的变化。但在托尼·本尼特看来，这两种理论范式都依赖于一种将文化视为主要符指实践领域的文化观，文化研究方式与手段在符指意义或话语意义上追求的是文化政治的任务。他认为这两种理论范式都对调节不同文化领域的政策与制度背景没有给予足够的重视，忽略了政策、制度背景与文化政治任务的实现之间的特殊关系，为此，他强调，把制度与更宽泛的政策与管理背景引入文化研究，其目的正是为了超越文化研究的困境，这样一种观念使托尼·本尼特的文化研究展现出了与以往文化研究不同的策略主张，他首先针对的就是雷蒙·威廉斯的“文化”概念。

在托尼·本尼特看来，雷蒙·威廉斯并没有对文化的“现代”用法进行批判性的审视，他引述澳大利亚文化理论家、批评家肯·鲁斯文(Ken Ruthven)的评述说，当威廉斯“坚信历史的潜在过程以某种方式沉淀在一小撮所谓的关键词中”时，“他这方面的大部分作品仍然停留在剑桥英语的视角上”。并且认为，“威廉斯就每个关键词有待定

---

① [英]托尼·本尼特：《本尼特：文化与社会》，桂林：广西师范大学出版社，2007年，第159页。

位的语义学领域而下的判断在某种程度上可以说是随意的;它凭借的是有利于'文化'的历史和意义因而根据它与'审美''艺术''文明''人性'和'科学'的关系而被想象为可书写的。尽管不怀疑这些选择的实质作用,它们的不完全性同样也是明显的"[①]。为此,托尼·本尼特强调"文化"的"多元决定"特性,强调把"文化"看作一系列特定的制度地形成的"治理关系",强调文化研究通过审美智性文化的参与以及其他文化形式、技术和规则的配置应用实现更令人信服的文化构想。他认为,在威廉斯的文化定义中,文化的语义学方面被过多地突出了,威廉斯强调了文化定义的丰富的人类学意义,但忽略了文化研究领域的有机层面,为此,本尼特强调文化研究更应该关注艺术智性活动得以最后被刻写成文化治理手段的过程,强调文化研究以一种积极的建设性的方式成为改善大众精神行为品性的手段,这不是单凭文化自身的特性就能实现的,而是需要文化实践的参与以及实现文化实践所需要的场域如公共博物馆等的参与。在他看来,威廉斯忽视了这种场域是如何建立以及如何发挥作用的,所以,他提出将"政策"引入文化研究之中就是要恢复文化活动刻记于其中的有计划性的、制度的和管理的背景,也就是决定文化实施的关系网络,即"文化的多元决定",这些"多元决定"构建了与特定文化实践相联系的区域,也构建了行为规范,只有考虑到这些"多元决定"的区域文化研究才能实现像马克思所说那样,在思想中占有"现实凝聚物"[②]。

在"英国文化研究"中,雷蒙·威廉斯的"文化"概念有重要的奠基作用,雷蒙·威廉斯"文化作为一种生活方式"的概念及理论阐发曾经影响了英国文化研究的理论走向和实践过程,托尼·本尼特承认自身也曾受威廉斯的影响,[③]在他的《形式主义与马克思主义》中这种影响是明显的,所以,尽管托尼·本尼特深入反思了"英国文化研究"传统中雷蒙·威廉斯的"文化"概念,但他其实也无法完全剔除"英国文化研究"的学术传统在他那里的影响,他努力地将文化研究导向文化实践批判,强调文化实践批判既是"文化政治的起点又是它的终点"[④],也正是呼应"英国文化研究"学术传统的方式。

---

① [英]托尼·本尼特:《本尼特:文化与社会》,桂林:广西师范大学出版社,2007年,第162页。
②④ 同上,第165页。
③ [英]托尼·本尼特:《本尼特:文化与社会·绪论》,桂林:广西师范大学出版社,2007年,第17页。

只不过，在他那里，文化研究不仅仅是强调文化文本分析与主体认识形式的关系，不仅仅是阐释文化文本与它的时代的生产关系，而是如何处于它们之中："它如何处于特别的文化技术之中？""它将指向什么样的文化研究方向"，并且思考文化研究的政治可能性："这种文化研究的目的是生产知识，从而能够帮助发展这样的规划，而不是无休止地花费力气去组织仅仅作为它们自己的修辞幻影效果才存在的主体。"[①]正是在这样的意义上，托尼·本尼特的文化研究同样具有理论范式的意义。

三、问题式：文化研究的"葛兰西转向"及其实践影响

在20世纪西方文化研究中，"葛兰西转向"转向是一个重要的理论转折标志。佩里·安德森认为，葛兰西的《狱中札记》"是整个西方马克思主义传统中最伟大的作品"[②]，"在葛兰西以后，西欧再也没有其他一位马克思主义者达到过同样的造诣"[③]。葛兰西的文化理论不但促使了20世纪70年代以后西方马克思主义的研究重心的转移，而且引发了整个西方马克思主义对马克思主义理论传统与观念的新的重写与反思。葛兰西提出的市民社会与文化霸权、文化霸权与有机知识分子、大众文化的意识形态性与社会实践等一系列有鲜明针对性的理论观念和思想导致了西方马克思主义美学对马克思的基础/上层建筑理论范式的一次集体性的理论重读，促使整体西方马克思主义美学在马克思的基础/上层建筑理论之外开始"用自己的密码式的语言来说话了"[④]。在西方马克思主义视野中，"葛兰西转向"引发的理论动荡是明显的，也是深刻的，阿尔都塞学派、法兰克福学派等西方马克思主义美学的重要理论流派和理论家都深深地受到了它的影响，西方马克思主义美学在主题上的创新——"不再从理论上正视重大的经济或政治问题了"，"几乎倾全力研究上层建筑"[⑤]；在思想体系上的典型

---

① [英]托尼·本尼特：《本尼特：文化与社会》，桂林：广西师范大学出版社，2007年，第166页。
② [英]佩里·安德森：《西方马克思主义探讨》，北京：人民出版社，1981年，第71页。
③ 同上，第61页。
④ 同上，第44页。
⑤ 同上，第96—97页。

性转折——对马克思主义经典遗产的标新立异式的理解；在哲学观念上的独特选择——从历史唯物主义的奠基观念即理论与实践的统一到纯理论化地理解历史的先验概念体系与经验现实，都是在“葛兰西转向”的理论转折中发生的，从这个角度而言，西方马克思主义美学视野中的“葛兰西转向”是一种整体理论范式的转折，导致西方马克思主义哲学观念和理论传统及思想旨趣的变化与转向。

在“葛兰西转向”中，20世纪英国文化研究的理论范式与理论观念受到的影响也是明显的。葛兰西的思想在20世纪70年代中期开始被介绍到英国，它在英国文化研究中的影响是在以下两方面因素的促发下发生的：一是整体性的西方马克思主义美学观念的转折对英国文化研究理论的促动；二是英国马克思主义理论家雷蒙·威廉斯和《新左派评论》杂志的积极推动。葛兰西影响“英国文化研究”的主要观念是他的“文化霸权”思想，其主要表现是葛兰西对文化的意识形态的解释与凸显、对大众文化研究的重视、对文化手段与现存政治社会秩序关系的观念整体地影响了“英国文化研究”的理论范式，特别是对“英国文化研究”如何走出文化主义与结构主义的理论困境有着重要的启发。特纳曾经认为，“葛兰西转向”在“英国文化研究”的内部为一个重要工程提供了思想基础，当葛兰西的著作明确地展示了大众文化的功能，他也深刻地提出了全部的大众文化研究的意识形态角色问题。[①]在英国文化研究的理论家中，雷蒙·威廉斯与葛兰西曾有密切的个人联系，他在《马克思主义文化理论中的基础和上层建筑》一文中和《马克思主义与文学》一书中曾专门讨论葛兰西的“文化霸权”观念，葛兰西的“文化霸权”观念也对威廉斯的“文化”概念及他的“感觉结构”的观念都有重要的影响，在霍尔的《编码，解码》中，也可以看出葛兰西的痕迹。“葛兰西转向”使“英国文化研究”开始将研究重心转向文化的意识形态属性以及文化与社会权力的组合方式上来，开始强调文化与社会意识形态的关系网络以及特定的实践方式，从而在文化、权力、政治、意识形态、历史等因素的复杂关系中打开了“英国文化研究”的政治空间，对“英国文化研究”的实践方式有重要的影响。

---

① Graeme Turner, *British cultural studies: An Introduction*, London: Routledge, 2003, p.179.

托尼·本尼特的文化研究理论和实践大部分是发生在“葛兰西转向”之后的,因此他对葛兰西的文化理论有重要的体会,受到的影响也是明显的。本尼特在他的《大众文化与“转向葛兰西”》《把政策引入文化研究之中》《博物馆的诞生》等一系列论著中多次阐发葛兰西的思想。在本尼特看来,“英国文化研究”中的文化主义和结构主义都凸显了文化研究中的“葛兰西转向”,文化研究的目的是从多种多样的权力形式中发现自我,并将主体组织成一种集体的政治力量来对抗权力集团,在这种研究中,“文化领域需要被看作本质上是统治的”①。像雷蒙·威廉斯和斯图亚特·霍尔一样,本尼特有效吸收了葛兰西的“文化霸权”与大众文化研究观念,认为“葛兰西著作的批判精神全没有大众文化批评家叫人忍无可忍的傲慢态度,同时又丝毫无意去鼓吹一种大众主义,既避免也否定了结构主义和文化主义的二元对立”②。在托尼·本尼特看来,葛兰西的理论观念为文化研究带来了完全不同的方法观念,它开拓了大众文化领域,赋予大众文化巨大的政治可能性,它的理论价值在于“能够合理解释文化斗争的不同领域(阶级、种族、性别)的相对独立性,以及它们在不同历史背景中,可能互为交叠的那些错综复杂、变化无定的方式”③。但是他并没有完全采纳葛兰西的理论谱系,而是在文化研究中引用葛兰西“文化霸权”观念的“问题式”主张,这主要表现在:在文化与治理的关系中融入了葛兰西的霸权观念,在文化技术、文化机构的形成与政府间的关系——如博物馆——的理解中,将葛兰西的霸权观念与文化的治理性结合起来,试图在超越葛兰西“文化霸权”观念的努力中落实文化研究的政治性。本尼特认为,在文化研究中,“葛兰西要素易于对制度不感兴趣,相应地,也没有充分注意到那些考虑,它们在把文化技术与另一种文化技术区分开来时,也带来了特定系列的规划的政治关系和政治形式”④。因此葛兰西的传统“也具有实实在在的局限性”⑤。托尼·本尼特认识到了葛

① [英]托尼·本尼特:《本尼特:文化与社会》,桂林:广西师范大学出版社,2007年,第170页。

② [英]托尼·本尼特:《大众文化与“转向葛兰西”》,陆杨、王毅编:《大众文化研究》,上海:三联书店,2001年,第62页。

③ 同上,第66—67页。

④ [英]托尼·本尼特:《本尼特:文化与社会》,桂林:广西师范大学出版社,2007年,第167页。

⑤ 同上,第166页。

兰西的局限，认为文化研究中完全局限于“文化霸权”的理论视角就不能与现实的文化关系相符合。为此，他引用福柯的“政治理性”的观念，更多地强调文化研究在政策、体制与意识形态的关系网络中所展现出来的政治规范特征，这主要体现在他对博物馆等文化机构与文化政策的研究中。

托尼·本尼特认为，博物馆在肇始之时就被刻记在制度形式之中。博物馆一方面作为文化财富，它有责任使它的资源平等地和免费地向公众和公民开放；但另一方面，博物馆也是区分大众的工具，它在理论上是民主的，但在现实中已被证明是一个发展了那些社会区分实践的非常显著的建设性的技术。博物馆特有的政治需求支配着它在表征实践上的政治需求，即不同族群文化应该在博物馆之中得到平等的表征，因此，博物馆为将群众转化成合乎秩序的、理想的、自我规范的公众提供了一种机制。从这些方面来看，“博物馆不仅建构了一个文化区分的空间，而且也建构了一套文化区分实践的场所，其目标是筛选出与公众集会地方相联系的公共行为方式”①。这是本尼特在吸收了福柯的“政治理性”观念后对葛兰西“文化霸权”观念的再解读。在福柯看来，现代管理形式的发展可以追溯到新技术的出现，监狱、慈善机构、收容所等，既是政治机构，同时又是应用新技术的管理方式，它们的功能是调节个体与大众的行为。表面看来，这些技术以它们自己特有理性为特征，但是它们也构成了有利于权力施行的特定方式，生成了它们自己的政治问题，而不仅仅代表一般权力形式施行的场合，比如监狱。监狱的政治理性与其说在于真诚地改革行为的能力，不如说它将可管理的犯罪亚阶级与其他人口隔离开来的能力。在托尼·本尼特看来，博物馆的发展轨迹与福柯所说的监狱的发展轨迹是相反的，“博物馆既是被看的地方，又是看的地方”②。博物馆一方面是民主修辞、大众教育工具；另一方面，也是改变大众行为方式的工具。前者要求博物馆无差别地对待公众，后者则成了区分大众的手段，“因此博物馆修辞性地将无区别的公民并入一套好似呈现为从自身生发出来的权力——知识关系之中”，这样，“民主公民修辞地进入了国家的程序之中”③。

---

① ［英］托尼·本尼特：《本尼特：文化与社会》，桂林：广西师范大学出版社，2007年，第230页。

② 同上，第232页。

③ 同上，第228页。

从博物馆的诞生到博物馆的政治理性，托尼·本尼特提出了一种“政治博物馆”[①]的概念，同时也积极阐发一种关于博物馆的“真理政治学”[②]，那就是：“拆除博物馆的空间，构建一套博物馆的展览品与公众之间的新关系，使它作为有利于民主多元的社会自我展览的工具，更充分地发挥作用。”[③]为此，他用福柯的“政治理性”的观点去融合葛兰西的“文化霸权”观念，他的理论特性是淡化和稀释了“文化霸权观念”的理论属性和颠覆功能，在对文化体制与文化机构的社会学和人类学分析中，将文化和霸权、文化和统治的观念与文化的政治理性问题结合起来，既凸显了具体文化研究的政治性与意识形态性，同时又与具体文化机构和文化体制研究结合起来，因此，他的文化研究的政治性落实到了具体的文化关系网络之中。在20世纪英国文化研究理论中，本尼特的这种观念具有标志性的理论意义，它体现了“英国文化研究”在“葛兰西转向”的理论视域中的新的眼光与实践，在将葛兰西的“文化霸权”观念的“问题式”落实于具体文化政治语境之中的过程中，充分展现了“英国文化研究”的经验意义和实践特征，因此代表了“英国文化研究”的一种新的理论走向。

四、理论与经验：托尼·本尼特文化研究的意义与启发

在20世纪英国文化研究中，无论是英国本土文化研究中的文化主义，还是来自欧洲大陆的结构主义，当它们发展到今天，当它们面临着一些无法突破的理论困境之时，托尼·本尼特“将政策引入文化研究之中”的“文化治理性研究”的理论范式会有不小的理论启发，这主要表现在：

首先，“英国文化研究”的经验性特征与优势在托尼·本尼特那里得到了进一步的发扬光大。什么是托尼·本尼特所说的“文化的治理性”？具体说，那就是具体文化研究和实践要为文化的多元性与特定人类社群的不同标准而负责，文化研究应该通过密

---

① [英]托尼·本尼特：《本尼特：文化与社会》，桂林：广西师范大学出版社，2007年，第219页。

②③ 同上，第233页。

切关注政府、政策与惯习等因素，实现文化功用的倍增，以有效地增强人们的自我控制能力。如果说，英国文化研究曾经从工人阶级、大众文化、青年亚文化、新兴媒体的研究中最早地凝聚了文化研究的经验特性与优势的话，那么托尼·本尼特对政府、政策、惯习、文化机构与文化体制的社会学、统计学与人类学研究，则进一步在新的文化语境中强化和凸显了“英国文化研究”的经验特征与优势，这一强化也将“英国文化研究”的学术传统与人文影响提升到了一个新的理论境界之中。

其次，托尼·本尼特的文化研究充分体现了文化研究的应用性与实效性，从而发扬了“英国文化研究”的实践传统与文化政治功能。本尼特曾经强调：“只用把政策引入文化研究，才能使文化研究从那些陈词滥调的形式扭转方向。”[1]而他的文化研究不仅仅是理论化地展现了他实现“英国文化研究”目标的雄心，而且通过对葛兰西、福柯、布尔迪厄和哈贝马斯等人的理论观念和思想方法的融合贯通，将文化研究的理论化与实践性、政治性明显结合起来，从而走出了“理论化”的文化研究和“理论化”的文化政治实践的困囿，在微观文化系统研究上强化了文化研究的政治性与实践性。在托尼·本尼特身上所展现的这一特征与他一直以来的实际的文化研究工作有密切的关系。托尼·本尼特在澳大利亚从事文化研究的过程中，曾经在澳大利亚成立了“文化政策研究所”，因此他的文化研究中的“澳大利亚内容”也比较明显，他的任务与目的是从组织研究、出版计划、发展与地方和政府或半政府的各种合作关系等方面进行文化政策研究，并在博物馆、艺术、电影、语言以及教育政策领域的研究中提出新的问题，且寻求有效的实际的解决方案，因此，他的文化研究的指向相对明确，政治性也比较集中，这也正是“英国文化研究”的学术传统极力强调的目标。

最后，托尼·本尼特的文化研究理论与实践对整体的“文化研究”学科有所反思与促进。本尼特在谈到文化研究时表示，人文学科的很多区域的作用已经成了再生产精英知识特权的场所，这并没有特别的实际用处，人文学科需要重新定位，它们应该对现有的社会、学术、政治争论和手段作出切实可行的有益贡献。文化研究在研究方式上

---

① [英]托尼·本尼特：《本尼特：文化与社会》，桂林：广西师范大学出版社，2007年，第171页。

也不应该成为一种与一般人文学科的相并列的形式，而更应该成为文化改革的科学与文化治理的手段。因此，托尼·本尼特不将文化研究看作是纯粹的话语事件，他对雷蒙·威廉斯的“文化作为一种生活方式”的概念的批评反思也正是从这个意义上而言的，本尼特认为这种文化概念无力承担文化研究中的常识通常加之于它之上的根本重负，他在比较研究英国文化人类学家泰勒的文化概念之后认为，应该将“文化作为一种生活方式”的概念在文化研究中所起的作用与它在文化政策的修辞和实践中所起的作用联系起来，这不仅仅展现了托尼·本尼特对“文化”概念本身的思考，也体现了他对文化研究整体学术发展和实践应用的思考。同时，对英国19世纪的马修·阿诺德和“利维斯传统”，托尼·本尼特也有不同的意见，他并非一味地批判马修·阿诺德的道德主义与利维斯的精英主义，而主张威廉斯的“作为一种生活方式的文化”与文化研究的道德精英传统以及泰勒的“文化”概念的进化论因素结合起来，特别是在马克思主义的历史语境中结合起来，其中体现的是对文化研究的学科发展与学术发展的重视。

目前，20世纪英国文化研究的学术传统和理论影响越来越多地受到了重视，托尼·本尼特的文化研究也不断获得了积极的评价，这是20世纪英国文化研究在当代思想文化格局中具有重要影响的表现。但就目前而言，文化研究也展现出了众多的缺憾，格罗斯伯格认为文化研究“越来越以新的方式被商品化和制度化”，而且，文化研究“我们对它谈得越多，越不清楚自己在谈什么”①。在他看来，造成这种局面的原因主要有两方面，一方面，是文化研究受到了稳定性、规范性和界定性的模式影响；另一方面，是文化研究融入更广阔的文化阐释世界时，文化研究代替了批评理论这一更为含混的概念，结果是文化研究一盘散沙，丝毫不再说明它的学术和实践如何为解决文化和权力文化提供不同的方式。为此，格罗斯伯格再次重申文化研究的力量和魅力的根源：(1)文化研究拒绝把自身建构为可以自由穿行于历史和政治语境的一种完成了的和唯一的理论主张。(2)文化研究拒绝以学院的或狭隘认识论的术语来说明自身的理论精确性。(3)文化研究的跨学科依据是理论文化实践所需要的东西非常明显地正是文

① [美]劳伦斯·格罗斯伯格：《文化研究的流通》，罗钢、刘象愚：《文化研究读本》，北京：中国社会科学出版社，2000年，第66页。

化，决不能在任何特定历史和制度的语境之外预先限定。[①]这种以“文化研究不是什么”的理论说明正是理解，进而释放文化研究的理论重负的形式。对于文化研究，或许我们已经习惯了那些既定的理论化的说明，如跨学科、反理论、批判性等，但我们似乎忽略了长期以来这种既定的理论说明仍然是一种抽象化的方式，仍然会走向对文化研究的“唯理论范式”的倾向，这正是文化研究所拒绝的。尽管我们可以给出若干种文化研究的定义方式，但归根结底，我们不要忘记：“我们的任务是在具体的研究中抽象、描述和重建人们借以‘生活’、意识并主观地维护自身的社会形式。”[②]这也正是托尼·本尼特以及20世纪英国文化研究给我们的启示。

从历史的视野来看，当代社会文化与政治语境更加复杂，文化研究涉及的领域也更加广泛，历史的发展已经将文化研究推进到了一个复杂的时代，但托尼·本尼特以及20世纪英国文化研究的“经验”仍然值得我们认真的对待，因为只要文化研究在继续，就不能放弃对文化知识的反思与政治思考，就不能放弃文化批判与政治实践，更无法忽略考虑和协商文化原动力和文化关系以提出新的问题，这些也正是托尼·本尼特正在进行的工作。

（原文刊发于《马克思主义美学研究》2009年第2期）

---

① [美]劳伦斯·格罗斯伯格：《文化研究的流通》，罗钢、刘象愚：《文化研究读本》，北京：中国社会科学出版社，2000年，第66—69页。

② [英]理查德·约翰生：《究竟什么是文化研究》，罗钢、刘象愚：《文化研究读本》，第12页。

审美制度与自由治理

向　丽

（云南大学文学院）

在当代世界，权力(power)已然成为政治的核心，人们对于社会机构、法律、权利、政府、正义、秩序等的思考都不可避免地最终导向对于权力的考察，而治理则聚集为权力的某种合法化形式，它试图以各种知识形式勾勒着最佳的政府和社会的理想形态，因而成为渗透于当代政治、经济、教育、文化等领域的有效链接方式及日益精密的社会网络。

那么，随之而来的问题是，治理如何可能？它通过怎样的方式进入社会的各个环节？治理的具体运作机制是怎样的？它的合法化基础何在？它又是如何被重新建构的？我们如何考证滥用权力的不同方式？[①]自由治理中的“自由”维度如何显现？等等，这一系列的问题早已越出了政治学的范畴，成为美学、人类学、社会学等学科聚焦的话题。

令人惊异的是，在漫长的历史演进过程中，审美和艺术在治理实践中发挥着一种特殊的功能。或者可以说，治理是一门巧妙地周旋于审美和政治之间的艺术。审美介

① 参见[英]布劳尼斯娄·马林诺夫斯基：《自由与文明》，张帆译，北京：世界图书出版公司，2009年，第162页。

入社会,这本身就是一种微妙的治理术。然而,审美和艺术并不能单独倚靠自身来实践此种功能,而是在与各种制度性因素和机构的互渗与共谋中作为一种特殊的制度形态而起作用,这种特殊的制度形态即审美制度。无可否认的是,在很大程度上,探讨审美制度如何作为一种特殊的制度形态规范和建构社会的治理,从而将其所治理的对象及治理本身引向自由,是在当代社会中推进治理的一种不可逾越的研究路径。

一、治理及其实践

"治理"(Government)是法国哲学家米歇尔·福柯(Michel Foucault)在法兰西学院授课中重点讨论的问题,是关于权力形态的纵深发掘和阐释。自此以后,对于治理问题的研究在西方学界形成了广泛的风潮,并逐渐渗入到政治学、经济学、法学、教育学等多学科的领域。对于治理思想的深入研究,不仅有助于我们理解福柯的政治哲学思想及其发展脉络,而且从其所滋养的社会土壤中有可能伸展出社会文化发展的新维度。

福柯治理思想的提出有其产生的必然性和合理性,其中,规训权力理论自身的困境及其本身所招致的批评为治理思想的衍生提供了某种动力。事实上,福柯在《规训与惩罚》中已经呈现了人类历史上惩罚模式的悄然转变,即由一种血淋淋的对肉体的酷刑折磨转向一种看似温和的对身体的精妙规训①。在福柯看来,此种转变绝非意味着人性的进步,而只是标志着一种微观权力技术的兴起和弥漫。它不再是一种赤裸裸的权力展演的盛宴,而是一种更为隐秘的权力支配形式,它的精妙之处在于,它可以以一种温情脉脉的方式在人们认为权力最薄弱的空隙里肆情施虐,这是福柯所能够看到的。然而,福柯的睿智之处不仅如此,他通过对人类历史上出现的规训与惩罚的考察和分析,意识到了将一种狭义的规训拓展为一种广义的规训的必要性。在某种意义上可以说,广义的规训即治理。于此,福柯也最终承认了自己在70年代前半期将分析的

① 福柯在《规训与惩罚》开篇就展示了历史上出现的两种有意味的惩罚模式:1757年3月2日,刺杀路易十五的达米安的血淋淋的行刑和八十年后列昂·福歇制定的"巴黎少年犯监管所"规章。参见[法]米歇尔·福柯:《规训与惩罚》,刘北成、杨远婴译,北京:生活·读书·新知三联书店,2012年,第3—7页。

重点放在作为主要权力技术的惩罚之上的局限性。可见，福柯所思考的治理成为规训理论的延伸，并且具有了更为广泛的存在空间和缜密的运作机制。

在对于历史上出现的政治著述的持续观察中，福柯发现了一个引人注目的事实，即从16世纪中期直到18世纪末这个时期，一系列具有显著特点的政治著述出现并盛行起来，但这些著述不再是“对君主的忠告”，也不再是关于政治科学的论著，而是介于这两者之间的一门艺术，即“治理的艺术”(arts de gouverner)。这与古希腊罗马社会和整个中世纪中大量的以“给君主的忠告”为名涌现出来的论著所呈现的景象有了很大的差别。不仅如此，治理作为一个普遍性的问题早在16世纪就已爆发了，在探讨许多性质完全不同的问题时都会同时提到治理问题，诸如自我治理的问题、灵魂和行为的治理问题、儿童治理问题、宗教秩序的治理问题、家庭的治理问题、君主对国家的治理问题等。[①]于此，治理渗透于从国家到社会到个人；从机构到身体到心灵的各个领域，成了人们不可规避的社会网络。与此相应的是，如何接受治理，如何自我治理，如何治理社会，什么才是真正的治理？这些问题就不再仅仅是西方16世纪的问题了，而且是任何一个国家和社会及个人都将直面的。无疑地，治理成为一项庞杂而复杂的工程，这门艺术需要一种高超的技巧和策略。

对于此，福柯显然早已意识到，他指出，“治理的目的则存在于它治理的事物中，存在于对治理所指导的过程的完善和强化中；治理的工具不再是法，而是多种多样的策略”[②]。福柯强调，从治理的角度来看，法律既不是治理的主要工具，也不是最好的工具。治理不是命令，也不是制定法律。因此，治理的目标并不是仅仅通过法律就可以达到的，正如，德·拉佩里埃(G. de La Perrière)在《政治之镜》中一语中的地指出，“蜂王统治蜂巢并不需要刺。”[③]治理需要一种智慧和谋略，那么此种智慧又是什么呢？它又将施展出怎样的魔力呢？为此，福柯结合自己长期以来对于权力的考察，力图寻找到权力得以形成、施展并发挥效能的人类学基础。

---

① [法]米歇尔·福柯：《安全、领土与人口——法兰西学院演讲系列，1977—1978》，钱翰、陈晓径译，上海：上海人民出版社，2010年，第74—75页。

②③ 同上，第84页。

福柯认为权力问题的关键不在于谁掌握了权力，而是权力是如何发生的以及如何运作的，亦即研究的重心放在了权力的技术、策略及其机制方面。甚或，福柯将这种特殊的权力机制直接称为“治理术”(gouvernementalité)，并认为“治理术”一词有三个意思：(1)由制度、程序、分析、反思、计算和策略所构成的总体，使得这种特殊而复杂的权力形式得以实施，这种权力形式的目标是人口，其主要知识形式是政治经济学，其根本的技术工具是安全配置；(2)“治理”的权力形式在西方日益占据着突出的地位，它形成了一系列治理特有的装置，并且导致了一整套知识的发展；(3)“治理术”这个词还意味着一个过程，或者说是这个过程的某种结果。①可见，在治理的权力形式日益占据突出位置时，它同时诞生了一系列特有的治理机器和话语形态，并最终袒露出历史的真相。为此，福柯试图在研究权力形式的系谱学的基础上重新发掘和梳理“治理术”的历史。

福柯首先追溯了作为近代国家治理术来源的基督教牧领权力，此种管理制度形态源自前基督时期及基督时期的东方。在福柯看来，在这种牧领权力的治理逻辑中，政治犹如牧羊，国王、上帝、首领对于普通人而言是牧羊人，而普通人则类似于羊，治理术就诞生于羊圈之中。此外，牧领权力基本上是一种善意的权力，然而，恰恰是在这种善意的逻辑中，牧羊人必定会遇到其不可逾越的悖论：为了全体牺牲一个，为了一个牺牲全体。在福柯看来，其原因就在于，牧领权力其实是一种个人化的权力。不仅如此，“谁是牧羊人？”这在福柯看来本身就是一个值得存疑的问题，当诸神退隐，人们不得不互相带领，而不再把全部希望寄寓于一个占据了绝对超越位置之上的神。因此，在某种意义上，福柯同意柏拉图所提出的以纺织的模式来取代牧人的模式的建议②。福柯指出，政治的本质其实是联系，如纺织工人把经线和纬线联系起来。政治把不同的要素相互联系起来，把通过教育形成的好的要素联系起来，亦即通过一种

---

① [法]米歇尔·福柯：《安全、领土与人口——法兰西学院演讲系列，1977—1978》，钱翰、陈晓径译，上海：上海人民出版社，2010年，第91页。

② 尽管柏拉图在《政治家篇》中提出了对牧人主题的彻底反驳，但福柯指出，这绝非认为，对于柏拉图而言，要彻底取消牧人主题，而只是说这些主题并非是绝对必须的和最重要的。

特殊的艺术，把国家、奴隶、自由人全都装入这个神奇的织物中，从而将人民引向至高的幸福。[①]于此，福柯实则指出了治理术的核心机制是“联系”和“编织”，亦即治理是一种将诸多要素运用到权力运作机制中的实践。那么，随之而来的问题便是，在具体的治理中，用之于联系与编织的质料有哪些？此种联系与编织又将如何可能？它们又将带来怎样的治理效果呢？不难发现，此类问题仍然最终指向一种治理的艺术。尽管探讨西方治理史和治理技艺是福柯后期政治哲学的重要学术使命，但对于这些问题的解答仍然是一个漫长的革命。

在这个漫长的历程中，当代英国文化研究著名代表人物托尼·本尼特(Tony Bennett)所做的工作是值得关注的。福柯对于本尼特的影响主要是其微观权力说及治理理论，而本尼特的重要贡献在于，一方面，他把福柯关于主体性的研究，关于治理性复杂性的研究运用于文学、艺术的有关问题的研究中来；[②]另一方面，本尼特则明确提出了文化和审美活动作为治理的工具或机制的重要性，并且结合具体的文化政策和研究个案证明了这一点，这对于治理思想的开拓无疑是具有建设性的意义。

在《文化与社会》一书中，本尼特指出，“我想提出，如果把文化看作一系列历史特定的制度地形成的治理关系，目标是转变广大人口的思想行为，这部分地是通过审美智性文化的形式、技术和规则的社会体系实现的，文化就会更加让人信服地构想”[③]。在此，本尼特强调了审美和艺术智性活动得以最后被刻写成治理手段的必然性，以及它如何能够以一种积极建设性的方式通过改造人的意识最终改造社会和构建理想性的社会。在这一点上，本尼特与马克思的美学理想不谋而合。

将审美和艺术作为治理的手段或工具，乍看起来，这似乎是对美学和艺术的某种中伤和玷污。在传统美学象牙塔的建制中，审美和艺术的自律性是其得以真实存在的

① [法]米歇尔·福柯：《安全、领土与人口——法兰西学院演讲系列，1977—1978》，钱翰、陈晓径译，上海：上海人民出版社，2010年，第126—127页。

② 参见[英]托尼·本尼特：《文化与社会》，王杰、强东红等译，桂林：广西师范大学出版社，2007年，“中译文序”。

③ 同上，第163页。

边界和保障。“美”是通过各种祝圣仪式建构起来的纯粹的、仅供尊崇的对象，它甚至正因其高高地悬于社会和生活之上才有可能成为人类未来生活的先导和某种预演。然而，这毕竟只是一种虚假的想象。本尼特在对乔纳森·罗斯关于英国工人阶级的自我解放如何与文化相关的考察以及约翰·凯瑞关于艺术有可能作为减少社会弊端的有效方式的提法的分析中指出，“我们就有必要考虑，构成审美的原初决定性特质的无用性特质是如何被重新界定的，以便它能够被用作治理的一件工具”①。如下，我们将关心的问题则是，审美如何成为一种社会可用之物？审美的他律性维度是如何体现出来的？它们都将表明，审美介入社会，这本身就是一种微妙的治理术。

二、美学策略：一项治理术

托尼·本尼特在肯定福柯“砍掉国王脑袋”的政治理念是反对将君主权力当作唯一的权力组织形式的基础上指出，“福柯关于‘治理性’(或译为治理术)(governmentality)的论述尤为重要，因为其中首创性地分析了通过不同知识体系起作用的不同权力形式，尤其是同人口管理相关的权力形式”②。可见，本尼特在赞赏福柯的微观权力观的同时更为强调的是治理形式的多样性和复杂性，尤其是与人相关的治理形式。于此，审美和艺术作为一种治理工具的事实将被再次凸显出来，而美学策略的巧妙运用则深深地蕴藉其中。

例如西班牙的圣地亚哥大教堂可谓艺术的“社会性”和“治理性”的最佳案例之一。“它的绘画和雕塑重现由善—恶、神圣—世俗力量对比构成的整体。教堂有一个很明显的区分，它外墙的雕塑基本上是魔鬼和不道德之人的形象，尤其是妓女、骗子和其他作恶多端的人的形象，而教堂的内部，则主要有上帝、圣母、耶稣、圣徒的壁画和雕塑，教堂内部的屋顶，则绘有天堂、天使之类，此外，在圣徒雕塑背后的壁画里，我们还能看到有关征服恶魔的‘历史场景’。教堂内外都有‘美术’，这些美术自身有‘美感’，但‘美

---

① [英]托尼·本尼特：《文化与社会》，王杰、强东红等译，桂林：广西师范大学出版社，2007年，第50页。

② 王杰、徐方赋：《美学·社会·政治——托尼·本尼特访谈录》，《文艺研究》2011年第3期，第95页。

感'导致的震撼,与宗教定义的邪恶与道德之分有密切关系的。"①在此,艺术不再是一种"纯粹凝视"的产物,而是在一定的社会框架中作为建构和强化某种特定宗教秩序的介质而发挥作用。其中,美感构型被赋予了一种特殊的影响力,无论是对于神的赞颂还是对于魔鬼的丑化,"美感"所要达致的震撼效果恰恰是通过加剧善与恶、神与俗的区分而获得最大程度的实践。无疑地,在这种宗教秩序治理实践中,艺术扮演了非常重要的甚至是不可替代的角色,它能使人们在这种被规划好的体验中认同这种区分,并且再生产出灵魂与肉体的边界,从而最终有可能作用于社会的变革。

此外,审美和艺术在彰显社会结构、政治身份和等级区分方面也发挥了重要功能。政治及其蕴藉的权力以其隐秘的运作机制渗透于社会分类框架之中,制约着审美活动生产者和接受者的观念和行为模式,并因此使审美和艺术作为一种特殊的制度形态成为社会关系的微妙刻写方式。例如美国学者贾克·玛奎(Jacques Maquet)分析了政治对于非洲工艺品的制造及其美感的意义,他指出,"政治是另外一种使物品展现炫耀性美感的脉络。如酋长的权杖、国王的宝座、当统治者在臣民前出现时随从所持之权威标识、廷臣所着之锦衣华服都是——而且至今仍是——权力的器具(instruments of power)。它们表达并强化着统治者凌驾在臣民之上的事实。在某些情况下,这些物品就是权力:拥有皇冠或皇座并赋予国王合法的地位。……这类权力器具常被赋予高度美感的装饰"②。于此,"美"不仅仅是诉诸人的视觉方面的官能享受,而且成为维系和强化统治秩序的一种美学策略。英国人类学家、功能学派的主要代表人物之一雷蒙德·弗思(Raymond Firth)也指出,通过艺术媒介使政治性言论起特定作用已不再是什么新奇的事。从历史上看,尤其是在文学和音乐领域,有许多例子可以证明,艺术有一种特意诱使人们理解和转变社会秩序的目的。不仅如此,在弗思看来,权力往往是神秘性而非世俗性的,尽管权力会以其象征性倾向于巩固此种世俗性结构。③这是一种

---

① 王铭铭:《人类学讲义稿》,北京:世界图书出版公司,2011年,第193页。

② [美]贾克·马奎:《美感经验——一位人类学者眼中的视觉艺术》,伍珊珊、王慧姬译,台北:雄狮图书出版有限公司,2003年,第101页。

③ See Raymond Firth, "Art and Anthropology", in Jeremy Coote and Anthony Shelton(eds.), *Anthropology, Art, and Aesthetics*, Oxford: Clarendon Press, 1992, pp.35—36.

非常有意味的政治美学化抑或美学政治化的文化现象,一种美学的规划被织入政治的日程中,此种实践就形成了一种"美学的革命"。在斯洛文尼亚美学家阿列西·艾尔雅维奇(Ales Erjavec)看来,"美学的革命"标示的是这样一种具有历史意义的事件:它涉及一种统一的艺术与政治日程,艺术在其中变成了政治,而政治则变成了艺术,因为两者都在一个单一的乌托邦规划中被合并了。他为此列举了早期意大利未来主义、俄罗斯的极端先锋、部分的达达主义和超现实主义、境遇主义、20世纪60年代的美国文化、自70年代早期以来的"非官方"俄罗斯艺术、最近的中国艺术,以及80年代和90年代的某些斯洛文尼亚艺术等作为此方面的典型例子。在这个问题上,他还强调指出,假如"政治"这个字眼没有被赋予拓宽的和主体化的含义,我们就不能够理解艺术/政治之间的联系。①

以现实性和革命性为特征的马克思主义也在努力尝试着如何揭示出审美和艺术怎样在深层次上也是政治性的,从而形构为一种绝妙的治理术。这在西方马克思主义研究中表现得最为明显,例如法兰克福学派分析了现代资本主义社会如何运用大众文化制造审美幻觉,进行文化控制的复杂机制。阿多诺、马尔库塞、本杰明、霍克海默、弗洛姆等人通过对影视剧、广播剧、流行音乐等的深入研究,发现现代社会的国家机器有效地控制和掌握了大众传播媒介,并通过这些媒介在日常生活中深层次地控制和影响着大众的情感形构和表达模式,进而使文学和艺术成为意识形态控制的主体。而阿尔都塞学派的一个重要贡献则在于对意识形态进行了独特的区分和解析,它将国家权力控制机构划分为国家机器和意识形态国家机器,前者主要包括政府、行政部门、军队、警察、法庭、监狱等,通过暴力而起作用;后者包括宗教的、教育的、家庭的、法律的、政治的、工会的、文化的机构,通过意识形态而起作用。意识形态国家机器尽管表面上不是通过暴力起作用,但它的强制性是隐秘的,是国家机器的预成形态和先导,因此,其隐秘而复杂的作用机制和功能是不容忽视的。阿尔都塞学派通过对意识形态物质基础的研究指出,在后现代条件下,审美和艺术成为阶级斗争、权力斗争的一个主要战

① [斯洛文尼亚]阿列西·艾尔雅维奇:《美学的革命》,姚建彬译,《马克思主义美学研究》2010年第1期,第121—123页。

场，也因此成为政治的委婉表达方式。而英国马克思主义文化和美学理论，其研究的中心在于对意识形态与当代日常生活经验关系的研究，将解答审美意识形态的复杂机制问题作为解决当代政治和社会问题的核心。其中，伊格尔顿通过身体美学，着重分析了审美和艺术中隐藏着的政治权力关系。总的说来，西方马克思主义美学从批判资本主义文化的角度研究和思考了审美意识形态理论，从而探究审美与政治之间的现实关系。

而在文化教育领域，审美和艺术的治理性则更是不言而喻的，其标举者可首推席勒。席勒在当时的德国提倡审美教育，对于提高人们的审美趣味，促进德国文化的发展无疑具有积极的意义。在席勒看来，在他所处的时代，有两种弊病同时出现，即粗野统治着社会的下层，懒散和性格败坏统治着社会的上层，生活在那个时代的人们是分裂的而非完整的。对于这种令人作呕的景象，席勒是无法容忍的，因此，他希冀通过更高的艺术即审美教育，培养人们美的心灵和健全的人性，重构自由而完整的人性。这是一种美好的审美乌托邦，但梅林(F.Mehring)却毫不留情地指出，席勒的这种美学工程在试行从审美走向政治自由的道路时，却不言而喻地落了空。[①]这无疑使我们对于审美和艺术及其如何作为社会有用之物有了更冷静的思考。正如席勒所言："人们在经验中要解决的政治问题必须假道美学问题，因为正是通过美，人们才可以走向自由。"[②]毋庸置疑，"美"确实具有无可预计的力量，它甚至可以成为未来生活的某种预演，或人类的未来有可能成为审美范式变革的产物。作为一种革命的人类学，这是美学的应有之义。但席勒的问题在于，他并未触及审美和艺术现象自身的复杂性，也许在他心里高悬的仍然只是一种浪漫的审美理念。事实上，"美"并非一种可拿来即用的先导之物，"美"既是一种"能建构"同时也是一种"被建构"的存在，美与自由恰恰只能在"美"的制度性维度中得以显现，而其前提条件在于，它们首先能够与制度"相视"。与此相应的是，作为特殊的意识形态形式的艺术，其赋予现实变革的力量恰恰在于它能够将

① 参见[德]弗里德里希·席勒：《审美教育书简》，冯至、范大灿译，上海：上海人民出版社，2003年，"第五封信""第六封信""中译本序言"。

② 同上，第21页。

意识形态作为其审视的对象。毋庸置疑，在美学中，这一直是一个非常富于革命性意味的话题。

三、审美制度与自由治理

将审美和艺术作为一种治理的工具或手段并非某个时代或某个人的创举，此种实践具有深厚的人类学基础。尽管我们无从一一悉数个中的情形及其效果，但有一点是非常明白的，即审美和艺术并非作为一种孤立的存在被简单地尊崇或戏仿甚或挪用，在美学策略的精妙运作中，它们往往被魔术般地织入一种特殊的制度形态中而发挥作用。正如福柯早已指出的，“治理术”的核心机制是“联系”和“编织”，而“治理术”本身就是由制度、程序、分析、反思、计算和策略所构成的总体，从而使得这种特殊而复杂的权力形式得以实施。这意味着，审美和艺术的制度化及其最终所形构的审美制度本身就是一种隐秘而真实的存在，它们并非外在于治理实践之外，而就在治理之中并使其最终成为可能。“审美制度”只是关于“美”的显现与遮蔽的方式，而就在这种显现与遮蔽中，审美、自由与治理之间的内在张力才得以微妙地显现。

审美制度①概念的提出和研究是在审美人类学这个新的生长点上对审美意识形态问题研究的进一步探索，是“审美人类实现人类学与美学尤其是马克思主义美学深层整合的标志和重要成果”②。它以经典马克思主义美学、西方马克思主义美学、中国马克思主义美学以及当代社会审美经验为思想资源，并在美学与人类学的契合与边界之处提出问题。在具体的社会历史语境中，“动态的建构和规范”以及在此过程中形成的特定秩序和模式，是“制度”的深层内涵，意识形态处于其核心地位。“审美制度”即

---

① “审美制度”的提出有其深厚的学理基础。关于制度与审美/艺术之间关系的探讨主要有阿瑟·丹托(Arthur Danto)的“艺术界”理论、乔治·迪基(George Dickie)的艺术习俗论、皮埃尔·布尔迪厄(Pierre Bourdieu)的场域论、彼得·比格尔(Peter Bürger)的艺术/文学制度论，布达佩斯学派(Budapest School)对艺术制度论的批判，国内关于文学制度的阐释及当代美学关于“审美意识形态”的讨论等。“审美制度”作为在美学与人类学跨学科视野中被提炼出来的审美范畴并加以研究有其独特的理论和实践意义，并且很大程度上正是建构于对这些相关研究成果的分析和反思的基础上。

② 王杰：《审美幻象与审美人类学》，桂林：广西师范大学出版社，2002 年，第 156 页。

对“什么是美?”以及“如何审美”的某种建构和规范,是将各种制度性因素对审美和艺术活动的渗透和影响以及审美作为一种特殊的制度如何在此生成的问题作为主题加以集中表述和提升而形成的范畴。

首先,从制度的类型来看,审美制度属于非正式制度形态,即它是指人们在长期的社会生活中逐渐形成的习惯习俗、伦理道德、文化传统、价值观念及意识形态等对人们的审美观念和审美活动产生的非正式建构和规范。其不同于一般社会制度的突出特点就在于它不是依靠理性推演,通过政治、法律等手段形成后相对固定下来的制度,而是随着社会的发展变化自然地形成,它进入日常生活经验领域,并且以习俗的方式内化为一种主体性的力量。

其次,审美制度以“吸纳”和“排斥”的逻辑为潜在的原则,“美”于此被历史地生产与再生产出来。在大多数情况下,这种所谓的神圣化原则惯例化地被如此操作:在审美和艺术与其他社会领域之间进行划界,并通过各种制度性因素和机构授予这种边界以合法性地位。于此,在该原则的情感性话语支配下,审美制度决定着在特定时期什么才被看作为是“美”的,以及通过怎样的方式才能接近、认可甚至获取这种“美”,它也因此渗透于制约着审美活动生产者和接受者的观念和行为模式的社会分类框架之中。因为,它同时意味着什么是应当生产并被授予合法性的,哪些是应当排斥和压制的,从而俨然成为审美等级秩序的制造者和阐释者。

此外,审美制度赖以建构的原则往往通过特定的主体例如民众、利益集团、政府、精英及其特殊的作用机制获得其生产与再生产的现实基础。事实上,审美和艺术从来就不可能是一个绝对的纯粹自律性的领域,即使在现代社会体制中,美学在与宗教、科学、政治学、经济学、社会学、法律、医学等领域区分开来,表现为理论化、专门化的知识形态时,它也仍然是某种权力的隐秘表征。简言之,审美制度是对审美和艺术与其他领域之间边界的划分原则、划分的机制及其合法性进行生产、维持和解释的制度性框架,而对这种边界的划分和话语解释权力的争夺正是审美意识形态斗争的委婉的形式。

值得特别提出的是,审美制度的产生、发展和变化总是在一定的语境和审美关系中发生，从而体现出不同的审美价值和意义。审美和艺术的建构只能是历史性地生成，因此，审美制度为它们设定的边界并非坚不可摧，审美制度也因此不断遭到质疑和挑战，从而在不同的历史阶段中生产出新的美学思潮、模式和理论。与此相伴而生的是，“美”在历史、现实与意识形态的多重关系中得以重构和显现。问题仅仅在于，我们如何把握这些多重关系，把握审美和艺术与其他意识形态之间的边界，从而深入探讨审美制度如何作为一种特殊的制度形态而发挥其功能，这恰恰是我们探讨治理以及自由治理(liberal government)何以可能的重要研究向度。

在将审美和艺术作为治理的工具或手段的实践中，人们几乎都在希冀乃至深信“好的”艺术或有品位的审美习性将会给社会的进步带来某种奇幻的效果，社会的精英或有识之士所发动的审美和艺术的变革将会为社会的自由治理提供某种可资借鉴的范式，这是自启蒙运动以来美学所高扬的理想，审美和艺术本身所蕴藉的无可估量的乌托邦潜能甚至一度成为美学赖以存在的基础。然而，在我们充分肯定审美和艺术的能建构性的同时，我们首先要思考的恰恰是，“好的”艺术和审美习性是如何被建构的，它们又如何介入社会的生产与再生产之中并将会产生怎样的社会治理效果？与关于美学乌托邦的激情畅想相较而言，这个话题似乎多少令人感觉到有些沮丧。

托尼·本尼特指出，“在文化治理中，恰恰是通过与社会隔离开来，审美文化才作为一种能够从治理上作用于它的有益手段而被提出来”①。无可否认，审美和艺术恰恰是在与社会的区分中成为自身，而此种分离首先就是社会制度化进程的必然产物。从历史上看，现代②社会即关于理性、秩序、自由与进步的宏伟叙事和神话，与席卷西方的工业革命、科技革命及翻天覆地的社会变革同步进行。这是一个文化不断分化和自主化的历史进程，而审美和艺术的制度化在这个伟大的进程中书写了浓重的一笔。

在现代社会，艺术借助种种社会机制和话语逐渐与政治、经济、宗教、科学等价值

---

① [英]托尼·本尼特:《审美·治理·自由》，姚建彬译，《南京大学学报》(哲社版)2009年第5期，第58页。

② 从语义上说，“现代”是一个时间或历史概念，具有显而易见的历史分期意义。在西方，现代指文艺复兴以来的西方历史，尤其是18世纪启蒙运动以来的历史，实际上就是指西方资本主义从产生、发展而走向现代化的过程。

领域区分开来,并不断地从自身中寻求其存在的合法性依据。在艺术的自律性获致过程中,艺术是作为对"美"的纯粹凝视被表述的。在此,"纯粹的凝视意味着与面向世界的日常态度的断裂,而考虑到纯粹凝视得以实现的条件,这种凝视也是一种社会分离"①。这种分离发生于艺术与现实生活之间,高雅艺术与俗物之间,大众与精英之间以及各个阶层之间。在现代社会中,艺术不再是所有人在日常生活中都可以分享的,而只是一种为少数人所占有的奢侈品。因为,"艺术已经变成即使不是一种宗教也至少是一种意识形态,其原理由那些有足够闲暇并受过足够教育来占有艺术的少数人来表述,也是为他们而表述"②。这种表述是对特定权力关系的象征性转译,美学于此成为现代社会中一种特殊的意识形态。因此,局囿于任何抽象的美学差异丝毫无益于我们探讨"美"是如何被建构的,因为,它只是这种建构的结果。

在法国当代著名的社会学家皮埃尔·布尔迪厄(Pierre Bourdieu)看来,场域是一个争夺的空间。争夺必然涉及权力关系,场域中的位置占据者建构和强化一种有利于它自身的等级秩序,艺术场域因此被包含在权力场域之中。在这种精妙的权力术中,布尔迪厄尤其反对关于趣味的卡理斯玛意识形态认知③。在他看来,趣味并非一种天赋,而是教养和教育的产物,它与人的社会出身和所置身的教育体制有关。在某种意义上,趣味的差异也是阶级分野的产物和标志④。于此,标举审美和艺术的"品位"与其说是人类普遍共有的,毋宁说是作为一个区分性的范畴而诞生的,并且成为铭刻于人的身体之内的社会制度。也因为此缘故,环绕于此种光晕之中的审美和艺术在扮演其引导人类走向解放的角色的过程中,令其最为醉心的事业也许就是为自身加冕。然

---

① [法]皮埃尔·布尔迪厄:《〈区隔:趣味判断的社会批判〉引言》,朱国华译,陶东风等编:《文化研究》第4辑,北京:中央编译出版社,2003年,第11页。

② [美]埃伦·迪萨纳亚克:《审美的人》,户晓辉译,北京:商务印书馆,2004年,第275页。

③ 即认为趣味是一种神圣的天赋,它是原生性的而非被建构的,它因此与社会与经济生活的决定之间没有任何的联系。然而,当事情本身自行敞开时,这种关于趣味及品位的审美幻觉终将慢慢消却。

④ 布尔迪厄在《区隔:趣味判断的社会学批判》中区分了中产阶级、小资产阶级和工人阶级的不同文化品位,其中,中产阶级喜欢与众不同、别具一格的文学作品;小资产阶级更青睐于作品的文化善意,而工人阶级则常以作品是否能反映出生存的必须性作为衡量作品优劣的标准。在布尔迪厄看来,这种品位的差异性与其主体所处的社会地位以及所受的教育有着紧密的联系。

而，就是在这种祝圣化仪式中，通过“美”走向自由的审美幻象有可能就只是一种幻象。

托尼·本尼特在《审美·治理·自由》一文中讨论了克里斯汀·沃尔夫(Christian Wolffe)在《哲学王治下人民的真正幸福生活》中所构想的治理方案。沃尔夫的理想是：“如果国王或统治者是哲学家，或哲学家是国王，那么社会的目的就达到了。”按其治理逻辑，它暗示了开明的统治者通过较高级的能力提升较低级的能力，从而将不开化的人从其混沌状态中分离出来的必要性和可能性。于此，“社会秩序是自上而被治理的——正如较低级的能力是由较高级的能力所安排的一样……这样，治理就避开了公民社会的个体成员，他们如同被强制进入了自由和自治之中，而不是要么像自然属性一样拥有自由和自治，要么通过他们自己的活动而获得它们……然而，通过将与较早的、未开化的主权形式相联系的表演政治的永久化，普通人则要被引入盲目的服从”[①]。在这种治理逻辑中，美学实则被置于政治的中心。它通过区分感觉和能力，使能力的等级充当了类似于社会的和政治的等级的角色。然而，这并非真正的自由治理，因为此种治理逻辑和纲领的合法性首先也是自上而下授予的，它并不涉及被治理者的任何自我活动，毋宁说这是在一种冠冕堂皇的仪式中对民众意志和审美能力的某种“强暴”，而此种暴力恰恰是与自由相对立的。

在福柯看来，治理不同于统治，它不是臣民，隶属于或受役于统治者。治理最终总是指向人，并且指向自由的人。尽管自由从未能完全清晰地显现出来，但治理应是一种内蕴着自由的权力实践，而自由恰恰为这种治理的权力实践的运作提供了可能。简言之，治理作为权力施加于个体的方式首先要以被治理者所具有的自由为前提条件。[②]那么，何为自由？何为自由治理？自由治理如何可能？诸如此类的问题恐怕是在治理实践中无法逾越的。

“自由”概念是康德哲学的核心，而将审美与自由相提并论也可追溯至康德的美学理想。康德的自由观与其启蒙思想之间有着紧密的联系。康德在《对这个问题的一个回答：什么是启蒙?》一文中明确指出，“启蒙就是人类脱离自我招致的不成熟。不成熟

---

① [英]托尼·本尼特：《审美·治理·自由》，姚建彬译，《南京大学学报》(哲社版)2009年第5期，第51页。

② 参见莫伟民：《福柯与自由主义：作为意识形态抑或治理技艺?》，《哲学研究》2012年第10期。

就是不经别人的引导就不能运用自己的理智。”①在福柯看来,要消除这种不成熟状态必须诉诸一种特殊的态度,即批判的态度。福柯对批判的界定是,“批判就是不被统治到那种程度的艺术”②。在福柯看来,“如何统治”是15或16世纪的基本问题之一,在当时,各种各样的统治艺术包括儿童教育的艺术、政治的艺术、经济的艺术等及所有的统治机构都是对这个基本问题的回应。用福柯的话来解释,审美启蒙所影响下的治理应是这样一种生活方式,它宣布的要求并不是我们不应该被统治,而是我们不应该像那样被统治——无论“那样”碰巧是什么③。因此,在对统治方式的探索中,“如何不被那样统治”就成为关涉到自由治理如何可能的问题。于此,批判意味着对现实的批判和自我批判,从而让人在某种意义上成为人。更确切地说,批判的任务在于让事物成为自身。

“让事物成为自身”在治理实践中意味着两层意思:其一,为了让事物成为自身,批判必须首先成为“批判”自身,而不是通过对对象的外在否定和剥夺使既定的原则和立场成为某种权威。真正的批判只是区分和划分边界,使事物在边界上与他物相区分从而获得自身的规定性。对治理而言,自由即意味着让被治理者的文化诉求能够自身如其所是地显现,而非在人为构筑的等级秩序中被褫夺。意即治理首先是对于他者文化的直陈而非转译,政治的合理性需在合理的范围和边界内实施其治理。其二,“让事物成为自身”意味着自我塑形与自我管理形式在自由治理中的重要性,这也是福柯在其治理理论中反复强调的。于此,自由治理内在地包含了“自我引导”的意义,亦即它将使人们摆脱不经别人的引导就不能运用自己的理智的不成熟状态。此两者实则涉及了治理的原则及技艺问题,而“自由”则成为治理之所以区分于统治的应有之义。简言之,自由治理是一门关于“让”的学问与艺术,然而此“让”却始终是一个步履维艰的漫长历程。

---

① [德]伊曼纽尔·康德:《对这个问题的一个回答:什么是启蒙?》,詹姆斯·施密特编,徐向东、卢华萍译:《启蒙运动与现代性:18世纪与20世纪的对话》,上海:上海人民出版社2005年,第61页。

② [法]米歇尔·福柯:《什么是批判?》,詹姆斯·施密特编:《启蒙运动与现代性:18世纪与20世纪的对话》,第390页。

③ 参见[英]托尼·本尼特:《审美·治理·自由》,姚建彬译,《南京大学学报》(哲社版)2009年第5期,第59页。

首先,让被治理者的文化诉求如其所是地显现,这涉及被治理者的话语权如何能够真实实现的问题。美国学者托尼·傅雷利斯(Toni Flores)提出了审美人类学研究的一个难题,即“弱势群体为何以及如何接受,并且再生产出强势者的意识形态,因而从内部强化了压迫?尤其是,审美快感与创造性如何被融入这样的体制之中?”①这其实是一个非常尖锐的问题,它向审美权力何以能够畅行无阻发出了最强烈的诘问。托尼·傅雷利斯指出,很多民族志研究者都力图通过提供一些研究资料和数据来解答这些问题,其中最直接和有效的方式是通过处理社会阶级与艺术的关系,包括考察一些社会精英何以能够作为艺术的操控者和使用者的方式来探讨此问题,它们有一个共同的特点,即都是一种将审美现象置入整个政治—经济体系之中进行考察的尝试,这对于理解和阐释审美和艺术现象的复杂性和特殊性无疑有着重要的价值和意义。然而,由于“意识形态极少是公开化的,并且,它经常是无意识地被支持,或者至少对于那些遵从它的人是隐藏性的”②。这使得人们极易在被观看时主动迎合此种凝视,在想象与误认中陷入一种审美幻象中而不自知。

于此,“让事物成为自身”的关键在于如何“让”以及事物如何成为自身。前者关涉到治理者的态度及治理原则,后者则关涉被治理者对于自身文化的审美认同,两者同构为自由治理的重要维度。具体而言,“让”是动词,它意味着治理者要放弃从某种理论假设出发的思维方式和自上而下的启蒙者的“领导”姿态,让治理对象如其所是地显现;而事物之所以能成为自身的关键在于自我的文化启蒙亦即文化自觉,能够在对自我文化价值的充分意识中主张自己的权利,于此,治理才真正能够发挥其对于社会和民众的积极影响,自由才有可能在这两种力量的交汇中真正显现出来。在此过程中,本尼特尤其强调了习性(habit)对于自由治理问题的重要性,虽然他并非这一主张的首创者。

本尼特将个体的习性纳入自由治理的轨道,并强调习性在自由治理的理论与实践中占有重要地位,在某种意义上可以说,是从他对于布尔迪厄晚期思想中存在的一种

①② Toni Flores, “The Anthropology of Aesthetics”, Dialectical Anthropology, vol.10(July), 1985, p.33.

自我矛盾的发现开始的[①]。在本尼特看来，布尔迪厄的这种自我矛盾正是他本人自己承认的，在其从社会底层到获取显赫学术声誉的过程中亲身经历了一种“分裂的惯习”(habitus clivé)。布尔迪厄在其绝大多数著作中都坚持惯习的统一性，即认为在同一阶级(层)内部，基于由一定社会出身和教育机制形塑的文化品位和生活方式之上的文化惯习具有统一性，因为它们具有大致相同的形构机制，这使得该阶级(层)具有与其他阶级(层)成员不同的审美偏好和文化选择，因此，审美和艺术以及由此所滋养的审美趣味相应地转化为区隔的道具。此种阐释对于其久负盛名的《区隔》的分析结构来说甚至是至关重要的。然而，本尼特通过大量的社会调查和数据表明，这种区分和不同并不像布尔迪厄所说的那样泾渭分明。不仅如此，本尼特指出了布尔迪厄在这个问题上的看法会阻碍人们去充分理解一些复杂而矛盾的作用方式，甚至会剥夺工人阶级的政治权利和政治能力，成为根植于西方审美话语传统中的一个策略。其原因在于，布尔迪厄的研究几乎只集中于关注把一个特定的阶级与其他的阶级区分开来的趣味或文化参与模式，其代价是牺牲这些阶级成员之间共享的其他趣味或活动；其后果是在这种区分中，统治阶级与被统治阶级之间的等级区分会被持续性地合法化甚至神圣化，而优雅与粗俗的二元对立则被巧妙地直译为此种仪式展演的内在逻辑。于此，本尼特力图将人们的视线转向“习性”。

在《文化、历史与习性》[②]一文中，本尼特阐释了习性的二重性特征，即一方面，习性具有生物学和人类学的意义，它与人的本能纠缠在一块；另一方面，习性同时也是一种通过后天社会训练获致的文化行为，是一个动态的结构。习性的这两重属性尽管横跨了自然/文化、必然性/自由等一系列对立框架之上，但都将会被历史化地聚集到自由治理的实践之中，其治理效果的关键在于我们如何把握习性的这两种属性及其内在的动态联系。

在本尼特看来，习性的变迁是社会进步的一个重要标记。将习性置于自我重新构

① 参见[英]托尼・本尼特：《分裂的惯习(habitus clivé)：皮埃尔・布尔迪厄著作中的美学与政治》，付德根、王琨涵译，《马克思主义美学研究》2009 年第 2 期。

② 参见[英]托尼・本尼特：《文化、历史与习性》，陈春莉译，《马克思主义美学研究》2009 年第 2 期。

形过程的中心，并且通过此种典型运作，自由治理的目标将开始运转①。在此，本尼特实则强调了习性作为自我统治的自动化形式的重要性，并且指出其实践的具体机制在于人的自我塑形。那么，自我塑形如何可能？在这个问题上，本尼特无疑是睿智的，他将审美视为塑造主体的技术。即通过大众教育机制，自我塑形的审美形式最后就作为自我构成发展技术的有机成分而发挥作用。不仅如此，审美对于教育的影响不是以观念的形式，而是作为一套类似于国家机器的自我形成实践做到的，而这对于治理如何具体实践乃是至关重要的。在这个层面上，审美作为积极和建设性的角色而发挥作用，它能够成为一种规范民众品行的手段，并且成为更为常见的管理手段和治理性的组成部分。②事实上，标举审美的解放性和建设性功能是美学的一个悠久传统，18 世纪末至 19 世纪的美学理论在关于此种传统的孕育和激活方面表现尤甚，它本身可被视为将被分裂的主体重新弥合所做出的一种不懈努力。

藉此，审美如何通过作为自我塑形的技术最终通向自由治理似乎就敞开了，其关键在于明晰自我塑形的主体和向度。然而，事情本身却异乎寻常地复杂起来。因为在审美与自由之间永远横亘着一个不可逾越的中介，那就是“制度”。文化研究也在不断重复着这样一个主题：审美和艺术从来就不是一种单纯的、孤立的文化现象。人们对“美”的看法，对艺术与非艺术的区分以及关于具体审美和艺术现象的评价，都不可避免地受到社会中存在的各种制度性因素和机构的作用和影响。在很大程度上，特定的审美观和审美活动是由社会建构的各种区分制度和神圣化原则的运作机制与社会成员以自身的认知方式和行为方式对这些制度的认同、贯彻和审视两方面的合力造成的。正如本尼特所言，我们“需要考虑文学——教育机构的现实机制，需要考虑这种机构得以运转的主体化技术，也需要考虑它们所支持的审美、道德或认识的自我形成形式”③。在以审美作为塑造主体的技术从而通向自由治理的实践中，技术已经不再是一门简单运用既成的审美和艺术作用于主体的“物”的技艺，而是一种巧妙周旋于审美与

① 参见[英]托尼·本尼特：《文化、历史与习性》，陈春莉译，《马克思主义美学研究》2009 年第 2 期，第 29 页。
② 参见[英]托尼·本尼特：《文化与社会》，王杰、强东红等译，桂林：广西师范大学出版社，2007 年，第 55—59 页。
③ 同上，第 66 页。

制度之间的方法和策略。

自由治理以保障被治理者的自由为前提，此自由并非一种自然给予，而是在批判与建构的聚集中显现出来。这需要我们具有敢于正视美杜莎那骇人目光的勇气，不仅不被其石化，而且大胆地发出属于自己的光芒。因为，自由同时意味着权力和力量，它是否能够作为文化进步的驱动力，关键就在于它是否是一种自主建构而非被他者的法则所役使。合法使用权威能够带来自由，而滥用权力则会导致自由的终结，这似乎是一个再简单不过的道理，然而，当审美介入权力的建构，或者说，当权力成功地戏仿和挪用了审美的作用机制之后，事情就变得扑朔迷离了。植根于一种被人为建构的审美能力等级秩序之上的审美制度，使得权力能够冠冕堂皇地授予自我治理的特权。自由地使用权力的方式最终将导致自由的销蚀，这是令人深思的。自由的充分显现在很大程度上仍然依赖于文化自我的能建构性，在治理实践中则表现为，在让其自身如其所是显现的同时，引导其创造自身发展的有利条件，顺应其自身发展的向度。

就现时中国美学的社会作用而言，本尼特认为可能有两个关键问题需要回答，一是美学同中国共产党的治理形式之间有何关系？二是在中国市场经济快速发展，并向全球化进程开放的条件下，美学发挥的是怎么样的作用？并指出，对这两个问题的解答，需要学者们真正做一些扎实的实证研究，进行卓有成效的探索[①]。于此，中国语境的治理问题再次摆在每个中国学者的面前，它基于对中国经验的理论把握和实践之上。

王杰教授指出："中国美学的理论根基，应该建立在中国经验的文化人类学解释的基础上，这包括中国特有的生产方式、生活方式、社会组织制度，以及由此制约的心理习惯和审美习俗，这些都决定着中国人的思维方式、情感特征和表达方式。"[②]中国经验是对当代中国人的生存和生活体验、个人体验及艺术体验的批判性的总结和提升，它来自中国具体的地域文化同时又是中国人普遍的经验。然而，"中国经验"同时并非一个单数的概念，它基于中国不同的地方性知识、习俗和审美经验。因此，在具体的治理

---

① 参见王杰、徐方赋：《美学·社会·政治——托尼·本尼特访谈录》，《文艺研究》2011年第3期，第99页。

② 王杰：《审美幻象与审美人类学》，桂林：广西师范大学出版社，2002年，第141—142页。

实践中，我们要充分考察中国经验与具体的习性和风俗相联系的不同途径。

风俗是一种不同于法律的规范或规则，它基于习性的基础之上，并且被传统节庆、仪式、禁忌、日常生活习惯等因素所建构，成为规范某特定群体的非正式制度，对于该群体的每个成员都具有相当的约束力和形塑能力，是一种不同于现代艺术界的形构力量。“在人类学家看来，社会内部的每个群体都会有独特的风俗，有了风俗，社会便不一定要依靠正规法律来维持秩序。法律固然是一种高级社会制裁方式，但除此之外，还有从闲话到‘生产方式’，各种各样的非正式制裁。非正规制裁本质上是弥散型(diffused)的，主要体现在群体成员自发表达的赞同或反对态度之中。”[①]这是一种基于从个体到群体的情感结构之上的制度形态和权力形式，是治理实践中不可直接跨越的“物质基础”。

诸如费孝通先生提出的“礼治秩序”，可以说就是这样一种内在于乡土中国的弥散型的制度形态。在费孝通先生看来，“礼并不是靠一个外在的权力来推行的，而是从教化中养成了个人的敬畏之感，使人服膺；人服礼是主动的。礼是可以为人所好的，所谓‘富而好礼’”[②]。于此，费孝通先生将“礼”视为乡土社会结构秩序的重要特征，并赋予其浓厚的审美意味。事实上，“礼治”在很大程度上是建构在审美制度的基础之上的，往往以艺术化的方式呈现出来。诸如民歌在建构和维系上至国家下至乡村的礼治秩序方面就起到了无可估量的作用，它对于底层民众、统治阶层及士人阶层或知识分子等都产生了重要影响，并且与中国社会的结构的转型有着紧密的联系[③]。目前中国仍处于社会主义初级阶段，尽管这是一个多种生产方式、社会结构、生活方式、文化类型多元并存的社会形态，但古典农耕社会的感觉模式和心理经验仍然在人们身上留下了很深的印记，乡土经验及其所生长的“礼治秩序”对于习性的塑造以及对于乡民社会的治理可视为中国式治理的一种范式。当然，“礼”与“俗”仍然紧密相关，“礼”的意义也会随着不同的时代和空间呈现出不同的内涵，这些都需要我们通过具体的实证研究和

---

① 王铭铭：《人类学讲义稿》，北京：世界图书出版公司，2011 年，第 111 页。

② 费孝通：《乡土中国》，北京：人民出版社，2008 年，第 63 页。

③ 参见曹成竹：《从习性到审美习俗：一个布尔迪厄概念的中国化》，《马克思主义美学研究》2009 年第 2 期。

理论探讨才有可能对之加以阐释,并由此发掘“礼治秩序”的现代形态。

与西方马克思主义美学主要在批判的意义上发展马克思美学思想不同的是,中国马克思主义美学着重探讨审美意识形态在建设新的社会关系方面发挥的巨大作用,它的中心议题是:审美和艺术如何作为一种特殊的意识形态在改造和重建社会关系方面发挥其重要的能动性作用?如何通过艺术把握可以实现的未来?这些议题都与自由治理如何可能息息相关,它将聚集为这样一个问题:我们如何建构这样一种审美制度,在此种制度文化中,我们有可能自由地智性地将自身引向未来?如此,自由治理将向“审美的人”发出吁请。在此,“审美的人”意味着他不仅能够审美,而且能够创造美。

(原文刊发于《马克思主义美学研究》2015 年第 1 期)

批评作为一种文化治理

——论马克思主义文学批评的新向度

肖　琼

（浙江传媒学院）

当代激进理论家似乎都强调要以一种回溯性的视角来看待事物，以发现遮蔽于其中的真理性存在，从而不约而同地转向了对事件、场景、差异性、偶然性及背后各种体制等的关注。当我们以事件、场景或体制等这样视角来重新考察一些传统的概念，我们获得了诸多不同的感知、认识甚至结论，这对以往很多僵化的理念造成了一种极大的理论冲击力。例如朗西埃以一种回溯性的眼光，在审美体制或感知的分配方式中重新关注艺术和美学的概念，结果发现，审美体制的艺术与再现体制的艺术原则极为不同，而审美体制的变革会导致我们感性体验的形式、进行认知的方式等都发生改变。因而他提出"美学"的概念，不再是指传统意义上的艺术理论，而是指一种体验模式。在这种模式下，并不是我们对艺术作品进行认可，而是通过艺术作品带出促使这些作品得以出现的各种条件，如感性体验的形式、进行认知的方式，表演和展览的空间、流通或再生产的形式等。①

① 参见[法]雅克・朗西埃：《美感论：艺术审美体制的世纪场景》，赵子龙译，北京：商务印书馆，2016年，序言第2页。

在这个意义上，艺术已不再是超历史的本质性存在，而是置于具体审美体制中的艺术的不断变动和实践形式。

托尼·本尼特则以制度性的视角重新考察文学批评。托尼·本尼特是继威廉斯、汤普森、伊格尔顿等之后在英国文化研究界享有盛誉的马克思主义理论家。他主要从社会学、人类学等角度来研究文学问题和艺术现象，对马克思主义关于文学、艺术等文化的社会作用有着自己独到的见解和贡献。然而，托尼·本尼特最不满意马克思主义批评，称"马克思主义批评构成了马克思主义理论中最缺乏马克思主义的部分"①。在他看来，尽管马克思主义批评理论倡导的是一种社会学的研究方法，但仍跳不出话语理论的模式框架，因此在批评上他倡导一种制度性批评。而这种批评，本尼特强调必须要与以往的文学和美学决裂才可能凸显出来。本文以本尼特所倡导的制度性批评为研究对象，在本尼特对马克思主义批评的批判性思考中彰显问题，又在本尼特对"文本"概念的不同界定和构想中构建问题，从而探讨本尼特意图构建的、意图抹平形式主义与马克思主义之间的鸿沟，调和文学之内和文学之外等各方面因素的制度性批评。本尼特的制度性批评意在将批评视为一种文化治理。而大家所熟知的本尼特的博物馆研究正是他将批评作为一种文化治理的具体运用和实践。本尼特的这些批评观点对于中国的文学批评、文化批评，人类学批评，对于当下正时兴的非物质文化遗产及博物馆研究应该会有不同程度的启发。

一、问题的提出：关于马克思主义批评的批判性思考

一般认为，马克思主义批评是以马克思及恩格斯的经济文化理论为基础而形成的批评流派，韦勒克将其列为20世纪六大批评流派之一。从历史唯物主义出发，马克思主义批评习惯于将文学看成一种特殊的社会意识形态，强调它与社会经济和生产力发展水平之间的内在必然联系。艾布拉姆斯曾经将其批评原理归纳为三点：(1)人类历

① ［英］托尼·本尼特：《马克思主义与通俗小说》，马尔赫恩编：《当代马克思主义文学批评》，刘象愚等译，北京：北京大学出版社，2002年，第206页。

史的变迁、社会群体及其相互关系的变化以及历史的思维模式主要是由“物质生产”的模式变迁所决定;(2)物质生产基本模式的历史变迁导致社会阶级结构的变化,在每个特定历史时期,统治阶级和被统治阶级为经济、政治、社会权益而斗争;(3)意识形态,即人类的信仰、价值观及思维方式,是特定的阶级地位和利益的产物[1]。而马克思主义批评经由梅林、拉法格、普列汉诺夫、列宁、卢卡奇和葛兰西等学者的共同努力也获得重要发展,可是在如何对待文学的内容和形式的问题又陷入了二元论的自我矛盾演绎中。伊格尔顿将最初的马克思主义批评概括为社会学实证主义和新康德唯心主义相结合的变体,而其在内容与形式问题上不断抵牾和裂化,最后不得不转向资产阶级求援。20世纪30年代以匈牙利马克思主义批评家卢卡奇与法兰克福学派的布莱希特之间的那场著名的“表现主义论争”,正是马克思主义批评内部关于内容与形式之间在态度分歧上的集中体现。随着文化研究的兴起,以威廉斯、霍尔、伊格尔顿为代表的英国马克思主义批评家,他们以“文化”代替意识形态,更强调文化的复杂性、现时性和在场性,在某种程度上弥补了马克思主义批评的这种分裂。

托尼·本尼特是继威廉斯、汤普森、伊格尔顿等之后又一享有世界盛誉的英国马克思主义批评家,主要从社会学、人类学等角度研究文学问题和艺术现象,因而对马克思主义关于文学、艺术等文化的社会作用有着自己独到的见解和贡献。托尼·本尼特处在后现代主义文化转型时期,深受解构主义的影响,对马克思主义批评颇有微词:“马克思主义批评构成了马克思主义理论中最缺乏马克思主义的部分,仍然接受资产阶级问题框架的强大的万有引力,与马克思主义的经济或政治理论形成很大反差。”[2]显然,与伊格尔顿观点相同,本尼特批判马克思主义批评未能跳离资本主义意识形态框架的牵引,因为马克思主义批评所强调的社会学分析方法,采用的只是表征自身与它所分析的文本现象之间的关系,而马克思主义所强调和提炼的普遍观念和普遍体系也只能在话语中构建。当所有的话语都无法脱离它的现实土壤和生成语境,马克思主

---

① 转引自王卫新、隋晓荻等著:《英国文学批评史》,上海:上海外语教育出版社,2012年,第212页。

② [英]托尼·本尼特:《马克思主义与通俗小说》,马尔赫恩编:《当代马克思主义文学批评》,刘象愚等译,北京:北京大学出版社,2002年,第206页。

义批评理论就只是一种话语理论。

本尼特对马克思主义批评的批判，矛头主要对准的是其重于价值的问题，“关于价值问题的争论已经成了马克思主义批评内部的一种主要形式，把价值问题看作与文学问题同一的或通过文学问题予以阐明的东西”①。在本尼特看来，文学的文本原本没有价值，只是通过不同类型，出于不同理由进行价值判断的主体才获得价值。因此，价值不过是在各种不同的批评观念指导下进行价值判断的话语产物，由此而产生的价值就不能只是从逻辑上的判定也不可能只是文本的特性，它还关涉到要进一步分析作出价值判断的主体问题。总的来说，本尼特对马克思主义批评价值理论的批判表现在两点：一是对文学价值理解不清，批判马克思主义批评价值理论将一系列不同的分析问题混合起来，譬如将解释作品的价值根源与解释“文学性”的问题混淆在一起，更严重的是将审美评价与政治运筹暗中合流；二是带有接受资产阶级批评的价值判断的倾向。马克思主义批评价值理论把价值视为刻写在文本中的静止不动的东西，甚至认为只有把文本放回到产生它的条件当中进行分析，才能对这些特性作出解释。例如卢卡奇认为可以根据文本与历史之间的关系来判断文本的价值；阿尔都塞则认为可以通过文本与它们所隐含的意识形态话语的距离或断裂来呈现价值。这种具有鲜明的目的论色彩的价值理论，其策略必须建构一个普遍的价值判断主体。然而这个主体在真正的历史语境是不可能的。所以，马克思主义批评“如果要建构一种价值理论，必然要消除资产阶级批评制造的价值判断主体，视之为虚幻的、价值判断理由出现了的主体”②。

其后的伊格尔顿接受了读者这一维度对文学效果所发生的作用，从而认识到马克思主义价值理论的混淆性，认为文学价值应该“是一种由文本意识形态生产出来和作品的消费性生产，即阅读行为所生产的现象”③。也就是说，文学价值作为阅读和批评的生产现象，它所表现出来的永远是文本、读者、批评家之间的交换价值形态。但本尼

---

① [英]托尼·本尼特：《马克思主义与通俗小说》，马尔赫恩编：《当代马克思主义文学批评》，刘象愚等译，北京：北京大学出版社，2002 年，第 208 页。

② 同上，第 210 页。

③ Terry Eagleton, *Criticism and Ideology: A Study in Marxist Literary Theory*, (London: Verso, 1976), pp.166—167.

特同样批评伊格尔顿在对审美价值进行探讨时所包含的矛盾：一方面，他认定价值不是且不可能是内在的，但另一方面这种观点又始终会暗示“价值是被生产作品的历史条件赋予作品的”[①]，从这个意义上说，价值最终又是内在的。

本尼特还集中批评了萨义德和詹姆逊的文学批评观。“萨义德与詹姆逊都倾向于认为批评具有一种与生俱来、总是等待运行的功能，由此，考虑历史偶然性的作用仅仅就是决定如何在具体语境下运行这种功能。”[②]在他看来，萨义德虽然考虑到了主体对文本意义的生成作用，但其考察的对象主要还是集中在主体身上，由主体链接起文本与外界社会的关系，忽视了其他客观性的社会实践关系对作家、文本和批评家的潜在操纵关系。同时萨义德特别强调批评只为文本服务，只献身于文本的附属角色。“萨义德简单地假想了一种纯自然实践，它将文学文本构成为总体化评论的场所，目标在于主体道德政治转变，却不审视把这种文本安置在（话语与制度的）空间的历史特定条件”[③]，这就必然会导致失位。如果说萨义德将批评视为抵抗，詹姆逊则将批评视为宏大历史本身生成的特权立场。詹姆逊在《政治无意识》总序中就指出，“批评理论的对象是关于社会文本批评的理论，涉及文学、哲学、历史、人类学、政治学、社会学、建筑学、影视、绘画，等等”[④]。在詹姆逊看来，批评的首要目标是解释文本，然而人们却根本无法真正地面对“文本”，因为解释的过程本质上是一种根据一些特别解释的主导代码而对既定文本进行重写的寓言行为。在整个过程中，这些主导代码如何规定，由谁规定，又由谁来释义？不过，本尼特却认为詹姆逊这种把批评普遍化为影响主体形构过程的一套解释实践的做法，却预先抽空了导致这种实践的政治功能成为可能的所有基础。“事实上，有很多东西都丢掉了，如多元细微政治的可能性，面向宽广范围的实践事务（文学文本与此牵连）的一系列不同的话语制度策略的可能性，因此都被献给批评

---

① ［英］托尼·本尼特：《马克思主义与通俗小说》，马尔赫恩编：《当代马克思主义文学批评》，刘象愚等译，北京：北京大学出版社，2002 年，第 211 页。

② ［英］托尼·本尼特：《文学之外》，强东红等译，北京：人民出版社，2016 年，第 210 页。

③ 同上，第 220 页。

④ ［美］詹姆逊：《政治无意识：作为社会象征行为的叙事》，王逢振、陈永国译，北京：中国社会科学出版社，2011 年，（总序）第 2—3 页。

(其目标在于通过无区分的方式而影响主体的转变)的囊括一切和无所不包的政治而牺牲了。"[①]文本确实与意识形态构成一种必然的联系,但是文本与意识形态并不是简单的表象与本质的对应关系。事实上,在文本背后,使文本成为可能的现实还包括由男人、女人和社会运动带来的对制度、权威和正统的抵抗,这些现实通过文本被传递给读者并引起批评家的关注。而批评又通过组织文学的文本阅读,从而授予这些文学文本以意识形态的功能。本尼特意识到,要想让马克思主义批评真正成为抵抗资产阶级文化霸权的话语场所,反观"意识形态凝视",必须要与以往的文学和美学进行决裂。"要打破由资产阶级所产生的文本意义上的意识形态,并与其进行斗争,它要通过组织、激活阅读实践来不断地重构内在文本的、意识形态的及文化的体系。"[②]显然,对于本尼特来说,对文本的重新界定或许是重新思考马克思主义批评的切入点。

二、将文本历史化和作为场域的文本

在文学话语中,文本和作品原本是一对相互对应的普通术语,文本指向的是文学的语言现象,而作品体现美学和创造价值。索绪尔将符号区分为能指与所指之后,对作品的研究兴趣开始转向对其科学客观性的追求,作品的概念开始被"文本"概念所取代。罗兰·巴特写道:"与作品的概念相反……现在对新客体有了一种需要,它通过放弃或颠倒原有范畴来获得。这个客体就是文本。"[③]罗兰·巴特将"文本"概念概括为六个特点:(1)不能把文本视为一个可计算的对象。作品可以在书店、书目、考试大纲里被看到,而文本却是一个演示的过程,是按照或违反一定规则进行言说。(2)文本不会停留于优秀的文学之中,也不可能包容在一种等级系统之中,甚至不可能包容在一个文类的简单划分系统中。相反或准确地说,构成文本的正是它具有颠覆种种旧分类的

① [英]托尼·本尼特:《文学之外》,强东红等译,北京:人民出版社,2016年,第227页。

② Derek Atridge, Geoff Benning Ton and Robert Young 编著:《历史哲学:后结构主义路径》,北京:北京师范大学出版社,2009年,第78页。

③ [法]罗兰·巴特:《从作品到文本》,杨扬译,蒋瑞华校,《文艺理论研究》1988年第5期。

力量。(3)文本可以在对符号的反应过程中被接近和体验。(4)文本是多元的。文本不是若干意义的共存,而是一个过程,一种过度交叉。它回答的不是一种解释,即使是自由不拘的解释,它回答的是一种激增和散播。(5)作品卷入了某种起源关系的过程之中。而在文本中,作者只是一个宾客而已。(6)作品一般来说是某种消费的对象,而文本却不强化读者对作品的投射,而是将读者和作品融合在单一的表意实践中。[①]这六个特点详细地说明了"文本"概念与"作品"在内涵上的不同,导致了文学研究从研究"作品"到研究"文本"的转向。用罗兰·巴特的话来说,意味着"从视文学作品为具有确定意义的封闭实体……转向视它们为不可还原的复合物和一个永远不能被最终固定到单一的中心、本质或意义上去的无限的能指游戏"[②]。文本不再是一个稳固的、已经完成的实体,而是一种再生产,这种再生产不再与作者有关,更大程度上取决于读者对文本的诠释。

然而,这种"文本"概念有可能使文本成为一种无休止的能指游戏,因为这会导致能指丧失其解释的基础。对于马克思主义批评来说,只有把文本放回到产生它的条件当中进行分析,才能对这些特性作出解释。马克思主义批评决定在文学与历史的关系基础上来寻找文本意义的确定性和解释基础。他们将文本与历史语境结合起来,认为必须将文本置放在历史语境中,从而解读出文本的意义。本尼特评价道:"在卢卡奇或詹姆逊的追随者的解释学规划中,历史的作用是作为一种解释的工具,将各个文学文本的意义译解出来——一个一个地,按照它们的相继顺序进行破译。由于把历史看成一系列现实的(即超话语)发展趋势,而把文学文本看成对这些趋势的中介表达,因此,历史就为批评家的阐释提供了一个客观基础,使之免于被指责为带有主观随意性。与之相对,在阿尔都塞传统中,历史作为一系列用来说明独特形式的真实的条件和关系,而在这种独特形式中,现实(即历史本身)在文学文本中得到意指或暗指(signified or alluded)。"[③]

---

① 以上内容参见[法]罗兰·巴特:《从作品到文本》,《外国美学》2012年第20辑。

② [法]罗兰·巴特:《从作品到文本》,杨扬译,蒋瑞华校,《文艺理论研究》1988年第5期。

③ [英]托尼·本尼特:《文学之外》,强东红等译,北京:人民出版社,2016年,第44页。

本尼特认可马克思主义批评中将历史作为文本解释基础的做法,但反对他们将文学和历史置于一种表象与本质式的二元对立的关系框架中。因为这样做意味着他们赋予了历史既作为文学的根源,又是其最终指涉物的特权,他们把历史看作总是比文本表征的领域更基础和“更真实”的现实,从而又赋予了历史以不依赖于文学文本而被认知的优先权。伊格尔顿在处理相似问题的做法似乎显得要灵活一些,不过本尼特还是宣告其仍然跳不出纯粹的文字游戏的限囿。“这完全是因为伊格尔顿没有将他使用这个术语时所采用的两种不同意义区别开来。当他说历史是文学的所指时,很明显他想到的是一系列的意义——因为意义是所指的本质——这些意义既内在于意指过程,又是这一过程的产物。然而,当他说历史是文学的来源和指涉物时,他采用了这个词的另一种意义,即话语的超话语起源(extra-discursive origin)。”[①]由此,伊格尔顿仍旧是一个目的论者,为了完成任务,巧妙地将作为意指过程之起点的历史与作为最终指涉物的历史混淆为同一个东西,而事实上它们恰好彼此对立。

对于本尼特来说,“历史地研究文学的形式和功能,意味着就是在与其他现世共存的社会实践之间易变的关系的语境中研究文学自身的具体性、偶然性和可变性”[②]。必须清楚地意识到,文学中所包含的原初历史意义,其实是文学通过历史流传到一直变化的历史当下的产物,是关于过去和现在的视野如何能融合,以便重新找到离我们现在很遥远的时代主体所遭遇和经历的那些意义问题。本尼特于是首先要在文本概念的问题上展示他的决裂态度。在本尼特看来,除了一个超越的、历史性的文本之外几乎没有任何其他文本的空间,而这一文本能够被构建为一种知识的可能的对象。本尼特力求解构文本的形而上学,将文本进行历史化:第一,文本本身是一个物质的现象,与文本生产的历史条件密切相关的。注意的是,不同于马克思主义批评将文本与历史语境结合起来,本尼特在这里强调的是历史条件。这些历史条件主要指生产它的一些物质性机构,“通过一整套机制——电视、博物馆、庆典仪式、文化遗产,还包括组织‘公众的意识建构’的‘公共历史领域’,关于文学的一系列意义得以生

① [英]托尼·本尼特:《文学之外》,强东红等译,北京:人民出版社,2016年,第46页。

② 同上,第47页。

产和流通"[①]。第二,由于文本之间的意义生产和再生产关系,是文本与读者之间共同作用的结果,而不同读者背后又是不同的历史条件、社会运作机制等因素的组织化,这些因素潜在地指导着读者对文本进行不同的意义解读,所以"文本"的概念应被具体的文本在一定历史条件下所产生的"功能"和"效果"取代。第三、文本的种类也在随着物质媒介、历史条件和社会机制的变迁而发生变化。

本尼特说,"意义是可及现象。它并不是文本能拥有之物,而是一种只有在阅读型构(它调节文本与读者的'遭遇')中才能产生的东西,不可能始终相同"[②]。文本并不是向读者指明单一的意义,而在于它生成一个具有多种阅读可能性的场域。作为场域的文本让本尼特意识到只有将文本置于现实社会关系中来思考,从文本与读者的阅读型构中才能透彻分析它们背后的社会连接。在探讨文本与读者之间的阅读型构关系中,本尼特表明他不喜欢用"解释"这个概念,更强调文本的"生产性激活"。因为"解释"所带来的文本的多元性只关涉读者个体,而文本的"生产性激活"却指向一个过程,在这个过程中,文本、读者和彼此之间的关系都遭遇不断变化的规定。本尼特大胆地把文本的"生产性激活"的概念作为置换解释隐含的文本与读者之间特定结构的手段,强调文本的话语乃是在特殊的制度化条件下得以产生的社会和物质的存在。在当代批评家还停留于通过创作一种自律性的文学以抵抗消费社会的商品支配,本尼特却转向对文本之外各种制度性因素的关注,尤其关注读者背后的文学空间、文化制度、文化组织及机构之间的各种运作及其复杂关系,因而在批评上他提倡的是一种制度性批评,意在将批评作为一种文化治理。

三、走向制度性批评或批评作为一种文化治理

在《文学之外》一开篇,本尼特就谈到巴尔特所区分的、目前存在的两种讨论文学的

---

① [英]托尼·本尼特:《文学之外》,强东红等译,北京:人民出版社,2016年,第50—51页。

② [英]托尼·本尼特:《文化、治理与社会》,王杰等译,上海:东方出版中心,2016年,第123页。

手段:一是文学史,常常把文学作为制度;一是批评,常常把文学作为创造。在巴尔特看来,文学史如果要得到正确的构想和实施,必须特别关注审视文学的生产、传播和消费的功能及其规定性的制度条件。而一旦采用这种历史、制度和功能的讨论方式,就会带来文学存在问题的完全转变。在本尼特看来,巴尔特的观点很是具有迷惑性,其做法形成的是"两种研究文学的原则,一种在文学空间之内占据了一席之地,并将文学作为与主体性型构(formation)相牵连的实践场而运转,而另一种,却在文学外部攻城略地,将文学史作为功能史、法则史、技术史和制度史来书写",各自为政、各司其职的分据局面。这种关于文学内外二极的建构只能构建出文学的表面史,没有任何隐藏深度或内部秘密以做进一步探索。要想真正深入地进入研究,"只有从理论外部的位置出发,才有可能写作并未与当前的文学制度、实践和论争的领域的理论政治构成相纠缠的文学功能史"①。

在批评上,本尼特已经意识到只有将文本置于现实社会关系中来思考,从文本与读者的阅读型构中才能透彻分析它们背后的社会连接。与之前所讨论的本尼特反对以往文学文本的逻辑一样,在批评上本尼特同样反对以往的文学社会学(其中也包括马克思主义批评的社会学方法),因为他们将现实与思想相对,视现实为可以提供真理的固定点的优先权。本尼特说,"如果这种论证能够成立,那么部分而言,社会关系就是话语关系,于是,既然话语关系相应地和部分地来说就是意义关系,而又由于所有意义的可变性(diacritical)结构的特征是一定程度的流动性和测不准,那么,就很难理解,怎么会认为社会理念提供了观念地'固定'或稳定的对象(这可能成为系统和累积的知识)"②。话语关系并不等同于社会关系,如何正确对待话语关系和社会关系,消解了思想/现实的对立,本尼特认为介入文学的研究立场和位置是至关重要的,也就是"文学之外"的这个"外"的位置应该如何占据的问题。

德里达曾说,文本之外一无所有。解构主义的观点在于,并没有什么文学之外,也根本没有办法书写"文学之外"。因为,文学之外之所以外在于文学,是它丝毫没有受到目前文学场得以构成方式的影响,或在没有带来相应后果的意义上来谈的。也就是

① [英]托尼·本尼特:《文学之外》,强东红等译,北京:人民出版社,2016年,第6页。

② 同上,第21页。

说，所有的“文学之外”的立场只能是相对而言，不可绝对理解。由此可见马克思主义批评不断地将对立于文本之外的有关政治现实和阶级斗争的“外部”立场刻写于文本之内，这种做法明显具有某种阐释的强制性。本尼特力求将文学观念与这种马克思主义式的用法疏离开来，他把文学看成某种特殊的社会组织的表征空间，建议将“文学的区分性的特性（文学性）定位成一系列历史特定、制度组织化的效果，而不是定位成‘文学’的文本的永恒不变的特性”①。本尼特意图超越文学之内和文学之外的界线，打开一个新的知识行为场域。而这样做“可以会更好地理解文学的实践、制度和话语的存在场域的有机化”②。

何为“制度”？“制度”本来是作为一个社会科学概念，泛指以规则或运作模式，规范个体行动的一种社会结构。20世纪80年代开始出现新建制主义，对“制度”的概念在理论上做出了革新，“制度”的概念转向大家共同遵守的一些规范体系，“制度”还与文学、艺术、审美等结合起来，如文学制度、艺术制度以及审美制度。在美学意义上，“制度”(institution)是一种基本的文化存在形态，它具有十分丰富的内涵和外延，而不仅仅局限于被条文规定的规章制度。各种制度性因素和机构既可以是包括国家及社会制度（政治制度、经济制度、文化制度等），艺术品的展出场所（博物馆、剧院、音乐厅、美术馆、画廊等），神圣化或认可机制（学院、出版社、沙龙等），也可以指生产者和消费者的再生产机制（艺术学院、书店、各种传媒、广告公司等）、专业化的各种代理人（经纪人、批评家、艺术史学家、收藏家等），文化习俗或惯例（传统节庆、仪式、禁忌、日常生活习惯等）等。20世纪中后期，新制度主义研究开始将其探讨的重心从规则转向了观念、资本与规制等制度的隐性存在样态。制度不仅包括正式规则、程序和规范，而且还包括为人的行为提供“意义框架”的象征系统、认知模式和道德模块。③但不管是有着物性存在形式的规章制度，还是没有具体存在形式的观念式的隐性存在样态，都不是本尼特所指的“制度”。本尼特的“制度”不是对立于文学、外在于文学，似乎是介于文学内

① ［英］托尼·本尼特：《文学之外》，强东红等译，北京：人民出版社，2016年，中文版序。

② 同上，第6页。

③ 参见向丽：《审美制度问题研究——关于“美”的审美人类学阐释》，北京：中国社会科学出版社，2010年，第2页。

部和文学外部之间、能够勾连起它们之间的关系，却又不是对立式地处理文学与社会的关系。相比之下，托尼特的“制度”概念似乎更强调隐性和显性、内部系统与外部系统的互文性关系，强调“制度”不可简单地化约为传播中的批评话语、结构和内容，而是包括教师与学生、批评家与读者之间的具体系列关系、作为自我型构机制的组成部分而发挥作用的具体阅读技术，甚至包括影响知识分子阶层的生产和训练方式的考核评价的具体形式等①。本尼特意图借助对体裁如何作为一种潜在的组织化因素影响文本的生产和阅读的分析，以充分展现体裁作为一种“制度”而获得的功能和运作过程。

本尼特依样首先解构了以往关于“体裁”的划分。关于体裁，我们一般都是以类型学的标准来对其进行明确划分，根据体裁内在的不同特征而进行区分，二分法、三分法、四分法是我们曾经给体裁进行的归类和方法。本尼特却提出体裁不应该按照内在而应该按照关系来进行划分。借用了福勒对体裁分类的置换，把体裁看成书写领域中更为松散地组织了相似性和差异性关系的观点，他提出体裁并不是可以进行明确的划分，而是复杂网状的相似性重叠互架，是维特根斯坦所强调的“家族相似”，其构成被互文性地决定着。例如侦探小说在英国语境被看成与间谍惊险读物在体裁上区分开来，但在美国却包含了间谍和犯罪读物，作为一种更为广泛的体裁在发挥作用。当本尼特成功地解构了体裁的确定性后，结果，一切特性通过体裁范畴被转换到整个文学史领域，从而将批评也从所谓的创造带向了制度性的研究。

由于本尼特将体裁视为互文性的构成，体裁不再是作为有待用社会发生学来说明的文学类型，而是它们本身的直接系列的社会关系，这些社会关系表现在阅读型构中，起着既动员着具体的书写实践，又调节着它们的社会使用的功用。这使得体裁的主要功能被转换为在特定社会文化语境中组织所期望的可以安置阅读的框架。雷蒙·威廉斯早就意识到变化不断的书写实践中所呈现的变化不断的关系，其实就是社会历史关系，从而提出要将文学看成它本身直接是以它们自己资格而存在的社会关系场，作为一种社会行为的独特领域，集中地与权力及其冲突的政治和意识形态关系的构成和功能相互牵

① 参见[英]托尼·本尼特：《文学之外》，强东红等译，北京：人民出版社，2016年，译者序。

连、相互覆盖；史蒂芬·希思根据一系列潜在社会条件来看待小说体裁，将小说看成宽广文化的组成部分，将小说文化化。希思对小说体裁的研究集中在构成和组织个体性的特定社会的形式关注上，将小说看成一种延伸的，但仍然是自我型构的历史特定的文化技术的组成部分发挥作用；而莎士比亚戏剧，也在不断发展起来的各种各样的新阅读方式中，由“最初作为集中在宫廷的权力政治技术发挥作用”转换为“作为集中在学校的自我形成的文化技术的组成部分而发挥作用”①；也就是说，通过体裁，各种各样的互文性制度因素被纳入进来。我们在其中得以审视到体裁到底做了什么，如何成为其中的部分，外部的各种社会条件和组织化因素又如何通过它们进行言说等。而当我们从制度而不是从美学来审视文学艺术，文学艺术就会呈现和包括更加复杂异质的话语和实践。

以博物馆作为场域文本，本尼特将批评作为一种文化治理，小试了一把，运用制度性批评，对其在时间和空间维度下不同过程的“生产性激活”和政治性文化治理进行了微观研究。博物馆是关于过去的文化，是征集、典藏、陈列和研究代表自然和人类文化遗产实物的场所，并对那些有科学性、历史性或者艺术价值的物品进行分类，从而为公众提供知识、教育和欣赏的文化教育的机构、建筑物、地点或者社会公共机构。本尼特通过对博物馆中的物品、物品陈列方式、参观流程设计、公共行为方式规定等，详细地分析了博物馆作为人们身体驯服的场所及其背后所展现的、隐秘的权力演绎和运作关系。他对博物馆中的宣传册和游览路线的设计的分析就是他将批评作为一种文化治理的社会尝试和成功运用。在本尼特看来，博物馆中的宣传册和游览路线的设计其实参照三种不同的制度，以对游人进行不同形式的监督和管理。“第一，由于礼拜堂和主教堂允许所有人进入，至少在服务时间内是如此，但是这些建筑——经常有角落和缝隙——除了牧师和司仪的警惕以外没有任何明显的监督形式，所以它们受到较多的关注。第二，还有一些像伦敦塔(Tower of London)这样的机构设立的制度，通过游览的方法管理游人的行为，游人在导游的指导下随着人群四处走动。第三，也是最后一种，往往是一些新制度，在某种程度上专门为公众游览制定——如国家美术馆——对游人

① ［英］托尼·本尼特：《文学之外》，强东红等译，北京：人民出版社，2016 年，第 121 页。

的监督和管理通过以下几种方法提供：对国家美术馆的空间进行适当划分，每个展厅安排两个督导人员；以单行线的方式组织游览线路，不允许人们回到已游览的展厅；开放而有条理的组织使游人在这里能进行自我监督”①。

另外，1987年托尼·本尼特还在与珍妮·沃考特合作出版的《邦德及其超越》中对邦德这个人物形象的分析，其实也是他对制度性批评的一个具体运用，再一次论证了可以将批评作为一种文化治理的观点。本尼特将邦德形象视为外部社会各种因素介入进来的场域，从而在对邦德人物形象的阅读中激活了这些内外关联的所有关系。在充分考察到有关邦德的诸多文本之间的互文性关系和生产性逻辑后，他才得出，邦德这个人物形象不只是在一部小说或电影中构建出来的，而是在形形色色的与邦德有关的文本(如人物访谈、作家和不同邦德演员的传记、传闻逸事等)和各种文本之间的复杂的互文性关系中构建起来的。

通过以上这些研究实践不难看出，本尼特的制度性批评意在促进立场和策略的型构，它不只关注文本的社会学的外部工作，更关注文本如何通过各种社会性因素的组织建构而成为它所是的东西，探讨引导和激励的文学和审美的制度和实践运转的独特形式，从而将批评作为一种文化治理。

结　语

近来，斯洛文尼亚的美学家阿列西教授提出，当代批评的功能已经超越了艺术领域，不再向大众阐释作品的意义，不再剖析艺术品成功或失败的原因，而是走向更广阔的领域——参与到社会政治生活中，起到了引导社会思潮或政治改革的作用。批评的功能将成为未来理论家研究问题的方法和手段。在各种批评理论和批评形态的纷繁更替和转向中，本尼特对马克思主义批评作出了其批判性的思考，并对批评进行了方法重构，由此提出将批评作为一种文化治理的策略。可以说，将批评作为一种文化治

① ［英］托尼·本尼特：《文化、治理与社会》，王杰等译，上海：东方出版中心，2016年，第320页。

理或者说制度性批评，更强调批评对其自身在与时代和社会发展之间的联系中所发生的社会作用，批评不是跳离出这个运作框架，而是本身运行于这个框架中并积极发生作用。在这样的批评视域中，文学艺术就不仅仅在于对社会的反思和批判功能，更是作为介入社会、变革社会的一种重要场域发挥作用。

在中国，当代批评也已经开始注意到对批评的语境与内在机制研究。杜国景在《当代中国文学批评语境与机制研究》一文中讲道："文学批评研究涉及的范围很多，如基本理论（性质、功能、标准等）、批评史或思潮史、多样的批评范式、不同批评家的学术风格与个性等。其中语境与机制所关注的，主要是批评发生与运作的背景、条件、过程及方式。它以批评主体或批评范式的形成及特点为中心，兼及与批评有关的其他文学现象或活动。在不同的背景与条件下，语境与机制既是批评主体和批评范式，同时也是文学组织机构、作家、报刊出版部门、读者等共同遵循的某种约定或成规。狭义的语境当然只是前言后语或上下文，广义则包括时代政治、文化思潮、社会风气，甚至不同的文人圈子等。很多情况下，理解语言文字所表达的思想感情，需要联系两方面的语境，否则便不知所云。而机制则指批评运作的过程、规律，产生作用的方式等，尤其关系到批评主体的形成与特点。当批评是以某种话语权的方式在起作用时，它的内在逻辑、功能机理、运作方式等就显得特别重要。"[①]然而中国文学的批评在转向对语境和机制的关注中仍然囿于传统的外部社会性理解，囿于韦勒克的内部研究和外部研究的二元框架。本文通过对本尼特所倡导的制度性批评以及他将批评作为一种文化治理的观点进行一番梳理，在充分展示本尼特与以往文学和美学的决裂的态度中，体会本尼特将批评视为一种文化治理的真正内涵。同时也希望能对于中国的文学艺术批评、文化批评、人类学批评，以及当下正时兴的非物质文化遗产以及博物馆研究起到某种程度的启发，希望后来能有更多的学者能关注到本尼特的将批评作为一种文化治理的观点及其制度性批评研究。

（原文刊发于《社会科学家》2019年第2期）

① 杜国景：《当代中国文学批评语境与机制研究》，《中山大学学报》2015年第4期。

审美历史化和政府治理性

——论本尼特文化研究中的关键因素

周海玲

（汕头职业技术学院）

伯明翰学派在霍尔的领导之下经历了一个繁盛时期，随着伯明翰学派内部发生分歧，霍尔离开伯明翰学派之后，特别是霍尔的“《新时代》(写于 1989 年的著作)的出现，伯明翰学派发生了很大变化，即从现代走向了后现代。……后现代出现之后，一方面把过去的概念系统给解构了，一方面文化研究开始泛化”①。英国文化研究的多元化表现为，在全球化思潮的影响下，女性主义、后殖民主义、传媒研究取代了原先伯明翰学派的阶级研究，其理论研究中的马克思主义色彩也渐趋稀薄。托尼·本尼特深受卢卡奇、阿尔都塞和福柯等人的影响，他重新寻找英国文化批评的中“审美认知”传统，批判地吸收福柯对于审美主体性问题方面的研究，建设性地将“审美和政府治理性”关系作为文化研究的关键要素。这无疑对我们思考文化研究未来的走向，将马克思主义的方法论用于建设后现代理论退潮之后的理论空场，以及运用马克思主义的理论资源去批

① 肖寒:《伯明翰学派和英国文化研究——黄卓越教授访谈》,《中国图书评论》2007 年第 4 期。

判性地重建和复兴经典的美学传统，都极具启发意义。

一、英国文化批评视野下的"审美作为自由"后康德命题

托尼认为，威廉斯等马克思主义者对什么是"文化研究"的通货(currency)，也即什么是文化研究中的主要对象并不是很清楚，因此他创导的是"另一种选择，即要求构建将自己的领域与文化研究领域区分开来的拥有自己的术语的独特的研究领域"①。他立足于英国19世纪以来的文化批评传统，将他自己的文化研究重新定位，"我将批判性地与从英国文化研究出现的(过去与现在的)轨道进行接轨来做到这一点"②。也就是说，托尼对审美问题的研究的关注是在英国文化批评传统和英国马克思主义美学传统双重对话的背景下展开的，"审美作为主体性的认知模式"这一命题既存在于始于19世纪的英国文化批判传统中，也存在于英国马克思主义美学对于审美意识形态的问题域中。

托尼·本尼特对于审美作为主体性认知模式的分析是在后康德理论背景下展开的。康德美学对于英国的文学批判和文化批评的影响，不是发展出康德美学中对于纯粹美和审美无功利的方面的形式美学的路向，而是朝着康德美学中的"审美作为自由"这种审美的实践和认知功能方面发展了。"按照康德的说法，人类在其历史发展过程中，通过科学的发展和艺术的发展，审美能力得到了提高，于是人类的审美能力就可以猜到人的道德，所以美是道德的象征。美不是道德，但它可以暗示人的道德，也就是说，人的道德在人的现实生活中应当留下它的痕迹，应当有它的象征，所以人类文明化以后，进入文明世界发展科学和艺术，发展审美，这样慢慢地开始就觉察到了自己的道德本体。"③托尼在《审美、自由、政府》一文中指出，他对于审美这个问题的研究渊源来自"把文化当作自由的一个领域的后康德式(post-Kantian)建构"。康德美学的一个核

---

① [英]托尼·本尼特:《本尼特:文化与社会》，桂林:广西师范大学出版社，2007年，第157页。

② 同上，第159页。

③ 邓晓芒:《康德哲学讲演录》，桂林:广西师范大学出版社，2005年，第97—98页。

心指向是通过审美实践实现道德伦理的善,自然目的论的系统最终的走向是道德目的论,"在人身上体现的终极目的就是作为道德法则的主体并遵照这个法则而使自己成为自由的存在着的,作为本体看的人"①,康德的审美实践传统对英国的文化批评传统产生了深刻的影响。

审美与认知之间的关系也是英国的经验主义美学传统的显著特点,"把审美与认知等同,把美与真等同,这是经验主义自然科学思维方式在美学研究中的表现之一"②。诞生于19世纪的英国文化批评传统的一个深层模式就是相信通过审美认知而实现教育功能。柯勒律治—罗斯金—阿诺德之间存在着一个文化批评的谱系。阿诺德在《文化与无政府状态》(1869)中给文化下了这样的定义:文化是甜美、是光明,甜美是艺术,光明是教育,文化因光明而甜美,因甜美而光明;它是我们思想过和言说过的最好的东西,它从根本上说是非功利的,它对完善的研究,它内在于人类的心灵,又为整个社群所共享,它是美和人性的一切构造力量。文化作为精神生活,是通过审美认知来达成人格的完善,进而论之,达成社会的完善。这和康德真善美的统一和席勒的审美教育观念是一脉相承的,因此,托尼说,"康德对于审美、文化与自由之间关系的论述在英国所产生的影响,……毋宁是通过柯勒律治和浪漫派传播的"③。20世纪利维斯主义文化批评直接继承了阿诺德对于文化教化作用的重视。利维斯在《伟大的传统》中以民族意识、道德主义和历史主义以及一种侧重文学自身美感的有机审美论,阐释了精英主义的文学对于解决20世纪社会危机的价值。因此,利维斯等人确立了"英国文学"这门学科,"英国文学不仅是一门值得研究的学科,而且是最富于教育作用的事业"④,"《细察》不仅是一份杂志,而且是一场道德和文化改革运动的中心"⑤。

威廉斯等文化马克思主义者既继承了也批判了阿诺德和利维斯的文化批评主义。与一般人对威廉斯的理解不同的是,托尼在对威廉斯的文化概念进行词源学的分析后

---

① [德]康德:《判断力批判》,北京:人民出版社,2002年,第3页。
② 章辉:《经验的限度》,北京:中国社会科学出版社,2005年,第23页。
③ [英]托尼·本尼特:《审美、政府、自由》。本文系本尼特2009年5月10日在南京大学演讲的文章。
④ [英]特里·伊格尔顿:《二十世纪西方文学理论》,西安:陕西师范大学出版社,1987年,第39页。
⑤ 同上,第42页。

认为，威廉斯的文化研究包含着将“文化(审美)作为改革者的科学”的命题。托尼评价威廉斯说，“文化批评家角色的各种形式的道德权威能够在左派批判方案中被重新布置，在左派方案中文化分析能够重新发挥一种重要的政治作用。正是通过这种方式，19 世纪批评传统中培养出来的、稍后的 20 世纪利维斯主义的批判方案中又加以塑造的独特的道德声音开始转变为一种偏向左派的新立场，它提供了一种合理性，使文化在新左派所优先处理的问题之中处于中心地位”①。另一方面，威廉斯等英国马克思主义者的文化批评观念也继承了布拉格学派、法兰克福学派和阿尔都塞学派对于“审美成为主体性认知的模式”的马克思主义的论题。浪漫主义美学对 20 世纪西方马克思主义美学的深远影响，在布拉格学派和法兰克福学派中，“从卢卡契到马尔库塞，浪漫主义美学的影响在他们的思想和体系中一直时隐时现，例如卢卡契关于艺术实现了完整的人类本性的观点，本雅明艺术哲学中深沉的怀乡病倾向，马尔库塞关于艺术与快乐原则关系的理论，都或多或少地建立在美学人道主义的基本前提上：艺术和美是绝对自由的世界，人的本性在这个世界里得到了充分的实现”②。其后的英国马克思主义深受阿尔都塞学派影响，在学术上实现了“葛兰西转向”，注意到了意识形态的实践性作用，强调科学的理论和艺术，而不是布拉格学派和法兰克福学派所谓的自律性的审美经验是反抗资本主义意识形态及资本主义国家机器的主要力量，由此，伊格尔顿的审美作为一种意识形态的理论可以说就是在审美方面继承了阿尔都塞的意识形态理论。即使这样，英国马克思主义对于审美(也就是文化研究中的文化)作为实现自由的政治功能给予了期待，也就是说，英国马克思主义以审美的他律性认识取代了之前的审美自律性认识作为实现主体自由的功能。以上论述表明，自英国 19 世纪的阿诺德文化批评传统开创以来，英国文化批评是依据不同的社会历史条件具体化康德的“审美作为自由”的命题。但是到底怎么样的审美，或者说审美如何具体化和历史化，什么是文化批评中的关键因素就一直成为不同的理论家就时代问题所作出的回答。

托尼肯定了英国马克思主义者在审美他律性(也即审美意识形态)以及文化研究

① [英]托尼·本尼特：《本尼特：文化与社会》，桂林：广西师范大学出版社，2007 年，第 17 页。

② 王杰：《审美幻象研究》，桂林：广西师范大学出版社，1995 年，第 11 页。

和阶级斗争等方面问题的重要贡献和影响，可以说，英国马克思主义的文化研究揭示文化和权力之间的密切关系是对审美进行历史化的一个进步。英国整个文化批评传统在康德美学的框架下思考审美和自由之间的关系，从审美自律性（也即阿诺德传统和利维斯主义）的纯粹理想走向审美他律性（也即以威廉斯为中心的文化研究）自觉认识，从学理上讲，就是对于超验性的康德美学转向对于审美的社会历史条件的分析，将审美的政治功能转向话语、媒介、阶级、性别、身份、殖民、族群等具体的社会条件和时代现实的分析只是审美历史化的一个方面。但是，托尼并不认为审美的历史化仅仅止步于揭示出阶级和身份中的问题，马克思主义文学和美学中对于"现代国家"在"审美作为塑造主体的技术"中的重要作用并没有完整地揭示出来。"我认为应该对马克思主义文学和美学理论的这些方面加以反驳，因为它们与马克思主义的历史论证原则存在尖锐的冲突，在我看来这个历史论证原则是马克思主义思想的本质特征，但是一旦变成要对'审美'进行分析了，许多马克思主义者似乎更乐于弃之不用。"①

审美的马克思主义精神要求彻底的历史化论证。阿尔都塞学派的马克思主义研究已经注意到了现代化过程中国家在生产意识形态的主导作用，"所有意识形态国家机器，无论它们是什么促成了相同的结果：生产关系的再生产，即资本主义剥削关系的再生产"②。意识形态国家机器甚至成为比强制性国家机器更重要的资本主义国家的运行机制。而意识形态国家机器的重要机制是"意识形态将个体当作属民质询"③，意识形态国家机器不同于强制性国家机器的一个基本区别是，强制性国家机器通过暴力起作用，而意识形态国家机器通过意识形态起作用，"除了具体的主体以外，不存在意识形态，而且只有通过主体才能使意识形态的这种指归成为可能；意思是：通过主体的范畴及其功能。"④一个可以成立的逻辑的推论是："主体"是意识形态国家机器塑造属民的核心概念。伊格尔顿在英国的文化批评传统中发现，利维斯的精英主义与威廉斯的大众主义都潜伏着"主体"这个概念，"这种从文学向文化政治学的转移并非只是不

---

① ［英］托尼·本尼特：《本尼特：文化与社会》，桂林：广西师范大学出版社，2007年，第15页。
② ［斯洛文］斯拉沃热·齐泽克：《意识形态的崇高客体》，南京：南京大学出版社，2002年，第154页。
③④ ［斯洛文］齐泽克编：《图绘意识形态》，南京：南京大学出版社，2006年，第122页。

适当的，因为连接这些领域的是主体性的观念。文化意味着社会主体性的范畴——一种比意识形态宽泛但又比社会狭窄、不如经济那么明显却又比理论更切实的范畴”[①]。审美作为塑造主体性的特殊技术，一定要历史地放在自启蒙运动以来国家机器管理功能转变的背景下被思考。英国马克思主义文化批评继承了阿尔都塞的意识形态理论的深刻影响，关于意识形态与主体性的复杂关系，但是对于蕴含在阿尔都塞意识形态中的“国家”和“审美”之间的关系并没有充分重视。在托尼看来，英国文化研究中的后康德美学的“审美和自由”的关系，在马克思主义历史论证的原则下，要求作为“审美和政府治理性”的关系被重新考虑。“文化研究中至少误解了一些它的研究领域的有机层面。我想提出，如果把文化看作一系列历史特定的制度地形成的治理关系，目标是转变广大人口的思想行为，这部分是通过审美智性文化的形式、技术和规则的社会体系实现的，文化就会更加让人信服地产生构想。同样，它的出现最好可以被看作现代社会化早期社会生活特有的日益治理化过程的一部分。”[②]

二、“审美作为塑造主体性的特殊技术”的后福柯美学

托尼1983年移居澳大利亚，他从澳大利亚的思想传统中获得的最大收益就是用实证的方法“把福柯关于主体性的研究，关于治理性复杂性的研究运用于文学、艺术的有关问题的研究中”，“大大地拓展了马克思主义美学的研究空间和学术视野”[③]。实际上，伯明翰学派的文化研究在20世纪70年代初期就已关注过福柯，比如霍尔在1980年发表的《文化研究：两种范式》中就以一个马克思主义文化研究学者的角度讨论过福柯（这一点正是罗钢、刘象愚主编的《文化研究读本》译文中略去的部分——笔者），只不过当时是以一种排斥的态度来讨论福柯，认为福柯与马克思产生分歧的地方在于否认客观真理以及历史的真实客观性。托尼1998年才回英国，他与霍尔等人和后霍尔

---

① [英]特里·伊格尔顿：《文化的观念》，南京：南京大学出版社，2003年，第46页。

② [英]托尼·本尼特：《本尼特：文化与社会》，桂林：广西师范大学出版社，2007年，第163页。

③ 王杰：《托尼·本尼特的马克思主义美学研究》，《南方文坛》2007年第6期。

时代对福柯的接受不同的是，托尼不是从福柯的话语——权力理论和越轨理论来接受福柯的，而是对于福柯权力理论中的政府治理性(governmentality)产生了兴趣。

在福柯的思想中，政府治理性是对生命政治(bio-politics)概念思考不断深化的结果。福柯认为霍布斯的国家主权理论过于强调国家对属民具有决断性和压制性主导地位，而“生命政治”概念表明自由主义国家是在内容上将人的生命作为管理的对象，在方式上不是压制而是以正确、适当的方式来引导和丰富个体，从而使人成为可以调整和控制的对象。关于“生命政治”的相关讨论至少从《规训与惩罚》开始，最集中的表现是在《必须保卫社会》、1975—1976 年的法兰西讲座课程及《性经验史》的第一卷中。福柯在此将生命政治描述为：“这一管理生命的权力自 17 世纪以来发展出两种主要的形式。……第一种是肉体的规训(disciplines)，是关于身体的政治解剖学，……第二种是人口的调节控制，是关于人口的生命政治学(a bio-politics of the population)……构成了生命权力机制展开的两极。”[①]在 1977—1978 年的讲座《论治理性：安全、领土、人口》中，生命政治的问题变成一个“治理性”(governmentality)的问题。生命政治(人口问题)概念的提出在现代国家出现的意义并不单纯只是从“领土式国家”(territorial state)转变成“人口式国家”(population state)而已，更重要的意义在于它是国家从 17 世纪到 19 世纪的这个历史时期政治理性成熟的标志：它有自己“新的问题领域、新的对象，以及新的技术”[②]，它变成一个如何去“管理人”(government of man)、“引导(conduct)人的行为”的问题，生命政治变成一个政府管理的艺术(arts of government)的问题。因此，“治理性”的内涵是“一种关于管理儿童、一个家庭、一个领域、一个国家的权力方式”以及“使个体受最高的权力控制的一套复杂的行为方式”[③]。

在福柯的后期，治理性与他的生存美学思想——“自我的技术”联系起来了。在 1980 年以后的关于“活人的治理”(On the government of the living)的法兰西学院的演

---

① Foueault. The History of Sexuality(Volume 1: An Introduction)[M]. New York: Random House, 1978. p.139.

② Foueault. Ethics: Subjectivity and Truth, Essential Works of Foueault, 1954—1984, Vol.1.(P. Rabinow ed.)[M]. New York: New Press, 1997. p.67.

③ Ibid., p.68.

讲中，福柯的视线已经从“控制的技术”转向了“自我的技术”。自我的技术就是通过审美的方式，将自我雕琢成艺术品，包含着自我解放和自由的意向。在此，福柯以“治理性”来取代“生命政治”，治理性甚至比生命政治的范围还要来得广大，因为它不只包含总体人口的调节，甚至包含了个体行为的治理，治理性甚至上溯到古代希腊，涉及伦理与美学。福柯《性经验史》的第二卷《快感的享用》和第三卷《关注自我》就试图在古希腊人的“关心自我”中找到真正的主体性的自我，追溯出生存美学的原初意义，“我们必须理解那些审慎的和自愿的实践，人们通过它们不仅确定了各种行为的规则，而且还试图自我改变，改变自己独特的存在，把自己的生活改变成一种具有审美价值和反映某些风格标准的作品”①。这种真理性和主体性是“生存”意义上的真理，是个体意义上的真理；它还是自身的技术，为了完美和幸福，所以也是“伦理学”上的实践的真理，它需要个人为了获得真理和幸福，要自我创造，改变自己，转换自己。最后，这种真理还是“美学”意义上的真理，是把生活本身当成美学的材料加以运用的真理，让个人生活的意义在于审美的生存。所以，治理性联系起“自我的技术”意味着“通过审美的认知方式，个体达到自我的自由和主体性”，它是个体自我的主体性内在要求而不是外在的力量的要求。

福柯的政府治理术由法语“Governmentalite”转化过来，是福柯自己创造出来的词，它由两部分组成：一部分是统治、管理、规训、引导，另一部分是心态。总结以上的论述，政府治理性具有以下的意义：1.在17至19世纪这段特殊的历史阶段，国家管理手段从强制型的暴力的方式转向了引导型的驯服的模式；2.国家管理的对象从领土转向了生物学上的人口，后来转向了个体的内心的意识，“主体”这个人文主义的概念成为治理术的锁定对象，国家通过一系列复杂的权力、知识体系塑造出主体；3.治理性是在国家和个体两个轴心上运转的：一方面，国家通过意识形态的工具引导和塑造个体；另一方面，个体也可以以自我的方式来自我塑造通过审美的方式实现生存意义上的自由。在此，审美作为塑造主体的技术既是现代国家治理术的主要方式，也是个体主动

① ［法］福柯：《性经验史》（增订版），上海：上海人民出版社，2002年，第304页。

要求以审美的方式来自我塑造的方式。

通过以上分析我们可以看出福柯的政府治理性在现代美学中的重要意义：1.将个体的审美作为一种文化，是现代国家形成过程中的一种管理方式。审美作为治理术是19世纪现代“国家”概念形成过程中的产物，是作为国家管理模式的转变而产生的。可以说，它是康德的“审美作为自由”命题放在这个特定的历史时期的表达，审美成为塑造民族共同体的想象。这在伊格尔顿的《审美意识形态》和安德森的《想象的共同体》中都有相似的论证。2.审美作为治理术，不能仅仅从意识形态国家机器塑造主体性方面来简单地看作是虚假意识，因而具有消极和压制性的意义；另一方面，它还具有国家引导个体，通过审美而实现自我解放的积极的意义。也就是说在审美的方式中，个体既被国家形塑同时又自我形塑。正是在这个意义上，托尼对福柯的“治理性”理论予以充分的接受，“福柯著作的优点在于他主张，在作用于社会的特殊的制度体制背景下，行为者在特定知识框架中行动，他们如何组织和使用文化资源的方式在一定程度上建构了人们的生活方式，在这个意义上，文化应该被看作既是政府统治的工具又是统治的对象，文化和政府在同样程度上既在同一方又是对立面”①。在审美中，如果考虑到19世纪国家形成这个特殊的历史语境，“只是随着启蒙运动和它的余波，艺术智性活动才逐渐被认识到可以成为工具，以一种积极建设性的方式来改善一般大众的特殊精神活动和行为品质，可以成为培养公民计划的一部分”②。谁也不能否认，特别是20世纪60年代以后，风起云涌的各种社会运动，各种亚政治形式，“首先政治体系和法团主义体系之外的代理人也可以出现在社会设计的舞台上(这个群体包括职业团体和行业团体、工厂、研究机构和管理阶层中的技术知识界，熟练工人、公民主动权、公共领域等)。其次，不但社会和集体代理人而且个人也可以与后者相互竞争、争夺新兴的政治塑形权”。③个体的自由既是以与政府对立的形式存在着；另一方面，政府也在切实给予主体以某种程度的自由，“审美作为自由”并不仅仅是虚假的意识形态，也是个体自我解放

---

① [英]托尼·本尼特：《本尼特：文化与社会》，桂林：广西师范大学出版社，2007年，第25页。

② 同上，第164页。

③ [德]乌尔里希·贝克：《自反性现代化》，北京：商务印书馆，2001年，第29页。

的方式。“自由不是政府的对立面而是对于政府的运作具有重要作用的机制。这将涉及多方面的考虑:其中的文学、审美及自由之间的诸种关系已经作为政府的一个独特领域的诸组成部分而产生了影响,而不是作为政府的外表,能够以解放的名义为其超然的批判提供基础。”①

三、审美自律与审美他治在马克思主义美学中的历史化联结

康德“审美作为自由”的演绎指向审美是发生在审美主体内部的精神活动,它的一个假设就是审美是无功利的,审美是自治的,审美是只关涉主体自我的事件,它超然于主体之外的社会和实践。“审美本身经常被等同于自由的这样一种所在——作为治理术的外在物、一个纯粹自由的领域,以及一种批判的源泉。”①但是,康德的审美无功利作为立法型国家在18世纪政府治理性的手段,随着从管理的他治到自治的国家形态的改变,审美无功利作为自治的理想方式(后福柯主义)迅速收编了审美作为自由的想象(后康德主义),审美的无功利作为一种统治阶级高雅的审美标准,充当了国家治理性中对自治的需求。审美作为自由的想象,或者说通向自由的途径,是在具体的文化实践中,也就是管理者和被管理者之间的文化实践中展开的,是在现代国家的审美体制下进行的,审美实践变成了可以利用的东西。托尼以马克思主义的历史论证原则,将审美放在19世纪国家形成这个特定的历史和社会实践之中来认识,可以清楚地看到“构成审美的原初决定性特质的无用性之特质是如何被重新界定的,以便它能够被用作政府的一件工具”②。康德的“审美作为自由”在此特定的社会历史条件下转化成为福柯的“审美作为塑造主体的技术”,这也意味着审美自治性转化为审美他律性。

审美的自治性和审美的他律性在马克思主义这里并不是以截然对立的形式存在的。一方面,马克思主义认为审美需要是实现人性和自由的方式。审美需要的一个假定就是审美是可以自治的,马克思主义的观点并不是否定审美的自治性,而是批判不

①② [英]托尼·本尼特:《审美、政府、自由》。本文系托尼·本尼特2009年5月10日在南京大学的演讲。

作历史分析的超验的审美自治性，“在我看来，把审美当作一种精神与现实之间关系的不变模式来建构，这很难与作为一种旨在对所有的社会和文化现象进行彻底的‘历史化’(historicisation)的历史科学的马克思主义概念相协调。如果精神与现实之间关系的审美模式的结构是普遍的，并因此是超历史的，……它只能解释这些文学艺术实践的偶然的、短暂的方面，而不是它们的本质，因为早在对它们的生产、流通和接受的特定历史条件进行分析之前，它们的结构、准确地说它们的审美结构已经给出了这一本质”①。文学等审美方式的本质不在于它可以给出一个本质主义的定义，而在于在文学的内在自律性与外在的社会历史意识形态相互影响的背景下，文学可以考察“文学与审美能产生什么效果以及如何产生效果”，文学的效果来自某种文学话语与社会的认同。换言之，这是“历史之手”撮合的结果。文学不仅分析文学的存在，更重要的是分析文学如何历史性地存在。“马克思主义尊重艺术在社会状况之上的超验性，然而同时，它并不满足于只是牢记这种事实，或在新康德主义精神的意义上，在研究艺术的社会发生的方法与艺术的价值问题之间提出一种简单的二元性。马克思主义既重视艺术的超验性又努力根据其特定的社会历史状况来解释它。”②

另一方面，马克思主义的历史论证原则则可以得出审美是被一定的社会历史意识形态而制约的结论的。但是不是审美的历史论证原则就意味着，福柯的“审美作为主体塑造的技术”是将康德的“审美作为自由”的审美自律性消解了，置换成为“审美是他律的”呢？我们承认，福柯的政府治理性是将审美、自由和政府三者之间联结在一起，审美作为政府的治理术必然是运用文化制度和文化机构，例如博物馆、艺术馆、交响音乐厅、图书馆、文学的与科学的协会，成为自由主义政府隐蔽地管理个体的方式。在此，个体的审美体验，看什么和怎么看，都是在政府文化管理机制下的调控下进行的。在此貌似个体自治形式下的审美实质是审美的他治，审美文化也变成了可以用新的方式的文化管理。但是，我们是不是将审美的自律行为和审美的他治之间的关系过于简单化地对立了呢？“审美自始就是一个矛盾的双面概念。一方面，它是一种真正的解

---

① [英]托尼·本尼特：《本尼特：文化与社会》，桂林：广西师范大学出版社，2007年，第14页。

② 同上，第25页。

放力量，主体通过感性律动和兄弟情感而不是外加的律法联结成群体，每一个个体既有自己独一无二的特殊性，但又能够和谐地融入社会。审美为中产阶级的政治追求提供了极为有用的范式，典型地表现出新的自主和自决形式，改造了律法与欲望、道德与知识之间的关系，重铸了个体与总体的联结，以习俗、情感和怜悯为基础修正了社会关系。另一方面，审美是马克斯·霍克海默所称的'内化的压抑'，把社会权力插入被支配者的内心深处，这是一种极为有效的政治霸权形式。"①

我们不要忽视了审美自律性这个康德命题中的人道主义的审美救赎功能，马克思主义者一方面是以审美的历史原则将审美放在历史和社会实践中考察，破除审美自律性的幻象，充分认识审美是在一定社会条件下发生的，有时候甚至是虚假的和颠倒的意识；另一方面，审美毕竟作为个体经验层面上的想象性存在，是人类最基本的需要，也是人类进步和人类文明的标志。"审美作为主体塑造的技术"既是作为自由主义政府的治理术存在的，也是作为可以成为个体自我实现审美化的生存论意义而存在的。这样，"审美作为主体塑造的技术"中这个"主体"(subject)，既是国家中的属民，它是具有被管理、被治理的性质；又是主动式的自决的主体。我们发现，如果没有康德意义上的、自我主体的审美经验上的审美自律性的这种"审美作为自由"的想象，审美作为一种管理的艺术是无法实现的。所以，审美的他治和审美的自律之间并不存在矛盾，"通过解释把艺术的生活和生活的艺术之间的关系连接起来的'和'的各种组织形式，自律和他治之间的关系得以展开"②。审美话语中的自律与他治中的矛盾，并不是决然地对立性的，其实应该引入治理性的概念来解释这样的一致性。"布尔迪厄把自律和他治之间的关系解释为彼此之间简单的对抗关系中确定的对立性原则，与布尔迪厄的解释相反的是，兰塞尔指出，艺术的审美体制产生了自律和他治之间的关系的一系列不同的情节设置(emplotments)，所有这一切都是可能的行动过程的不同'情节设置'，这些过程是由源自'把自律和他治连接起来的同一根纽带'但被它们加以不同地运用的那个'和(and)'引发的。"③

---

① [美]马尔赫恩编：《当代马克思主义文学批评》，北京：北京大学出版社，2002年，第75页。

②③ [英]托尼·本尼特：《分裂的惯习：皮埃尔·布尔迪厄著作中的审美与政治》，本文系托尼·本尼特2009年5月13日在南京演讲的文章。

托尼将审美历史化的论证,关注了特定历史条件和实践中审美是如何起作用和起什么样的作用,将康德的审美自由理想历史地融入国家的治理性思考的领域内,一方面坚持了审美在马克思主义美学中的救赎功能,坚持了审美具有解放和实现自由的意义,肯定了以审美自律的提升主体功能;另一方面,发展了英国文化批评传统中对于审美意识形态功能的社会学的分析,分析审美发生的文化体制和文化机构的运转,剖析了审美是如何被他律的。可以说,托尼以审美的复杂性和辩证性以及历史化分析审美发生机制的观点,发展和深化了威廉斯等英国马克思主义文化批评的理论。

(原文刊发于《马克思主义美学研究》2009 年第 2 期)

审美资本主义时代的审美制度研究

孙文刚

(陕西科技大学设计与艺术学院)

西方浪漫主义美学在以审美和艺术自主的方式来抵制自身被异化和商品化过程中,不断走向自身成为一种自律性美学。但从根本上说,这种企图使“美”与世俗文化、商品消费等保持绝缘的想象只是一种美学的乌托邦。审美资本主义时代的开启即彻底宣告了这一乌托邦的幻灭。先锋派理论家比格尔曾说:“在所有时代都存在着从历史上看是具体的审美实践的体制化。”①当代审美制度研究也是这样。作为一个不断发展的范畴,审美制度在不同历史时期有着不同的研究特点。研究审美资本主义时代的审美制度对当代美学研究有着一定价值。

一、审美资本主义:概念的提出与界定

审美资本主义(aesthetic capitalism)已然成为当前学术界探讨的一个新话题。这

---

① [德]比格尔:《先锋派理论》,高建平译,北京:商务印书馆,2002年,第40页。

一术语最早由法国时尚学院奥利维耶·阿苏利(Olivier Assouly)在其2008年出版的同名著作《审美资本主义》(Le capitalisme esthétique)[①]中提出。阿苏利认为,20世纪末至今的几十年间,资本主义的发展进入一种新的时代,即审美资本主义时代。所谓"审美资本主义",其最重要的特点是:审美成为当代经济增长的主要动力。审美的基础是"品味"。"品味"一词,本与人的味觉密切相关,后引申为一种个体审美感受能力。然而,这种感性能力是如何与资本主义发生关联而形成审美资本主义呢?阿苏利的著作主要对这一问题作了探讨。总体来看,他认为这是一个双向互动的过程。一方面是审美品位的工业化;另一方面则是工业向审美的转变。对于前者,阿苏利通过梳理品味的历史发展方式做了论述。

阿苏利将审美品位的工业化历程分为四个阶段:第一阶段是文艺复兴至17世纪。在文艺复兴时期,审美品位是一种"欣赏"的能力。欣赏具有欣赏他人和被他人欣赏的双重意义。这一时期审美品位的主导形态为宫廷品味,它是古代宫廷人士(贵族阶级)特有的一种标识系统,也是当时社会关系的重要支柱。在这种系统中,占少数的宫廷朝臣往往以其独有的话语、举止、休闲、奢侈品和愉悦来凸显自身,以便获得某些同僚的认同,并从他们那里获得利益,从而达到占据优越地位的目的。贵族阶层尊重品味,并将这种尊重作为社会与政治生活的重要部分。[②]到了17世纪,平民及其他社会阶层仍然是审美品位的禁区。因为他们还不存在赢得更高地位的问题。只有宫廷人士或贵族才需要保存或提高自己的地位。可单有机械世袭的社会出身还不足以惊艳上流社会,如果要成功地从同僚中脱颖而出,这在一定程度上需要其偏离他们的出身,远离闭合的生活模式并创造生活的可能性,改变社交生活的程序,这时审美品位成为打破地位均势,重塑个人在群体中地位的一种有意识的手段。这些变化构成了17世纪审美品位现代化的基础。[③]第二阶段是18世纪至19世纪的早期资本主义时期。18世

① Olivier Assouly, *Le capitalisme esthétique*, Les Editions du Cerf, 2008.

② [法]奥利维耶·阿苏利:《审美资本主义:品味的工业化》,黄琰译,上海:华东师范大学出版社,2013年,第15—17页。

③ 同上,第32—33页。

纪，由于启蒙运动自由思想的影响，力图通过追求审美品位构建自己社会地位的可能性不再局限于贵族圈，好品味激发了人们普遍的自我提升和进步的意识。“一旦审美欣赏的能力成为享乐的源泉，而不再仅仅是衡量计算宫廷中自己和对手的社会地位的工具，它便能够促进物质享受和消费商品的欲望，从而对销售关系产生有利影响。”①到了 18 世纪末 19 世纪，随着西方主要国家先后步入资本主义社会和完成工业化革命，好品味又以某种形式与资产阶级势力的上升相吻合，好品味不仅满足社会认可的需求，也满足了物质享受的愿望。由此，审美品位失去政治力量，开始成为刺激消费欲望推动力。第三阶段是 20 世纪前半期的“福特制”工业时期。20 世纪，审美品位进一步解放，其不再以名望为动因，而成为一种服务于经济目的的体系。第四阶段是 20 世纪 80 年代“后福特制”时期至今，尤其是 21 世纪的今天，品位成为资本主义发展的审美资本，资本主义成为审美品位的资本经济。

工业向审美的转变，则主要通过工业生产者对消费者中庸品味的掌控、消费快感的刺激，时尚、包装、广告、品牌的审美效应，以及将“私人生活、个人存在，与身体、内心、神圣、象征、审美愉悦、精神价值、伦理、集体关系、社会和个人解放”②等非物质化的领域纳入进来的营销技术来完成。

2014 年，澳大利亚詹姆斯·库克大学教授彼得·墨菲(Peter Murphy)和弗林德斯大学讲师爱德华多·德·拉·富恩特(Eduardo de la Fuente)两人在其合编的《审美资本主义》(*Aesthetic Capitalism*)③一书的导言中也对此概念作了概括的论述。在他们看来，2008 年至 2010 年的全球经济危机传达了一条重要信息，即后工业经济时代(或信息时代)已经结束，西方资本主义进入审美资本主义的新时代。之所以会发生如此变化，其原因在于资本主义周期性的本性。这种本质一方面导致其不断产生危机，一而再再而三返回到其起点，不断重复着从兴趣到厌烦的循环。另一方面，资本主义不会在短期内寿终正寝，它具有一种不断的“对自身再发明”的创新机制。虽然历史上不同

① [法]奥利维耶·阿苏利：《审美资本主义：品味的工业化》，黄琰译，上海：华东师范大学出版社，2013 年，第 34 页。

② 同上，第 117 页。

③ Peter Murphy, Eduardo de la Fuente, eds., *Aesthetic Capitalism*, Leiden, Brill, 2014.

时期和阶段的创新形式有别,但有一种本质性的东西一直没有真正被摈弃,这就是“创新”。悉尼大学教授卡拉里斯甚至将资本主义等同于创新的代名词,他强调说:“资本主义无法不创新。如果资本主义停止了创新,它就抑制下来并开始消亡。”①法国当代著名思想家朗西埃也认为,“当前的全球金融危机,说起来,还是资本主义最得意的成就:制造出危机,在危机中前行,是它的本性。当前全球资本主义的不堪状态,正是资本主义系统求之不得的”②。资本主义的先天本质导致其危机不断,然而正是在这种循环的危机中孕育了资本主义的创新精神。

艺术历来都被视为资本主义创新循环的源泉。作为一种资本主义生产和消费的符号,艺术的创新是一种审美的建构。虽然资本主义社会的艺术也要满足特定需求,但艺术的目的却不能只局限在实现其物质性价值的层面,艺术品还具有一种非物质性的维度,这种物质实体所代表的无形层面就是“审美”。审美和资本主义的联手,需要依赖一种抽象的被法国左翼思想家科内利乌斯·卡斯托里亚迪斯(Cornelius Castoriadis)提出的“社会想象”(“social imaginary”)。“购买它就意味着加入物品拥有者的想象性集体中去,这个被称为艺术品的物品,其同时也是购买者之间的纽带,因而建构了一个包括所有消费者的共同体”③。艺术符号代表自身之外某种非物质的幻象,这是审美资本主义中“审美”的基本内涵。资本主义就围绕消费者的这种“移情”或“变质”心理特质建构起来。艺术品的制造离不开美学的考量,只有审美才能给作为商品的艺术注入魅力和趣味,而资本主义使得审美的消费大众化和世俗化。

除奥利维耶·阿苏利、彼得·墨菲、爱德华多·德·拉·富恩特外,德国达姆斯塔特科技大学哲学教授、实践哲学研究所所长格诺特·波默(Gernot Böhme)在其专著《审美资本主义》(*Ästhetischer Kapitalismus*)④中对“审美资本主义”这一高级的资本

---

① [澳]彼得·墨菲,爱德华多·德·拉·富恩特:《审美资本主义》,许娇娜、黄漫译,《马克思主义美学研究》2015年第2期。

② 陆兴华:《自我解放:将生活当一首诗来写——雅克·朗西埃访谈录》,《文艺研究》2013年第9期。

③ [澳]瓦斯达斯·卡拉里斯:《资本主义的艺术品及其美学物性》,许娇娜译,《上海艺术评论》2016年第5期。

④ Gernot Böhme, *Ästhetischer Kapitalismus*, Suhrkamp Verlag Berlin, 2016.英译本书名为《审美资本主义批判》,请参阅 Gernot Böhme, *Critique of Aesthetic Capitalism*, translation by Edmund Jephcott, Mimesis International, 2017。

主义阶段也做了自己独特的解释。客观来讲，波默对这一术语的提出与界定并非空穴来风，而是基于其长期的“气氛美学”研究。在他的代表作《气氛：新美学论文集》(*Atmosphäre*: *Essays zur neuen Ästhetik*)[①]中，波默立足当代西方发达工业国家的美学实践，提出资本主义已发展到一个新的阶段，这个阶段就是“审美经济学(Aesthetic economics)”。审美经济学的特征可以表述为两种方式：第一，审美工作(Aesthetic work)[②]构成了总体社会工作中的一个很大的、不断增长的份额。第二，在此阶段，商品的不断增长的审美价值或场景化价值被制造出来。这种新的价值类型的相对增长成为审美经济学的标识。审美价值的制造活动，如包装、设计以及那些在华丽光鲜和自我场景化产品生产，从其本质上讲是一种奢侈性生产，审美经济学并不是为了满足人的狭义上的需求(如温饱)或服务于生命的延长和繁衍，而是为了不断强化人的欲望或刺激人们追求生活提升的贪婪。[③]

2016年，波默出版新书《审美资本主义》。在该书中，波默开始用“审美资本主义”这一术语替换了“审美经济学”，并在之前研究的基础上对这一资本主义的高级阶段作了深入的论述。在他看来，随着审美资本主义时代的到来，西方世界的社会和经济发展都发生了重大变化，因此对资本主义的批判也要采取相应的新策略。首先，审美资本主义批判的起点应该是消费关系，而不是马克思所强调的生产关系，即从劳资关系的角度来认识资本主义经济。在从消费角度理解资本主义经济制度方面，凡伯伦、桑巴特、巴塔耶、鲍德里亚等为我们开创了一条重要的传统。他们将消费放在显著的位置，这里的消费不是作为劳动力在生产的消费，而是奢侈消费、过度消费。在审美资本主义阶段，过度消费关涉资本主义的重大利益，它不在与某些特权捆绑在一起，也不再局限于某些阶级，而是现在被公认为一种普遍的生活标

---

① Gernot Böhme, *Atmosphäre*: *Essays zur neuen Ästhetik*, Suhrkamp Verlag, Frankfurt am Main 1995.该书1995年出版后在欧洲和日本产生广泛影响，随后不断再版，2013年5月作者出版了该书的最新修订版，加入了很多新近的研究成果，内容较前有了大量增补。中译本据2013年版翻译，请参阅[德]格诺特·波默：《气氛美学》，贾红雨译，北京：中国社会科学出版社，2018年。

② 波默所谓的“审美工作”指的是用于气氛制造的各种现象，它涵盖的范围极其广泛，不仅包括传统美学中的自律艺术、精英艺术，而且还包括美容、时尚、广告、室内设计、舞台布设、手工艺等消费艺术或应用艺术。

③ [德]格诺特·波默：《气氛美学》，贾红雨译，北京：中国社会科学出版社，2018年，第32—51页。

准。[1]其次，受过度消费的深刻影响，审美资本主义时代的商品生产及其性质均发生了很大的变化，这种变化被波默称为“私人领域的经济饱和”(economic saturation of the private sphere)，即原本在家庭范围内的那些服务于人类生命繁衍的烹饪、育儿、休闲、娱乐等也已经进入了经济活动，资本完全渗透私人生活方方面面。[2]再次，审美资本主义阶段的商品价值论也有所发展，传统的马克思对商品价值所做的二元划分，即使用价值和交换价值已经无法完整概括资本主义这一阶段的商品价值。波默认为，在上述两种价值的基础上，商品还有一种独立的价值，即审美价值。以商品为例，一个商品的使用价值由其自身具有的品质属性构成，使用价值是交换价值的基础和前提，但为了提高商品的交换价值，商品在交换中必须对其品质作进一步的布设，如对商品的包装、设计、样式、装饰等进行美化，并通过其交换价值展示出来。商品的审美价值旨在协调商品交换的场景化，或者是为商品交换价值的实现营造一种气氛。因此上说，审美价值是一种派生于交换价值的使用价值，或已经变成使用价值的交换价值。在这三种价值中，审美价值具有统治地位，审美资本主义阶段的经济增长只能通过商品审美价值的生产来实现。最后，资本主义消费引导着需求系统的变化，审美价值的制造也要依赖人的需求结构。而在需求结构的分析中，波默吸收了黑格尔、马克思、巴塔耶、马尔库塞等人关于需求、欲望、审美乌托邦等理论资源，指出在审美资本主义阶段，需求本身的结构已经发生了变化，即由传统的需求-满足的模式转变为欲望-强化的结构，资本主义的经济增长有赖于这种需求结构的变化。因为欲望是无法永久得到满足的，它只会在短暂平息后进一步得到强化，因此资本主义经济就获得了不断增长的逻辑，“增长是受欢迎的，停滞令人沮丧，衰退被视为一场彻底的灾难”[3]，从这种意义上讲，促进经济增长就成为审美资本主义一切意识形态的理由。然后，从另一个角度讲，只要存在不断增强的欲望，资本主义就获得了无限剥削的基础，只要增长还是资本主义国家

---

① Gernot Böhme, *Critique of Aesthetic Capitalism*, translation by Edmund Jephcott, Mimesis International, 2017. p.10.

② Ibid., p.14.

③ Ibid., p.38.

经济体发展准则，资本主义的剥削本质就会得以长期的掩盖。

二、审美资本主义的基本结构：审美与经济的区分/共谋关系

安德斯·米切尔森在《视觉体验经济：哪种类型的审美资本？》一文中认为，美学和资本主义的原本是两个相互区分的研究领域。就前者而言，西方美学史上有一个重要的观点，即认为审美是艺术的一个独立领域。美学是有关艺术对象的感知（感官活动）、艺术经验的欣赏（感性）和观念等内容的研究；对于后者的批判，则起源于19世纪马克思主义的物质基础-上层建筑的概念，演化于卢卡奇的“物化”和“异化”，后来出现的对商品美学的意识形态批评，以及当代的文化研究等，研究者主要着眼于对资本主义审美商品化的批判。①然而随着资本主义社会从商业到工业、后工业以及审美资本主义的发展，审美和资本主义这两个原本相互隔绝的事物之间的本体论界限崩塌，最终形成了审美与经济的区分-共谋关系，这就是审美资本主义的基本结构。在这里面起重要作用的有三个因素：一是审美，二是市场，三是关系周期。

审美是审美资本主义发展中必不可少的因素。在资本主义经济中，审美是商品经济价值中被称为元价值（mata-value）部分的来源。所谓元价值，其不同于资本主义商品交易中的交换价值（即商品本身的性质），因为在某种程度上来讲，审美是一种某物身上的非其所是的东西，因而它是经济发展中不可生产的财富，它以非生产的、无形的方式产生，然后复制繁殖，成为发展资本主义经济中的一种不可估量的、无价的财富。审美发生在资本主义“微妙经济”（tricky economies）的关键时刻，而资本主义经济赋予其这种独特能力。

市场是资本主义经济发展的重要因素，但它却不起决定性的作用。因为，市场并不是生产审美的地方，而只是审美体验截获、形式化和开发的地方。在资本主义经济中，审美所创造的无形价值通过市场的作用转换成可交换的计量单位。肯·弗里德曼

① ［丹麦］安德斯·米切尔森：《视觉体验经济：哪种类型的审美资本？》，许娇娜译，《上海艺术评论》2016年第4期。

认为,资本主义的“市场”具有一种赫尔墨斯式的性质。①它以其两手俱利(ambidextrous,又译为两面派)的赫尔墨斯戏法不断地交换分处超验世界和世俗世界两边的艺术和商业、审美和经济的位置,打破其边界,从而使他们变得越来越像。

在资本主义经济理性和文化审美相互联系的过程中,还有一个非常重要的中介因素,它被称为“关系周期”(the relational cycle)。所谓的关系周期,指的是联系经济理性和文化审美的一种新的方式。体验经济就是这种关联的典型产物。在体验经济中,“经济理性与文化审美的关系周期依赖于语言之外的智力和预感的主观的、综合的形式,譬如直觉、感性和想象、想象界,进而还包括幻想与虚构、情感与敏感性。关系周期因此还可以直接通过直觉、感性、想象和想象界来改变经济,因为它不仅‘看见他者’,而且‘造出他者’”②。米切尔森的“关系周期”的概念其指涉和作用与斯托利亚迪斯在《社会的想象性制度》一书提出的“社会想象”(the social imaginary)的概念近似。这个概念其思想来源是马克思·韦伯的经济作为精神共同体的观念。一方面,社会想象必须与商品的审美、象征等层面相互交织,有机整合;另一方面它又必须与经济、功能等因素联系起来。因此,“社会想象”就是联系经济理性和文化审美的关系周期,由于它的中介作用,文化审美和经济理性这两个原本泾渭分明、相互矛盾的事物之间的界限日益模糊,最终形成了同谋关系。

三、审美资本主义对于审美制度研究提出的新要求

审美制度研究是当代美学的核心问题之一,也是目前审美人类学研究的重要问题之一。该理论认为,审美现象或事件作为人类的独特建构,其从来都不是孤立的文化现象,而是与政治、权力、经济、性别等意识形态和语境性的复杂因素紧密地联系在一起。当前社会进入审美资本主义或文化经济时代,这一特殊的社会历史语境对审美制

① [澳]彼得·墨菲,爱德华多·德·拉·富恩特:《审美资本主义》,许娇娜、黄漫译,《马克思主义美学研究》2015年第2期。

② [丹麦]安德斯·米切尔森:《视觉体验经济:哪种类型的审美资本?》,许娇娜译,《上海艺术评论》2016年第4期。

度提出了一系列新的要求。

（一）审美制度研究注重对经济因素的考察

在审美品位的工业化过程中，我们明显地看到审美由最初的政治等级调控逐渐走向经济领域的轨迹，这一发展体现了工业社会和贵族社会的区别。资本主义的工业社会开创了一个新的审美品位体系，这个体系不再以名望为动因，而出于经济的原因。① 20 世纪 40 年代，文化产业作为一个新的经济领域出现，这个产业直接转向了对大众审美欲望的开发与满足。80 年代，西方资本主义社会发生了“后福特主义”的经济和历史变迁，商品的功用性不再成为生产者的首要关注点，取而代之的是消费者个体的审美品位和需求成为生产过程中优先关注。“消费者因此成为设计的中心，因为消费者的意见就是某种形式的处方，生产程序是根据对消费者的意见的猜测而制定的”②。资本主义将消费者作为商业实践的中心，就是从经济的角度肯定了消费者对于市场的自主权。这一建立在经济利益基础上的消费者审美欲望的开发运动加速发展，品牌成为承载消费想象和审美体验的快车。到了 21 世纪至今的审美资本主义时代，审美手段成为推动消费的主要兴奋剂，设计和时尚被公认为在审美上可以令工业商品增值。由于消费者审美品位的不断刺激，导致生产者出售更多的可具消费性的“体验”而非物质的产品，这种情况被阿苏利称为“消费的非物质化”③，简言之即消费品物理性的、功用的品质一再缩减，甚至不再为消费者所绝对占有，审美的感受、体验成了消费的第一要素。消费者在购买商品时，注重商品审美感受性而非商品本身，这实际上是一种“审美的夸示性消费”。这种消费的非物质化现象表现在当代艺术中，不仅使审美体验超越了艺术作品，而且导致艺术实物制度的终结，观众的情绪、审美愉悦感等成了经济交易和消费的对象。

通过上面的论述，我们可以看到在资本主义工业化的发展中，审美品位发生着从上层贵族到普通大众，从对象物品到私人感受性的一步步变化，并最终建构了审美

---

① [法]奥利维耶·阿苏利：《审美资本主义：品味的工业化》，黄琰译，上海：华东师范大学出版社，2013 年，第 35 页。
② 同上，第 101 页。
③ 同上，第 164—166 页。

资本主义时代的独特审美活动，在这里面有一个非常重要的推动因素，那就是经济。因此，笔者以为审美资本主义时代的审美制度研究应该重视经济因素的审美建构作用。

（二）审美制度研究对“身体”感受性的重视

德国哲学家卡希尔曾指出：“人之为人的特性就在于他的本性的丰富性、微妙性、多样性和多面性。”①而人类本性的丰富性、多面性就体现在人是一个有着各种感觉、情绪、知觉、思想、理性和意识的统一体。当代荷兰的审美人类学家范丹姆对此有着同样的共识。在他看来，人类学作为对“人的本质”的整体性、综合性的研究，它的研究领域应该是人的所有方面，“既包括解剖学和生理学，还涉及社会文化行为，以及人的精神”②。按照这一理解，人类知识的产生理应是人的感官知觉、记忆、经验、想象和理性认识等不同阶段联结在一起的同一基本活动的结果。③然而，人类知识和科学的发展并未如此。随着笛卡尔式的认识论和近代以来知识探究不断分支的出现，这种早先在柏拉图那里埋伏的感性和理性分离论最终走向了理性中心主义，有关人的认识的思想也成了一种“完全无政府的状态”④。根据马克思提出的感觉是社会历史产物的理论，在19世纪至20世纪间，由于人类对于机械化手工业、现代科技理性的从属性关系以及后者对前者影响，人类的感觉器官物化为机械化、理性化的器官，人类的生活堕为与感受性绝缘的重复性动作。

审美资本主义时代，消费者身体所固有的审美感受性被重新发现，消费享乐主义成为资本主义商业制胜的法宝。为了刺激消费者的欲望和增加其满意度，生产者不再将精力压在物质性的实物消费上，而是更多地投资于审美体验的供应，更多地使商品同个人的身体与情绪、人格与情感等接近。“不管是广告工业、设计还是时尚，都不依赖于人的智慧，不像政治计划那样实现共同利益的能力作为与公民对话的依据，而是

① ［德］恩斯特·卡希尔：《人论》，甘阳译，上海：上海译文出版社，1985年，第15页。
② ［荷兰］范丹姆：《审美人类学：视野与方法》，李修建、向丽译，北京：中国文联出版社，2015年，译者序第8页。
③ ［德］恩斯特·卡希尔：《人论》，甘阳译，上海：上海译文出版社，1985年，第5页。
④ 同上，第28页。

依赖于情绪和情感。市场营销和广告刺激较少针对普遍的意愿和作为整体的社会，而是更多地瞄准每一个要求挣脱集体属性的个体自然人。”[①]而在人的所有感官体验的开发中，除了对视觉的饱和刺激外，身体的嗅觉、味觉、听觉和触觉等也被列入新的投资范围。通过巧妙的市场营销和广告刺激的手段，商家充分地让这些个体的审美感官运作起来，“审美资本主义不仅在于对感官的运用，更在于感受性的商业物化。即时体验局限于对基本易感品质的感知，……即时体验用个体的自发性启发审美消费。感官动机是中转站、中介者，在这个中间地带里很难理清自我、自我欲望与提供或强加给欲望的刺激之间的关系。”[②]

审美资本主义建立了一套发展资本主义经济的审美系统。这一系统形成的基础是人的身体感受性。审美资本主义对于身体感受性的颂扬，一方面积极回应了美学作为研究人的感性的词源学主题，另一方面则突出了身体感受性等非物质资源在当代审美建构中的重要作用。审美制度研究作为一种对“美”的建构问题的探讨、反思和批判，在审美资本主义时代，有关身体的感受性的美学应该成为一种非常值得重视的研究领域。

（三）审美制度研究介入对社会生活和文明进步的思考

21世纪之初的审美资本主义时代，审美品位的资本化也对当代社会生活和文明进步发生了重要影响。这些影响表现在以下两个方面：

第一，马克思在《1844年经济学哲学手稿》中明确提出了19世纪资本主义生产过程中的“异化”劳动问题，并指出资本主义的私有制是这种“异化”产生的主要根源。资本主义的异化劳动不仅导致了无产者经济的匮乏，而且导致了他们审美的僵化。对于，马克思提出用“非物质的享受对抗唯物的资本主义，用内在性对抗外在性，用感受性对抗机器，用自由的感官运用对抗机械化，用个性对抗异化”，并最终实现人的“所有感官的解放”，从而使人类重新获得人性。20世纪至21世纪的资本主义曾发生多次变革，最终使得工人的欲望、审美憧憬、审美体验等被纳入消费经济的循环中，审美消费

① ［法］奥利维耶·阿苏利：《审美资本主义：品味的工业化》，黄琰译，上海：华东师范大学出版社，2013年，第154页。
② 同上，第162页。

呈现出无产阶级化和大众化特点。[①]反过来，由于审美感官和情感刺激在当代社会经济发展中的重要性日趋凸显，“消费者的审美品位的可利用性变成了将来社会经济改变的关键点”[②]。因此，审美与社会经济改革之间的关联日益密切。

第二，“在审美资本主义的核心里，每个个人都成为自己享乐的主体、自己的奴隶，并由同样的原因鼓动自我解放”[③]。资本主义经济和个体感受性之间存在着极其微妙和紧密的关系，享乐主义的原则让资本主义的发展进入了一个内向化的市场模式。此外，审美资本主义所产生的审美普及化、个性化通过因特网的交互传播，建构了更为多元的审美模式和多样的审美意见。审美舆论的分裂又对资本主义的社会文化和经济发展产生了相反的影响。

总之，从审美品位的工业化过程来看，审美不仅是社会生活与文明进步的特征，而且是推动社会繁荣昌盛的必要条件。在西方社会如此，在中国社会亦如此。目前中国正在积极创建一种不同于西方“工业文明”的“四个文明”(即物质文明、精神文明、政治文明和生态文明)和谐发展的社会，因而审美制度研究介入对社会生活和文明进步的思考就显得尤为必要。

---

① [法]奥利维耶·阿苏利：《审美资本主义：品味的工业化》，黄琰译，上海：华东师范大学出版社，2013年，第158—160页。

② 同上，第163页。

③ 同上，第136页。

审美治理:马克思主义美学的政治转向探析

张良丛

(长江师范学院)

在马克思主义美学发展史上,批判理论和革命性的话语成为马克思主义美学的标志性特征。批判是马克思主义思想体系的内在生命力和力量所在。在长期的历史进程中,马克思主义美学也发展起审美批判的话语系统。但是,随着马克思主义成为国家的主导意识形态后,它的身份特征发生了变化,其内涵话语系统也必然会顺势扩展。治理思想恰恰是马克思主义成为国家意识形态后,应该顺势发展的一种话语系统。与之相对应,审美治理是马克思主义美学体系一个新的生长点。作为文化治理的核心,审美治理是马克思主义美学系统应该具有的构成部分。只有包含了审美治理,马克思主义美学才是完整的美学话语系统。在中国当下的美学理论研究和实践中,审美治理的问题必须被提上日程,以此建构现代化的治理体系。

一

治理是指政府运用权力对社会和人民进行管理,以及人对自我的治理,包含国家治理和自我治理两个层面。审美治理则是通过审美文化活动从情感上塑造主体,以达到治理的合理化效果。在审美治理的框架中,审美也关涉到自我治理与国家治理两个层面。作为自我治理的审美治理关涉的是主体自身通过审美活动影响内在的情感结构,从而获得身心和谐,乃至与外在世界的和谐状态和自由境界。审美领域的自我治理是一种自我塑造,主体的自主性非常明显。而作为国家治理的审美治理所关涉的是,国家在审美领域引导和塑造公民,达到符合国家目标的合理化效果。从马克思主义美学角度看,审美治理思想发扬的是马克思主义的建设性维度,体现出审美的政治关涉性。将审美治理当作一种审美政治话语,首先需要打破康德主义对现代美学的理论疆域的主导。在现代美学系统中,审美作为一种纯粹的精神体验性活动,存在于想象的世界中。自律性是这种纯粹美学体系的律令,审美是自律的,不会与政治话语发生关联。审美治理问题要成立,必须突破以康德主义为代表的现代美学自律性观念的束缚,将审美活动重新与现实世界连接起来。这就需要新的美学资源和语境,亦即后康德美学话语,审美才能突破原有的含义,与政治问题关联起来,形成审美政治学的话语模式。

在《判断力批判》对美的分析中,康德提出了鉴赏判断的四个契机:审美无利害、无概念的普遍性、无目的的合目的性、无概念的必然性。"美的分析"在美学史和艺术史上影响极大,成为许多美学家和艺术家思考的基础。审美无功利性、静观的审美态度、审美经验的普遍性成为现代美学理论必备的标签,也成为现代美学的基本观念被普遍接受。在现代美学体系中,审美的特殊含义就是围绕康德美学思想建构起来的。以康德美学为核心的现代美学最突出的表征就是审美自律性。审美自律性以想象为中心,体现出超越性、无功利性和情感距离等。当然,审美自律性是美学作为一门独立学科的前提,也是美学自身发展的必要条件。美学要获得独立的发展,必须从其他非审美的束缚中解放出来,以自身为目的。在审美自律的主导下,审美自身就是目的,不再去寻找其他目的。但是现代美学对审美自律性的过多强调,也给审美活动带来了误解:审美自律性＝审美纯粹性。纯艺术和纯审美的观点颇为流行。审美被当作一种与人类日常生活和生命欲望完全无关的活动。纯粹性和无功利性成为审美活动的根本特征。但是,这种已经习以为常的审美自律理论,其实也是现代美学理论架构起来的,与实际的审美活动没有直接的对应性。在实际的审美活动中,审美和非审美的因素并不是截然分开的,二者是混合在一起的。审美承载着许多非审美的功能。纯粹的审美活动只是现代美学制造的一种理论幻象,是西方文化语境中的审美经验的总结。应该看到的是,"审美是所有人类经验的一个维度,在所有人类和所有社会中有各种不同的存在形式和强度,并且审美经验也不是西方或欧洲文化独一无二的特权……即使它与非审美的因素混合,不同类型的审美仍是可能的"①。审美纯粹性只是人类经验的一个维度,将西方文化语境中诞生的审美经验普遍化,也意味着某种审美霸权。

对审美经验普遍化的强调也会导致审美的非历史化。从 19 世纪中叶开始,美学界开始反思现代美学体系。在《道德的谱系》中,尼采就指责康德的美学观念是理性哲学的产物,是从哲学家而不是从艺术家的角度看待审美问题;而且康德对美的定义残缺不全,缺乏审美敏感性。其后布尔迪厄、伊格尔顿、维尔施、阿诺德·柏林特等美学家对此美学体系进行进一步的反思。在《艺术的法则》一书中,布尔迪厄对康德开创的纯粹美学进行了反思。他指出,康德主义美学通过无利害关系和超脱的静观态度,最终显示出对客体的漠视;对审美经验的分析,不自觉地将个体经验普遍化,将其转换一种超历史的存在。"这些分析却回避这种经验的可能性的历史条件和社会条件问题"②。忽略了审美经验诞生的社会历史条件,审美活动就缺乏实证性,成为自娱自乐的话语系统。在《美学意识形态》中,伊格尔顿分析了现代美学话语背后的意识形态属性。"美学著作的现代观念建构与现代阶级社会的主流意识形态的各种形式的建构,与适合于那种社会秩序的人类主体性的新形式都是密不可分的。"③伊格尔顿从马克思主义美学的角度指出,康德主义的美学概念不过是 18 世纪资产阶级获得话语自主性的美学反映,是历史性的话语,而不是超历史的,不具有普遍性。由此可见,审美经验的社会历史性是其与现实生活关联的根源所在。只有在社会历史性的框架中,审美活

① [美]简·布洛克:《原始艺术哲学》,沈波等译,上海:上海人民出版社,1991 年,第 161 页。
② [法]皮埃尔·布尔迪厄:《艺术的法则》,刘晖译,北京:中央编译出版社,2011 年,第 270 页。
③ [英]特里·伊格尔顿:《美学意识形态》,王杰、付德根、麦永雄译,北京:中央编译出版社,2013 年,第 3 页。

动才能得到更为清晰的阐释。

20世纪60年代以来,现实生活中的审美文化语境发生了巨大变迁。以现代媒介为载体,以消费为主导的大众文化成为当代文化的主要形式。大众文化将固有文化领域的界限敲碎,将很多领域连接为一个整体。现实的文化场域发生了巨大变化,日常生活的审美化引人瞩目。审美经验成为社会文化体系中最为重要的结构要素。"美感的生产已经完全被吸纳在商品生产的总体过程之中。……在社会整体的生产关系中,美的生产也就愈来愈受到经济结构的种种规范而必须改变其基本的社会文化角色与功能。"①审美成为社会结构中极为重要的动力系统。在当前的消费社会中,商业逻辑已经浸染到审美产品生产的每一个角落。换句话说,审美已经成为当代商品生产的基本逻辑。在消费文化主宰的日常生活中,出现审美泛化的现象。审美超越实际需要,成为主宰人类社会的首要因素。对此,韦尔施指出:"审美氛围是消费者首要所获,商品本身倒在其次。"②日常生活审美化导致的美学理论的深刻变迁,对审美的理解也发生了翻天覆地的变化,审美纯粹性越来越受到质疑。审美逐渐跨越出自律的疆域,审美与非审美之间的界限越来越模糊,向生活各个领域行进。它也不再是无功利的、超越的,而是与人类社会生活融为一体。在这种语境中,美学具有了多重发展的可能性。

审美对日常生活的浸染,审美成为当代社会经济文化的核心动力,意味着审美资本主义时代的来临。审美资本主义给审美活动带来了诸多变化。"在审美资本主义的核心里,每个个人都成为自己享乐的主体、自己的奴隶,并由同样的原因鼓动自我解放。此外,这种模式还造成享乐高于阶级关系的优先权。"③享乐成为审美活动的核心,审美更多走向了身体层面,很明显与自由目标相违背。现代美学所承诺的审美无功利性、超越性已经无法面对汹涌澎湃的消费文化所塑造的审美场景。如何应对审美资本主义时代的审美现实,成为当代美学必须面对的问题。在这种语境中,审美重新政治

① [美]詹明信:《晚期资本主义的文化逻辑》,张旭东编,陈清侨等译,北京:生活·读书·新知三联书店,1997年,第429页。

② [德]沃尔夫冈·韦尔施:《重构美学》,陆杨译,上海:上海译文出版社,2002年,第7页。

③ [法]奥利维也·阿苏利:《审美资本主义》,黄琰译,上海:华东师范大学出版社,2013年,第136页。

化成为摆脱这种困境的必要途径。美学与政治的关联是其走向自身应有问题的必然归宿。回归了马克思主义美学的主题,审美的政治转向才能引起了阵阵涟漪。审美治理问题作为马克思主义美学的建设维度,是审美政治学关注的核心问题。它体现出当代马克思主义美学回归社会现实,关注人类生存问题的趋向。作为马克思主义审美政治转向的核心问题,审美治理成为应对审美资本主义时代问题的必然方法。当代马克思主义美学家伊格尔顿、詹姆逊、齐泽克、本尼特等理论家都对此作出了回应。当然,审美的重新政治化并不是旧问题的重复,而是落足于新的生命政治语境中。审美治理的落足点是活生生的人,作为生命存在的人,其政治走向必然是生命政治问题。

二

生命政治是当代哲学政治转向的主要问题域。生命政治问题是随着人口膨胀而出现的,“意在表明一种始于18世纪的行为,它力图将健康,出生率,卫生,寿命,种族……问题合理化。一群活着的人组构成人口,这一特定现象,使得治理实践必然面对这些问题。……自19世纪以来,这些问题占据的地盘已经扩张,到今天,它们已经构成了诸多政治和经济问题”①。在人口大规模膨胀后,人口自身带来的生命问题需要经过治理来导向合理化(或理性化)。传统的治理思想向现代化转变,转向对生命自身的关注,是其必然归宿。在20世纪后期的学术潮流中,生命政治已经成为一个核心主题,蔓延到人文科学的各个领域。可以说,“在当代的政治哲学界,生命政治已成为一个核心关键词,乃至在欧陆思想中形成了一个‘生命政治的转向’”②。离开对生命政治的关注,很多当代学术问题无法深入到现实根源。马克思主义美学研究领域亦是如此,通过对审美治理思想的探讨,可以深入现实生活,开拓新的研究领域。

生命政治最早可以追溯到19世纪的生命哲学,是对生命哲学的批判继承。柏格森、尼采、斯宾格勒等哲学家从多个层面阐释了生命的本真含义,实现了生命本体论的

① [法]福柯:《什么是批判》,汪民安编,北京:北京大学出版社,2016年,第237页。
② 吴冠军:《生命政治论的隐秘线索》,《教学与研究》2015年第1期。

哲学转向。生命哲学对生命的重新审视和评估,给予生命以哲学本体论地位。斯宾格勒的历史生命哲学将社会文化历史当作一个生命体,有生老病死的历程。不同的社会文明之间也像物种一样彼此竞争,兴盛衰亡。社会历史、文明史等被看作生命体成为生命政治的前身。生命政治从思想内涵和方法论等方面吸收、借鉴了生命哲学。瑞典政治学家科耶伦(Rudolf Kjellen)将斯宾格勒的思想引入到政治领域,将国家看作一个生命体,一个先于个体生命而存在的有机体。它具有自身的精神、意志和生、老、病、死的生命历程。哲学家哈里斯用生命的意义来诠释政治,强调了在国家政策层面应该考虑人口的增长与竞争以及男性承担国家义务的本能。其后,生命政治作为对生命自身意义思考的话语,开始出现在政治学、医学、宗教学、地理学、伦理学等学科中,成为广泛使用的词语。甚至在政府部门的文件及官僚讲话中,"生命政治"也频繁出现。"二战"后,因纳粹对该词的使用,生命政治被赋予了鲜明的法西斯主义色彩,一度消失在人们的视野中。很明显,早期的生命政治话语还比较粗糙,只是以生命类比政治,还没有对生命政治问题进行深入思考,充满着浪漫主义气息。真正将生命政治作为哲学问题讨论的是法国当代哲学家福柯。

"生命政治学的历史观念首先是法国哲学家和历史学家米歇尔·福柯提出的。"① 20 世纪 70 年代,深受马克思主义影响的法国哲学家米歇尔·福柯重新提出并完善了生命政治的问题。他将目光从宏大的政治主题转向了微观政治,以主体、权力与真理之间的运作关系为核心,以生命政治的视角讨论了国家治理和自我治理问题,架构起来宏观政治与微观政治的桥梁。福柯的一些主要著作,如《规训与惩罚》《疯癫与文明》《生命政治的诞生》《说真话的勇气》等从生命政治出发探讨了现代化的治理思想。其后,吉奥乔·阿甘本、迈克尔·哈特、安东尼奥·奈格里、罗伯特·埃斯波西托等人进一步发展了生命政治思想。

生命政治思想的诞生使治理思想的现代化具有了理论基础。"在现代,人的动物性(生命)本身变成政治的核心。权力逐渐和暴力(至高权力)脱钩,变成规制、管理人

---

① Lemke, T. Biopolitics: *An Advanced Introduction*, New York University Press, 2011. p.4.

口、扶植生命使之繁荣的'生命权力'。换言之，生命权力不再表现为暴力，而是规范性的规制、生命进程的正常化。"①生命权力作为政治的核心，尊重生命的存在，必然在治理思想方面与暴力脱钩，形成一种治理的新技术。立足于生命存在的现代治理思想深入到人们生活的方方面面，权力涉及微观生存方面。"治理人们的日常生活，甚至他们的生存中的细节和资料。"②人们的日常生活成为治理的关键，在国家理性的引导下，走向自足的合理性。生命政治学所使用的权力是积极的，具有生产性的，着重于生命的扶持。正如布莱恩·雷诺所言，"权力不再是杀戮式的，不再是君王的那种肆无忌惮的消灭式的，相反，权力在保持、激发、促进了性、生命和社会的发展。而生命权力正是这种提高生命、管理生命、繁殖生命、控制和调节生命的积极权力，它在生命、人类、种族和人口的层次上发挥作用"③。当然，生命政治学在不同阶段所依据的合理性虽然不同，但是其对生命存在的牧领式引导促进了个体自我完善和社会稳定是基本规定。

在生命政治的视域中，有个体生命和社会整体的两种类型的生命。现代治理思想更加强调从人口上来治理，而把个体当作整体的构成部分。现代治理思想允诺的个体自由目标也融入了对人口的治理中，自由选择变成了在权力制度中的选择。个体生命必须面对治理的微观压制。那么，在这种情况下，个体如何获得生命的自由？福柯提出了生存美学来突出生命的创造。在生存美学的微观政治视域中，无处不在的权力并不可怕。正如高宣扬所言，"权力一方面有可能成为某种宰制性的社会力量，但另一方面，权力还具有社会性、文化性、普及性、语言性、内在和公众性的特性……权力作为无所不在的社会力量，渗透于社会生活的方方面面，表现出权力作为社会力量关系网络，不但可以成为统治力量，也同样可以成为社会大众相互协调和相互制衡的力量；不但可以成为消极性的破坏力量，也可以成为积极的生产性和创造性力量"④。权力具有双面性，给个体与社会的关系留下了张力空间。权力的积极性就需要新的治理思想支

① 吴冠军：《生命政治：在福柯与阿甘本之间》，《马克思主义与现实》第2015年第1期。
② [法]福柯《安全、领土与人口》，钱翰等译，上海：上海人民出版社，2010年，第129页。
③ [美]布莱恩·雷诺：《福柯十讲》，韩泰伦译，北京：大众文艺出版社，2004年，第133页。
④ 高宣扬：《福柯的生存美学》，北京：中国人民大学出版社，2005年，第162—163页。

撑，并且以此为基础形成新的治理技术。在这里现代治理思想与美学发生了交叉，从而审美治理思想诞生了。审美治理思想是生命政治思想框架中的一种积极的创造性的力量。

对生命权力的尊重也内在于马克思主义美学思想中。马克思主义美学对人的审美解放的追求，恰恰在审美治理思想中得到回应。只有将人作为活生生的生命存在，将其日常生活作为立足点，才能为审美自由找到唯物主义基础。人的审美解放并不是一个理论的推演，而是建立在审美与生命的关联上。审美领域是人类精神生存的家园，是走向自由的必由之路，有利于生命的升华。在日常生活审美化的当今社会，审美在日常生活的作用愈来愈重要，如何利用审美文化来塑造新的主体，成为马克思主义美学治理话语必须考虑的问题。与现代治理思想一致，马克思主义审美治理话语也探讨权力在审美文化活动中的运用。它将立足点重新回归现实世界，将人的存在当作审美治理的基础。在现代治理思想的框架中，马克思主义审美治理话语指向符合某种合理性的审美主体的塑造，推动主体发挥生产性与创造性的力量，提升生命质量。由此可见，立足于生命政治的审美治理成为当代马克思主义美学政治转向最为显著的话语形式。

三

在马克思主义美学思想中，生命政治的美学话语也产生了回响，成为当代马克思主义美学研究的重要转向。一些马克思主义美学家都对此作出了阐释。英国马克思主义美学家托尼·本尼特将福柯生命政治话语的治理概念引入到文化研究中，从审美治理角度开辟了生命政治领域中的美学问题研究，开拓了马克思主义美学研究的新领域。在马克思主义美学生命政治思想中，审美治理话语成为从批判走向治理的关键环节，也成为马克思主义美学新的生长点。

托尼·本尼特强调文化是治理的特殊领域，审美治理是文化治理的有机构成部分。在英国马克思主义传统中，本尼特展开了文化治理理论的阐释。在英国马克思主义美学研究领域中，审美与艺术在文化中居于特殊位置。雷蒙德·威廉斯指出，文化有广义和狭义之分。广义的文化是一种特殊的生活方式，既可以是个人的、集体的，也可以是时代的；而狭义的文化则是作为智性活动的作品和实践，尤其是艺术活动。本尼特继承了威廉斯的文化界定，进一步从治理思想的角度开拓了文化的内涵，尤其是对审美形式的强调。他指出，“把文化看作一系列通过历史特定的制度形式的治理关系，目标是为了转变广大人口的思想和行为，这部分地是通过审美智性文化的形式、技术和规则的社会体系实现的，文化就会更让人信服地加以构想”①。在这段话中，有两点值得注意：其一，历史上形成的文化是一系列转变广大人口思想行为的治理关系的组合；其二，审美文化形式是人口治理的基本构成部分，是生命政治的实现手段。文化自身的理解已经纳入生命政治的范围，而审美文化的形式、技术和规则是其基本方法，体现出对审美的治理功能的重视。

对审美、艺术如此重视，源于英国工人文化研究传统中。在这种文化传统里，文化被赋予组织社会成员身份认同及相互作用方式的重任，而审美则居于文化的核心位置。19 世纪的英国，艺术承担着将工人阶级从沉迷于酒馆和鲁莽的生活中解放出来的重任。艺术博物馆等文化设施被当作提升工人阶级内在精神的神圣殿堂。“焦虑的妻子将不再被迫访问各式各样的酒吧，把她的可怜的烂醉如泥的丈夫拖回家。她将在洁净优雅的博物馆里寻找他，……用眼泪将他从对拉斐尔的一幅绘画的心醉神迷的凝视中拉出来。”②多么美好的设想，审美活动已经成为解救底层工人阶级的神药，是一种拯救沉醉灵魂的解毒剂。在这种美学路径中，审美变成自我治理的一种极为重要的方式，而且借助审美制度的建立，也成为政府介入社会生活的方式。这种治理方式，其立足点仍然是个体，充斥着艺术、审美可以改变生活方式的信念。虽然这种审美治理思想仍充满浪漫主义气息，但是已经被当作实践方式介入到社会治理中。

这种审美改变社会、艺术影响世界的思想，继续在 20 世纪的马克思主义美学治理思想中延伸。与 19 世纪不同，20 世纪的治理思想立足点不再是个体，而是共同体。艺

---

① [英]托尼·本尼特：《文化、治理与社会》，王杰、强东红等译，上海：东方出版中心，2016 年，第 210 页。

② 同上，第 470 页。

术与审美不过是建构个体所依赖的共同体的手段，从而促使社会问题在共同体的层面获得解决。通过共同体治理，其焦点不再是个体的自我调控与管理，而是由共同体引导。个体的自由和自主，只有在共同体内部才能获得充分的尊重。国家治理所面对的对象不再是大一统的社会整体，而是有差异的共同体。“这种治理策略的本质上是通过把共同体组织成情绪投入和情感认同的焦点而运转，目的在于使它们可成为自我治理的集体，能管理好它们成员的活动。”[①]这种治理方式并没有统一的、明确的意图，而是通过促进有差异的共同体之间的对话，从而达成一个宽泛的目标。审美和艺术在这种治理策略中，承担着塑造情感认同的共同体，从而获得治理的效果。

正是在英国工人阶级文化研究传统中，托尼·本尼特发展了系统的马克思主义审美治理思想。他的审美治理思想涉及主体、机制和目的等层面，体现出问题的集中性。在对审美主体的治理中，本尼特捻出了文化研究的核心词汇——习性，将其作为审美治理的主体基础。在众多的文化概念中，本尼特将习性作为现代美学的核心概念，并将其作为人格结构的基本构成。在审美治理的实践中，习性是其运转的核心和基础。习性这个概念来源于法国理论家布尔迪厄。他指出习性不过是有特色的实践形成的性情倾向系统。这种性情倾向系统的形成于其所处的社会位置。“习性是位置的产物，如同位置一样，习性已经分化了。”[②]在社会分层系统中，习性形成了区分和差异性，决定了人的行为，包括审美的取向。布尔迪厄将习性的概念从本能中解脱出来，将其作为社会文化的概念，为审美治理思想找到了基石。在此基础上，本尼特从现代美学的角度突出了习性与自由治理话语实践的关系，指出了研究不同人格结构中的习性是不同治理方式的基础。习性概念给审美治理思想对主体研究提供了一条捷径，为治理的内在心理机制奠定了基础。

审美治理的文化机制也是马克思主义美学探讨的基本问题。外在的文化机制主要体现为一种审美制度问题。审美制度由具体的文化政策、设施、机构，还由无形的风俗、禁忌、惯例等方面构成，形成一个复杂的系统。从治理思想角度看，审美治理恰恰

① [英]托尼·本尼特:《文化、治理与社会》，王杰、强东红等译，上海:东方出版中心，2016年，第483页。
② [法]皮埃尔·布尔迪厄:《实践理性》，谭立德译，北京:生活·读书·新知三联书店，2007年，第10页。

是借助于这些外在的制度渗透并改变主体内在的情感结构，从而实现国家治理和自我治理的目标。本尼特对审美治理的研究，凸显了艺术博物馆等文化设施的治理功能。艺术博物馆是审美制度重要组成部分。在现代文化史上，艺术博物馆发挥了重要的审美治理作用。艺术博物馆将来自世界各地的艺术品集中起来，抽离了它原先的社会语境，然后以各种各样的方式连接起来，重新回到现实世界。“这些世俗的联系是由艺术家、馆长、教育官员和艺术行政人员所设计的方案组成的，在其中，为了让宽广范围的行动者自愿进行他们的自我管理调控而影响社会，一直在运用艺术。”[①]也就是说，通过博物馆的设计方案，让艺术体现出特定的治理理念，让观众自觉地在审美中获得自我治理的效果。可以说，审美制度是审美治理有效保障，体现出马克思主义美学的实践性。

审美治理思想集中了马克思主义美学关于审美社会功能的阐释。正如王杰教授所言：“关于诗歌、艺术和审美活动在现代化过程中的地位、意义和作用，从马克思和恩格斯开始，就在马克思主义美学传统中处于理论核心的地位；从雷蒙德·威廉斯开始，这一思维框架又被表述为文化与社会的关系。”[②]将审美置于社会发展的核心地位，是马克思主义美学思考问题的基本语境，体现出宏大的理论视野。“在美学上，马克思的这个命题仍然是一个最重要的观念：用艺术和审美来改变世界。”[③]在马克思主义美学史上，审美改变世界的问题主要是以批判的面貌出现的。西方马克思主义美学重视审美功能的开掘，建构起与现实世界对照的审美乌托邦精神，以此批判现实世界的不合理性，发展了马克思主义美学的批判功能。而审美治理则是马克思主义美学思想的另一种指向。在马克思主义成为国家意识形态后，审美、艺术如何改变世界？马克思主义美学的建设维度恰恰回应了该问题。当代马克思主义美学应该着力开掘建设维度，在美学的政治转向中提出新问题。审美治理则是其中最为重要的思想路径。去除浪漫主义想象，回到日常生活中活生生的人，在生命政治问题域中，以审美治理研究开掘

---

① [英]托尼·本尼特：《文化、治理与社会》，王杰、强东红等译，上海：东方出版中心，2016年，第472页。

② 王杰：《文化经济时代的马克思主义美学》，《中山大学学报》2018年第2期。

③ 王杰：《艺术和审美如何改变世界》，《中国美术报》2018年5月28日。

马克思主义美学的建设维度，才能更好体现马克思主义美学的当代性，才能更具有生命力。

结 语

目前，当代性成为马克思主义美学研究的核心语境。如何建构当代马克思主义美学成为学术界必须思考的问题。在批判性维度充分展开的基础上，马克思主义美学当代性指向更应该指向建设性维度。以建设性维度为导向，充分发挥马克思主义美学介入社会的传统指向，从而走出理论自我言说的形态，走向实践性话语建构。审美治理继承了马克思主义美学的社会介入功能的理论阐释，推动其走向与传统批判维度不同的路径，是马克思主义美学当代性走向的话语概念之一。在中国当代丰富的美学实践路径中，审美治理话语是马克思主义美学焕发生机活力的领域，也是参与建构国家现代化治理的基本途径。

（原文刊发于《长江师范学院学报》2019 年第 1 期）

下　篇

审美治理与当代社会

中国当代文艺政策的美学基础

王　杰
(浙江大学传媒与国际文化学院)

在理论上,“当代中国文艺政策”无疑是一个新的课题。在中国,文艺政策是文艺理论、文艺思想与文艺创作,以及文化治理之间相互联系的主要方式,也是重要的中间环节。关于文艺政策的调整和变迁过程的历史研究,有助于解释当代中国文学艺术的创作、发展与社会生活的直接而复杂的联系。按照英国学者雷蒙德·威廉斯的观点,文学和艺术是人们生活方式的一种表达,不仅受到社会的各种条件和因素的制约,同时,因为情感和想象的缘故,文学艺术可以表征出一个时代,一个群体,以及具体个人对他所生活于其中的社会和生活方式的感情和情绪。在一个时代,一个历史时期,人们会有某种共同的“情感结构”①,当然,在历史的许多时期,以及在同一个历史时期的不同文化语境中,人们并不具有某种共同性的“情感结构”。在这个意义上,“感觉结

① “感觉结构”最初由雷蒙·威廉斯提出来,用于表征类似于审美意识形态的概念,但更侧重于文化唯物主义的内容。(详见[英]雷蒙·威廉斯:《马克思主义与文学》,王尔勃,周莉译,开封:河南大学出版社,2008 年,第 136—144 页。)在当代美学的发展中,随着精神分析、社会学、人类学等学科理念的引入,“感觉结构”已经发展成为“情感结构”的概念,并被赋予了更为丰富而复杂的内涵与意义。

构”是理解和阐释文学艺术的重要基础。在现实的社会发展过程中，由于人们在经济、种族、性别、年龄、信仰等方面的差异，同一时代人们之间的生活方式是有所区别的，因而，“情感结构”也有所区隔。然而，在社会发展的某些时刻，某个具体的历史时段，社会的矛盾和社会性的情感得以聚焦，形成某种共识，这时的文学艺术创作常常具有相当大的普遍性和共鸣，表现出某种“情感结构”的共同性。伟大的文学艺术创作者的特殊之处在于，因为他们特别敏感，因此在社会发展的常规状态下，通过他们的创作和作品，表达了某种人们心中共同性的“情感结构”。当然，要达到这一点是十分困难的。整个人类文学艺术发展的历史证明，这种具有“永恒魅力”的艺术创作是可能的，而且在某种意义上说，这种魅力正是它达到这种境界的证明。①

因此，文学艺术创作既是艺术家个人的事业，也是全社会的“共同文化”，文学艺术始终在文化—社会这个理论视野中存在和发展。自从国家出现之后，特别是现代意义的民族国家出现之后，艺术家、社会(国家/社会群体)、共同文化(感觉结构)之间，就构成一种充满张力的复杂关系，艺术和艺术家在现代社会结构中一直处于十分特殊的地位。在现代社会，文艺政策既是政府管理者对艺术家、艺术与社会关系的调节手段，使艺术创作和艺术家的情感和想象在这个场域中成为一种社会生活发展的积极力量；另一方面，文艺政策又是政府管理者宏观调控大众与社会的政治、经济、文化导向关系的重要手段，以文化领导权为基础，通过文艺政策，政府管理者可以有效地推动文化的发展，进而影响社会的变迁。因此，对于现代社会的发展和治理而言，文学艺术是社会治理的一部分，而不是抵制和破坏性的力量。对于现代社会的治理而言，文艺政策的制订和不断调整是社会发展和变迁的重要阀门，具有重要的意义。

在当代中国，随着对文化治理合理性要求的提出，文艺政策的研究就在理论层面上提出来了。以现代治理的视角回顾中国当代社会文艺政策的调整过程，研究和总结其中的经验和教训，对于中国社会的未来发展，对于中国文艺的未来发展无疑都具有十分重要的意义。

---

① 例如马克思曾指出希腊艺术和史诗“仍然能够给我们以艺术享受，而且就某些方面说还是一种规范和高不可及的范本”。参见《马克思恩格斯文集》第8卷，北京：人民出版社，2009年，第524页。

当代中国文艺政策是中国共产党取得政权之后，在文艺领域实施领导，进行引导的有关政策、方针和法规等，是社会主义文学理念通过现代社会政府管理在文学艺术领域的具体实施。1949 年中国新民主主义革命胜利之后，中国共产党在文化领域面临一项新的巨大的工作，即系统和全面地实现在文学艺术领域上的文化领导权，有效地引导文学艺术创作的新繁荣和发展，进而推动社会向社会主义社会转型。

1942 年，毛泽东《在延安文艺座谈会上的讲话》发表时，[①]正是在抗日战争最艰苦的阶段，中国共产党人对文艺的一系列重大理论问题作出的系统回答，为新的文艺发展和文艺政策制定，作出了较为系统并符合当时中国革命实践的理论规定和理论表述。当代中国文艺政策的发展历史经过了不同的历史阶段，在内容和表现形式上有许多变化甚至相互矛盾的地方。但是，从总体的理论问题和运作机制上看，我们认为，整个当代中国文艺政策的发展，可以看作是毛泽东《在延安文艺座谈会上的讲话》所提出的美学原则在中国社会主义建设历史阶段不断变化和逻辑发展中调整的过程。一个值得注意的重要现象是，俄苏和欧美左翼文论与当代中国文论、文艺政策之间，始终存在着密切的联系，有着一种复杂的互动。不论是三四十年代乔治・卢卡奇的现实主义文论和关于"表现主义的论争"[②]，五六十年代关于社会主义现实主义[③]的讨论，还是六七十年代路易・阿尔都塞的"意识形态批评"和审美意识形态理论[④]，以及八九十年代至今英美两国的"文化唯物主义"[⑤]的理论和文学批评范式等，都对当代中国的文学理论、美学研究及文艺政策产生了重要影响。另一方面，毛泽东《在延安文艺座谈会上的讲话》的美学思想和理论原则在社会现实的发展过程中，由于社会语境的变化而呈现不同的侧重点，这种调整也是通过文艺政策的变化来实现的。因此，当代文艺政策史一个十分重要的研究背景就是，在中国社会从新民主主义革命胜利到进入全球化生产

---

① 关于《在延安文艺座谈会上的讲话》的历史背景，参见《毛泽东选集》第 3 卷，北京：人民出版社，1991 年，第 853 页。

② 参见张黎：《表现主义论争》，上海：华东师范大学出版社，1992 年。

③ 参见《社会主义现实主义论文集》第 1 集，上海：新文艺出版社，1958 年；《社会主义现实主义论文集》第 2 集，上海：新文艺出版社，1959 年。

④ 参见[法]阿尔都塞：《一封论艺术的信》，载陆梅林等：《西方马克思主义美学文选》，桂林：漓江出版社，1988 年，第 537 页。

⑤ 参见[英]雷蒙・威廉斯：《马克思主义与文学》，王尔勃，周莉译，开封：河南大学出版社，2008 年。

和消费格局这样一个跨越很大的历史变迁过程中，不同历史阶段的社会现实和具体语境，就成为文艺政策发展变化的基础。一个基本的文艺观念和文艺政策，在不同的社会基础和文化语境中会产生出许多意义上的变化，这种变化是内涵上的，不是概念和文字上的，因此极易造成理论上的混乱。也许这是当代中国文艺政策的一个重要的特征，它的基础是中国语言文字在不同语境中的多义性，只有把这种历史关系梳理清楚，我们关于文艺政策、文艺创作和文学理论的理解才是正确的。

一、何谓“当代”及当代中国文艺政策史分期问题

关于“当代”的理解，一般学者采取编年史的方法，即以 1949 年 10 月 1 日中华人民共和国成立作为起点，一直到当下的中国社会历史发展过程，一些当代文学史也采用这种分期方法。我们认为，“当代中国文艺政策史”和“当代中国文艺政策”是两个不同的理论概念。前者描述当代中国社会发展和变迁的物理时间中，当代中国文艺政策的历史过程，后者则是从理论的层面分析“当代中国文艺政策”理论内涵，探讨其具体语境与学理方面的依据。由于文艺的意识形态属性，也由于文学艺术的特殊性和前瞻性，文艺在中国社会现代化的过程中往往与“先进文化”相联系。在中国，具体地说，就是与社会主义目标相联系[①]。不容置疑的问题是，当代文艺政策的学理基础和政治合理性，一直是当代中国文学研究和美学理论研究中相对混乱和模糊不清的领域，也是许多文学论争的根源。因此，有必要作较为深入的学理分析。我们注意到，对于当代中国文艺现象而言，一个重要的现象是：近代的、现代的、后现代的、当代的诸种文化语境在同一时空中以叠合的形式呈现，这种叠合性造成了文学艺术及批评理论“意义”的滑动，对于理论分析而言造成了相当大的困难。从文艺政策的角度讲，政策的相对宏观和抽象，也为不同的文学艺术思潮和创作方法提供了足以发展的相对空间。应该看到，文艺政策既不同于文学创作中的经验问题，也不同于文艺理论和美学中的理论问

---

① 笔者是在雷蒙·威廉斯将文化划分为三种类型——主流文化、剩余文化和先进文化的意义上使用这个概念的。参见[英]雷蒙·威廉斯：《马克思主义与文学》，王尔勃，周莉译，开封：河南大学出版社，2008 年，第 129—136 页。

题，但与这两者都直接相关。在艺术家，社会和政府这个现代美学的三角结构中，文艺政策处在政府这一端。但是，在现代社会的复杂治理机制中，文艺政策又偏向自由治理和个人情感这一端。这就是文艺政策复杂难解的原因。我认为，从“当代性”的角度讲，当代中国文艺政策的第一个重要文献是毛泽东1942年5月的《在延安文艺座谈会上的讲话》。在当代中国文艺政策的发展过程中，《在延安文艺座谈会上的讲话》的基本原则，始终是当代中国文艺发展在不同的历史时期制定文艺政策的理论依据。根据这一基本判断我们提出，当代中国文艺政策的历史分期，分期的原则是“史论结合”的原则，即以重大的历史事件为标志对文艺政策的发展过程作不同阶段的划分。这种划分只能是从我们的理论视野对问题的理解，以及对复杂的历史过程作相对清晰的概括和把握的必要性的角度做出的，因此，只能是相对的，随着理论视域的转换，这种划分方法将作相应的调整。

表1　当代中国文艺政策的历史分期表(1949—2015年)①

当代中国文艺政策史分期	重大事件	性　质
第一阶段：1949—1965	中华人民共和国成立，第一、二、三次文代会→“文化大革命”爆发	社会主义文艺的转型时期 无产阶级“文化大革命”时期
第二阶段：1966—1978	《部队文艺工作座谈会纪要》→“文化大革命”结束	(文艺政策重大调整)中国特色社会主义初级阶段文艺时期
第三阶段：1979—1989	《关于建国以来党的若干历史问题的决议》→1989年	第二阶段 中国特色社会主义文艺新时期
第四阶段：1990—2011	《中共中央关于文化体制改革的决议》→党的十八大	(文艺政策“回归”性调整)
第五阶段：2012—2015	党的十八大→《习近平在文艺座谈会上的讲话》及中共中央《关于繁荣发展社会主义文艺的意见》	新时代中国特色社会主义文艺时期

从历史角度看，有三种意义上的“当代性”作为目前我们研究当代文艺政策语境中的问题：

① 当代文艺政策史的历史分期问题是一个专门的理论问题，它不简单等同于当代史或当代文学史。有关的理论问题笔者将另文专门论述。

第一，毛泽东《在延安文艺座谈会上的讲话》所提出的对当代文艺的理解和理论的要求。在本文中，我们把毛泽东《在延安文艺座谈会上的讲话》所提出的理论原则，看作是中国马克思主义美学在文艺问题上的基本要求和终极目标。在学理上，毛泽东《在延安文艺座谈会上的讲话》是关于社会主义文艺的理论的基本原则，它不应该直接成为文艺政策。因此，在当代中国文艺和文化发展过程中一个十分值得注意的重要的现象是，在不同的历史语境下，由于《在延安文艺座谈会上的讲话》的具体运用有一个很大的空间，因此，其事实上成为不同时期文艺政策的基础，如果脱离具体语境简单化的理解和运用，自然会造成某种错误和理论上的混乱。

第二，一般当代中国史和当代文学史对“当代性”的理解。如果把从第一次全国文代会(1949 年 7 月)至今的文艺政策史作为“当代文艺政策史”来理解，把 67 年来不同的文艺政策和理论意义放在一个“当代性”的概念之下，那么理论上自相矛盾和混乱是明显的。我们看到，在 20 世纪 80 年代出现了一次文艺理论和文艺政策的转向性调整，及十八大以来从法治和现代治理的角度重新讨论文艺政策问题。如果说，十八大以来文艺政策的调整也是一种理论转向的话，它与 20 世纪 80 年代发生的那一次转向在理论内涵上是有很大区别的，不能简单做统一的理解。在本文中，我们用“当代文艺政策史”这个概念来表述这个维度的历史过程，以及重大“事件”所产生的深刻而持久的影响。按照历史发展的逻辑，从 1949 年到 2015 年，在 66 年的历史发展过程中，有不同形态的“当代文艺政策”，这种不同形态的“当代性”的发展变化的过程，是我们应该通过历史研究加以呈现的。因此，在理论上有必要区分，当代史、“当代性”这两个概念。

第三，在理论上，文艺政策“当代性”的基础应该是当代的“感觉结构”。这是个既不等于社会经济结构的概念，也不等同于情感自由和纯粹形式的现实存在，并发展变化着的一种文化形态。对当代中国社会“感觉结构”的分析和把握，并与社会主义文学理念相联系，应该是当代中国文艺政策的基础。在当代社会生活条件下，只有在对当代中国社会“感觉结构”理论把握的基础上，才能真正实现对文艺政策“当代性”的准确理解和理论阐释。在本文中，将结合现代治理以及当代共同文化的建构，在当代文艺政策的学理基础这个意义上使用“当代性”这个概念，并且将这个当代性限定在“当代中国”的理论意义上。

二、当代中国文艺政策的理论基础及历史语境

（一）文艺与政治的关系及其在现代文化治理中的表达

当代中国文艺政策的理论基础是毛泽东等老一辈无产阶级革命家在延安时期创立并奠定的。这一理论原则在1949年中华人民共和国成立后，经历了不断地丰富和完善，成为当代中国文艺政策的核心理论。这一理论的核心是：倡导文艺与社会主义目标的联系，或者说文艺在价值取向、表达形式等核心问题上，要求文艺在内容与形式等一系列方面，均实现一种审美范式的转换，努力达到社会主义文艺的高度。在社会主义生产方式和文化制度没有完全形成的历史条件下，这无疑是一个很高的理论要求。因为在马克思主义美学理论中，这个要求是以社会的充分现代化为基础的。在社会现代化没有充分发育和发展的条件下，人为地加速这个过程，在现实的发展中会出现某种偏差，在这里，文艺政策的调节作用是十分重要的。因此我们看到，随着中国社会现代化过程的发展，特别是随着市场经济的发育和发展，围绕着毛泽东《在延安文艺座谈会上的讲话》的美学原则的认识和评价，一直是当代中国文艺政策和文艺思想争论的焦点。争论的关键始终围绕着文艺与政治的关系问题。这种争论本身就是文艺政策调整的表现，也是文艺制度发挥调节机制的表现。另一方面，这一系列争论也说明问题的复杂性以及文化语境的不断变化。我们不同意对历史问题的简单化理解或贴标签式的方法①，因为这种方法只能使本来已经非常复杂的问题变得更为复杂，使本来应该是学术讨论的问题充满意识形态斗争的色彩和意味。

我们应该看到，毛泽东《在延安文艺座谈会上的讲话》所提出的理论原则，在中国社会的现代化过程中有一个具体化的过程。在具体现实语境中落实具体的文艺政策，

---

① 参见夏中义：《“脑外科手术”是如何实施的——追问“苏联理论模式在中国”》，《探索与争鸣》2012第4期。

就需要根据中国社会现代化发展的情况，结合现代治理的系统发展而不断地发展、丰富化和具体化，其中有较大的调整和侧重点的变化，以适应变化了的社会需要。社会文化语境的多重叠合与文艺政策的关系问题是中国当代文艺政策的一个具有明显特殊性的现象。在理论上这个问题不解决，或者解决不好，就会遇到许多具体的理论上的难题，也难以制定切实可行的文艺政策以指导文艺的健康发展。我们注意到一个有趣的可比较的现象：欧美左翼文论在60年代“五月风暴”之后走出了一条“政治上失败，在学术上取得胜利”（伊格尔顿语）①的道路。在路易·阿尔都塞的意识形态理论的基础上，欧美左翼文论在现代派文学理论、后现代理论、先锋派研究、大众文化研究、文化认同问题研究、乌托邦文学研究等一系列重大问题上，都取得重大的理论进展，在西方学术界获得了理论上的话语权。而且，十分重要的是，从路易·阿尔都塞、马歇雷、弗·詹姆逊，到特里·伊格尔顿、阿兰·巴迪欧、雅克·朗西埃等左翼理论家，都不同程度受到毛泽东文艺思想的影响，受到《在延安文艺座谈会上的讲话》的某种影响，而且这一理论传统直到目前都处在理论的不断发展中。这一条理论发展线索，应该是中国特色社会主义文艺话语体系建设和发展的重要理论参照系，具有高度的可比较性，应该引起我们的高度重视。因此，在理论上我认为，关于当代中国文艺政策的研究和解释，应该从学理上做深入的展开和系统的研究，不应纠缠对具体历史现象的解释，更不能用某个历史现象的不合理而否定整个理论的目标，或者说文化的目标。从历史的角度看，删除社会主义理念，以及由此引发的社会运动，整个中国的当代史是无法得到正确解释的。

（二）当代中国文艺政策的若干现象及经验教训

通过对当代中国文艺政策史的研究和回顾，我们可以作出以下几点理论总结：

第一，在社会尚未充分现代化的条件下，从事社会主义现代化建设对文学艺术提出了很高的要求。这是一个十分深刻的历史悖论：对于中国这样的发展中国家而言，社会主义无疑是历史的必然要求，也是人民大众所热望的。但是生产力水平和现代化

---

① 参见[英]伊格尔顿：《后现代主义的幻想》，北京：商务印书馆，2000年，第28页。

程度的不高，又使得社会主义的要求变成现实时，存在一个巨大的历史断裂。由于文学艺术的想象性的特点，社会主义文学生产方式无疑就是这个历史悖论的一个纠结点。事实证明，在这样一个特殊的历史条件下，文学艺术具有十分重要的社会功能，同时具有高度的复杂性。文艺政策是一个重要的调节阀，因此，在当代中国，在不同的语境下，恰当的文艺政策常常成为推动文化艺术繁荣的关键。

第二，马克思在美学范式上所提出的"美学的革命"的思想①，是一个理想远大的目标，但是，马克思主义美学作为一种系统的学科体系一直没有完成其理论建构工作。同时，由于中国社会现代化过程中社会文化条件的复杂性，因此在文艺与政治的关系、文艺的人民性、文艺的意识形态属性、文艺的"百花齐放"、文学批评的标准、文艺在社会"文化共同体"建设过程中的作用等问题上，在社会发展的不同阶段和不同的文化语境下，其理论内涵和理论重心都会发生很大的变化，这就造成许多政策在实行过程中存在着某种偏差和左右摇摆的现象，在一些特殊的历史阶段(例如"文化大革命")，这种偏差会被推向某种极端，造成严重的社会后果。因此，将文艺政策建立在严谨的学理基础和法律规范的基础上，通过文化治理的系统发育和不断调整，确立动态的，不断调整的文艺政策，在中国特色社会主义的建设过程中是必要的，也是必然的，只有以"实事求是"的态度，根据具体的社会文化语境制定相应的文艺政策，文艺的繁荣和"文化共同体"的形成才会逐渐得以实现。

第三，当代文艺政策的一个重要特点，是以对大众文艺为研究和阐释为对象，或者说是以文艺的大众性为基础的。这里有两个十分重要的理论问题：一个是对大众文艺，以及相应的"文艺共同体"的理论阐释和论证；其次，在大众文艺为主导的文化格局中，精英文学和先锋艺术处于什么样的位置，它应该发挥什么样的作用？精英文学和

---

① "美学的革命"最初是由席勒提出的概念，经由马克思的美学思想与历史唯物主义和意识形态理论的结合得以系统化和具体化，指文学艺术和美学观念由于社会结构的变化而发生革命性变化，随后这一"感觉结构"逐渐演化为社会运动，从而带来社会的改变的思想。这在雅克·朗西埃、阿列西·艾尔雅维奇等学者近年的著作中有系统的论述。参见[法]雅克·朗西埃：《文学的政治》，南京：南京大学出版社，2014 年；《词语的肉身：书写的政治》，西安，西北大学出版社，2015 年；[斯洛文尼亚]阿列西·艾尔雅维奇：《美学的革命》，姚建彬译，《马克思主义美学研究》2010 年第 1 期。

先锋艺术在什么样的条件和语境下可以大众化？等等。这两个理论问题不解决，当代文艺政策的理论基础就是不扎实的，许多政策在操作过程中就会出现这样或那样的偏差，由此造成不良的影响，甚至巨大的灾难。

三、文艺政策两次调整及其理论基础

改革开放在20世纪80年代是从美学大讨论和文艺政策的转向性调整开始的。

1975年，邓小平在中国作家协会第四次代表大会上发表“祝词”，明确提出了创作自由的概念。这是一个十分重要的政策性调整，引发了当代中国20世纪80年代的先锋派运动和美学的大讨论，与此同时中国社会进入了市场经济具有重要作用的“中国特色社会主义的经济改革时期”，从朦胧诗讨论开始崛起的美学原则迅速在整个文化和社会生活层面传播开来。这次美学大讨论，带动了文艺观念和文艺政策的重要调整。文艺的特殊性、个体精神世界的重要，以及审美情感和审美经验在社会自由治理方面的作用得到了重视。与此相联系，以表达当代中国社会审美经验和情感经验的实验性小说、试验戏剧及先锋派美术都得到了迅速的发展。

在这一个历史时期，国家和政府层面对文艺政策做了重大的调整，个体性、主观性的审美经验通过诗歌、小说、戏剧、电影、音乐、美术等不同的艺术形式表现出来，出现了文学艺术“百花齐放”的局面。中国艺术、文学开始在国际上传播，在各种最高层次的国际艺术评奖活动中频获重要奖项。当代中国文学艺术的繁荣，推动和促进了改革开放的进一步发展。这个时期文艺的政策对文艺的发展和社会的现代化转型起了积极的作用。

值得注意的是，这一次美学转向和文艺政策的调整伴随着许多理论的争论：包括关于马克思《1844年经济学哲学手稿》中的美学思想与审美人道主义思想的争论，关于文学主体性的争论，关于审美意识形态理论的争论，关于实践美学与后实践美学的争论等。美学和文学理论的争论较好地开拓了人们关于文学艺术的性质，特殊性、文学与社会的关系，大众文化的价值和意义等方面的认识，促进了文艺政策向文化治理方向的转化和发展，文学艺术的相对自主性，人们审美趣味的广泛性和多样性开始得到尊重；文学艺术的知识产权、文艺管理的规范和边界逐渐得到了法律的保护；审美自由、情感平等，对个体情感的尊重等人民大众的审美需要问题，在具体的艺术实践中得到更为具体的落实。

我们认为，作为社会现代化过程的一种必然现象，文艺的自律性理论有其学理上的合理性，但并不是唯一正确的理论。从更广阔和更深刻的理论意义上说，康德的美学和海德格尔的美学模式是有理论缺陷的，在美学学理上不具备中国当代性，不足以作为当代中国文艺的理论和政策的基础。康德美学、形式美学和海德格尔的美学理论强调审美自由的价值绝对性，强调个人内心世界与外在现实世界的不相等同，重视内在体验，是现代主体性觉醒的重要体现，但也存在着忽视现实世界，否认人是世界的一部分的理论缺陷。文艺与社会生活的丰富和多维度的联系被人为地割裂之后，文学艺术的社会功能和社会责任就被悬置起来。在社会全面进入市场经济的条件下，在消费文化和西方后现代文化的影响下，文学艺术的精神内核在市场冲击下软化和脆弱了，“文学艺术的危机”甚至“文学之死”之论在学术界逐渐响起①。

在中国改革开放的深入发展时期，面对市场经济和文化产业化带来的整个社会的信仰危机和伦理危机，在宏观和微观层面对文艺政策再调整，美学和文学批评的政治“回归”就是必然的，也是合理的了。

康德的美学和海德格尔的美学都是关于审美现代性的理论一种表述，这种审美现代性本质上是反现代性的，社会主义目标的基因自然没有包括在其中。随着改革开放的深入和中国特色社会主义的发展，在文化和经济领域，美学重归人文学科和社会科学的视野，重新成为关注和争论的焦点。对于社会进步和文化治理的发展而言，人的文化习性进步和人性化程度的不断提高才是正常的现象，也是社会机体仍然生机勃勃的表现。当代美学问题的实质是情感公平，以及与情感直接联系的人性问题，这是社会现代化和进步的真正目的。由于中国深厚的诗教传统，关于社会进步的新的观念、

---

① 关于此问题的详尽解释参见［意大利］基阿尼·瓦蒂莫：《现代性的终结》，杨恒达译，开封：河南大学出版社，2015年，第77—98页。

新的感觉结构往往通过艺术的形式表现出来，在社会文化层面则往往通过美学的讨论的形式表述出来。因此，美学的革命是中国现代化过程的一个重要的现象，这是中国社会现代化过程的特殊性所决定的。

文艺政策的再调整和美学复兴的一个关键问题是：美学与政治重新联系起来。近年来甚至在政治学、经济学、社会学等领域，都不约而同地出现了向美学的转向，这是不同于“语言学转向”的一次更深刻、更重要的转向。在我们看来，这个转向具有人类学的意义，是一种元哲学或元美学意义上的转向。需要指出的是，这次转向不同于20世纪80年代的美学和文艺政策的转向，因为那是一次补课意义上的转向，许多的理论问题和政策问题都有国外成功经验和成熟的理论可以借鉴。这一次转向，它的社会背景和现实基础是“文化经济”或者说“审美资本主义”时代的来临。这一次，当代中国的美学和文艺政策的“回归”和调整，是与国外发达国家的相关调整大体同步的。因此，没有现成的成熟理论可以借鉴。我们必须走自己的路。

为什么说这次转向是一种回归呢？

首先，美学在它的早期阶段就是与政治结合在一起的。不管是英国哲学家伯克的美学理论，还是德国古典美学家席勒关于“美学的革命”和审美教育的理论①，都十分鲜明地把审美趣味的变化与社会的政治变革联系在一起。在现代中国，社会的现代思想虽然在中西体用之辩方面陷入许多纠缠，但实质性的社会进步还是美学的政治功能所推动的，从“五四”运动，到延安新文化运动，到20世纪80年代的美学大讨论，再到当下中国社会的文艺复兴和美学的复兴都是如此。

其次，在中国古代的美学思想和美学传统中，文学艺术也是与“载道”“美刺”等重要的政治功能密切联系在一起的。“诗言志”就是这种理论传统的概括和表达。在现代中国，社会的现代思想，特别是马克思主义美学传入中国之后，“文化与社会”之间关系的传统得到了现代意义的重视和发展。

---

① 参见[德]席勒：《审美教育书简》，张玉能译，南京：译林出版社，2012年。

再次，当代美学重新转向社会生活。当代美学和当代艺术重新回归现实的复杂性和矛盾冲突之中，重新强调人民大众审美经验的重要性，突出和强调情感公平的社会意义，这既是对现实重大社会问题的文化回应，也是对毛泽东《在延安文艺座谈会上的讲话》所提出的美学原则的某种回归。当然，这种回归是在充分认识到自律性美学和形式论美学的理论合理性意义上的回归，是美学理论的进步和当代发展。

文艺政策是和文艺美学理论在具体文艺工作环节中的实现，在当代社会，这是一个十分复杂的系统。我们认为，文学艺术所涉及、表达的人们的感觉结构和文化心理系统是比经济现象、经济系统更为复杂的系统。审美治理一方面与社会关系和社会生活的复杂内容相联系，另一方面与个体的审美自由和审美趣味相联系。因此，当代社会的文艺政策应建立在对当代社会经济结构、文化结构和主体的感觉结构的深入阐释和科学研究的基础之上。文艺政策应该建立在文艺制度（审美制度）和文化习性、审美趣味，时尚等等研究基础之上的。当代美学以社会学和人类学的研究视角为借鉴，为了说明文学艺术的当代性，分析当代文学艺术的独特魅力，说明当代文学艺术在社会发展和变迁中的作用等，当代美学必须提供建立在现实经济基础和社会关系的美学维度的理论证论，从而为文艺政策的制订提供扎实的基础。

当代中国的文学艺术实践，包括它的创作方面和作为制度的政策方面，都已经走出了自己的道路，得到了包括国际上一流学者的尊重和承认。问题是，我们似乎还没有成熟的理论对当代中国文艺创作和文艺政策的实践给予理论化。这是一个严酷的现实，也是一个重要的理论挑战，每一个美学和文学批评学者都应该面对这个现实。事实上，当代中国美学和文学理论复兴的希望也许正在于此。

（原文刊发于《思想战线》2018年第2期）

论艺术介入美丽乡村建设

——艺术人类学视角

方李莉

(东南大学艺术学院　中国艺术研究院)

一、缘由与问题

2016年8月,在北戴河召开了由中国艺术研究院主办、中国艺术研究院艺术人类学研究所和树美术馆承办的“艺术介入社会:美丽乡村建设”学术研讨会,这次论坛主要讨论的问题是艺术如何介入社会建构,如何介入城市空间和美丽乡村建设的问题。在这场讨论中促使大家思考的是:艺术在人们的概念中是远离日常生活的高雅活动,其将如何介入乡村建设及城市建设的重新建构之中,又如何可以在乡村建设这样一个人类重大的命题中发挥作用?人类学家和艺术家在这样的系列命题中将如何对话,通过对话能得出哪些结论,又能够产生哪些可以指导当下社会实践的中国本土理论?之所以会提出这些问题并不是凭空的,而是在艺术人类学的民族志及其田野考察中所呈现、所产生的一些思考。

笔者之所以成为这一论坛的主要主持者和倡导者,是因为笔者曾担任国家的重大项目“西北人文资源环境基础数据库”、国家重点项目“西部人文资源的保护、开发和利用”的课题组组长与首席专家，两个课题共分十个子课题组，成员以中国艺术研究院的学者为主体，联合来自不同研究机构的学者们，前后花了八年的时间，足迹踏遍了西部的许多乡村及少数民族地区，目睹城市化以后乡村的凋敝状况，收集了大量的资料和数据，并写下了七十多份报告和多本专著；课题结束后，笔者又参与了我国台湾蒋经国基金会资助的大型国际研究项目“历史视野中的中国民间社会研究”，承担了其中的一个子课题“景德镇传统陶瓷手工艺与社会发展”，对景德镇陶瓷手工艺的复兴做了深入的研究。另外，受文化和旅游部国家当代艺术中心的委托带领学生们考察了北京的“798”和宋庄，指导学生先后完成了四篇相关的博士论文；近两年又担任了国家重点课题“社会转型中的工艺美术发展”的课题组组长，与课题组成员一起，研究手工艺的复兴问题，分别对景德镇的瓷器、宜兴的陶器、佛山的香云纱、潍坊的风筝、镇湖的刺绣、莆田的红木家具、云南的金银器、北京的雕漆等12个地区的手工艺复兴状态进行了考察。通过大量的实地考察让我们看到：有艺术家聚集的地方，就有传统手工艺的复兴，就充满着生机，并能得到蓬勃发展。

这些现象在告诉我们一个什么问题？为什么艺术家聚集到什么地方，就能让那个地方化腐朽为神奇？而艺术家聚集的地方大都是废弃了的工厂和疏离化了的乡村，这都是一些被闲置的资源，在艺术家那里得到了再利用。除此之外，还有一个现象就是手工艺的复兴也能带动当地的文化和经济（在人类学的眼里，这些手工艺和民间艺术也是属于艺术的范畴，是属于传统艺术的范畴）的发展。这些现象是偶然现象还是预示着社会发生转型的趋势？

于是，笔者决定要发起一个学术研讨会来讨论这一文化现象，这一倡导得到了单位领导和学者们的支持。来参加这一研讨的主要有人类学学者、艺术学学者、策展人、艺术家、设计师等。他们带来了自己正在实践或正在研究的案例，希望能以事实来参与问题的讨论。因此，本文是在人类学学者与艺术学学者及艺术家们思想相互启发和碰撞下所产生的一些思考和所提出的一些问题。艺术人类学学者正是介于这些多学科边缘的探索者，笔者希望通过这样的一种跨学科研究，能对艺术介入“美丽乡村”这一话题提出自己的一些见解。

二、乡村重建:中国的百年之痛

这次会议召开之初,我们并没有想专门讨论乡村的问题,但最后大家还是把焦点集中到了乡村建设的问题,说明乡村问题是学者们最关注的问题,也是中国目前所遭遇的最大的问题。因此,有人说中国的问题就是农村问题,只有解决好了农村问题,中国的社会发展才是走向了真正的进步。

在这里,笔者提出“乡村重建是中国的百年之痛”的说法,因为这一问题并不是现在才摆在我们面前的,早在19世纪末20世纪初就出现了。这一问题引起了当时知识分子们的极大关注,他们不仅是在讨论这一问题,还亲自去实践,参与当时的乡村建设,就像是今天的我们。只是当时这些参与者、倡导者大多数是社会学家、文化学者、教育学者,而我们是人类学者和艺术家们。参与的群体不同,切入点也不一样,这既是一种偶然现象,也是一种时代的必然现象,这也是笔者在后面要讨论的问题之一。

在这里笔者想把读者们拉回到20世纪的二三十年代,看看当时的知识分子为什么关注乡村建设,又是用什么方式来参与当时的乡村建设的,为什么最终没有成功?

此话题要从19世纪末开始说起,当时的中国面临西方工业文明的冲击,遇到了前所未有的来自文化政治经济方面的危机,其中最大的危机就是中国农村的破产。说到底,就是伴随着现代化和工业化进程而出现的乡村社会急剧衰退的一种危机,这一危机并不仅仅是经济的破产,也是文化社会的整体衰败。

到民国时期,面对急剧的乡村衰败,中国知识分子里出现了三个派别:“重农派”“重工派”“第三条道路(农村工业化道路)”[①]。“重农派”的观点是要先稳固农业,才能发展工业,教育农民,提高农民经营能力,倡导知识分子下乡,与农民打成一片,复兴农村。“重工派”则是提倡顺应世界潮流,以发展来解决农村过剩的人口。“第三条道

① 池子华:《民国时期乡村危机与应对策略:路径探索与现实关怀》,徐秀丽、王先明主编:《中国近代乡村的危机与重建:革命、改良及其他》,北京:社会科学文献出版社,2013年,第33页。

路”，主要是解决严重的农民离乡问题。这一派人意识到，工业革命带来的农村破产问题，不仅是中国所遭遇的，也是全世界所遭遇的一种普遍现象。如 18 世纪西欧农村破产，就是当时产业革命带来的产物①，还有 20 世纪 30 年代美国农业危机呈现持续走高态势②等。

在近代史上以工业化、现代化、城市化为导向的历史发展，无一不是以牺牲乡村为前提的。是乡村加速度的崩溃，促成了城市的发展。因此，当时有人提出来，保护中小农业，留存农村共同社会的精神，使其不致再重蹈欧美资本主义覆辙。当时在农村做考察的费孝通也认为，在西洋的机器文明中“人和机器之间并没有完善的调适”③。因此，他赞成将工业保留在农村的第三条道路。学者张培刚则认为：工业化是一种必然趋势，提倡农村工业化，尤其是把农村工业当成是走向工业化的过渡的方法，自然是倒行逆施④，当时提倡的农村工业就是家庭作坊式的手工业，有学者认为“这好比是独轮车与火车竞赛”⑤，失败是必然的。

提倡乡村建设的是“重农派”，以梁漱溟、晏阳初、杨开道等学者为代表，其中以梁漱溟、晏阳初的影响最大。他们的理论，时至今日仍然可以激起我们的许多思考，仍然具有非常重要的价值。梁漱溟的观点是，人类的生活“大约不出三种路径样法”，就其精神而言，西方文化“意欲向前”，中国文化“意欲自为、调和、持中”，印度文化“意欲反身向后”。印度文化固然不能学，西洋文化同样也不能学，因为它处于人类文化的第一路向上，重在解决“生存问题”。但是生存问题解决后，人类“将从对物质问题之时代转入人对人问题之时代”，此时人类文化要有一次根本的变革：由第一路向改为第二路向，亦由西洋态度改为中国态度。⑥因此，中国文化“是为人类所不能废的”⑦。今天看来，民国时期的知识分子对中国自己的传统文化还是很有自信的。

---

① 千家驹：《中国农村论文集》，《民国丛书第二编》（经济类），上海：上海书店出版社，1990 年，第 2 页。

② 日本农林省米谷局编：《世界各国粮食之政策》，北京：商务印书馆，1937 年，第 41 页。

③ 吕文浩：《中国近代思想家文库费孝通卷》，北京：中国人民大学出版社，2015 年，第 69 页。

④⑤ 池子华：《民国时期乡村危机与应对策略：路径探索与现实关怀》，徐秀丽、王先明主编：《中国近代乡村的危机与重建：革命、改良及其他》，北京：社会科学文献出版社，2013 年，第 33 页。

⑥ 《梁漱溟全集》（第二卷），济南：山东人民出版社，1990 年，第 493 页。

⑦ 同上，第 494 页。

梁漱溟认为，解决中国问题只有走自己的路，即创造性地转换中国文化。具体地说，就是“批评地把中国原来的文化态度重新拿出来”，这个中国“原来的态度”就是近代以前中国人原有的物质生活方式尤其是精神生活方式，而乡村就是这个“中国文化有型的根”①。因此，梁漱溟断言：“求中国国家之生命必与其农村求之，必农村有新生命之后中国国家乃有新生命焉。”②

所以乡村建设的最终目标“就是要从旧文化建设出一个新文化来”，“故所谓乡村建设，实非建设乡村，意在整个中国社会之建设，可云是一种建国运动”③。这样的目标可谓是大目标，他认为，要实现这样的目标可以从日常生活开始。也就是从“一个社会过日子的方法”④开始。在梁漱溟看来，人类的文化就是在“过日子的方法”中形成的。只有通过更新中国人过日子的方法，才能从“旧文化转变出一个新文化来”，也就是要“以乡村，以老道理为根，另开创出一个新文化来”⑤。

但是，在当时全球工业化的世界大潮中，这样的想法只能是一个理想主义，根本不可能实现。就连他自己都认为，“号称乡村运动，但乡村不动”⑥，乡村建设的目标之一是唤醒农民自觉，但农民对乡村建设漠不关心，仿佛与自己无关，只是乡外的人在那里瞎嚷嚷。究其原因，第一，工业文明取代农业文明在当时是一股无法抗拒的历史潮流；第二，在强大的物质生活的冲击下，无人再甘守清贫，对于当时的中国农民来讲，生存和摆脱贫困是第一位的；第三，当时的这些知识分子，只是居高临下地去介入乡村生活，完全无视农民自身的生活体会和创造力。晏阳初就认为，中国农民所患的是“贫、愚、弱、私”“四大病”，他去做乡村建设就是要去治这四种“病”。矛盾的是，这些农民曾是中国文化的创造者，他们是为何失去这种创造精神的？这是居高临下的知识分子缺少探讨的，他们说是与农民打成一片，但事实上并没有去真正了解农民的内心世界，没有站在他们的角度去思考他们的问题。故此，这样的乡村建设也就以失败而告终了。

---

① 《梁漱溟全集》(第一卷)，济南：山东人民出版社，1990 年，第 614 页。

② 《梁漱溟全集》(第二卷)，第 434 页。

③ 同上，第 161 页。

④⑤⑥ 同上，第 614 页。

重建中国的乡村不仅是民国时期的任务，也是 1949 年以后中国共产党的任务。为了不让乡村衰败，当时的国家策略就是走社会主义的道路，成立人民公社，用农村户口将农民们稳定在了乡村。这样，中国的乡村的确没有衰败，保持了中国大部分人口还生活在乡村的状态，但却没有因此走出贫困，因为人多地少，又没有工业或手工业，甚至没有副业，贫困是必然的。

正因为如此，当改革开放，一旦户口管理放松，不再把农民困在土地上，农民就蜂拥地进了城，他们的进城加速了中国的城市化进程，也加速地将中国造就成了世界工厂，最终使中国成为世界第二大经济大国。于是，中国第一次城市的人口超过了农村的人口，从这时起，可以说中国的大多数人都居住在了城市。但是中国的农村从此就开始衰败下去了，每天都有许多古村落在消失，每天都有许多乡村在空巢化。2001 年至 2008 年，笔者在中国西部的乡村做田野，到过许多的村庄，看到村里只有孩子和老人，年轻人 90％都进城了。要想看到村里的年轻人，只有在过年的时候才有可能。目前这种情况恐怕是更严重了。民国时期的知识分子，认为中国文化的根底在乡村，“求中国国家之生命必与其农村求之，必农村有新生命之后中国国家乃有新生命焉”①。笔者认为，我们要保护的非物质文化遗产大部分在乡村，要传承的优秀的传统文化也大部分在乡村。但现在中国的情况是，城市亮起来了，乡村暗下去了；城市时尚起来了，乡村却落后和衰败了；城市人多为患，乡下却没有了人，没有了生气，这不是一种平衡的社会发展方式。因此，当前需要重新思考乡村重建的问题。

三、乡村重建的新背景

在当代重新思考乡村建设和民国时期有哪些相同和哪些不同？这是值得思考的。相同的地方都是面临乡村的凋敝和衰败，不同的地方有很多：

---

① 《梁漱溟全集》（第二卷），济南：山东人民出版社，1990 年，第 434 页。

第一，民国时期中国的城市并未得到发展，但今天的中国一座座城市拔地而起，到处可见的是经济繁华的闹市，有了城市反哺乡村的能力。

第二，在城市得到发展的同时也开始出现了城市病，而且由于集约化、标准化、规模化让全世界的城市都一样，失去了多样性和自身的特点，同时，拥挤、环境污染也成为城市难以解决的问题。相反，乡村的空间充满多样性和各种新的发展的可能性。其极有可能成为人类可以探索重新发展的与传统文化嫁接后所产生的新文化，可以在此基础上探索一条本土性、地方性的现代化道路。当年费孝通、梁漱溟们没有实现的愿望也许能在今天实现，建立一个中国模式的现代化社会。

第三，由于当年的人民公社化，中国的乡村一直非常完好地保留到 20 世纪 80 年代，而真正的农民规模化的进城大多是在 20 世纪 90 年代初以后。因此，尽管中国的乡村在迅速地衰败，但与欧美等发达国家相比较，其保存相对完好。有的村庄人虽然走了，但村子的建筑格局仍然存在，有些传统的仪式和手工技艺也还仍然存在。我们将这些传统的文化和表演技艺及手工技艺称为非物质文化遗产，但今天看来其不仅是遗产，更是文化资源和中国社会未来发展的基础以及先辈们为我们储存下来的一笔巨大的文化财富。这样的文化财富在欧美一些发达国家早就已经消失殆尽，因为在那些国家，乡村早就农场化、机械化了，和城市一样走向了集约化的现代化道路。英国杜伦大学人类学系的莱顿教授，他和我们一起到景德镇附近的农村做调查时，看到那里还有保存那么完好的古村落，偶尔还能看到有牛耕地，感到非常惊奇。他告诉我们，在英国早已看不到如此的景象了，更让他惊异的是，中国不仅保留了大量的手工技艺，而且许多地方出现了手工艺复兴的现象。这对于已经有三百年工业史的老牌资本主义国家来说，是难以想象的，因为在英国手工业早已消失一百多年了。

第四，现代高科技的发展将会改变人类的生活图景，包括社会结构和生存方式，互联网的出现使社会结构由集中式、集约式转向散点式、扁平式的多中心发展模式。以前，人们要居住在城市里，是因为需要共享信息、共享电力、共享城市的各种设施等公共资源。但现在有了互联网，信息资源开始平面化，城市和乡村基本做到了同步化。另外，互联网信息技术与可再生能源的出现，将可能带领我们进入可持续发展的“后碳时代”，太阳能、风能、水资源、地热、生物能、海浪和潮汐能的开发，通过数百万个不同的能源采集点收集起来，然后用智能网络进行整合、分配，这样扁平式的能源机制，为工业回到乡村打下了基础，并将由此衍生出“一个更加分散、合作的工业革命使其所创造的财富得到更加平均的分配”[①]。同时，工业4.0的智能化生产，使人类可以摆脱大烟囱式的生产方式，可以促进手工业生产的回归。3D打印也让手工劳动变得容易，并充满更多创造性。所以，手艺回到生活、回到乡村也是完全有可能的。

第五，后现代思潮在改变人们认识世界的方式。人类社会已由现代社会进入了后现代社会，其变化不仅是表现在社会形态和经济形态上，其也表现在人们认识问题的角度上，这种角度来自自然科学发展所带来的新视野。如果说现代精神是以原子物理学为基础的，那么后现代精神的拥护者们则用生态学和量子物理学在说明世界构成的内在关系。由这样的观念所引导出的后现代思想是彻底的生态主义的，它为生态学运动所倡导的持久的见识提供了哲学和意识形态方面的根据。[②]由于对现代主义的反思，后现代主义开始恢复对前现代的关注和敬意，并认为“前现代比现代更有助于我们去构想后现代，尤其是它暗含的生态学世界观”[③]。在这样思考的背景下，传统不再是现代化的敌人，也不再是人类进步的绳索，反而是未来文化进步的阶梯。“后现代主义把多样性看作是一种资源”[④]，并用这种具有地方性的多元性去抗击现代主义带来的一体性。于是，富含传统文化以及具有多样性发展可能的乡村，应该成为人类对未来思考和创造的一块有用之地。

综上所述，高科技的发展以及新的世界文化思潮，为我们今天的乡村建设提供了一种新的思考。笔者认为，高科技发展及后现代主义思潮将导出的是一个新的社会形态，这个新的社会形态就是生态社会，而生态社会的根基在农村而不是城市。中国的大片农村今天看上去是衰败的，但若干年以后，可能是导向绿色文化、绿色生活的可用

---

① [美]杰里米·里夫金：《第三次工业革命》，张体伟、孙豫宁译，北京：中信出版社，2012年，第118页。

② [美]大卫·雷·格里芬编：《后现代精神》，王成兵译，北京：中央编译出版社，1998年，第27页。

③ 同上，第21页。

④ 同上，第18页。

武之地和可实践之地。当年梁漱溟先生的“求中国国家之生命必与其农村求之，必农村有新生命之后中国国家乃有新生命焉”①。这样的观点也许是对的，中国的未来有可能就在中国的乡村。中国如果能通过乡村的重建成为世界率先进入生态社会的国家，中国就将成为新一轮社会变革的强国，由此导出的新的价值观也将会影响世界，唯有如此，中国的文化才能真正走向世界。

四、艺术介入乡村建设案例解析

民国时期，推动乡村建设的群体是社会学和文化学学者，今天当我们提出乡村建设的时候，加入了艺术家这一群体，这一群体的加入，意味着我们今天的乡村建设和民国时期的乡村建设有了什么样的不同？前面已经讲过了，中国的经济和 20 世纪初相比较，已经发生了质的变化，当代的高科技让今天社会的基础设施也发生了质的变化。这样的变化不仅是改变了我们的物理世界，也改变了我们的精神世界，包括人们的消费需求。

费孝通当年考察了中国乡村以后，所树立的学术目标就是“志在富民”，所谓的“志在富民”是指当时的农村最需要解决的就是让农民致富的问题，当然现在的中国农民仍然想致富，但他们想要的致富地点已经改变了，从农村转移到了城市。要想使乡村发展，要想把农民吸引回乡村，甚至把知识精英都吸引到乡村去，不仅要让乡村富起来，还要让乡村美起来，时尚起来，生动起来，甚至文艺起来，具有地方的特色性起来。这样就需要有新的创意，有新的生活样式，还要是一片能找到灵魂的归属之地。所以，我们现在提的是“美丽乡村”建设，而不是“富裕乡村”建设，实际上，这样的提法无意识地提出了当今人们的心灵需要。而能够解决这一问题的，不是社会学家，不是历史学家，不是文化学者，而是艺术家，因为艺术家可以把看不见的文化变成可视、可听、可感觉得到的气氛及象征性的文化符号，并让其渗透到我们的生活空间，而成为一种“新的

---

① 《梁漱溟全集》(第二卷)，济南：山东人民出版社，1990 年，第 434 页。

生活式样”,所以艺术家是和人类的灵魂站在一起的人,是和人类新的生活式样站在一起的人。

同时,艺术家又大都是反现代性的,反一体化和物质至上主义的,所以其天然就贴近大自然,喜爱自由,总爱在边缘地带寻求多样的可能性。因此,艺术家喜欢聚集在一般人眼里有点野性、有点荒凉、有点特点的地方,当然还与比较便宜、比较宽敞、比较有改造的可能性等因素有关。这也就是为什么艺术家总是爱聚集在被废弃了的工厂、被疏离化了的城乡接合部的村庄里,这些地方都是和主体的城市文明有所区别,同时有历史沧桑感,但又最有多元发展可能性的地方。

如“798”是北京国营电子工业老厂区,这里曾是废弃的工厂。1998年以后,一群艺术家聚集于此,艺术家们在对原有的历史文化遗留进行保护的前提下,将原有的工业厂房进行了重新定义、设计和改造,带来的是对于建筑和生活方式的创造性的理解。这些空置厂房经他们改造后本身成为新的建筑作品,在历史文脉与发展范式之间、实用与审美之间与厂区的旧有建筑展开了生动的对话,并引申出了一种新的文化概念,以及LOFT时尚的居住与工作方式,简称“798生活方式”或“798方式”,使这里成为北京都市文化的新地标。

另一个案例是景德镇,这本来是一座传统的陶瓷手工业城市,1949年后,经历了手工业改造,建立合作社,成立国有工厂,即从手工业迈向机械化工业的发展历程。改革开放以来,这座城市从计划经济走向了市场经济,在旅游业的促进下,出现了仿古瓷,于是,在这座城市开始恢复了部分的手工陶瓷作坊。随着中国经济的起飞,出现了艺术品收藏的市场,景德镇开始出现了名人陶瓷艺术品,促使了更多名人手工艺作坊的崛起。到2000年以后,景德镇那些废弃的工厂、周边的疏离化了的乡村及当地手艺人的精湛技艺,吸引了大量外地艺术家到这里来建工作室,或不定期地来进行创作,还有各艺术院校的毕业的美术专业的学生到这里就业。他们的到来改变了景德镇的经济结构以及陶瓷产业的知识结构和产业结构,这一改变是与整个的社会风尚联动的,中国现在正在出现一股强劲的传统文化复兴的风潮,带动了茶道、花道、香道的复兴。而这些传统文化是需要有器物来承载的,谓之是“器以载道”,这就为景德镇新兴的陶瓷手工艺品打开了出路。而制作这些具有传统意味又有当代文人风尚的陶瓷器具的作者，并非是传统的陶瓷艺人，而是那些从美院毕业的富有创造力的年轻艺术家们，他们正在利用传统的手工技艺和传统的文化资源创造新的中国时尚文化。这和当年梁漱溟的将“旧文化转变出一个新文化来”的理想何其相似，在民国时期不能实现的想法在今天却可以得到实现。

景德镇虽然是城市不是乡村，但它的文化底蕴是农业文明时期留下的，因此，在这里还蕴含着“中国文化有型的根”，而其创造的器物文化恰恰是梁漱溟提出来的中国人“过日子的方法”的载体。要重新振兴中国文化就是要从人们的日常生活开始，而这些艺术家的新创造就有可能重建中国人新的“生活样式”，但这种新的“生活样式”是成长在传统文化的基础之上的。不仅在景德镇，在许多的传统手工艺城镇和乡村都在发生着这样的故事，这应该引起我们学者的关注和研究。

宋庄艺术区是另一种类型的案例。宋庄是一个农业大镇，一共有 47 个行政村，116 平方公里，当时的状态是大面积的农村企业倒闭，大量的工业厂房闲置，大量农民的住宅出现空穴(农民住宅的空穴率达到 46%以上)，很多民宅因为农民进城，家里无人居住，有的空置，有的近于坍塌。2000 年以后，164 位艺术家进驻宋庄，2006 年成立宋庄美术馆，艺术家的到来给宋庄的发展带来了新的活力。现在宋庄共有 1 万多名来自全国各地的艺术家，还有两百多位来自 37 个国家的外籍艺术家。艺术家促进了文化产业的发展。宋庄的税收从原来的 7 000 多万元，增加到现在的 13 个亿。

在这次研讨会上，我们请到了宋庄艺术区最早的领导者——宋庄原镇委书记胡介报，他在发言中说，“宋庄揭示的就是艺术如何进入农村，进入社会，艺术如何成为一个经济发展的亮点。反过来又是在农村如何涵养艺术，如何促进艺术的繁荣与发展，这个案例揭示的这样一些问题，我觉得是很有价值的东西。也恰恰是因为这样，宋庄才引起了全国，引起了社会，甚至引起了国际各界的关注。也正是因为这个，才有了 2007 年联合国人居环境署，把宋庄作为一个最佳的案例，发给宋庄一个最佳案例推动奖”。他在发言中还透露，北京作为世界级城市，有中关村科技创新区，有朝阳的中央商务区(CBD)，唯独缺少一个中央艺术区、文化创新区。未来宋庄有望成为一个与中关村科技创新区平起平坐的文化创新、艺术创新区。也许这就是未来的一个趋势，一个国家的发展，仅仅有高科技是不够的，必须要有文化的发展，而艺术是促进文化发展的先头兵。

除艺术家们集体推动某一个地区，或某一个村庄发展的案例外，还有某一个机构，或某一个艺术家参与乡村建设的案例，如果说，前者是艺术家们集体无意识的聚集，而后者则是艺术家有意识的行动与计划。在本次的会议上，日本的策展人椹木野衣提供了一个重要的案例。他在发言中指出，日本从20世纪70年代就开始做乡村重建的工作，也许是时机未到，一直没有得到真正的成功。20世纪90年代以后，日本的艺术家开始自觉和不自觉地参与乡村重建的工作。

椹木野衣提供的案例是用当代艺术重建濑户群岛中的四个岛屿的直岛模式。这四个岛屿的特点是岛上有很多的泉水，以前岛上的农业很发达，但在日本泡沫经济正盛的时候，大家都往城市里面跑，这些岛屿最终变成了堆积工业垃圾的地方，被称之为公害岛，惨不忍睹。福武文化财团的法人福武总一郎把这些公害岛收购重生，希望用当代艺术，将其一步步变成一个艺术的乐园。

椹木野衣是20世纪90年代开始做艺术评论工作的，当时，他有一个很深的感受，就是艺术作品不应仅仅是放在漂亮的美术馆里面展出的，还应是回到大地和宇宙中去的，艺术这种行为也不仅仅是艺术家和评论家的事情，是要跟社会各界人士联合起来做，才能重新获得新生。

椹木野衣刚到岛屿上去做规划和实地考察的时候，看到那里垃圾漫山遍野，基本没有地方走路。他觉得要改变这里的环境，首先要考虑的主题就是艺术和农业的关系，也就是说美术馆要和周边荒废的稻田一起生长出来。他找到了当地一个古老的神社所在地，建了一个美术馆，馆里只有一件法国艺术家 Christan Boltanski 的作品《心脏音档案室》，游客们可以在这里戴上耳机，听着各种各样的心跳声，看着大海。他之所以认可作者这个创意，是因为作者很好地把人和自然通过声音融为一体，在神社的遗址上构成了一个祈祷和听心跳的场所。

另外，还有日本艺术家内藤礼和建筑家西泽立卫共同合作的一件作品，也是以一个美术馆就只有一件作品的形式呈现的，这是一个开放的建筑，里面没有柱子，在圆形的屋顶上有一个圆的洞口,这个圆洞会透进一些风景,每个季节的风景会不同,实现了作品内外的呼应。在这个美术馆里展览的只有一件作品——就是水。这个岛是一个泉水很丰富的地方,在这个作品的地面上设计了很多小孔,好像泉眼,水会间歇性地冒出来,而地面复杂的坡度变化又使水滚动的速度非常有变化,这个水也可以说就是一个流动的雕塑,而水最终流出去,流到稻田里。这个作品把岛屿的地理景观和农业生产及艺术家这三者有机地融合在一起了。

福武文化财团和椹木野衣运营团队就这样在二十多年的时间里,一起选择、考察,并购买了各种废弃的岛屿,清理垃圾并且将其制作成户外的大地艺术作品。他们的行为给岛屿和原住民带来最大的变化是:原来的岛几乎是无人岛,有的仅仅是留岛的老人和臭气熏天的工业废弃物……而现在,它们变成了举世闻名的艺术圣地。过去令人绝望的垃圾岛,现在变成了最有人气的地方,世界各地来观光和居住的人越来越多了,它变成了一个非常受欢迎的前卫和时尚的濑户群岛。

在本次论坛中还有一个案例,那就是梁克刚讲述的有关渠岩的"许村计划",渠岩是一位前卫艺术家,他的"许村计划"在艺术界引起了广泛的关注,被艺术策展人王南溟称为"行动艺术"渠岩的"许村计划",是基于对现代化的反思和对精神家园的重建的思考,作为一名艺术家所率先发起的一项社会实践。

渠岩说:"家乡是我们最后的精神家园,西方追求的是灵魂不朽,而中国追求的是生生不息的生命繁衍。"①"中国人的约束不是来自宗教而是家族,把人都赶到城市去,离开家族的约束,会出现很多问题。"②他清楚地看到,乡村的传统文化是建立在家族文化的基础上的,而家族文化的魂又被附着在村里的老建筑上,所以,他在许村所要做的第一项工作就是修复那些明清留下的老房子。他认为"修复保护老房子,是要恢复我们家族的荣耀,召回一百年来我们模仿西方、模仿城市所失去的神性。"他为了让农民从保护老房子里得到自信和实惠,他在村里举办了艺术节,许村为了接待外国人做了

①② 杨璐、韩阿润:《许村复兴:用艺术的力量》,《三联生活周刊》,http://www.lifeweek.com.cn/2013/0710/41414.shtml。

翻天覆地的准备：县里出钱在村里设了垃圾箱，村民们每人领到了一本文明手册，上面写着基本文明用语和文明行为。艺术节开幕那一天，一个澳大利亚艺术家站在露台上看到村里人头攒动，发出感慨，悉尼死了。[①]渠岩让外国人看到了一个区别于北京、上海的陌生的中国，这是一个既新又旧的中国的象征，因为在这里可以让人感受到中国人的灵魂。

渠岩引进了许多的艺术家到村里居住和创作，村民们和艺术家们生活在一起觉得很有意思。渠岩说，他做这一切是为了“让年轻人能回来”，他认为：年轻人能回来“才是乡村复苏的根本问题”。最后，他的目的达到了，不少村里的年轻人回到了村里，因为他们觉得，在被艺术化了的村里的生活，比在城市打工更有意思。“许村计划”不是渠岩一个人的项目，它是一个艺术家、建筑师、自然科学家和社会科学家以及村民，并以政府的政策和行政为中介的互动过程，但是由于渠岩以艺术家身份的率先介入使得“许村计划”得以启动，也就是说，渠岩“许村计划”的得以进行，向我们证明了“艺术代表了活力，许村因行动艺术而被激活”[②]。其不仅是保护了传统，还为村民们带来了一种全新的生活样式，让村民们为自己的传统文化感到自豪，也觉得生活更有意思和价值了。

在本次会议上，于长江教授还谈到了一个案例：有几个四川美院的艺术家自发地搞了一个驻村活动。那是在一个很小的村落里，原来是典型穷山恶水、十分贫困的地方，因为偶然的原因，有几个艺术家移驻到那里去了，他们完全是自发的，本来也没有意识到“乡村建设”之类的含义，只是觉得到这个地方挺好，师生们轮流到这里来住一两个礼拜画画，仅此而已。他们在翻修自己住的房子的过程中，非常注意融入当地的生活传统，尽量不破坏当地房子的原有结构和式样，由此他们在村里交了很多的朋友。但他们在这里的生活开始慢慢地影响了当地人，产生了一些很有趣的效果。在艺术家的感染下，这个村里面有人居然把自己家没用的房子拿出来，办了个“艺术空间”，实际

① 杨璐、韩阿润：《许村复兴：用艺术的力量》，《三联生活周刊》，http://www.lifeweek.com.cn/2013/0710/41414.shtml。

② 王南溟：《许村计划：渠岩的社会实践》，https://blog.artron.net/space-63187-do-blog-id-893830.html。

上外人可能根本看不出这是个“艺术空间”，其实就是一个房子摆上他们自己画的刻的一些东西而已，但他们追求艺术感觉的态度，是很真诚的。艺术家们在自己的房子外墙上，顺着原来的砖色土色，加画上一些颜色，使之色彩更浓，这种方式引起了村民关注，有一些村民就想模仿他们，主动找上来，求他们帮忙在自己家房子外墙上也这么画。村里有一个卖西饼的小店，受艺术家影响，把西饼店的名字改成了“西饼美术馆”。他们卖西饼时，如果有人订做生日蛋糕，他们就为你修一张照片，把你修到欧美一些著名背景中，比如说埃菲尔铁塔、克里姆林宫等，让你在照片上过一把去欧美的瘾。有趣的是，这种做法引出了一些意想不到的效果——有的小孩原来贪玩不喜欢学习，但在照片被修到这些外国背景之后，天天看自己在欧美背景中的形象，激发了动力，开始好好学习，发誓将来一定要真到外国那些地方去看看……

通过以上的一些案例，让我们看到，艺术家的行为比其他学科的专家更容易得到民众的认同，而且，他们的情感式介入能够召唤更多的公众热情。

五、人类学家如何与艺术家结成同盟介入乡村建设

如果说今天的艺术家开始从美术馆进入生活现场，介入社会建构，包括介入乡村建设。那么人类学家从来就在生活现场，因为乡村就是他们传统的田野，他们是在田野中了解乡村，研究乡村，也是在乡村里了解人类社会，研究人类社会的变迁与重构。今天他们在乡村里遇见了艺术家，于是他们结成了同盟，共同思考乡村建设，这好像是水到渠成的潮流和趋势。

艺术是人类从心中流出的情感的表现形式，是人类文化的可视性、可感性的符号，其所有的表达都是直指人类心灵的。而人类学研究的对象是人类的文化，其中包括宗教、亲属关系、社会组织、象征符号、认知体系等，当然也包括人类的艺术。其研究成果是超越专业，具有普适性价值的，其宽阔的视野常常会对不同的专业产生影响，同样，其研究成果也在不断地影响着当代艺术发展的每一个阶段，使这两个专业有着非常深刻的血缘关系，而艺术人类学的产生更是在两个专业之间架起了一条相通的桥梁。

人类学对当代艺术的第一次影响是在19世纪末。在那以前，美学界对艺术的定义是“美的艺术”，而艺术与现实的关系就是艺术如何“再现真实的世界”。[①]直到19世纪末，人类学家们从世界不同原始部落收集到的艺术品在纽约、在巴黎、在伦敦等大都市的博物馆中得以展示时，西方艺术家才恍然大悟，他们那种能够逼真再现的艺术与整个世界的艺术相比，实在是一个微不足道的小支流。于是“艺术家开始向美洲、非洲的原始艺术和东方文明古国的艺术形式学习，美学史家开始重新审定他们老祖宗的言论和著作”[②]。为此，西方人开始重新定义什么是艺术。在定义中，哲学家将康德对形式美的论述极力扩展；心理学家则通过艺术形式同无意识或集体无意识的关系揭示艺术形式的特殊意味，人类学家博厄斯也提出：“我们必须记住艺术的双重源泉。其一仅以形式为基础，其二是以与形式有关联的思维有基础。”[③]在这样的基础上，于20世纪初，由英国的艺术评论家克莱尔·贝尔得出了“艺术乃是有意味的形式”[④]这样的新的定义，开启了当代艺术理论的先河。同时，毕加索、马蒂斯、高更等受到原始部落艺术的影响，创造了现代艺术的新形式。

人类学对当代艺术的第二次影响是来自于艺术家从人类学理论中演绎出来的“行为艺术”，这一艺术形式的出现受特纳“社会剧场”的概念的启示，以人类学家“身体的塑造就是社会的塑造，复杂的社会组织过程正是通过种种关于身体的话语运作逐渐展开的”[⑤]理论为基础，艺术家们将自己的身体作为基本素材，试图在行为表演的过程中达到一种人与物、人与环境的交流，同时在这种交流的过程中表现出的一种特殊审美现象。[⑥]在人类学家看来，在仪式中，人们一次次重复的身体展演影射的正是社会语境针对身体的严苛规训。在规训的控制与诱导下，人们的行为举止具有了“高度的结构性”，而特纳的贡献就在于他“将象征符号置于特定的社会行动场域中加以思考”[⑦]。

---

① 高明潞:《西方艺术史观——再现与艺术史转向》,北京:北京大学出版社,2016年,第16页。

②④ [英]克莱尔·贝尔:《艺术》,马钟元译,北京:文联出版社,2015年,第2页。

③ [美]弗朗兹·博厄斯:《原始艺术》,金辉译,上海:上海文艺出版社,1989年,第14页。

⑤ Marry Douglas, *Natural Symbols*, Hamond-sworth: Pelican, 1973, p.93.

⑥ 黄鹤:《艺术人类学视域下的行为艺术》,《民族艺术》2011年第1期。

⑦ Victor Turner, 1985, "Are there universals of performance in myth, ritual, and drama?" In *On the Edge of the Bush*, E.Turner, ed. Tucson: University of Arizona Press, pp.291—301.

人类学家对于前工业时期仪式讨论的理论，形成了艺术家将艺术形式在社会场景中进行展演的冲动。我们在行为艺术的展演过程中，时常会看到普通的社会意识荡然无存，甚至就连社会秩序也在展演的过程中被颠倒过来，出现了有别于平时“正结构”的“反结构”等，而这些观念无一不是来自人类学。

人类学对当代艺术的第三次影响，就落脚到了艺术家所参与的社会实践了。有关这一问题，在本次论坛的发言中，张原谈到了一个重要的观点，他认为：“当代艺术经历了三个形态，1.0 的形态是‘物象艺术’，2.0 的形态是‘行为艺术’，3.0 的形态是‘行动艺术’。”“物像艺术”就是有固定的形态，可以触摸的艺术，如绘画和雕塑；有关“行为艺术”前面我们已经解释过了。有趣的是他谈到的 3.0 的“行动艺术”，按张原的解释，所谓的“行动艺术”就是“那些回到现实的乡村现场”的艺术家们的社会实践。艺术策展人王南溟在其文章中，将渠岩的“许村计划”称为“行动艺术”，并认为“一个社会实践足以成为艺术本身”，“前卫艺术把社会现场作为‘画布’，并在社会现场的画布上行动”。这样的概念比行为艺术又往前进了一步，使其彻底地离开了美术馆，离开了高雅的艺术殿堂，如果说，行为艺术还有表演的意味，而行动艺术却是彻底地回归到了生活的现场。而艺术学和人类学在此面对面地相遇了，因为这样的“生活现场”就是人类学多年占据的“田野现场”。

在这样的语境中，人类学应该做些什么样的思考？尤其是专门以研究艺术为己任的艺术人类学的学者，这是很有意思的问题。从传统来讲，人类学往往是站在边缘的社会来反思主流社会的问题，但随着全球化和现代化的加速度发展，许多文化都已经被去地域化，且通过循环的相互影响，许多地方性文化已经开始根植于世界的文化体系，所以要向新的文化权威挑战就必须采用不同的方式，因此，其开始进入主流文化的内部进行思考。在这思考的过程中，人类学，尤其是艺术人类学开始从以往关注乡村和少数民族的艺术，转移到关注现当代艺术。但却没想到当代艺术的思考再次将人类学带回到了乡村，带回到了其所熟悉的语境中，在这样的语境中前卫艺术与人类学相遇了。之所以将其称为“前卫”，因为前卫“艺术永远都在参与新的运动、风格、时尚”①

① ［美］乔治·E.马尔库斯：《文化交流：重塑艺术和人类学》，南宁：广西师范大学出版社，2010 年，第 38 页。

中，当他们来到乡村，就意味着乡村建设将会成为这一时代的新时尚，也意味着时尚将会从城市转移到乡村。未来的时尚一定是绿色的、生态的、有特色的，具有地方性经验的，能够体验大自然风光等的社会潮流，而这些潮流的特征都是乡村的特征，不是城市的特征。作为以研究艺术行为为主体的艺术人类学家们如何从人类学的角度去关注这样一种文化现象和艺术思潮？并如何在这新的一轮乡村文化的重建中能与艺术结成一种联盟关系？这是我们在当下的学术研究中要思考的问题。

首先，艺术和人类学具有叠合的话语领域，因为都关心文化和价值的生产，都关心有关地方文化价值的重估，都关心人类心灵的修复等问题。如渠岩在“许村计划”中谈到有关艺术介入乡村建设的原则时就强调：(1)发现乡村价值；(2)重估乡村价值；(3)修复乡村价值。①笔者认为渠岩的主张和人类学家的看法基本可以达成一致。如果从人类学的角度来理解：他在这里讲的“发现乡村价值”，是以对现代化危机和发展代价的反思为前提的，同时也是对城市一元化发展模式的反思。“重估乡村价值”，就是要在尊重乡村的独特性和历史传统的基础上，把乡村价值放在文化多样性和社会共生的视野中，重估乡村的主体性和在世界未来多元发展中的地位。“修复乡村价值”就是修复乡村秩序，修复人与人之间的关系。民国时期，梁漱溟先生曾经谈到，西方文化重在解决“生存问题”。但是当生存问题逝去后，人类“将从对物质问题之时代转入人对人问题之时代”，他认为，在转入人对人的问题的时代时中国的文化是有优势的。的确，近百年来，中国通过学习西方，物质发展得到了长足的进步，但道德开始混乱，价值观趋于模糊，而修复乡村价值，就是在修复人与人之间的关系，就是在修复中国传统文化，而中国传统文化的根基在乡村。

如果从人类学的角度来看待中国的传统文化，就会发现其所有的文化传统都与其祖先崇拜的信仰有关系，传统的中国人无论在外取得多大的成就，都会期待荣归故里，光宗耀祖，落叶归根。村里的祠堂是人们敬拜祖先的地方，也是每个人日后都有机会进去的地方，每个人只要有后代都会有机会成为祖先，受后人祭拜，因此，每个人都希

① 杨璐、韩阿润：《许村复兴：用艺术的力量》，《三联生活周刊》，http://www.lifeweek.com.cn/2013/0710/41414.shtml。

望自己百年以后能成为祖先，成为后人的榜样。这样就将日常生活神圣化了，修行、修身、修德成为每个人的道德准则，甚至成为每个家族的道德准则。于是，每个家族不仅有自己的家谱，还有家训。中国的古村落大都是由一个大家族或几个大家族所组成，每一个家族都会有自己的祠堂，大的祠堂里除有祖先牌位外，还有戏台、私塾、村里讨论重大问题的议事厅等。这样的建筑空间不仅是村里的神圣空间，也是政治空间、娱乐空间和教育空间。除了这样的空间，村庄里还有自己的历史空间，如在有的祠堂前还竖有功名旗杆，这是为某个家族出现了科举中功名后的人所竖的，一方面是光耀门第，另一方面也是树立榜样，鼓励后学。另外，如果村里出过名人，还会立有牌坊，其是当时的统治者为表彰功勋、科第、德政及忠孝节义所立的建筑物。同时，他们也是祠堂的附属建筑物，昭示家族先人的高尚美德和丰功伟绩，兼有祭祖的功能。

综上所述，我们可以看到，村民们的日常居住空间就是围绕着这样的一些空间所建造的。因此，村庄是“具体的——与某个特定的建筑聚集区联系在一起，无论置身何地，人们都认为它不仅是自己的家，也是他们守卫的神灵的家，古代建造一座城市的最初灵感就是要与诸神同在”①。早期美索不达米亚的城镇基本都是神庙社区，欧洲的许多小镇和村落也都是围绕着教堂而建造的，和中国的乡村围绕着祖先的英灵即家族的荣光而建造的是一样的。

因为，记录一个地方性的历史和文化就是人类学家的任务，人类学家在村庄里完成的民族志是帮助这个村庄重建的重要文本。从20世纪90年代开始，农民们离开乡村进城打工，乡村成了空壳。乡村社会也由此失去了其整体的社会记忆，而人类学家就成为帮助乡村重新建立文化记忆的人，同时也是在全球化过程中重新发现地方价值的人。

虽然，人类学也在关注城市和主流社会，但其更关注的是后现代、全球化和本土运动外表下对当下的体验②。因为其“还绝对没有成为社会学，其兴趣完全没有局限于现代性的框架和概念类型当中。人类学的历史、感受能力和方法仍然是独特的”③。正是

---

① ［美］段义孚：《空间与地方——经验的视角》，王志标译，北京：中国人民大学出版社，2017年，第123页。

② ［美］克利福德：《写文化：民族志的诗学与政治学》，高丙中、吴晓黎、李霞等译，北京：商务印书馆，2006年，第4页。

③ 同上，第20页。

这样独特的感受力和方法论使其可以和艺术家一起介入乡村建设，并帮助艺术家理解和关注乡村文化与历史的关键符号，不至于将其符号从社会的语境中孤立地抽离出来，而抹杀掉其差异性。

另外，人类学家和当年的梁漱溟、晏阳初等民国时期从事乡村建设的知识分子最大的区别是，其不是“自上而下”高高在上地视农民为需要教化和启蒙之人，而是站在平等的位置上，去感知农民们的感知，从他们的角度去理解他们的问题。正如费孝通所说，人类学家到乡村去就是为了“记录农民生活，发现农民创造，寻找农民出路”。在这里，他首先肯定农民是有创造力的人，因此，乡村建设离不开农民们自身的创造力，离不开农民们共同参与和思考及行动。

结　语

笔者认为要建设中国的新的乡村文化，必须要走中国人自己的路，这条路必须是中国人用自己的脚走出来，而不是盲目地跟在欧美国家的后面。一定要看到中国的乡村是我们的先辈留下的巨大财富，我们一定要珍惜它，并合理用好它。笔者认为，中国要走从“乡土中国”到“生态中国”之路。所谓的“生态中国”之路，就是高科技加传统文化，即在互联网加新能源加工业 4.0 的基础上实现传统乡土文化的复兴之路。这条生态之路产生出的不仅会构成新的产业结构、新的社会结构、新的生产方式，甚至是新的社会发展模式，还将会复兴中国传统文化中的许多重要价值，既有如何处理人与人之间关系的传统价值，也有如何处理人与自然之间关系的传统价值，其中还包括了许多传统农业文明积累下来的生态观和生态智慧。

因此，我们一定要认识到，中国的乡村不是一块可供随意开发的荒芜之地，而是许多农民们祖祖辈辈生活的家园，且是蕴含着中国文化之根的宝地，也许是人类社会再次寻找到新的发展模式的、一块包含农业文明智慧的生态之地。

工业文明的发展模式和价值理念都已到了一个瓶颈，唯一能够破除这个瓶颈的，就是我们必须要创建出一个新的、能可持续发展的绿色文明，这一文明就是生态文明，其必须从乡村中生长出来。生态文明之所以要在乡村中生长出来，不仅是因为其具有农业化的表现形式，还在于它需要有可以支撑这一文明的价值体系。但这一价值体系的发展是需要有基础的，这一基础就是中国的农业智慧。这一智慧包括了中国人的“天地人和”的宇宙观，也包括了类似二十四节气这样的农业知识体系，更包括了中国人家族繁衍的“人生文化”，以及传统中国人的“生活式样”。

人类的工业革命率先出现在欧洲，其文化的根基在于轴心时代的古希腊文明，古希腊文明是城邦文明、商贸文明，故在此基础上发展起来的欧洲文化，最终将人类社会推向了工业文明。但当工业文明已经走向危机、需要人类社会进行再次转型的时候，我们需要重新回到轴心时代思考人类的未来发展。在这里我们看到了同是轴心时代的先秦文化的价值。先秦文化是在中华大地上生长出来的农业文明的代表，从先秦以后的汉代开始，直至19世纪的两千年历史中，中国都是世界上最发达的农业文明国家，其为我们积累的宝贵资源，也许可以成为人类未来生态文明发展的基础。

如果中国能率先进入生态社会，并能在中国传统文化复兴的基础上提出一套新的价值体系，中国就将能成为世界的率先发展之国，同样，中国的文化就能“化成天下”，影响世界。

这一切必须从当代中国的乡村建设开始，正如梁漱溟所说的“故所谓乡村建设，实非建设乡村，意在整个中国社会之建设，可云是一种建国运动”①。还有费孝通先生所说的“中国正在走一条现代化的路，不是学外国，而要自己找出来”②。如果说在工业文明时代梁漱溟和费孝通的主张难以得到实现，那么在工业文明已经得到高度的发展，同时又遇到了发展瓶颈的今天，他们的主张值得我们深思，同时，也未尝不是一条我们今后要走的道路。

（原文刊发于《民族艺术》2018年第1期）

---

① 《梁漱溟全集》(第二卷)，济南：山东人民出版社，1990年，第161页。

② 张冠生：《费孝通传》，北京：群言出版社，2000年，第642页。

人民性·情感性·当代性:“美好生活”的三个美学向度

王大桥　漆　飞

(兰州大学文学院)

“美好生活”在十九大报告中出现次数高达14次,不仅指向人民物质层面的富裕生活,更是精神之维审美生活的意义延伸。“美好生活”作为社会主义新时代面对人民的当代社会境况与未来生活构想所提出的中国方案,是当代中国经验的表达与中国智慧的显现。在马克思主义美学视域中,“美好生活”依循马克思所建构的社会理想与价值取向,即每一个共同体成员都“按照美的规律创造”幸福生活并实现人的全面自由发展。从“美好生活”的三个美学向度即人民性、情感性和当代性出发,考察美好生活的主体规定、美好生活何以可能以及美好生活的中国经验表达等问题,亦可以展现马克思主义美学对于社会现实问题的当代阐释力。首先,在中国文化政治语境中,“美好生活”以人民和人民性为主体性规定,人民成为连接当代政治与美学的重要中介力量,其不仅是美好生活的践行者,同时也是美好生活的历史见证者与成果共享者;其次,通过对共同体内部成员感知方式、感知内容的重新塑造引发社会群体情感结构与社会习性的改变,进而在符合人民性的文化治理中建构审美正义的美好生活;最后,西方的“当代”与中国“当代”无法化约,“美好生活”的践行逻辑立足于中国当代独特的文化结构与情感结构的基础上,并且具体呈现中国当代政治从微观路径和感知维度介入人民大众生活的现实可能性。

一、人民性:“美好生活”的主体规定

习近平总书记在十九大报告中明确指出,新时代我国社会主要矛盾是人民日益增长的美好生活需要和不平衡不充分的发展之间的矛盾,必须坚持以人民为中心的发展思想,不断促进人的全面发展与全体人民共同富裕。①马克思度在《1844年经济学哲学手稿》中指出,美是具体的人的劳动产物,亦是人类历史进步的产物。美作为“人的本质力量的对象化劳动”②是自由生命的体现。在马克思看来,人与动物最大的区别,不仅在于劳动与社会现实的关系,更体现在审美需求和审美能力等方面。相较于动物在其所属的种的尺度和需要来建造,“人懂得按照任何一个的尺度来进行生产,并且懂得怎样处处都把内在的尺度运用到对象上去。因此,人也按照美的规律来建造”③。当代社会“美的规律”不仅是人类学和社会学意义上的实践尺度,也是人类按照美的属性构造幸福生活的设计方案。

“美的规律”在本质上包含了人类精神文明的永恒价值追求与感性生活的无限可能性,“审美”作为政治生活在美学向度上的终极诉求,是对感性现实生活的超越,规定了人民是美好生活创造者、共享者与见证者的主体属性。中国社会主义新时期,人民成为重新联结当代政治与美学的核心范畴,人民作为一支具有推动社会变革的重要力量,构成了美好生活的主体性规约。换言之,美好生活的实现从本质上取决于其成果是否由人民所共建与共享。“人民”作为一个意义滑动的概念,其内涵在不同的时代、

① 习近平:《决胜全面建成小康社会 夺取新时代中国特色社会主义伟大胜利——在中国共产党第十九次全国代表大会上的报告》,北京:人民出版社,2017年,第19页。

② [德]马克思:《1844年经济学哲学手稿》,北京:人民出版社,2000年,第89页。

③ 《马克思恩格斯文集》第1卷,北京:人民出版社,2009年,第162页。

社会与文化语境中有不同的指涉。毛泽东曾在《延安文艺座谈会上的讲话》中将"人民大众"界定为最广大的人民，即工人、农民、兵士和城市小资产阶级，分别作为革命的领导阶级、同盟军和主力军构成了中国最广大的人民群众。因而"人民"在这个层面上成为一种集合意义的概念使用。习近平总书记立足于中国现代化进程，指认"人民不是抽象的符号，而是一个一个具体的人，有血有肉，有情感，有爱恨，有梦想，也有内心的冲突和挣扎"①。在共同体所显现的集合意义之外，"人民"也指向了微观层面即个人价值彰显的语义表达，人民不再是抽象的符码，而是扎根于日常生活各个领域的感性生命呈现。

在马克思主义美学视域中，美好生活的社会理想建立在审美的基础上，即每一个共同体成员都能"按照美的规律来创造"幸福生活为其价值取向。人民是政治共同体的构造者，从审美层面来看也是文学艺术作品的创造者和文化软实力的推动者。马克思、恩格斯、列宁等理论家从历史的和美学的双重维度赋予文艺人民性的定义。马克思指出"人民历来就是什么样的作者'够资格'和什么样的作者'不够资格'的唯一判断者"②。青年马克思曾表示包括艺术作品在内的自由出版物应当表达人民的日常思想和感情，而恩格斯则在对民间文学的研究中找到了人民性的文艺现实关怀。马恩文艺观中的"人民性"阐述扎根于历史唯物主义，即人民群众是社会生产力的体现者，也是历史前进最崇高的客观物质力量，他们对人民与人民性的界定更加倾向于阶级属性的定义，认为社会主义文学的任务在于反映先进阶级即无产阶级的血泪历史与革命故事。文艺中的人民性始终强调人民性本身对美的价值的永恒追求。人民生存与生活的多元文化结构构成了美好生活的肥沃土壤，而中国当前最富矛盾性的一种文化语境即为乡村中国与农民阶层。社会主义新时代人民文艺的最本真规定，需要重新考量美好生活与人民大众之间相互涵融的复杂关系。罗岗认为对"人民"不同的理解催生出两套不同的"政治规划"，而"人的文学"和"人民文艺"作为20世纪中国文学的独特经验写书构成了现代中国两套相异的"审美规划"。新时期关于人民的表述与"五四"启

---

① 习近平：《在文艺工作座谈会上的讲话》，北京：人民出版社，2015年，第17页。

② 《马克思恩格斯全集》第1卷，北京：人民出版社，1995年，第195页。

蒙运动时期的民族-国家构想的政治方案和文艺方案迥然有别，因其将“那些很难被国家法律制度和官僚机器组织的乡村农民，被动员和被组织起来参与社会”①。人民是人类命运共同体中的具象化呈现，“人民性”作为“人民”的本质界定，指向这一政治共同体内部符合人类发展规律与历史前进方向的本质性规定。从新时期的文艺创作主旨来看，“必须坚持以人民为中心的创作导向”②。文艺中的人民性不只是意味着艺术作品讴歌英雄或者宏伟现象，边缘群体、少数族群以及不同阶层的身份表达与话语书写亦是社会主义文艺“人民性”的具体内涵所指。

人类社会的政治治理体系与文化治理模式发生了重大的转向，“人民”成为讨论当代政治美学的新范畴与新路径，其所蕴藏的巨大潜能在现实改造中成为不可忽视的重要变革力量。当代西方社会中的“人民”所指含混不清，朗西埃、阿甘本、德勒兹从不同层面予以辨析。在朗西埃看来，“人民”不是指向全体民众的集合体，也非某个特定社会阶层尤其是底层的人群，“人民”作为一种“增补”的存在，是对社会共同体排除在外且不占有权力的成分者的指认。③阿甘本认为政治共同体中少部分拥有政治合法性的身体进而成为真正的人民，但另外一部分“赤裸生命”则成为共同体之中的“非在”，他们构成了对大写政治或大写人民的分裂与内战。西方左翼思想家从平等政治、民主政治与感性生命等多维度切入，不断激活并增补关于“人民”这一范畴的理解。“人民”不再是某个阶层的单一指认，在当代社会，它更倾向于生命政治维度对政治共同体中所有感性生命的渗透与捕捉。

十九大报告指出，“美好生活”不仅是物质层面的纵深要求，更是民主、公平、正义等方面的价值追求。“美好生活”建立在每一个社会成员都能成为共同体内部成员的基础之上，公平、正义的生活才是切实保障人民利益的美好生活。因而处理好人民正义与人民平等的问题是美好生活得以实现的根本路径。伴随经济急

① 罗岗、张高领：《在新的历史条件下重返“人民文艺”——罗岗教授访谈》，《当代文坛》2018年第3期。

② 习近平：《决胜全面建成小康社会　夺取新时代中国特色社会主义伟大胜利——在中国共产党第十九次全国代表大会上的报告》，北京：人民出版社，2017年，第43页。

③ 在朗西埃看来，人民是一种增补的存在，它所描述的是对未被计算者的计算，或对无成分者的指认。对“无分之分”的增补构成了朗西埃所谓的“政治”，这是一种不同于根据身份与位置划分而拥有权力的“治安”体系。

遽发展带来的社会转型,多种文化与亚文化样态杂糅并置,乡村中国与城市文明、农民阶层与精英阶层、新兴文化与主流文化多元并存。从"美好生活"到"美丽乡村"等一系列关于农村建设的表述,高度体现以人民为中心的发展思路,聚焦未分有权力与位置的农民群体,致力于共同体内部每一个感性生命幸福感与获得感的重新分配。正如朗西埃对"民主"和"正义"的阐发,民主并非实体层面的政治制度,其在本质上通过对身份、位置、空间等感性的再分配来实现平等。当"人民"与"人民性"不仅仅指向精英话语的生产机制,而是对各个阶层、族群与群体中感性生命和"赤裸生命"做出包容与涵纳之时,"美好生活"才能超越物质文明进而成为以人民为核心的审美正义生活。

二、情感性:"美好生活"的审美介入

"美好生活"经由人民与人民性的主体规定,延伸出主体能够经验美好生活、体验美好生活的情感维度。从"社会主义核心价值观"到"中国梦"、再到"美丽乡村"等一系列中国经验的表达,确立以人民为本位的主体规定,同时也传递出美好生活建构与情感认同之间的紧密关联。在这些具有中国经验的价值体系中,价值认同是所有认同机制的起点,也是情感认同成为可能的必由之路。在人民构成的情感共同体中,情感并非个体具象的情绪展现,它更多地强调情感结构与文化结构、社会结构及政治结构之间的共生关系。当代美学逐渐渗透到政治、经济、伦理、技术等社会领域,情感认同作为美好生活的内在规定,在美学话语中可以获得深度阐释。

十九大报告明确指出,建设社会主义文化强国要把"社会主义核心价值观融入社会发展各方面,转化为人们的情感认同和行为习惯"①。这意味着价值认同体系的建构首先建立在情感认同的基础之上,经由情感的共鸣与共通,才能建立起传统文化与现代精神文明相结合的文化共同体。情感认同机制扎根于文化中的特定感觉结构,一旦

---

① 习近平:《决胜全面建成小康社会　夺取新时代中国特色社会主义伟大胜利——在中国共产党第十九次全国代表大会上的报告》,北京:人民出版社,2017年,第42页。

形成便具有一定的稳定性。雷蒙德·威廉斯曾将生活在某一文化中的人们所共同持有的经验命名为“感觉结构”或“情感结构”，作为“一种特殊生活方式的描述”，强调艺术、文学、习性、制度及日常行为在文化结构中的生成性。感觉结构影响社会生活中普通大众的情感体验与实践行为，集中反映特定社会群体的意识结构或者心理结构，伴随着社会经验的变化处于不断生成的状态之中。

社会共同体在当代语境中呈现为两种不同的样态：一种是基于共通感凝聚而成的政治文化共同体；另一种则是充满差异与异质性的歧感共同体。两种共同体相互融合、共生发展，尼古拉斯·罗斯注意到共同体内部的差异性与异质性，并强调差异个体对于共同体构建的重要意义。①朗西埃也认为“共同体”并不指向某种共通情感的集体性，可以将其理解为“一种能将不同事物或不同实践置于同一意义之下的可见性与可理解性框架”②。感觉共同体在这个意义上便指向了“歧感共同体”，强调感知间的差异与冲突。中国少数民族众多，信仰体系复杂，如何保持文化共同体与文化多样性之间的平衡与张力成为一个极富挑战性的问题。“美好生活”涵纳中华民族的文化多样性与人民的情感共通，其中共识与歧感构成了它的一体两面，通过审美或艺术实践可以实现社会文化共同体乃至政治共同体的建构。美好生活情感维度的呈现，必须经由感性化的方式来介入人民的生产生活和精神生活，通过审美介入来塑造情感结构的认同机制。换言之，艺术和审美作为一种情感治理术，不仅可以弥合情感结构的裂隙与文化的均质化现象，更是促进社会变革的主要驱动力量。

伴随着“视觉转向”与“图像转向”的发生，由图像和影像所聚合而成的感觉共同体，其真正内核在于对少数精英知识话语所营构的阶级趣味之破除，因为真正的感性经验与美感能力正是在平等的意义上才能被激活和释放。在中国独特的美学与艺术实践情境中，一系列当代艺术家通过对中国文化的重新编码表达中国独特经验，构建符合中国人精神气质与情感结构的美学共同体。譬如徐冰的《凤凰》《天书》《鬼

① 参见[英]托尼·本尼特：《文化、治理与社会》，王杰、强东红等译，上海：东方出版中心，2016年，第483页。

② [法]雅克·朗西埃：《当代艺术与美学的政治》，谢卓婷译，《马克思主义美学研究》2015年第2期。

打墙》等大型装置艺术利用中国本土资源进行视觉再造，其艺术实践大量采用中国传统文化符码，将中国人自身的思维方式与感知结构内化并渗透于艺术形式的革新上，进而通过极强的视觉性来展示“人民性”“政治性”以及人民对于未来生活的美好向往。从“凤凰”的艺术材料与制作历程来看，建筑废料的底层感以其粗糙感烘托出中国经济结构与社会急速变迁的现实感，两年的制作时间见证了经济腾飞、奥运会停工及世界经济危机等诸多历史事件。艺术装置通过介入公共生活空间重新唤醒大众对于建筑废墟、工人劳动与资本控制的独特记忆与情感认知，强化了当代人关于中国传统文化与中国经验表达的强烈情感认同，进而形成中华民族的文化共同体。正如朗西埃的“歧感共同体”所揭示的，最活跃与最民主的政治恰恰是“本来被压抑得在公共政治场景里看不见、听不到的地板工、鞋匠和屠夫的身形和言语也变得可见、可听”①。艺术介入美好生活，使得一种“思想的空间和感知的空间或可感知的直观空间相重合”②。

审美治理可以促进感觉共同体或美学共同体的形成，感觉结构/情感结构差不多是文化的造物，习性(habitus)、习俗(custom)、习惯(habits)、惯例(convention)及礼仪(manners)等是文化的具体的展开。习性的治理是感知内容予以重新分配、感知方式予以重新塑造的关键环节。习性塑造人关于感知世界和体认世界的经验方式，并制约和规定人的行为与实践活动。托尼·本尼特指出：“将习性置于自我重新型构过程的中心，通过这种典型运作，自由治理的目标开始运转”③。如果说福柯只是从生命政治的角度提炼出权力对于生命、人口管控的治理术，那么托尼则将其治理范围扩展至更加广泛的文化语境，在对现实生活的深度体认中提出具体的介入方案。人民大众可以在审美和艺术活动中嵌入主体的感知结构，觉悟审美理想与自我经验不完善、不充分之间的差异，进而经由“感知”的重塑来获得新的情感认同、文化认同，甚至政治认同。

---

① 陆兴华：《艺术—政治的未来：雅克·朗西埃美学思想研究》，北京：商务印书馆，2017年，第2页。

② [法]雅克·朗西埃：《政治的边缘》，姜宇辉译，上海：上海译文出版社，2007年，第12页。

③ [英]托尼·本尼特：《文化、治理与社会》，王杰、强东红等译，上海：东方出版中心，2016年，第515页。

三、当代性:“美好生活”的中国表达

人类对于“美好生活”的向往与构想在不同时代和不同的社会中呈现为不同的表达方式。柏拉图致力于构建真、善、美的“理想国”,亚里士多德对“至善生活”无限憧憬,海德格尔持续追问“诗意的栖居生活”,马克思、恩格斯在人类命运的总体性观照中生发出共产主义的社会构想,莫尔“乌托邦”蓝图激发各种美好的社会想象,何谓良好生活始终是人类对于自身命运与共同体想象的永恒探索。不同于政治实践领域的乌托邦构想,审美乌托邦是西方马克思主义者着力打造的批判武器,形成以“审美救赎”为底色的各种批判理论。布洛赫提出“希望式乌托邦”,以凸显乌托邦趋向于尚未到来的完美社会的意向与潜能,哈贝马斯致力于在交往共同体中追寻乌托邦构想,詹姆逊将乌托邦作为文化领域中的规划武器等,从不同层面、不同维度提供了关于美好生活想象的内部问题的策略与方案。

乌托邦在当代西方社会遭遇的反向裂变,即一种“敌托邦”或“反乌托邦”①式的存在。乌托邦的当代裂变,揭示出现代社会的“理性之恶”,同时也展现了乌托邦自身的悖论形态或自反性。莫尔提出的“乌托邦”一词原初包含的“美好生活”“理想国家”等积极色彩慢慢褪色,其内部蕴含的否定性力量不断凸显出来。资本主义发展的早期阶段,空想社会主义者给乌托邦打上了“空想”“白日梦”“不切实际”“幻想”的烙印。20世纪社会主义命运的波折使乌托邦主义作为一种政治实践的失败而被否定和质疑,乌托邦的构想遭遇重创。美国历史学家雅各比指出:“我们再也不能够思考‘根治整个人类的一切牙痛’这种主张了,而且它所再次揭示的东西也变得更少了,这种情况恰恰说明了乌托邦的终结。”②卢梭曾提出“回归自然”的救赎方案来修复工业物质文明所带来的

① “Dystopia”这一概念于1868年由约翰·斯图亚特·密尔明确提出,在中文语境中有“敌托邦”或“反乌托邦”“恶托邦”等译法。从词源角度来看,由“dys”和“topia”两个词根构成,拉丁语词根“dys”源自希腊语“dus”,意为“坏的”“反常的”,与表示“地方”的“topia”结合,表示与乌托邦相反或对立。

② [美]拉塞尔·雅各比:《乌托邦之死:冷漠时代的政治与文化》,姚建彬译,北京:新星出版社,2007年,第45页。

社会与自然的危机关系，在对自身的内部关怀中作出逃离社会的选择，不断返回过去并逃离政治的“田园式”社会构想其实只是浪漫主义的社会想象。有别于西方乌托邦构想朝向“未来”的思维逻辑，中国传统文化中关于完美生活、完美世界的想象习惯于指向“过去”。从轴心时代儒家所倡导的“大同世界”，道家“小国寡民”式的安居乐业生活，再到陶渊明桃花源式的归园田居生活，都在一定意义上表达对于美好生活的回归式探索。

不论是西方从宏大政治视角对美好未来提出的乌托邦构想，还是中国传统社会背离政治诉诸过去的回旋式愿景，在实际的社会生活中都难以践行。十九大报告中关于“美好生活”的表述则立足于当代中国社会主义新时代的特殊社会语境，不仅是迥异于西方乌托邦社会一系列表达的中国经验表达，同时也在对中国传统社会形态的批判中指向新的内涵。“美好生活”的构想立足于中国语境中的“当代”与“当代性”，其实践逻辑充分地展现出当代政治从微观路径和感知维度介入并改造人民大众生活的现实可能性。这种以人民为核心的美好生活蓝图不只是理论层面的思想指南，在现实维度也有实践可能。美好生活强调情感体验与审美体验，感知结构在当代社会空间被赋予一种政治意蕴，其不仅是社会诸多要素塑造与分享的产物，同时在特定的社会文化情境中亦可以生发其他价值认同体系的建构，因而美好生活的微观介入路径以共同体内部成员感知结构/情感结构的重新塑造为起点，进而通过审美和艺术来促进社会的变革。与此同时，美好生活的践行逻辑从本质上有别于“日常生活审美化”，即通过审美手段对日常生活予以美的修饰。

结 语

“美好生活”作为一种社会理想，在政治、经济、文化、伦理、社会生活以及环境生态等多个方面都有其饱满的规定性，从人民性、情感性和当代性三个美学向度出发，可以生发出“美好生活”向感性生命领域和日常生活领域的渗透以及在中国社会现实中的践行可能性。作为社会理想的“美好生活”是人民情感认同的决定性因素，经由情感共同体或感觉共同体，社会共同体的形成才是真正可能的。审美文化因其具有“摇荡性情”的内在能量，在建设美好生活的社会进程中可以发挥独特功能，不仅有助于把社会主义核心价值观转化为人们的情感认同和行为习惯，而且在推动构建人类命运共同体过程中具有重要意义。过去的历史和未来的梦想叠合在当下，如何把握“美好生活”的新时代特征，关注社会个体的当代性体验，在艺术和审美实践中形成中国经验的独特表达机制，这是值得深入思考的当代美学新问题。

（原文刊发于《民族艺术》2018年第6期）

福柯与电影的记忆治理

李　洋

（北京大学艺术学院）

1995年2月，英国导演肯·洛奇(Ken Loach)的《土地与自由》(Land and Freedom，1995)在西班牙首映，影片描写一位英国共产党的托洛茨基分子参加西班牙内战的故事，上映后在欧洲大获成功。肯·洛奇在马德里首映式上这样表述电影与历史的关系："重要的是要让我们来书写历史，因为谁写这部历史，谁就能控制现在。"[①]2000年10月，德国作家君特·格拉斯(Günter Wilhelm Grass)在维尔纽斯举行的一次关于立陶宛与德国外交史的活动上，用另一种表述回应了肯·洛奇的"历史虚无主义"，这篇回顾历史的演讲是这样开始的："我回忆，或者，我被回忆，通过某些横在我面前的东西，通过它们留下的气味或者它们藏在用暗语写的古老信件中，等待着被回忆。"[②]肯·洛奇的观点是，我们应该自己书写历史，这样才能把握现在，但君特·格拉斯则提出，当我们书写自己的历史时，才发现我们几乎无法独立回忆，回忆的素材已被污染，只剩

① [俄]谢·卡拉-穆尔扎：《论意识操控》，徐昌翰等译，北京：社会科学文献出版社，2004年，第242页。

② [法]阿莱达·阿斯曼：《回忆的真实性》，阿斯特莉特·埃尔、冯雅琳主编：《文化记忆理论读本》，北京：北京大学出版社，2012年，第142—143页。

下历史通过回忆为我们量身定做的情节。这两种表述恰好从两个方面印证了福柯关于电影的核心观点。

一、电影作为大众记忆的编码装置

福柯曾在许多著作中谈论艺术,比如文学、绘画,在我们的印象中,他似乎很少谈论电影。他曾在一篇访谈中说,他从不谈论电影美学问题,因为他对此一无所知①。事实上并非如此。从 1974 年到 1982 年,福柯共发表了九篇与电影有关的访谈和文章,这些文章多数发表在法国最重要的电影刊物,尤其是《电影手册》(Les Cahiers du Cinéma)杂志,正是在这本杂志的邀请下,福柯才开始了一系列关于电影的访谈。1974 年,在杂志编辑塞尔日·杜比亚纳(Serge Toubiana)再三邀请下,福柯做了第一篇电影访谈《反怀旧》(Anti-retro),当时的杂志主编塞尔日·达内(Serge Daney)正希望杂志摆脱左派教条主义,福柯的参与为他们改变办刊方向、完成办刊转折发挥了重要作用②。当然,福柯对《电影手册》的影响不止如此。"作者论"是《电影手册》提出的重要理论,对西方电影理论产生了深远影响。然而,福柯发表了《作者是什么》(Qu'est-ce qu'un auteur?),从卡夫卡、贝克特、马拉美等作家谈"无主体写作"(écriture sans sujet),这启发了《电影手册》影评人让·纳波尼(Jean Narboni)重新纠正和反思"电影作者"的身份,丰富了"作者论"的内涵③。福柯对(委拉斯凯兹、勒内·玛格利特、马奈等)绘画作品的精密分析,也启发《电影手册》的影评人把视线关系、隐藏主体等内容纳入他们建立的影片分析模式中④。此外,福柯的理论毫无疑问成为几个重要电影主题的阐释资源,如监狱题材、精神病院、异托邦等,笔者曾结合福柯在《规训与惩罚》和《性史》中

---

① Michel Foucault, "Les quatre cavaliers de l'Apocalypse et les vermisseaux quotidiens", *Dits et ecrits 1: 1954—1975*, Paris: Edition Gallimard, 2001, p.922.

② Toubiana, Serge, "Michel Foucault et le cinema", *Michel Foucault, la Littérature et les Arts*, Ed. Philippe Artières. Paris: Edition Kime, 2004, pp.187—188.

③ De Baecque, Antoine, *Les Cahiers du Cinema: Histoire d'une revue*, Paris: Cahiers du Cinema, 1991, pp.78, 211, 219.

④ Partrice, Maniglier and Dork Zabunyan, *Foucault, va au cinema*, Paris: Bayard Editions, 2011, p.12.

关于权力、监禁和视觉的观点，对意大利导演帕索里尼(Pier Paolo Passolini)的争议作品《萨罗或索多玛120天》(Salòo le 120 giornate di Sodoma, 1975)进行了研究[①]。福柯之所以在20世纪70年代参与电影讨论，是因为欧洲导演在当时拍摄了许多含有政治批判、渲染暴力和性爱的激进作品，这些影片上映后引发了激烈争论，而权力、历史与性都是福柯最为关心的话题。

在讨论电影时，福柯先提出存在这样一类人，他们没有权力写出自己的书，没有权力编纂自己的历史，但这样的人同样有记录历史、展开回忆的方法，福柯称其为“大众记忆”(mémoire populaire)[②]，它与官方历史相对，但比官方历史更加鲜活。这种“大众记忆”从19世纪“开始才较为清晰地被表现出来，比如说或者表现为口头，或者表现为文本，或者表现为歌曲的大众斗争传统”[③]。福柯提出“大众记忆”这个概念并非偶然，他在收集、整理历史文献过程中，发现了一些19世纪工人的档案。1973年2月22日，他接受《解放报》(Libération)的采访，建议开设一个关于“工人记忆”(Mémoire ouvrière)的栏目，让工人们根据亲身经历撰写回忆，每周两期或三期，内容包括工人的信件、日记或者回忆文章[④]。在福柯看来，工人们自发地用他们的话语方式撰写的日记、回忆录、传单和歌曲，没受到权力话语的污染。然而，“大众记忆”在19世纪遇到了第一次阻挠，用福柯的话说，出现了一整套“阻挡这场大众记忆的运动”的“装置”(dispositif)，它们以大众能够接受的方式书写他们的回忆，比如畅销文学和平民阶层的学校教育，这些取代了大众，为他们撰写历史。在“二战”结束后，仅有畅销文学、流行音乐和学校教育已经不够了，电影(电视)成为“大众记忆”再编码的新形式。电影“不但向这些人展现他们曾所是的样子，而且让他们必须回忆这就是他们所曾是的样子”，比畅销文学更能广泛、集中地建构“大众记忆”。在电影的作用下，工人阶级自身拥有的历史知识不停地萎缩、不停地缩减[⑤]。因此福柯认为，电影对于“大众记忆”至关重要：

---

① 李洋：《目光的伦理》，北京：生活·读书·新知三联书店，2014年，第227—238页。

②③⑤ [法]米歇尔·福柯：《反怀旧》，《宽忍的灰色黎明：法国哲学家论电影》，李洋选编，李洋等译，郑州：河南大学出版社，2014年，第286页。

④ Michel Foucault, “Les quatre cavaliers de l'Apocalypse et les vermisseaux quotidiens”, *Dits et ecrits 1 : 1954—1975*, Paris: Edition Gallimard, 2001, pp.1267—1268.

"应该占有这个记忆,规训它,支配它,告诉人们必须回忆什么。当我们看这些影片时,我们就知道了我们必须回忆什么。"①

应该说,"大众记忆"的编码装置是福柯"电影观"的核心,把电影放在权力对集体记忆的建构中去考察,这与德勒兹、巴迪欧和朗西埃等法国哲学家完全不同。2004年10月,法国电影资料馆专门举行了纪念福柯逝世20周年专题展映,其主题就叫"福柯—电影:影像记忆,影像权力"(Foucault-Cinéma: Image-mémoire, image-pouvoir)。沿着电影作为"大众记忆"的编码装置这个思路,福柯重点分析了两类在20世纪70年代初引发争议的电影:怀旧历史片和情色片。

二、英雄式怀旧与权力的色情化

福柯把讲述从"一战"到"二战"之间这段历史的电影称为"怀旧片"(Retro Film),"Retro"意为"怀旧""复古",这个词不仅强调影片表现特定年代的内容,也强调在美术、服装、布景、道具和音乐上还原那个时期的生活方式、艺术、时尚②。福柯第一篇电影访谈的题目就叫"反怀旧",指的就是这类电影。"怀旧片"不是电影界普遍认可的电影类型,但是这些影片因碰触敏感题材而饱受争议,在当时引起了很大反响。福柯认为,这些展现"二战"历史的怀旧片,最大的问题是把大众斗争从历史中抹除了,这个抹除过程是以两种方式循序渐进完成的。第一,这些电影把"二战"中抵抗纳粹的历史描述为依靠"伟人"和"英雄"的战斗史,宣扬"20世纪是英雄的世纪",战争是围绕着"伟人-英雄"而展开的。福柯举例说,这些电影把"二战"描述为在斯大林、丘吉尔、罗斯福这些政治家主导下才赢得胜利,而不是普通人的抗争和牺牲,人民大众反而在这些电影中缺席了(德勒兹后来在《时间-影像》中分析少数族裔电影时重复了福柯这个观点)。因此在"二战"的历史深处发生在普通法国人身上的事,从未在官方历史

① [法]米歇尔·福柯:《反怀旧》,《宽忍的灰色黎明:法国哲学家论电影》,李洋选编,李洋等译,郑州:河南大学出版社,2014年,第288页。

② 李洋:《〈白鹿原〉:减法的艺术与T型史诗》,《电影艺术》2012年第6期。

中被记录下来[①]。法国大众不像电影展现的那样积极投身抵抗运动，而是厌倦战争、拒绝战争。福柯分析，在经过数百万人死亡的第一次世界大战和后来的经济大萧条，这些法国人不再是全身心捍卫民族尊严的战士，而是把自行车丢在壕沟里转身回家的厌战青年。第二，这种“英雄式怀旧”的历史书写方式，在“大众记忆”中导出了新权力在“二战”后登上政坛的合法性，即依靠抵抗运动上台的戴高乐主义，这种民族主义的英雄话语让“在战争中起家的右派戴高乐变得清白而神圣”[②]。这些观点对我们重新理解“二战”片和历史片提供了新角度。

对于情色片，福柯提出，为什么电影中的色情想象总是不自觉地与权力有关，比如当时争议最大的《萨罗或索多玛 120 天》就把法西斯与色情联系在一起，这个话题后来成为《性经验史》第一卷《认知的意志》的核心问题。福柯主要分析了路易·马勒(Louis Malle)的《拉孔布·吕西安》(Lacombe Lucien, 1974)和意大利导演莉莉安娜·卡瓦妮(Liliana Cavani)的《午夜守门人》(Il portieredi notte, 1974)，把这两部电影理解为权力与性的两种关系样式。《拉孔布·吕西安》讲述一个法国乡村少年拉孔布·吕西安，他在“二战”被占领时期因迷恋权力而加入盖世太保，最后爱上了一位犹太少女。福柯认为，权力与爱是规训拉孔布·吕西安的两架“机器”，一方面，权力机器慢慢训练他，让他成为法奸和纳粹；另一方面，爱的机器吸引着他，让他最后为了救犹太女孩而杀死纳粹，带着她隐居山林。在《拉孔布·吕西安》中，权力与爱是一对反命题[③]。而《午夜守门人》则描写了一种对权力的爱，一种“权力的色情化”，女主人公在被占领时期因被纳粹医生虐待而迷恋上他，两个人在战争结束后偶然重逢，再次陷入这种变态的畸恋中。福柯认为，纳粹之所以在许多电影中变成色情的参照物，主要源于 20 世纪 60 年代西方色情用品店的时尚，纳粹本身并不追求色情，福柯说：“纳粹主义不是由一群 20 世纪的色情狂创造的，而是由众多可以想象到的阴险的、无聊的、令人作呕的小

---

① [法]米歇尔·福柯：《反怀旧》，《宽忍的灰色黎明：法国哲学家论电影》，李洋选编，李洋等译，郑州：河南大学出版社，2014 年，第 283 页。

② 同上，第 284 页。

③ 同上，第 293 页。

资产阶级创造的，希姆莱是个马马虎虎的农艺师，后来娶了一个护士。我们必须要清楚，犹太集中营来自一个医院护士和一个养鸡场饲养员的共同想象。医院加农场，这就是集中营背后的全部幻想。"[①]因而，福柯通过对医院和监狱的历史研究，归纳出了纳粹的本质：纳粹是在小资产阶级关于清洁、健康的思想下形成的，他们要把肮脏的、有害的、异质的人群从社会中清除出去，而完全不关色情什么事。电影中权力的色情化，恰恰证明电影对性的表达已经被权力话语所渗透，这正是《性经验史》要揭露的问题。

从这个角度看，《拉孔布·吕西安》的精彩之处在于让我们看到了纳粹在权力运作中最为可怕的一面，即把最邪恶的权力授予给大众和普通人，当人们觊觎权力时，就会被纳粹所控制，在这时，那些被权力征召的普通人（拉孔布·吕西安及其代表的人）的确可能出卖自己的邻居，然后心安理得地占有他的房子，强奸他的妻子。人们通常把纳粹理解为"专政的极致"，而福柯则认为，纳粹与作为专政极致的"一个人的权力"完全不同，纳粹把杀戮、强暴的权力交给了普通人[②]。

三、福柯的历史学电影实践

福柯对电影影像所承诺的记录本性和再现力量充满怀疑。在《宽忍的灰色黎明》中，福柯分析了帕索里尼的纪录片《幽会百科》(Comizi d'amore, 1964)，这是一部关于意大利人性爱观的社会学电影，帕索里尼在街头随机采访青年和市民，询问他们关于性、爱和婚姻的看法，同时穿插心理医师、作家对这些观点的看法。当时意大利处在战后一代人的性观念开化期，一个对公开谈论性与爱的"宽忍时代"，一个"性的沸腾"的时代。但是福柯认为，人们面对电影机，不可能像帕索里尼预期的那样真实表达他们对性、爱和婚姻的看法，少年们用他们的狡猾应付提问，而成年人则谈的是离

① ［法］米歇尔·福柯：《性的教官萨德》，《宽忍的灰色黎明：法国哲学家论电影》，李洋选编，李洋等译，郑州：河南大学出版社，2014 年，第 306 页。

② ［法］米歇尔·福柯：《反怀旧》，《宽忍的灰色黎明：法国哲学家论电影》，第 296—297 页。

婚、同性恋和妓女等与法律有关的问题。福柯说，当“他们被问及爱情时，他们谈的却是权力”①。面对电影机，真正让他们犹豫的，不是性，而是历史，是这个刚刚出现、尚不明朗所谓“宽忍体制”。与其说福柯不相信电影再现现实的能力，不如说他不相信人们可以摆脱权力话语，而公开、自由、准确地谈论性，所以，这仅仅是宽忍时代刚刚开启的黎明。

但是，福柯不像阿多诺那样认为电影已无可救药，他在质疑帕索里尼纪录片的同时，也与法国导演勒内·阿里奥(René Allio)拍摄了一部电影。这部《我，皮埃尔·里维尔》根据福柯搜集整理的法律文献而改编，用电影还原历史现场，把电影变成历史学“田野研究”的实验室。

《我，皮埃尔·里维尔》讲述1835年发生在法国诺曼底农村的一桩血案，一位名叫皮埃尔·里维尔的20岁农村文盲青年用残忍的方式杀害他的妈妈、妹妹和弟弟。从1972年到1973年，福柯在法兰西学院讲惩罚社会的形成、精神病学与权力的关系。福柯在分析精神病学的建立与惩罚性正义的关系时，发现了这个案例，他希望听课的学生都能阅读这个案件的历史档案，因此他把查找到的案件卷宗、凶手皮埃尔·里维尔写的自辩信、村里人的证人证言和巴黎精神病科医生对皮埃尔·里维尔精神分析报告等档案，于1973年编辑成书在伽利马出版社出版。电影《我，皮埃尔·里维尔》就是根据这些历史档案拍摄而成。影片在19世纪30年代农民与20世纪70年代农民之间建立起一种“连续性”，阿里奥没有选专业演员，而让当地村民扮演皮埃尔·里维尔和其他的村民出演，对白完全忠于福柯搜集的文献，这不是美学需要，而是历史学方法的需要，在电影中建起史学研究的虚拟“田野”：“阿里奥没有让人去看发生了什么，无论以想象的形式，还是以谨慎重建的形式，他都没有修改任何事件。”②演员们就生活在发生案件的地区，他们对待案件的态度、话语方式、甚至发音特点都最大化地接近了历史真

① [法]米歇尔·福柯：《宽忍的灰色黎明》，《宽忍的灰色黎明：法国哲学家论电影》，李洋选编，李洋等译，郑州：河南大学出版社，2014年，第329页。

② [法]米歇尔·福柯：《皮埃尔·里维尔归来》，《宽忍的灰色黎明：法国哲学家论电影》，第312页。

实。“阿里奥做的是让历史‘发生’(passer),与历史发生关系,或者强化我们的记忆或遗忘,这是电影能做到的。”[①]那么,皮埃尔·里维尔到底是精神病人还是狡猾善辩的凶手呢?影片没有给出答案。福柯认为,不提供任何结论,只是把历史带到观众面前,这种结尾有着非凡的意义。

尽管让·鲁什(Jean Rouch)在20世纪60年代已拍摄大量人类学纪录片,但是《我,皮埃尔·里维尔》与这些纪录片不同,它是严格按照史学方法的虚构。对于史学家来说,电影能算得上是可靠的文献吗?传统史学的规范对史料的要求非常严格。在电影诞生以前,史学界已经放弃采用虚构性和叙事性材料来分析历史事实。电影诞生后,史学家们对电影作为史料的可能性也没有充分的认识,他们会习惯性地把电影从可靠史料中排除出去。但是福柯不同,他是“视听史学”最早的实践者。《我,皮埃尔·里维尔》拍摄前后,有一位加拿大女历史学家正在法国从事研究,她受到福柯的启发,主动把搜集整理的史料制作为一部以此为题材的历史电影做参考,她就是娜塔莉·泽蒙·戴维斯(Natalie Zemon Davis),这部电影就是著名的《马丁·盖尔归来》(Le Retour de Martin Guerre, 1982)[②]。《马丁·盖尔归来》与《我,皮埃尔·里维尔》的故事有相似之处,讲述发生在16世纪法国农村的真实案件,一位瘸腿农民来到小村庄,让人们相信他就是村中失踪多年的马丁·盖尔,并用这个身份占有了马丁·盖尔的财产和妻子,直到真的马丁·盖尔归来时,人们才发现他是一个身份窃贼。影片由法国演员杰拉尔·德帕迪约(Gérard Depardieu)主演。影片上映后(1982年),让娜塔莉·泽蒙·戴维斯在史学界一举成名,之后她根据更多史料把这个案例写成完整的史学著作独立出版,这本《马丁·盖尔归来》最后成为所谓“后现代史学”的三部代表作之一。娜塔莉·泽蒙·戴维斯把“电影视作一场在实验室中进行的实验,一场思想实验,而不是在讲述真相”,尽管历史学家无法像人类学家和社会学家那样做“田野调查”,但是“电影有着微观史的某些优势,能够展现具体的表现,它会迫使你去想象某些事情是如

---

① [法]米歇尔·福柯:《皮埃尔·里维尔归来》,《宽忍的灰色黎明:法国哲学家论电影》,李洋选编,李洋等译,郑州:河南大学出版社,2014年,第312页。

② [美]娜塔莉·泽蒙·戴维斯:《马丁·盖尔的归来》,刘永华译,北京:北京大学出版社,2009年,第III页。

何发生的,而那是你只用文字写作不会费心思考的"[①]。1993 年,《马丁·盖尔归来》的故事在美国被改编为《似是故人来》(Sommersby, 1993),由理查·基尔(Richard Gere)和朱迪·福斯特(Jodie Foster)主演。娜塔莉·泽蒙·戴维斯的史学实践启发了美国历史学家海登·怀特(Hyden White),他于 1988 年在《美国历史评论》(American Historical Review)杂志发表了《书写史学与视听史学》,正式提出"视听史学"(historiophoty)的概念。海登·怀特认为,史学界过去忽视电影作为历史证据的可能性,而电影不仅在成为史料方面具有合法性,而且具备与书写史料无法取代的特殊史学价值,比如可以呈现历史事件中的行为细节[②]。在历史学研究中,视听史学与书写史学互为补充。福柯的"历史学的电影实践"整整比海登·怀特提出"视听史学"这个概念早了 14 年。

四、从"除忆诅咒"到"记忆治理"

福柯研究权力与知识的关系,进而关注疯人院和精神病院的历史,阿尔都塞把福柯研究的"疯人"称为历史中"活着的失踪者"(阿尔都塞本人深受精神疾病困扰),疯人的历史就是"世上所有的战争和大灾难都会有的一个阴惨记录簿"[③]。这些"被抹除的人"是生命政治的治理对象,生命政治规训人的身体、欲望和生命。通过电影,福柯发现了生命政治的新对象:"被抹除的记忆。"正如苏联学者谢·卡拉-穆尔扎所说,"任何一个把统治建立在操纵基础上的社会,都要破坏历史的记忆。"[④]阿根廷学者弗朗西斯科·德利奇(Francisco Delich)也认为:"国家的记忆,是一种造就隐秘并且为保护其存在理由而去遗忘或珍视它的记忆。"[⑤]因而,尽管福柯后来再没有深入论述,我们仍能沿着他的思路做出这样的判断:在电影(图像)时代,生命政治的技术不仅包括对身体的

---

① [英]玛丽亚·露西娅·帕拉蕾丝-伯克:《新史学:自白与对话》,彭刚译,北京:北京大学出版社,2006 年,第 78—79 页。

② [美]海登·怀特:《书写史学与视听史学》,王佳怡译,《电影艺术》2014 年第 6 期。

③ [法]米歇尔·福柯:《古典时代的疯狂史》,林志明译,北京:生活·读书·新知三联书店,2005 年,第 67 页。

④ [俄]谢·卡拉-穆尔扎:《论意识操控》,徐昌翰等译,北京:社会科学文献出版社,2004 年,第 245 页。

⑤ [阿根廷]弗朗西斯科·德利奇:《记忆与遗忘的社会建构》,陈源译,《第欧根尼》2006 年第 2 期。

规训和惩罚，还延伸到通过图像对记忆的抹除和修改，尤其是“大众记忆”，我称之为“记忆治理”(mnémo-gouvernement)，它是生命政治的重要组成部分。

那么，“记忆治理”的条件是什么？首先，正如君特·格拉斯所说，记忆不完全是个人性的，个体记忆的媒介都是与集体记忆共同建构的。法国社会学家莫里斯·哈布瓦赫(Maurice Halbwachs)是“集体记忆”理论的创始人，他认为任何个体都从属于某个集体，个体需要凭借集体来激活记忆，并且不自觉地用集体记忆进行检验。“集体记忆的力量和持久性来自全体成员，那么个体则是作为集体的成员在进行回忆。”[①]安哥拉·开普勒更深入地表述为：任何个人的回忆都会生产出超越纯私人回忆的现实[②]。当某个特定群体为了集体的生存而需要遗忘时，个体记忆就会被残忍地擦去，包括对神、对圣像、对地点和时间、对隐喻、符号和信号的记忆。其次，记忆性与可靠性是辩证统一的关系。人的大脑在记忆方面具有缺陷，任何记忆都具有不确定性。德利奇提出记忆“不是事实，而是创造，是发明”。[③]美国意识哲学家丹尼尔·丹尼特(Daniel C. Dennett)认为人的大脑中存在一个“笛卡尔剧场”(Cartesian Theater)，那些只有在这个“笛卡尔剧场”里上演的事件，才能真正进入人的意识，变成记忆，那些只是感到但没有上演的事件，很快会被人忘记，这是认知科学研究记忆的重要假设。再次，记忆最直接与图像相关。德国新文化史学者阿莱达·阿斯曼(Aleida Assmann)通过实验心理学家卡尔·古斯塔夫·卡鲁斯(Carl Gustav Carus)和作家本杰明·维乌科米尔斯基(Benjamin Wilkomirski)这两个人相隔130年的材料证明，我们的意识和无意识“都是同外界文化资料库里的图像连接着的，我们无处不受到它们的包围，所以我们自己的回忆画面无论怎样具有独有性和个人性，这类外部图像都不可避免地在塑造着我们的回忆画面。”[④]如果记忆可以被修改，那么图像必然成为记忆治理的关键。因而，正如福柯所

---

① [法]莫里斯·哈布瓦赫：《集体记忆与个体记忆》，阿斯特莉特·埃尔、冯雅琳主编：《文化记忆理论读本》，北京：北京大学出版社，2012年，第65页。

② [德]安哥拉·开普勒：《个人回忆的社会形式》，哈拉尔德·韦尔策编：《社会记忆：历史、回忆、传承》，李斌、王立君、白锡堃译，北京：北京大学出版社，2007年，第87页。

③ [阿根廷]弗朗西斯科·德利奇：《记忆与遗忘的社会建构》，陈源译，《第欧根尼》2006年第2期。

④ [德]阿莱达·阿斯曼：《回忆有多真实》，哈拉尔德·韦尔策编：《社会记忆：历史、回忆、传承》，李斌、王立君、白锡堃译，北京：北京大学出版社，2007年，第114页。

说，记忆不仅需要治理、可被治理，而且在图像时代显得格外必要。

“记忆治理”绝非电影时代的产物，它像权力一样有漫长的历史。西塞罗曾把历史比喻为“记忆的生命”(vie memoriae)，而最早的“记忆治理”技术可以追溯到古罗马时期的一种特殊刑罚“除忆诅咒”(Damnatio memoriae)，又叫“记忆抹煞之刑”或“除名毁忆”[①]，指罗马人对叛国者或者公敌(hostis)的一种身后刑罚，即通过各种手段在历史材料和公共记忆中抹除一个人的存在，包括从身份上驱逐出公民社会，他创作的书籍要被没收和焚毁，他的名字和头衔要从官方名录中删除，凡是碑石、雕塑、画像和文字记载，他的名字和言行都要被抹去、改写或销毁，让他从灵魂到精神层面上彻底被共同体所遗忘、抛弃和诅咒，这是罗马时期对人最大的惩罚，也是最著名的死后刑罚[②]。塔西佗的《编年史》就记载了古罗马时期几个重要的“除忆诅咒”案例[③]。“除忆诅咒”是西方历史上最早的大规模图像抹除活动，也是记忆治理技术的原型，这种惩罚不满足于处死犯罪者，而是通过涂抹历史文本，尤其是图像，把犯罪者从记忆中消除。

从认知科学的角度看，以图像为对象的“记忆治理”主要有两种方式：“奥威尔式治理”(orwellian government)和“斯大林式治理”(stalinesque government)，这是两种不同的污染记忆素材的方式，目的是让人们相信实际上没有发生或者没有经历过的事件。“奥威尔式治理”是修改现实以生产出权力所需要的图像，以让人们相信不存在的现实；“斯大林式治理”则是指遵照权力来删改和涂抹图像本身，以让人们相信没有发生的历史。“奥威尔式治理”致力于修改正在发生的当下事件，《一九八四》中的真理部

① 熊莹认为“damnatio memoriae”这个词应该翻译为“除名毁忆”，其观点为：“因为 memoria 这个拉丁词比它在英语中的衍生词 memory(通常译作‘记忆’)具有更广泛的外延和更充实的内涵[……]它的主观意义代表了对过往人事的记忆；在客观意义上则与一种‘口传历史’的概念十分相近。这两层词义揭示了如下一种可能性，即个人可以凭借功德伟业(virtus)成为历史传统与‘祖先习俗’(mosmaiorum)的一部分，由此衍生出西塞罗时代起最常用的一层含义——死者在生者心目中的不朽回忆，简而言之即‘身后之名’。”参见《从〈审判老皮索的元老院法令〉看罗马元首制初期的政治文化》，复旦大学博士论文，第 45 页。

② 熊莹：《“除名毁忆”与罗马元首制初期的政治文化》，《历史研究》2009 年第 3 期。

③ 在《编年史》中，“除忆诅咒”除了毁灭图像和记载之外，元老院还会追加惩罚，这些“身后”(post-mortem)的惩罚还包括：禁止皮索家的女性为他悼念、清除皮索生前所有的塑像(statuae)与人像面具(imagines)、从纪念日耳曼尼库斯的碑铭上抹去皮索的名字、没收其财产等。参见塔西佗：《编年史》，王以铸、崔妙因译。北京：商务印书馆，2002 年，II，43—III，第 19 页。

每天都在篡改事实，以让人民相信现实真的以老大哥期望的方式发生。《一九八四》实际上展现了这样一种恐惧：在极权统治下，最可怕的可能不是人失去自由和尊严，而是没有人能真实地见证历史。保罗·康纳顿(Paul Connerton)就把这部小说理解为反抗强迫性遗忘的寓言，认为小说带给读者的是对"集体健忘症"的领悟，小说中面对国家权力的斗争，本质上是反抗"强迫性遗忘"的斗争[①]。而斯大林在大清洗运动的"莫斯科公审秀"(Moscow Show Trials)上，秘密警察为了完成审判而修改了大量历史材料，导致知识分子们争先恐后坦白自己从未做过的荒诞罪行[②]。卡拉-穆尔扎这样概括"斯大林式治理"：为了操纵意识，需要使用各种不同的方法"对人的各种记忆类型施加影响。一方面应当让人记住某一思想、隐喻、公式，另一方面有时也需要'切断'人的短期或者历史记忆——因为它们会造成反灌输的心理障碍"[③]。

福柯分析了治理术从古典主义向生命政治的过度，汪民安对此做了概括："生命政治就是 18 世纪下半叶出现的对人口积极干预的政治学。人口，它的生成物成为政治的对象。"[④]汪民安认为，治理术在不同时期有着不同的特征。在君主制时期，生命政治下的权力是"压抑性的、致死的，它要消灭不服从的反叛者"，而生命政治下的权力则是"生产性和创造性的，它试图造就一种对象，让对象变得可能而不是使之消失。概而言之，这种权力直接作用于身体，作用于个体的身体，它的目标就是要让单个的身体变得驯顺而有用"[⑤]。那么，君权时代的"记忆治理"就是"除忆诅咒"这种直接把图像从记忆中毁灭和消除，而国家理性和生命政治时期的"记忆治理"，已不完全是消灭和篡改记忆，更是一种促生的、与安全、健康有关的"记忆治理"，这种治理术不满足于删除个别的禁忌图像或电影，而是尝试创造一种新的记忆，让人们能自发地生活其中，在其中寻找安全、健康和快乐。当大众为了寻找真相而从这个记忆中醒来或退出时，他们会因失去安全、健康和快乐而感到痛苦，大众会自发抵制和销毁这些图像，而无须权

---

① [美]保罗·康纳顿：《社会如何记忆》，纳日碧力戈译，上海：上海人民出版社，2000 年，第 11 页。

② [美]多米尼克·斯垂特菲尔德：《洗脑术：思想控制的荒唐史》，张孝铎译，北京：中国青年出版社，2014 年，第 2—29 页。

③ [俄]谢·卡拉-穆尔扎：《论意识操控》，徐昌翰等译，北京：社会科学文献出版社，2004 年，第 241 页。

④⑤ 汪民安：《从国家理性到生命政治》，《文化研究》2014 年第 4 期。

力来帮忙，或者大众会自动忽视那些不健康、不安全的图像。这正代表着电影审查史的两个阶段，在电影史早期，权力机构对有伤风化、违背天主教价值观的电影，直接销毁胶片，默片时期许多争议电影只留其名，多数被销毁。“销毁式”的电影审查一直延续到纳粹时期，面对纳粹的文化审查，法国电影资料馆创始人亨利·朗格卢瓦（Henri Langlois）把大量珍贵的默片拷贝孤本藏匿在法国乡村，“二战”结束后他又把这些拷贝找回来。“销毁式审查”在20世纪60年代转向以“促生的”电影分级制，今天的电影分级制就是以保护青少年心理健康、维护宗教和人权等与生命政治息息相关的话语建立起来的。没有人去销毁影像，在公平的体制下那些不被权力所期待的电影会被观众自动遗忘。

五、电影对记忆治理的反抗

波德莱尔曾说，“回忆是艺术的重要标准，艺术是美丽的记忆术”①，然而这种对艺术与记忆的定义，在本雅明·布赫洛（Benjamin H.D.Buchloh）看来却完全相反，他认为20世纪现代艺术的主导原则，恰恰与波德莱尔的愿望相反，是消灭文化记忆。布赫洛提出，不同时代的人以不同的方式反对文化记忆，他们所反对的敌人是相同的，就是历史性叙述、具象性表征和戏剧性再现②，因此艺术应该用“话语记忆”去对抗“历史记忆”。他所谓的“话语记忆”就是指通过艺术实践呈现出的记忆对美学范式、艺术标准的坚持程度③。面对“记忆治理”，艺术不会毫不作为，电影一方面成为“记忆治理”的重要对象，另一方面也成为反抗“记忆治理”的重要舞台。心理学中的“记忆休眠现象”就为抵抗“除忆诅咒”提供了认知科学的依据：人有些观点在短时记忆中被意识所拒绝，

---

① ［法］查尔斯·波德莱尔：《波德莱尔美学论文选》，郭宏安译，北京：人民文学出版社，1987年，第256页。波德莱尔在《一八四六年沙龙》中曾多次谈到记忆与艺术的关系，比如他认为色彩与音乐的通感产生旋律，这种旋律之所以重要就在于给人留下了深刻的记忆，如果这种旋律具有意义，就能保留在记忆中。参见《波德莱尔美学论文选》，郭宏安译，北京：人民文学出版社，1987年，第223页。再如他推崇备至的画家是德拉克洛瓦，认为他的“画作主要是通过回忆来作的，也主要是向回忆说话”，第232页。

② ［美］本雅明·布赫洛：《新前卫与文化工业》，何卫华、史岩林译，南京：江苏凤凰美术出版社，2014年，第109页。

③ 同上，第108—109页。

但它不会消失，而是停留在记忆潜伏层，一旦遇到合适的外界刺激就会逐渐复苏，逐渐由模糊的、不确定的概念，转变成彼此连贯一致的判断。为了遏制这个过程，权力必须不时地提醒人们这些观点的最初含义，以及为什么人的意识在过去会拒绝它。

按照法国年鉴学派历史学家马克·费罗(Marco Ferro)的观点，历史总是保留着对统治者有利的史实，而电影对于被遗忘的历史则具有积极的建构意义。他提出爱森斯坦的影史名作《战舰波将金号》就是电影(艺术)对遗忘的反抗，如果不是爱森斯坦的这部电影，《战舰波将金号》所反映的历史事件在当时就会被遗忘，可能从人们的记忆中永远消失①。从"记忆治理"的角度来看，犹太大屠杀不仅仅是阿甘本所说的对"牲人"(homo-sacer)生命的剥夺，在希特勒的"最后解决方案"中，也包含着现代形式的"除忆诅咒"：大规模有计划地秘密销毁与大屠杀有关的全部历史证据，试图在历史中抹除这场屠杀。然而，阿兰·雷乃(Alain Resnais)的《夜与雾》(Nuit et brouillard, 1955)与克劳德·朗兹曼(Claude Lanzmann)的《浩劫》(Shoah, 1985)向纳粹的"除忆诅咒"展开了反击，这两部电影创造了抵抗"记忆治理"的两种路径：一种是拼贴式再现，充分运用"幸存的影像"(乔治·迪迪-于贝尔曼语)推理出完整的历史罪行，另一种是当事人的现场还原，充分运用"幸存者"的个人回忆，填补被删除的历史空白。"二战"之后，"大屠杀电影"的历史已有近八十年，创造了许多抵抗遗忘、反抗记忆治理的美学，许多作品也同时催生了艺术语言的创新，比如文献缝合、重返现场、历史搬演、虚构式再现、哀悼场景等。2014年，英国摄影师西德尼·伯恩斯坦(Sidney Bernstein)跟随英军解放集中营时拍下的纪录片《夜幕会降临》(Night Will Fall, 2014)终于在英国电视台播出，影片保留了当年犹太集中营解放前的真实面貌，成堆的干尸被推进万人坑，当年英美政府由于影片画面过于恐怖等原因中止了影片的制作，直到七十年后才被公之于众。

中世纪时曾有一种"可复写羊皮纸"(palimpeseste)，教会僧侣们用特殊的药水把上面的字迹抹除，以便在上面重新书写新的内容，而后人也能用药水让过去僧侣们所写的字迹复原。电影就是现代的"隐迹稿本"、现代的"可复写羊皮纸"，它可以很容易

① [法]马克·费罗：《电影与历史》，彭姝祎译，北京：北京大学出版社，2008年，第65页。

就被权力抹除，而艺术也有办法使之复原。英国作家托马斯·德·昆西(Thomas De Quincey)就曾说，“人脑不正是一张自然而非凡的羊皮纸吗？各种想法、幻想、感受像柔和的光一样轻轻落进你的大脑里。每一次更替都好像已经埋葬了以前发生的一切。然而实际上，什么东西都没有消失。”①在视听时代，现代“除忆诅咒”不仅无法彻底抹除记忆，反而让这些图像因被肆意抹除而成为新的神话，那些反抗“记忆治理”的电影作品在电子媒介上复活了古老的“隐迹稿本”，让被抹除的图像以各种形式得以重现。

（原文刊发于《文艺理论研究》2015 年第 6 期）

① Thomas De Quincey: “The palimpsest of the human brain.” 1845, *Quotidiana*, Ed. Patrick Madden, 1 Dec 2006, 14 Jan 2015 〈http://essays.quotidiana.org/dequincey/palimpsest_of_the_human_brain/〉.

大剧院的“政治叙事”及对城市文化的塑型

杨　子

（上海艺术研究所）

全球化潮流使得当今全球城市之间的交流突破了既有的地理疆界与人文藩篱，也导致城市与城市之间的竞争加剧。为提升城市竞争力，城市治理者在城市规划中开始“文化转向”，发展、提升城市文化软实力，运用一个整合性的、整体性的途径，将文化资源巧妙地融入公共政策的计划与发展程序之中，成为城市发展的文化策略，也即“文化规划”(cultural planning)。①

在全球城市文化治理的实践中，大剧院的运行造就了都市独特的文化景观，并以独具特色的文化内涵成为辨别、认知城市的重要文化元素。本文以上海大剧院为个案，探讨大剧院作为城市文化治理的具体实践和方法，在全球化视野中如何诠释和重塑城市文化，以及建构市民对城市的认同与归属。

① Colin Mercer, *Towards Cultural Citizenship*: *Tools for Cultural Policy and Development*, Scotland: The Bank of Sweden Tercentenary Foundation, 2002. pp.6—7.

一、权力的空间生产物

自20世纪90年代中期以来,国内各地城市开始了文化公共设施的建设热潮,大剧院如雨后春笋在各地兴起。某种意义上,1989年落成的深圳大剧院标志着我国现代剧场"大剧院时代"的开始:舞台机械设计由英国公司完成,带动了之后各地大剧院纷纷寻找境外设计的热潮;地处特区的文化地理意义,使得深圳大剧院的落成与改革开放建立了一种符号关系,大剧院的标志性问题也开始浮出水面,开始承载起剧场观演功能之外的城市功能、文化符号功能。[①]毋庸置疑,设计新颖、投资巨大、外表新奇的大剧院作为城市文化演出的重要场所,及城市核心、重要的公共文化设施,已成为辨别或指认一个城市的文化地标。

1997年2月,文化和旅游部颁发的文化事业"九五计划"明确规定,"建设50座以国家大剧院为代表的图书馆、博物馆、群艺馆、美术馆、剧院等展示国家和地区形象的标志性文化设施","直辖市、省会城市和有条件的大中城市,要有重点地规划建设一批展示国家或地区形象、与经济发展水平相适应的图书馆、博物馆、美术馆、大剧院、群艺馆等标志性文化设施群体"。在这一文化政策的驱动下,全国兴起建设现代化大剧场的热潮。2001年以后建成的剧场,呈现出规模大、范围广、标准高、数量多的特点,1 000个座位数以上的大剧院共120个,总投资额达500亿元以上。[②]而2007年建成的中国国家大剧院,则是中国现代剧场进入"大剧院时代"的高潮标志。

跨世纪的剧场建设热潮反映了经济发展之后各地政府对落后的文化设施建设的政治诉求,但由于缺乏有效的大型公共文化设施的操作经验、优秀的剧场管理和演出经营人才,管理团队水平滞后、演艺机制不健全、市场培育不成熟,多地大剧院由于演出量不足,处于维持或艰难运营状况,或常年处于空置状态。2013年全国演出场馆中有48%的场馆处于闲置或转为他用,而举办过营业性演出的专业剧场活跃度低,72%

① 卢向东:《中国剧场的大剧院时代》,《世界建筑》2011年第1期。
② 姜琳琳:《剧院由物业向市场突破转型》,《北京商报》2015年8月13日。

的剧场年演出场次不足50场，大部分时间处于闲置状态。除北京、上海等演出较为发达的城市之外，大部分省市的本地团体的演出内容难以支撑本地剧场，剧场演出内容的供应大部分来源于外埠团体和国外团体巡演。2015年4月9日至10日，道略演艺产业研究中心发布《2014—2015演出剧场发展报告》，报告分析了中国剧场的五个现象：演出剧场建设火热、剧场规模结构失衡、剧场演出活力不足、剧场观众培育不力、剧场经营模式被动。在承担当地城市标志性建筑的文化展示作用之外，"大剧院"实际沦为政府文化的"面子工程"，也即"政绩工程"。

二、政治剧场：作为城市文化治理实践的大剧院

在全球化浪潮及其所带来的文化竞争压力下，文化、艺术的生产实践在当代国家和城市治理的场域中被赋予前所未有的核心地位。各国城市采取各具特性的城市文化治理策略，以提高城市知名度与文化地位。通常，城市管理者、规划者们将"文化治理"视为一种通过文化思维影响市民日常生活的价值和理念，或是通过政府行政体系对文化艺术资源和利益做出分配和管理。

大剧院是权力的空间生产物，而文艺的宣教功能决定了大剧院成为城市主流意识形态与政治审美理念在剧场物理空间与生产实践的反映。仅就前者而言，大剧院在城市中的地理位置一般位于城市的核心地段，并与政府建筑毗邻而居，从地理位置即可表征大剧院的权力与意识形态属性。如国家大剧院位于国家政治核心象征的天安门附近，地处人民大会堂的西侧，这一地理位置指涉文艺与政治之间密不可分的关系。在这个意义上，大剧院通常指涉官方、官营、意识形态、正统、宣传等政治理念，因而被指认为通常意义上的"政治剧场"。科林尼(Stefan Collini)将"政治"定义为"重要的、不可逃避的，困难的，决定一个给定的空间(given space)中的权力关系的企图"①。只有当权力在社会关系范畴中，在不同族群和阶级或利益群体中进行分配，"权力关系"这

① Joe Kelleher, *Theatre & Politics*, Palgrave Macmillan, 2009. p.3.

一概念才具意义。“给定的空间”(given space)这一概念有助于我们将讨论聚焦于剧场,在某种程度上,剧场作为艺术想象与创造的空间,构筑了外部世界的想象空间和戏剧舞台的预设空间。

与国家权力机构在物理空间上的紧邻性分布指涉大剧院与政治的空间关系,剧场的“生产实践”从另一个路径表征大剧院的“政治性”属性,也即大剧院作为权力的空间生产物,城市治理者在文化治理场域中,通过对大剧院行政意义上的总体部署规划、景观外形设计、艺文生产活动的安排进行权力的叙述与城市文化形象的展示。

“文化治理”可视为权力、统治机构和知识形式及其再现模式的结盟,是通过再现、象征、表意作用而运作权力进行资源分配的制度性机制和文化政治场域。[①]因而,当代城市文化治理不是单纯的艺术文化资源、权力的分配与管理,或是文化机构对艺术文化法规的制定,以及城市治理者从上而下对市民进行艺术文化理念的灌输与规训。一个“文化都市”的规划者必须思考如何以艺术、文化思维逻辑为核心,以柔性化与弹性化的治理策略和一种更能感动市民心境的“治理心态”进行城市治理,从文化、道德、价值及自我反思、批判的态度来实践城市、国家的治理,从而在哈贝马斯的“公共领域”和“沟通理性”之外,注入市民情感、审美和感动等人文元素,让悲哀、伤痛、喜悦、欢愉等市民共同情感经验以及对艺术美感价值的共鸣,通过市民文化与人文理性的公共沟通模式进入城市文化治理空间[②],从而给予市民更为广阔、自主的日常生活空间。

大剧院的兴建造就了城市文化地标式的“大剧院景观”,构成了一个城市重要的自然和文化景观,以及对外宣传的文化品牌。作为城市文化治理的实践之一,城市规划者通过大剧院的运营行销城市以塑造健康发展的城市形象、促进国际文化交流、增加就业机会和观众、游客数量,并通过大篇幅的媒体报道带来高度的城市声望,引导居民对城市的认同与认知。借由各种文化交流和文艺演出,大剧院带动城市文化蜕变成长,重塑城市文化形象和品牌。一个经营成功的剧院不仅成为城市的文化标志,而且超出其剧场的功能价值,给城市带来文化价值和旅游业、商业等价值,提升城市的文化

---

① 王志弘:《台北市的文化治理的性质与转变(1967—2002)》,《台湾社会研究季刊》,2003 年,第 52 页。

② 刘俊裕主编:《全球都市文化治理与文化策略》,高雄:巨流图书股份有限公司,2013 年,第 17 页。

经济效益，从而促进地方文化产业的发展。

三、政治叙事：以上海大剧院为视角

上海大剧院建成于1998年，是上海地标式建筑和重要的公共文化场所，17年的文化运营与实践令其成为上海最为核心的文化演出场地。从1994年9月开始打桩，到1998年8月正式建成投入使用，上海大剧院在文化和旅游部"九五计划"颁布之前即已启动，在国内大剧院建设中首开先河，它的建成标志着我国开始有了国际水平的现代化剧场。

作为城市文化治理的具体实践，上海大剧院的一个重要作用是对城市文化形象进行重新诠释与塑造，因而，作为"政治"的剧场，其"政治叙事"可置于城市文化治理的场域与整合分析框架中进行，从三个面向形塑上海全球城市文化形象。

（一）权力与资本叙事

文化分析不可能从政治和权力的关系中分离出去，城市文化治理涉及文化权力与资源分配的决策机制。作为标志性的剧场建筑，上海大剧院的建成缘于城市治理者建立城市发展与治理规则、通过文艺活动展现话语权、传递价值观，是城市治理者权力意志的表现，也是行政权力在表演艺术场所的表达。

在专业剧场紧缺的20世纪90年代初期，上海市政府意在上海建成一个中西文化的交流窗口，作为城市标志性的文化设施。1993年底，上海大剧院的建设议程摆上日程。1994年，小提琴家伊萨克·帕尔曼与以色列爱乐乐团在上海演出缺乏满足演出条件的专业剧场，这一事件成为上海大剧院建成历史上的一个经典案例。时任上海市市长黄菊指出，上海要成为国际大都市，文化建设必须与经济建设相配套。上海市委市府对大剧院工程建设提出"为上海人民争光、对子孙后代负责"的要求，将设计中的大剧院建筑上升到政治意识形态的高度，这一权力话语为它此后作为城市权力景观定下基调。

在文化事业"九五"计划对城市公共文化设施建设进行总体规划之后，国内各地城市进入大剧院的建设热潮，作为权力意志的表现，大剧院是城市新城区行政文化功能的一部分，往往与政府大楼建在一起，上海大剧院的选址也不例外。1993年，由时任市委副书记陈至立、副市长龚学平主持选址工作，地址选为位于上海市中心的人民广场西北角，南临人民大道，西沿黄陂北路，东毗市政府大厦和城市规划馆，东南则为新落成的上海博物馆，北望人民公园和上海图书馆，基地面积达2.1公顷，与人民广场整体相融。具有政治意味且与权力机构毗邻的地理位置，是对大剧院“地方权力精神”的确立或弘扬，是大剧院能够被建构为重要的媒介地理活动场所，成为“权力景观”的支配性力量。

“文化治理”在现实中通常会依托政治、经济治理得以实现。政治权力的动员与规划，为其带来不同的特定形式的经济资本与文化资本，从而建构出特定的符号资本（也即象征资本）。而政治权力与资本权力在城市规划与治理中的运用，或是两者的合谋，一定程度界定城市的样貌与精神，在城市空间中铭刻权力机器的利益和文化想象。

在上海大剧院这一特定场域中，权力者的策略决定特定资本的分配，反之，资本赋予某种支配场域的权力，赋予支配场域日常运作的规则和常规，以及场域空间的生产与再生产的权力。上海大剧院总投资12亿元人民币，由上海广播电影电视局全额投资，财政资金来源包括政府补贴、票房和大剧院的服务经营收入和社会资助。上海大剧院每年获得政府补贴占年总收入的8%左右，其中上海文化发展基金会每年给予1 500万元赞助。在规划之初，上海大剧院被市委、市政府定位为面向市场的非营利性质的艺术表演机构，也即公益性事业单位，是构筑公共文化服务体系的重要组成部分，隶属上海市文广影视集团，采取“事业单位、差额拨款、企业管理”的剧场运营模式，实行定额拨款财政体制。①因此，上海大剧院属于商业化运营的公益性机构。2005年文化体制改革，上海大剧院艺术中心成立，上海大剧院从文广集团中分离出来，由上海市

① 国家大剧院定性为公益性事业单位，年财政定额补贴1.2亿元经费。国家大剧院的定性对全国剧院的定性具有根本性的指导意义。国内多地大剧院均定性为公益性事业单位，每年地方财政给予数额庞大经费补贴，如上海东方艺术中心年财政定额补贴2 200万元经费，杭州大剧院年财政定额补贴2 000万元经费，苏州科技文化艺术中心年财政定额补贴3 000万元经费。

委宣传部直属的上海大剧院艺术中心直接领导。

公益性以及非营利性的文化事业单位的定位，在经营管理过程中，首先强调的是社会效益。2001年，上海市政府提出上海大剧院“一年要有24场公益演出，全场票价不能高于80元”的要求。①“以社会效益为主，经济效益和社会效益相统一，两个效益同步增长”，如此定位的大剧院承担三个主要社会功能，引导社会主流文化、服务市民，满足市民欣赏高雅文化的需求，促进社会文化的发展。

“经济效益和社会效益相统一，两个效益同步增长”的诉求促使社会商业资本进入文化权力场域。2014年5月，通用别克作为大剧院在汽车领域的独家战略合作伙伴，提供“超过剧院运营成本的10%”的资金赞助，上海大剧院中剧场被冠名为“别克中剧场”。由跨国企业向中国演艺产业输入资金、技术，探索商业资本和文化演艺结合的模式，引发“资本驾到，艺术是否还有完整独立性?”等论争，论争的背后隐含的是对全球跨国资本掣肘地方文化的担忧。制作主体将商业资本主要用于投入公益性演出和教育活动，提高自办演出比例，增加公益活动场次。数据表明，上海大剧院2011年和2012年主办节目所占比例依次为25%和27%，别克汽车的商业资助进一步提高大剧院主办节目比例，从而降低平均票价②，强化大剧院大众“艺术殿堂”的定位和宗旨。

(二) 历史与现代叙事

地方形象与文化认同都是带有价值取向性的符号建构，二者具有内在联系与一致性。地方形象的建立可以维系强烈的地方文化认同，对地方文化认同有强化和改善的作用。那么，如何建构地方文化氛围，汇聚本土文化特质与核心价值，以及提升城市文化认同感与归属感？大剧院是通过城市文化形象的策略性组合、特殊区域辨别标记、奇观化外形的塑造，对城市文化认同与归属进行整合与凝聚的。

奇观化的建筑外形赋予上海大剧院象征性符号功能，代表城市美学的思想主轴，展示上海现代化、开放性的地区形象与经济发展水平。这一点通过以下几点得到证明:上海大剧院是改革开放后首个通过国际招标由法国建筑设计师设计的剧院。在建

① 何玉新:《大剧院:在艺术与商业之间　访上海大剧院院长张哲》,《文化月刊》2013年第3期。

② 据统计，除去剧场进行大修的2013年，上海大剧院2011年和2012年的平均票价依次为287元和256元。

成之初的20世纪90年代末,上海大剧院以齐全的舞台机械设施,完备的舞台功能及完美的声学设计而闻名。而它的奇特造型也成为当时社会热议的焦点,具备作为上海标志性建筑的特征。市政府希望通过大剧院的运行使上海成为世界城市竞争的舞台,通过文化基础设施及文化地标的建设,给外界一个国际都市必备的先进、发展与现代化的文化意象。

大剧院造型生动简洁,主体由立方体和弧形体构成,形似中国古典建筑亭,屋顶为两边反翘和天空拥抱的白色弧形,象征"天圆地方"。但也有建筑设计师认为,这个建筑唯一的遗憾是"它与周边建筑物的关系似乎并不非常协调,尤其是它轻灵通透的造型与近在咫尺的凝重沉稳而略显保守的市府大楼的外形对比显得过于强烈,使人产生美中不足之感"①。

建筑可以承载大量的特殊信息,它既是一种实用工具,也是城市空间中一种具有表现力的语言,是一种象征性符号。②与大剧院轻巧灵动的造型形成鲜明对比的广场建筑,除了市政府大楼,还有位于人民广场东北角、毗邻市政府大楼的上海城市规划馆。从文化地理的意涵阐释三者之间的关系,可以解读为以市政府为代表的行政权力在表演艺术场所的表达,而上海城市规划馆则以诸种视觉手段展示上海市政治、文化、经济的具体部署,诠释了城市治理者在当下及未来对城市的治理策略和规划蓝图。

上海城市规划馆于2000年2月开馆,位于上海市市政府大厦东侧,以市花白玉兰为形状的四片巨大白色钢帽为馆顶造型,整个建筑犹如中国传统城楼的"城门",与位于市政府大楼西侧如水晶宫般的上海大剧院相映成趣。规划馆的布展以"城市、人、环境、发展"为主题,以多种高科技展示手段讲述上海从一个小渔村发展为中国最大的经济中心和国际型大都市的演变过程,展示了改革开放以来上海城市面貌的巨变以及至2020年上海城市的总体规划。

在规划馆三楼总体规划厅以多媒体投影方式展示的《上海市国民经济和社会发展第十二个五年规划纲要》(2011—2015年),对上海的发展进行了"创新驱动、转型发展"

---

① 伍江、余嘉林:《众说纷纭——上海大剧院》,《时代建筑》1998年第4期。

② [英]迪耶·萨迪奇:《权力与建筑》,王晓刚,张秀芳译,重庆:重庆出版社,2007年,第11页。

的总体部署，提出文化事业的总体规划是“推动文化大发展大繁荣，加快发展充满魅力的国际文化大都市”。上海大剧院的建成与运营则是城市发展文化转向的直观体现，是文化总体规划的具体实施。

尽管上海大剧院从空间维度将上海与全球进行连接，但在时间维度上则与20世纪30年代的上海有着内在的维系。1933年，由匈牙利建筑师邬达克设计重建的大光明大戏院坐落在人民广场文化圈，南临上海市政府大楼和上海大剧院，英文名为Grand Theatre，意译为“大剧院”，是当时上海最高档、最大的电影院，时有“远东第一影院”之称，是中国电影发展历程的活样本。65年后，投巨资建成的上海大剧院取其英文名为Shanghai Grand Theater，这两座相隔65年的建筑，在它们各自所处的时代，都是以最现代、极富创意的、极新颖的、摩登的形象呈现在世人面前。

如果说“大剧院”的名称将20世纪90年代末建成的上海大剧院与20世纪30年代的摩登上海建立起某种联系，那么，上海城市规划馆地下一层的“上海‘1930’风情街”则将这种隐秘的联系明显化、清晰化地勾勒出来。

上海城市规划馆地下一层的“时光倒流”式的“上海‘1930’风情街”模型，满足了人们对人造“怀旧”情调的追求。在阅读城市文化地标符号的“所指”与“能指”时，“上海‘1930’风情街”与作为“能指”的上海城市规划馆之间的关系是：20世纪90年代的上海为了强化自己作为“全球化城市”的资格，借助仿造的20世纪“30年代上海”，以彰显上海曾经有过、但早已消失的“东方巴黎”的国际都会的历史，达到大量吸引跨国资本的目的，共同建造一个全新上海的未来。也有学者指出：“上海‘1930’风情街”被设置在规划馆地下一层，其空间的象征意义远大于其“能指”和“所指”，象征一种昔日被压抑，如今(改革开放时期)被重新寻回的记忆。①

在职能上对当下和未来的城市进行宏观、全局规划的上海城市规划馆，在它所设置的20世纪30年代上海的“怀旧”机制中，旧上海的“旧”成为未来“新”的规划蓝图，也即上海的“过去”成为“未来”(正在建设的现代化新上海)的“未来”(全球化后的上

① 张英进：《审视中国》，南京：南京大学出版社，2007年，第250—251页。

海)。城市的历史记忆通过上海城市规划馆重现在市民或观光客面前,使得原为怀旧对象的"老上海"成为城市想象"前瞻"中"未来的上海",时空的压缩赋予了上海大剧院清晰的历史构图及当下使命,其目的是为了生产历史记忆,从而生产符合全球化资本流通的意象。

20世纪80年代,挪威学者诺伯特·舒尔茨(Norberg-Schulz)系统地创立建筑现象学,指出建筑现象是环境现象的反映,并提出"场所精神"(Genius loci)概念,即借助有限的建筑空间传达无限的社会生活、历史、文化、传统或现代的信息。在某种意义上,"场所"是一个人记忆的物体化和空间化呈现,是城市学家提出的"sense of place",即"对一个地方的认同感和归属感"。

每一种政治文化对建筑的利用都有其理性而现实的目的,并被大众所理解,通过诠释"现代化、开放、面向未来"等概念的上海大剧院与上海城市规划馆"'1930'风情街"老上海模型并置,将对20世纪30年代老上海的想象与对"新上海"的规划相结合,二者的时空对话构筑的"场所精神"作为一种意指手段,呈现和表达城市治理者的某种社会理想,并在其构造的语境中酝酿一个值得关注的中心问题,即在新的全球化竞争中,在历史遗产及历史记忆的召唤下,上海大剧院又该如何实现一个世界城市的文化梦想,以及如何重建上海文化的辉煌。

(三) 全球与本土叙事

如何"想象全球"对大剧院的全球与本土叙事产生至关重要的影响,通过全球与本土叙事,大剧院将上海带入世界城市全球文化交流的语境中,不仅向世界展现城市的面貌、向城市展现世界的面貌,同时也促进城市市民向世界公民的自我认同。

由政府主导的大剧院对艺术活动的安排与部署代表的是一种官方式样的公共文化①,对于剧院来说,节目的设置与安排体现了一个剧院的定位,剧院演什么和能够

① 在建院之初,上海市委、市府对大剧院的定位和管理提出如下要求:(1)要为提高上海的声誉、加强上海与世界主要城市交流,吸引全世界更多的目光关注上海、关注中国做出贡献;(2)要成为国际认同的优秀演艺中心和国际交流的窗口;(3)要为丰富上海市民的精神文化生活,提高他们的艺术欣赏水平做出努力(要常年有演出,每年上演250场节目,节目形式以歌剧、芭蕾舞和交响乐为主;演出主体为国外、国内、本市三类剧院团各占三分之一)。

演什么，体现了剧场的价值品味和艺术宗旨，从全球与本土叙事的角度而言，节目定位则贯穿着运营者通过大剧院这一特定的艺术空间所传达的全球与本土想象。

大剧院的节目定位首先是以权力意志为核心体现，“上海市委领导明确表示，上海大剧院作为中国第一个国际性的、现代化的大剧院，要以高雅艺术为主”。大剧院管理层对“高雅艺术”认证为“歌剧、芭蕾和交响乐”，这三大艺术形式的节目成为大剧院建立以来最主要的艺术呈现。1998年开幕以来，“名家、名团、名剧”一直被设定为上海大剧院的节目宗旨，1998年8月28日晚的开幕首演节目——中央芭蕾舞团的《天鹅湖》，为大剧院的节目定位进行了诠释。为了寻求全球化融合的可能，大剧院的节目定位以“歌剧、芭蕾和交响乐”三大类型、源发于西方的“高雅艺术”为核心。从一份在媒体公开的1998年10月至12月的开幕菜单可以看到，在大剧院开幕之后的三个月内，法国经典歌剧《浮士德》、比利时皇家芭蕾舞团的《灰姑娘》、柏林交响乐音乐会等西方经典“高雅艺术”占演出节目的多数。①

对大剧院演出季节目板块的观察有助于进一步了解其全球化融合的定位。自2006年开始，上海大剧院推出演出季，每个演出季以五大系列演出构成，包括世界著名交响乐团系列、世界著名独奏家系列、世界著名芭蕾舞团系列、世界美声系列、青年艺术家系列等。平均每个演出季的总演出场次约650场。对音乐剧的引进是上海大剧院融入全球文化的一个具体案例。2002年以来，大剧院引进《悲惨世界》(2002年，21场)、《猫》(2003年，53场)、《音乐之声》(2004年，35场)、《剧院魅影》(2004—2005年，100场)、《狮子王》(2006年，101场)、《妈妈咪呀》(2007年，32场)、《发胶星梦》(2008年，20场)、《歌舞青春》(2009年，24场)、《音乐之声》(2015年，15场)等音乐剧，催生音乐剧产业在上海的孕育和发展。

和引进剧相比，大剧院开业以来中国传统戏曲节目上演率较低。新版越剧《红楼梦》于1999年8月13日首演于上海大剧院，连演11场，场场爆满，以首轮票房330万元收回全部投资，此时已是大剧院开幕一年之后。其后连续两年的春节，大剧院必定

① 《上海大剧院一九九八年10—12月开幕菜单》,《上海戏剧》1998年第9期。

上演《红楼梦》。2010年,大剧院的节目选择体系从一开始的“洋三件”到热衷引进音乐剧,开始有意识地推出主打中国传统文化的系列演出,在节目选择方面日趋完善,并坚定“不仅要上演海外进口的节目,也要给国产文艺精品提供舞台”的定位①,2009—2010演出季,大剧院“史无前例”地策划推出中国传统戏曲演出系列,与上海京剧院和昆剧团合作的“上海京昆群英会”,从2010年2月20日到3月7日累计为观众呈现11台节目、17场演出,拉开世博系列节目序幕,以此“向世界展示中国”。

历年演出季的剧目安排显示了上海大剧院对本土制作、民族艺术的扶持,2015—2016演出季,大师版昆曲《牡丹亭》(上、下本)于2015年10月31日至11月1日汇聚众多名家,17位当年昆剧的台柱、年龄均为66岁以上的国宝级昆剧表演大师在上海大剧院成就了一场“空间绝后”的世纪盛宴,票房“全满”证明观众对传统戏曲艺术的热爱。

2007年,节目定位在随着国家对文化产业鼓励原创作品的政策性调整而发生改变,“原创性”成为上海大剧院提出的“国际性”“艺术性”“经典性”之外的新增品牌定位。利用上海大剧院艺术中心的优势,大剧院与旗下艺术院团合作,以平均每年一至两部的速度打造“上海大剧院版”原创作品,形成一定数量和质量的原创作品。

2015年6月,由上海大剧院与上海张军昆曲艺术中心联合出品的新编昆曲《春江花月夜》在上海大剧院进行首轮演出,三场演出近五千张票悉数售罄,其火爆场面在戏曲演出市场实属罕见,这部“让当代重新审视昆曲,也让昆曲再次立足于时代”的戏引爆戏曲界“张军现象”,也令传统戏曲如何在“大剧院”语境下传承与发展成为一时热议的话题,有观点指出,“在这出戏中,有好的演员,好的剧本,繁复的场景变换和舞美就显得太多余。尤其是上半场,灯光来回变换,招魂幡时时舞动,竭力营造出地府鬼魅的环境,但却失去了因为戏剧的‘假定性’而带来的简约美”②。对于戏曲艺术脱离传统一桌二椅式舞台而进入城市大剧院所引致的舞台空间审美的变化,除了前述反对意见

---

① 钱世锦:《大剧院的台前幕后》,上海:上海音乐学院出版社,2012年,第81页。

② 王俊逸:《〈春江花月夜〉:不只是让人死去又活来的爱情》,《环球市场信息导报》2015年第28期。

外,另一种代表性观点也不失远见指出,“戏曲既要在相适应的场所展示自己,也要自觉登上包括大剧院在内的各种新兴的演出场所与传播平台,以适应现代演艺环境的变化”①。

用本土的、本民族的语言叙述来建立剧场的主体性,一条可行途径则是通过中国传统文化资源,从全球视野出发,反思与表现人类共同的生存境遇,来建构全球文化经验,也即“本土全球化”,以本土的文化和经验进入全球化的话语表达体系,从而树立本民族的文化身份与主体性。“全球本土化”(glocalization)则是将全球化(globalization)和本土化(localization)进行嫁接,利用本土化经验进入有差异性的本土市场,以此实现全球化利益。在这个意义上,以戏曲表演艺术为核心的中国传统文化,在以“西式”“现代”“国际性”为内涵的大剧院中的表演与发展,从一个独特的视域建构起全球化剧场的本土意识视野,以及具有全球意识视野的本民族传统文化。它以独特的剧场美学展现了全球化进程中,本民族传统文化在现代化进程中所面临的问题:如何在全球融合进程中保持本民族文化的主体性,以及如何处理本民族传统文化与现代性的关系。《春江花月夜》在上海大剧院舞台的表演,潜在而又个性张扬地表达本民族文化的自主性,不仅体现在内容的传达,更凸显于内容所呈现的形式和物理空间:以地域性/民族化的语言表达,在强势的全球化力量中主动参与寻找全球认同,与此同时能动而积极地建构其“民族性”或曰主体身份。中国传统戏曲艺术在大剧院舞台的表演,赋予这一“给定的空间”地方性、民族主义和全球视野下新的世界想象。

四、世界主义想象及对城市文化的塑型

作为城市文化治理的具体实践,上海大剧院从“权力与资本叙事”“历史与现代叙事”“全球与本土叙事”三个相互交织的面向展示上海全球城市文化形象。

---

① 罗怀臻:《移步换形不散神》,《上海艺术评论》2016年第1期。

上海大剧院的城市文化形象叙事

文化实践面向	叙事策略	文化形象
权力与资本	权力意志表达	权力地理空间、政治景观、城市美学
	资源分配与管理	公益性、非营利性、跨国资本、商业冠名
历史与现代	历史文化遗产	20 世纪 30 年代上海、历史记忆、旧梦重温
	城市文化基础建设	现代性、标志性、国际化、开放性
全球与本土	全球文化表达	高雅文化、国际性、经典性、艺术性、世界主义、全球公民
	民族文化认同	原创性、传统文化、艺术精品、民族文化

“世界主义”(cosmopolitanism)是由“普遍宇宙”(cosmos)和“地方性政体”(polis)共同构成的概念[①],它倡导的理念宣称,所有的人不管来自哪个族群或隶属哪个国家或地区,都属于一个大的单一的社群。

在三个维度的“政治叙事”所构建的全球想象中,世界的普遍性(cosmos)与地方的特殊性(polis)在文化遭遇的辩证运动中不断生成与建构,一种新的世界主义想象在大剧院的生产实践中被建构:它抛弃了传统的政治性剧场的预设立场,将普遍性理解为一种跨文化的规范建构,在普遍性与地方性彼此学习与对话过程中建构新的全球想象。

上海大剧院所生产的城市文化空间,是权力话语的全球意识与表征空间,是政治权力借助剧场进行城市文化治理的运营实践,体现了城市治理者对城市社会的新型管理模式。上海大剧院对国内大剧院运营的参照在于:作为政府权力意志在表演空间场所的表达,大剧院的总体行政部署规划须置于城市文化治理的场域中进行,通过文艺活动传递城市治理者的价值观;城市治理与规划者通过景观外形设计、地理选址及与城市符号性文化形象进行策略性组合与区域性凝聚,建构西式、现代化的大剧院特有的地方文化氛围,维系市民对大剧院的地方文化认同;将地域文化或本民族文艺活动与源发于西方的“高雅艺术”相结合、丰富及多元化的节目定位,极大可能满足各阶层

① Gerard Delanty, “The Cosmopolitan Imagination: Critical Cosmopolitanism and Social Theory”, *The British Journal of Sociology*(2006), Volume 57 Issue 1, pp.25—47.

市民文化需求，拓展大剧院的市场覆盖面，从而强化大剧院的大众性与大众“艺术殿堂”的定位和宗旨。

通过大剧院运营与文化治理的蓝图规划、文化权力的调节与权利的赋予、艺术文化资源的分配等实践，在城市资源杠杆分配的机制中，将既有的经济、政治和社会、文化资本，汇聚到对城市文化历史遗产的召唤与现代空间的生产，地方场所精神的建立、全球文化的再现表达和本土、全球文化意识的建立等文化实践中，城市治理者借助大剧院的运营实践开创了新的文化空间，并诉诸一种新的全球想象：只有在一个共建的世界中，通过一种世界主义范式的艺术和审美追求，我们才得以获得真实的世界图景和对城市的丰富理解。

（原文刊发于《河南社会科学》2016 年第 3 期）

从文化遗产到审美资本

——论博物馆文化治理功能的形成机制

赵静蓉

（暨南大学中文系）

“博物馆”这个概念与收藏息息相关，最初只是一种关乎个体的私人行为和私密空间。直至1753年，世界上第一个对公众开放的博物馆——大英博物馆建成，它的“公众性”、或与社会公众的关系才逐渐凸显出来。现代意义上的博物馆的诞生，是一系列新学科知识、新社会关系和新时代秩序的体现，也是现代民族国家表征其文化功能、实施其文化治理的一种重要手段。而在其中，最突出也最核心的问题正是（或者说依然是）公域与私域、公共道德与私人生活、公众权利与个体要求之间以及由之带来的种种矛盾冲突。

公私冲突的渊源即“区分”，就如英国文化研究学者托尼·本尼特所说：“博物馆不仅建构了一个文化区分的空间，而且也建构了一套文化区分实践的场所。”①正是通过对实践空间和话语空间的区分，博物馆才将自身定位为文化生态世界中的一个中心场

① ［英］托尼·本尼特：《文化、治理与社会：托尼·本尼特自选集》，王杰、强东红译，上海：东方出版中心，2016年，第295页。

所。它不仅把处身于文化网络上不同位置的要素(如国家、政府、社会、机构、社区或民众、个人等)关联起来,而且推动了国家对民众的管理、教育及治理,使博物馆的政治意志和文化权力得以彰显。

然而,非常有趣的是,尽管博物馆确实是国家治理的一种手段,但从另一个角度来讲,现代意义上的博物馆(尤其是公共博物馆)同时也毋庸置疑是民主政治的产物,或者说,它也象征了一种对平等表达主体权利的、对促进不同文化价值进行平等对话的明确诉求。也就是说,博物馆的功能是多重的,在不同的层面上甚至可能表现出相互矛盾的特征。一方面,博物馆的公共性"昭示"了一种民主;另一方面,它的治理宗旨却被含蓄地隐藏起来了。这两点同时作用,民众在享受民主承诺的同时,也要被种种博物馆的文化规则所"改变",所"塑造"。两者之间必然是一种互存共生、相爱相杀的微妙关系。

那么,博物馆究竟是如何实施其文化治理功能的呢?这一形成机制包含了哪些因素?在文化治理与民主诉求两者之间,是否有不可调和的紧张关系?博物馆的功能有可能被规约化为单一治理或单一民主吗?要想了解博物馆在整个文化建设生态中的位置和作用,我们就无法回避以上一系列问题。本文就从"事物""文化资本"和"审美资本"三个环节来尝试解答一下上述问题。

一、从"物"到"事物"的征用

博物馆实施其文化治理的功能,首先要经过一个将文化遗产转化为"事物"("事物化")的过程。换句话说,从丰富庞杂、形态多样的"原材料",到博物馆内被陈列的"展品",博物馆首先要定位和筛选,它的职责相当于一个审查机构,只有符合并通过审查标准的原材料才能以"事物"的身份进行文化表征,被展出、被凝视、被解读。这种对原材料的筛选和整理非常类似于我们基于现实需求对记忆的提取和重建。作为同样以"过去"为内容的文化遗产,博物馆所面对的也是一个没有边界的、无组织的、野性的"东拼西凑的大杂烩"(詹姆逊语),这个大杂烩不可能被原封不动地复制过来,其中部分会被抛弃,部分会被遗忘,部分会被改造变形,……只有极其有限的部分会被关注和征用。从“野性的物”到“被驯服的事物”,除了博物馆的自然条件、展览主题之外,还有政策导向、教育目标、市场需求、社会风尚等多种因素束缚和制约着这个过程,更有投资方、组织者、管理人员、参展者、评论家、媒体等多个主体群体影响到这个过程及其实际效果。可以说,博物馆的存在本身就意味着一定的立场、一种裁决,以及对原始素材的改写。

我们都知道,一个个体是无法完全深入到另一个个体的私人经验中去的,即使“移情”式的体验也与原始体验之间有着巨大的、不可跨越的鸿沟。然而,通过对物的“选取”和对物的不同陈列秩序的“表述”却可以构成对世界的理解,并促成不同个体之间的相互交流和沟通,使文化得以真正传播,甚而由此催生奥尔特加意义上的,不仅在数量上和视觉上,而且在经验层面上共通的、消费文化的大众。以中国国家博物馆为例。中国国家博物馆的陈展体系包括基本陈列、专题陈列、国家交流展和临时展览四个部分,构成基本陈列的两大部分“古代中国”和“复兴之路”是按照历史的发展顺序来陈展的,江山变易、朝代更替,古代中国经过了几千年的历史锤炼,最终还是趋向发展和“复兴”。这种陈展方式暗含着进化论和历史进步论的文明观,随着观展的步步深入,观者很难不产生一种对中华文明的自信感,尽管筚路蓝缕、屡经曲折沉浮,但最终还是“拨开云雾见天日”,历史之苦难成为现实之强盛的有力佐证。与之相对应的,中国国家博物馆的专题陈列就包括“中国古代青铜器艺术”“中国古代佛造像艺术”“中国古代玉器艺术”“中国古代钱币艺术”“中国古代瓷器艺术”“中国古代书画艺术”“明清家具艺术”等,这些展览就是以主题为中心,将不同时期、不同地区的文明成就和文化艺术品并置陈展,它强调的是文明的多元化和差异性,更注重对艺术审美的精神追求。基本陈列是所有观者的“必修课”,而专题陈列则有可能吸引志趣迥异、知识层次也参差不齐的不同个人或群体。至于国际交流展,它的意图性更强、指向也更明确,它对展品的选择和要求、它的设展方式,及其所隐含的意义就更不必多言了。

所以说,本文所讲从“物”到“事物”的征用,这里的“事物”已不再是单纯的物质、物质性,或存在于物理时空中的某种客观实在了,也不单是其词源学意义上的材料、质料和属性；而是一种关系的展示，是用空间的形式去表达时间流动中的关系冲突，是马克思在《1857—1858年经济学手稿》和《资本论》中所阐释的"事物"。在对黑格尔《精神现象学》区分"物"与"事物"的批判与超越中，马克思非常明确地将"事物"界定为一种关系，如其所言："为什么人们信赖事物呢？显然，仅仅是因为这种物是人们相互间的事物化的关系，是事物化的交换价值，而交换价值无非是人们互相间生产活动的关系。"① 简言之，当原始之物被我们从事件发生的初始地点抽取出来，以一定的原则和秩序展示在博物馆里时，这个原始之物就发生了本质的改变，它不仅带出了最初的事件和场所，而且蕴含了人与环境、事件的复杂关系，真正地进入了"历史"的进程中来。套用海德格尔对艺术品的解读可能更容易理解这一点。我们说，当农民去田间劳作时，穿在他脚上的农鞋是物，当凡·高把它画入油画里，当这幅画被拿去展出时，这双农鞋、这个器具，才从"物"抽象为"事物"，它才有可能被评论家解读为"凝聚着劳动步履的艰辛。……回响着大地无声的召唤，……这器具属于大地，它在农妇的世界里得到保存。正是由于这种保存的归属关系，器具本身才得以出现而得以自持。"②

博物馆里的"事物"带有令人尊敬和敬畏的力量，"事物"的价值与意义不是指物的物质性和有用性，而是指与观念和精神的对应性，是阿伦特所说的因为"脱离了有用物品的日常世界"而"毫无益处"，因为"不再是用以达到目的的手段"而"重新获得了作为一件东西的性质"并具有"内在价值"的"物自身"。它既是重建世界的一种方法，也是记忆的一种形式，更是在特殊情境下（博物馆的观赏场景），建基于观赏者主体及其与对象之间的流动性关系之上，重整记忆碎片并复原历史的一种模式。借助"事物化"的过程，博物馆悄然无声地表达了它作为一个情境主体的立场和态度，也借机呈现了关于治理的规则。观众进入一个博物馆参观，貌似是一个自主自由的行为，但实际上，从他跨入博物馆的那一刻起，他能看到什么，他按照怎样的顺序去看，他可能会产生哪些感觉，甚至他怎样完成自我教育和规训，这些都已经被先在地规定了。对于任何一个博物馆而言，没有哪个观众是不被期待的。游历博物馆往往比阅读小说更容易收获

① 《马克思恩格斯全集》30卷，北京：人民出版社，1995年，第110页。
② [德]海德格尔：《林中路》，孙周兴译，北京：商务印书馆，2015年，第20页。

"理想的观者"/"理想的读者"。

"事物化"的另一个效果就是把原本分散的、私密的和个别的个人聚集在一个空间里,以被展出之物为中心,重建了一种既具体又特殊的公共性。说它具体,是因为这个公共性占据了一个相对封闭的空间,有明确的中心、边缘和物理边界;说它特殊,是因为这个公共空间又被分裂成若干更集中的"亚公共空间",所谓的公共性也因此不仅不是单一的公共性,反而歧义纷争、充满了差异。这就将我们引向博物馆实施文化治理功能的第二个环节:文化资本的生成与分配。

二、文化资本的生成与分配

文化资本是布迪厄用隐喻的方式对马克思之"资本"概念的一种创造性解读,美国社会学家乔纳森·特纳将其定义为"那些非正式的人际交往技巧、习惯、态度、语言风格、教育素质、品位与生活方式"[①],其实通俗一点说,文化资本就是一个人所占有的文化资源,以及把文化资源内化为自我身份的一部分,并且在现实中对这一文化资源的合法征用。当然,拥有和享用文化资本可能意味着要有经济资本和社会资本作为支撑,而文化资本既可以表现为物质形态的文化财富,也可以表现为抽象的习惯、时尚、风度、身份或者制度等。

按照布迪厄对文化资本形态的分类(身体化形态、客观化形态和制度化形态),在博物馆所构设的公共空间内,文化资本可能主要不是指以物化形态存在的展品,而是由观展行为所反映出来的个体"惯习"的形成,以及培养和发展这种"惯习"的观者主体的文化能力。因为"惯习"和"文化能力"的差别,不同主题的博物馆才总能吸纳不同的观者群体;在同一个博物馆内,某些展区才总能吸引到更多观者更长时间的驻足观察;而当参观时间受限时,观者也才会放弃某些部分,走马观花式地匆匆浏览某些部分,又对某些部分异常专注甚至反复观看。这些在参观博物馆时经常遇到的情况说明,博物

① [美]乔纳森·特纳:《社会学理论的结构》,北京:华夏出版社,2001年,第192页。

馆和观者之间是一种有倾向性的相互选择的关系，喜好或排斥什么，关注或忽略什么，往往体现出“惯习”的强大力量。

在布迪厄那里，“惯习”主要是一种“行为倾向系统”，或者是“社会化的主体性”①，它的形成与个体经验有关，更是客观环境及社会语言文化规范所影响和塑造的结果。或许可以这么说，惯习源自某种思维定式，也趋向某种行为模式；惯习在场域中形成，但反过来也规定了场域的边界。一方面，它是被反复实践、结构性生成的，是持久的；另一方面，它又是流动的、可变的、可被塑造和建构的。场域、惯习、文化资本——三者构成了一个循环链，每个环节都与观者、展品及其之间的交互空间有着密不可分的联系。

在博物馆所建构的公共空间中，场域的边界、惯习的培养，乃至文化资本的分配，几乎是公开甚至透明的，因为这些抽象的概念都不得不以具体的视觉形态展示出来。个体的趣味和价值判断可以通过观察这个个体的身体而获知，即便是每一个包含了私人化和个体化经验的、特殊的、独一无二的展品，当它在公共领域被公开展示时，它也经过了这一“公共领域”之“公共性”对其内在的个体经验的解构和重组。只有当个体化的展品符合在公共领域内的“演现”标准时，它才能够成为“公共的”。这个“被公共化”的过程不能只被简单地理解为“规训化”的过程，实际上，这是一个把从历史情境中抽取出来的事物重新放回到历史情境中去、使之成为历史进程之一部分的过程。对观者而言，这才是真正意义上的、有效的“移情”或“同情”。比如说，我们在博物馆里参观一个唐朝人的殉葬品，假如这个殉葬品被单独放在一个地方，旁边是和殉葬毫无关系的其他物品，那我们可能就很难理解这个殉葬品的价值或意义。但如果在这个殉葬品旁边摆放着主人的墓碑、棺材（遗址、实物或照片）等，我们就很容易理解殉葬的概念，也能借助了解这一个人的特殊故事来丰富我们关于唐代丧葬礼仪的知识。对一个单独的殉葬品的处理，包括空间、位置、搭配、解说、维护手段等，都是博物馆之“公共性”对其私人经验的要求和规定。也只有在被“设计”之后的展示中，观者才更容易按照被

① Bourdieu, Pierre, *Language and Symbolic Power*, trans. by Gino Raymond and Matthew Adamson, Cambridge: Polity Press, 1991, p.126.

期待的方向去想象性复原过去的历史。

在对历史情境的回溯和历史故事的想象性复原中，有些人习得了知识，充实或印证了自己在相关方面的认知；有些人从一无所知到产生兴趣，开始有意识地关注相关信息；有些人没有找到想要的答案，也许会转移注意力；有些人带着猎奇的心理去了解，浮光掠影，一知半解；也有些人对此完全不感兴趣，本能地排斥相关知识。……不同基础、不同需求和不同目标的人各得其所，文化资本也被悄然分配了。这就是现代博物馆的魅力：设定“被期待的”观者类型，但又即刻对观者群体进行区分和划界，既分配和传承文化资本，也经此再生产文化资本，为以占有资本为核心力量的社会阶层的划分推波助澜。

当然，不可否认的是，在博物馆的参展行为中，还孕育了很多偶然性、随机因素甚至是虚假行为，而且，对于多变的、丰富复杂的个体经验来说，公共领域所呈现的东西也一定是局部的、被规约的及统一的。所以说，承担着文化治理责任的博物馆，在开放“公共性”之前，实际上首先已经进行了自我审查，同任何一种公开展示的社会行为或社会机构一样，博物馆也是既“发扬”又“遮蔽”的，而文化资本在象征地位、身份、学识等方面的同时，也一样掩盖了资本背后的利益交换以及利益不平等关系。没有哪一种公共性是完全诚实的，博物馆也通过文化资本的分配和再生产顺利地为观者群体进行了归类，就像英国博物馆学专家艾琳·胡柏-格林希尔(Eilean Hopper-Greenhill)在《规训社会中的博物馆》一文中犀利指出的那样：“从一开始，公共博物馆就被塑造成含有两种深刻矛盾功能的机构：‘艺术精华的殿堂，民主教育的功利主义工具。’”她还声称：“由于博物馆被塑造成为规训社会的工具，……作为把知识的生产与消费区分开来(这种区分以建筑形式在博物馆的隐藏空间和公共空间的关系中体现出来，在隐藏空间中，秘密地生产与组织知识，而在公共空间中，让人们被动地消费知识)的机构，博物馆成为驯服处于不断监督之下的身体的场所。”①

---

① [英]托尼·本尼特：《文化、治理与社会：托尼·本尼特自选集》，王杰、强东红译，上海：东方出版中心，2016年，第279—280页。

三、从文化遗产到审美资本

在中国国家博物馆的官网上，有一段规定国博职能任务的文字，是这么写的：

> 中国国家博物馆坚持“以人为本”的科学发展理念，以“贴近实际、贴近生活、贴近群众”为宗旨。把优秀历史文化、革命文化和当代中国先进文化保护好、传承好、展示好、发展好，赓续民族血脉、弘扬民族精神，同时，展示世界优秀文明成果，是国家博物馆的光荣使命。国家博物馆是我国最高历史文化艺术殿堂。
>
> 为适应构建公共文化服务体系和建设学习型社会的需要，国家博物馆要建设成为广大公众特别是青少年学习历史和文化知识、接受爱国主义教育和接受审美教育与文明熏陶的生动课堂。
>
> 国家博物馆一定更好地发挥展示中华文化的重要窗口作用、培育民族精神的重要基地作用、引领文博事业科学发展的重要示范作用。
>
> 国家博物馆是以历史与艺术并重，集收藏、展览、研究、考古、公共教育、文化交流于一体的综合性国家博物馆。基本职能为文物和艺术品收藏、陈列展览、公共教育、历史和艺术研究、对外文化交流。

这个规定与国际博物馆协会对博物馆内涵的界定精神是一脉相承的。根据 2007 年在维也纳通过的《国际博物馆协会章程》中对博物馆的定义，博物馆是“一个为社会及其发展服务的、非营利的常设机构，向公众开放，为研究、教育、欣赏之目的征集、保护、研究、传播、展示人类及人类环境的有形遗产和无形遗产”①。我们知道，博物馆的基本职能是收藏人类遗产，主要工作方式是面向全体社会公众开放和公开展示，它被设定为要尽可能充分表达不同的文化价值和观念，它强调以人为本、从人出发。尽管

① 参见 http://www.sach.gov.cn/art/2015/5/12/art_1037_120722.html。

博物馆本身不是实施治理的主体，但通过对收藏的管理和对展示的设置，博物馆并不缺乏实施治理的能力。当然，博物馆发挥治理功能的途径是隐蔽的、潜移默化的或潜在的，它所依托的媒介和主要工具是抽象的文化资本，而非具体的制度措施。当文化资本在博物馆这个封闭的社会空间内生成，并且由其分配而对观者进行归类和界定时，一方面，这已然体现了博物馆对文化民主精神的诉求；而另一方面，隐性的文化治理也早已渗透进了显性的民主修辞之中。由此，如国家博物馆所致力追求的"展示中华文化""培育民族精神""引领文博事业科学发展"的最终目标有望实现。

那么，隐性的培育治理与显性的民主展示之间，其平衡共处的奥秘是什么呢？

我们仍然可以从上述两段话里找到答案。博物馆的收藏与展示，最终要服务于"研究、教育和欣赏"三个目标。"研究"是要满足民众认知的需求，基于一种科学的精神；"教育"是要塑造民众的价值观和历史精神，以伦理道德为标的；而"欣赏"则要培养民众的审美能力和艺术素质，旨在建构一种更理想的生活状态。所以从根本上来说，"研究"是基础，"教育"是中心和目的，"欣赏"则是方法和途径。要想探究博物馆文化治理功能的形成机制，首先要考虑的就是"欣赏"与"教育"是如何契合在一起，对"欣赏"的管理又是如何推动提升了"教育"的功效。

为了创设一个理想的欣赏语境、将方法与目的有效地贯穿起来，最关键的问题就是要实现一个概念的转变，即把文化遗产变成为审美资本。按照国家博物馆对职能任务的表述，其实就是在"接受爱国主义教育"的同时也要"接受审美教育与文明熏陶"，在"学习历史和文化知识"的时候也要时刻关注"历史与艺术并重"，要把博物馆变成"生动"的课堂。这个转变所处理的实际上是"事物"和"人"的秩序与关系问题。我们知道，博物馆所展出的都是人类的文化遗产，都是以物的形态对人类文明及历史的记录与保存。这些事物当中，有一些是"美好"的，象征了人类的进步和成就；有一些是"丑陋"的，是对历史创伤和人类罪行的指证；还有一些是"不好不坏"的，是对社会历史进程的客观中立的记载。当我们去观看这些展览时，思想上的追溯反思、情感上的倾向和价值上的判断几乎是不可避免，与观展本身同时发生的。这些静置在博物馆中的文化遗产，它们的客观性及其所包含的历史实在不但没有在这样一个封闭的空间中被消弭，反而在观看行为发生的瞬间就被卷入了一个意义生产的漩涡，人和物在其中都是变动不居的。事物的内涵被观看行为挖掘出来了，文化资本的再生产也令人的身份得以增值，人不是在观看一个事物，而是在重温一段历史；人唤醒了物的现实存在，而物也赋予人以历史的厚重感。

这是人与物之间互动关系的一种理想状态，也是观者平等性的一种体现。实际上，在看与被看的行为过程中，类似“诗与正义”等道德问题被消解掉了，“文化遗产是否能被当作艺术品?”的问题被置换成“文化遗产是否能被艺术地观看?”的问题，而答案是肯定的。艺术地观看文化遗产的展品源于历史的民主性，而博物馆的民主空间恰好为文化遗产的“艺术化”提供了契机。观看是一种视觉行为，而视觉本身就为民主提供了一个新的维度，它将观看重新定义为“穿越了多种不同的价值流的动态产品”①；艺术化地观看则更进一步解放了个人的审美感受。这里的“艺术化”就是指把艺术因素引入“人·物”关系，用审美欣赏来代替道德教化和政治教育，通过培养对物的感受力和审美能力来培养对历史的认知和反思意识。经由审美欣赏，历史经验和社会经验被转换成审美经验，文化资本的生产也集中化约为审美资本的生产和流通。这样，从作为物及“物化”的文化遗产开始，经过“教育”和“欣赏”，到人获取审美资本结束，博物馆的核心议题终于从“物”过渡到“人”。

有学者认为这种变化昭示出“后博物馆时代”的来临。②“后博物馆时代”的博物馆有三个重要特征：第一，文化功能与消费属性并重。消费不仅偏重于视觉消费，而且也追求“体验式”消费，比如各种各样的模拟展厅“诱惑”观者身临其境，或者用蜡像和光电化场景讲述历史故事、“复活”历史现场。对消费的需求增多，也进一步推动了博物馆的技术建设，而技术进步反之又更加刺激了观者的消费欲望。消费也使得博物馆越来越产业化，比如很多博物馆愿意承办大型的读书会、音乐会，甚至戏剧表演节，开放“主题日”也已成了博物馆颇受欢迎的社会活动之一。例如国家博物馆的地下一层展厅里就设有剧院、演播室和学术报告厅，二层还设有专门的公共教育体验区，还开设了“认知中华优秀传统文化夏令营”“‘双城记’古都文化主题夏令营”“历史与艺术的体验

---

① ［丹麦］安德斯·米切尔森：“视觉体验经济，哪种类型的审美资本”，许娇娜译，《上海艺术评论》2016 年第 4 期。

② 陈同乐：《后博物馆时代：在传承与蜕变中构建多元的泛博物馆》，《东南文化》2009 年第 6 期，总第 212 期，第 6 页。

夏令营”“读绘本、悦国博夏令营”等多种形式的公共教育课程和活动。在这样的活动中，博物馆不仅能为民众提供一个既高雅又亲和的场所，而且也能满足民众对文化身份的向往及精神需求，这种风范，即精英分子与普罗大众的并置、抽象的精神追求与实在的物质欣赏的结合，它本身就是一个令人震惊的创意。博物馆文化也成了一种文化消费的视角。第二，资本(特别是文化资本和审美资本)的生产与分配成为博物馆的中心，它既是博物馆自身，也是博物馆文化的产物，更是无形地渗透在每个博物馆行为之中的、隐藏在消费背后的那只“看不见的手”，“通过控制集体感受性和审美品位牢牢控制着每个消费者和整个消费市场”①。第三，艺术与审美含混暧昧地融合在一起，以一种不言自明的方式控制着博物馆的资本逻辑，使得博物馆成了一门现代艺术。与传统相比，现代博物馆的工作重心发生了显著的改变。收藏和研究不再居于主导地位，展示才是真正的重中之重。

随着时代的变迁，传统社会里那种私密的、神奇的、严肃的、似乎只属于上层社会或精英知识分子的博物馆早已荡然无存了，今日的博物馆已然成了民众日常生活的一部分。它不再是安静肃穆的，反而变得亲切友好、开放而宽容了。越来越多的人倾向于接受这种“全民博物馆”的美好光景，并认为这是社会进步、文化民主的一个标签。也有人对此忧心忡忡或保持怀疑，认为审美资本主义的发展实际上不仅没有促进艺术的进步，反而意味着艺术的衰落，因为对审美资本的认同、争夺和消费也象征了大众消费欲望的激增，而后者令艺术的崛起更加黯淡和不可预想。本文之所以倚重“资本”和“事物”来讨论博物馆的文化治理功能，就是因为笔者认为不论是乐观的博物馆情结，还是犀利的审美资本批判，都不能改变或消解博物馆在文化治理中的关键作用。正是因为博物馆的“软实力”，它才在国家的文化战略中占有不可替代的重要位置。对博物馆的研究，是探究国家记忆形成及其对民众之集体心理的建构的重要途径。

（原文刊发于《马克思主义美学》2018 年第 1 期）

① 张盾：《文艺美学与审美资本主义》，《哲学研究》2016 年第 12 期。

跨语境的“接合剂”：歌谣的文化政治审美功能探析

曹成竹

（山东大学文艺美学研究中心）

歌谣原本是民间文艺的代表形态，然而自春秋以来，这种民间文艺便不再局囿于其原生领域，也就是乡野民间社会的以通俗性、地域性、方言性、民族性等为基础的口头传唱之中，而是屡屡被外部的力量所观照，使其跨越底层和边缘的“小语境”，进入到主导文化的“大语境”之中，直接参与并推动了中国文学和文化秩序的发展转型。对歌谣“跨语境”功能的表现及实现方式的探讨，可以作为我们理解文化的政治和美学问题的一个切入点，帮助我们在具体的、历史的和文艺审美制度变迁的语境中，思考一种特殊文化符号是如何在社会文化转型中发挥其作用的。

一、作为文化治理媒介的歌谣

歌谣的“跨语境”特征首先表现为其文化治理的功能。米歇尔·福柯的“治理术”和安东尼奥·葛兰西的“文化霸权”等理论，都提示我们治理作为一种权力运作的艺术，无论是自上而下，还是自下而上，或是在平等的组织群体之间，都强调一种策略性引导和自觉认同，而文化自然成了治理的重要领域和手段。美国学者杜赞奇的《文化、权力与国家：1900—1942年的华北农村》所提出的“权力的文化网络”，便是对中国传统社会的政治治理与文化观念之间关系的具体考察。在中国古代社会，“治理”的观念作为一种引导人们行为的艺术，很早便与国家政权结合起来，春秋时期诸子百家就有各种劝导君王治理国家的学说。在儒家知识分子看来，君主治理国家的理想手段无疑是礼乐文化，孔子的“夷狄之有君，不如诸夏之亡也”可以理解为：蛮夷之国即使有君王统治国家，但因为他们没有一整套以知识文化为载体的社会价值体系，因此达不到理想效果。而相比之下，华夏诸国即使没有君王，却仍能够确保社会和谐有序、百姓安居乐业。这一层能够取代君主的政治保障，便是文化行为规范。然而这种礼乐文化强调理性、秩序，在精神上是与个体自由自发的情感诉求相对立的，而歌谣又是个人情感最自然、直接的表达。为了对源自民间的审美经验和艺术表达方式进行有效的约束和规范，管理者需要对歌谣进行一定的过滤和洗礼，特别是当一个统一的中央集权国家建立，并需要从文化制度上保证其合法化、巩固它统治的时代。因此我们看到了汉代的《毛诗序》对《诗经》的理解与孔子时代有了很大不同：虽然同为“思无邪”，但先秦时代思想自由风气下的人本精神已经转变为君主专制王朝的理性精神，文化核心观念的转型势必导致其表达机制的变化。此外扬雄、班固和王逸等汉儒对屈原和《楚辞》的不同评价，同样是将歌谣纳入“正轨”的典型。当然，我们不能说《毛诗序》将《关雎》解为“后妃之德”、将《子衿》解为“学校荒废”是一种误读，而是应该看作文化治理的一种有意阐释，其目的是维护主导意识形态和社会规范的合法性。除汉儒的文化精英立场之外，政府同样重视在制度上对歌谣进行有效治理。《汉书·艺文志》写道：“古有采诗之官，王者所以观风俗，知得失，自考正也。”可见，统治阶级自古便已认识到歌谣与人民大众情感世界的重要关联，他们不仅需要解释歌谣以改造知识阶层，还需要搜集歌谣以了解乡野民间的无知识阶层，作为反观自身统治的参照。汉代还专门设置了采集和掌管音乐的机构——乐府，为意识形态的制度化和机构化提供了有效保障。

法国文化人类学家葛兰言(Marcel Granet, 1884—1940)在他的《中国古代的祭礼与歌谣》中，曾以《诗经》中的情歌为例探讨了这样一个问题：《诗经》中上古社会表达男欢女爱的情歌,为何以及如何成为后世道德教化的典范?Granet的研究方法具有文化人类学和结构主义的双重色彩,他从《诗经》中情歌的主要特征——自然界的时间与秩序(即季节变换和万物习性)入手,说明了这种顺应自然的、在适当的时机做适当的事情的思维方式,是象征思维的起源和最初表现。自然之法即应为人类之法,用葛兰言的话即"自然的现象和人类的习惯之间实际存在的对偶实际铭刻在即兴歌谣的主题中"①。随着文化体系的完备,当人们有意识地总结、反思,甚至过度阐释时,早先行为的集体无意识变成了最好的教材,曾经的习惯行为也逐渐被制度化和道德化,也就是由上古社会的"俗"变为了文明社会的"礼",最终,道德本身成了反观和审视一切的尺度。葛兰言的研究向我们阐明了这样一个问题:古代中国关于自然的歌谣实际上是后来关于道德的知识的重要起源。然而他并未意识到,更重要的问题并不在于歌谣的起源与道德伦理的同构性关系,而在于道德伦理观念最终完成了"权力的翻转",成了取代自发自由的歌谣并且要求重新解释、编辑和删减这些歌谣的自明性法则,并将自己作为一种文化惯习和审美旨趣,逐渐纳入后世文人知识分子的自觉意识之中。随着古代社会的发展成熟,以歌谣为支撑的道德观念,最终走向了歌谣的对立面。

中国古代社会有一个漫长的稳定发展时期,在这一时期对于社会稳固提供最重要支撑的,并不是监狱和法律等强制性的手段,而是以《诗经》等儒家经典为核心的将适龄男子塑造成封建社会体制内成员的文化教育、文学审美和人才选拔制度。可以说,歌谣作为个体情感表达的最典型代表,统治者对它的收编与阐释,实际上是一种行之有效的文化治理行为。通过对社会文化精英主体性意识的规约与改造,一种以儒家价值理性为核心的知识话语体系得以建构起来。

二、作为社会政治和文艺审美资源的歌谣

另一方面,歌谣的"跨语境"特征还表现为社会政治上的反映和抵抗功能。在歌谣

① [法]格拉耐(葛兰言):《中国古代的祭礼与歌谣》,张铭远译,上海:上海文艺出版社,1989年,第206页。

的文化治理功能中我们可以看到，并不是歌谣自身具有文化治理的作用，而是儒家文化观念的一种迫切需要，即对歌谣的搜集、解说、知识生产及文学审美建构。这也从侧面说明了歌谣本身的活力及其对于儒家文化观念的抵抗性关系。因此，它既能够被纳入“文化—政治”体系之中，成为文化治理性的出发点，又能够被作为对抗甚至解构这种“文化—政治”体系的力量。歌谣抵抗性的最直接表现，是反映社会现实以及表达对这一现实的不满。中国古代社会的主体是农民，他们是歌谣的创作者，却往往不会像文化精英那样自觉接受儒家文化观念的治理和规约。在乡野民间，歌谣仍然是自发地被创作和传播，真实地代表着民众心声。而如果对社会现实不满，歌谣自然是最直接的表达方式。如《尚书·汤誓》中的“时日曷丧？予及汝偕亡！”便是最早表现奴隶对统治者愤懑的歌谣；而《伐檀》《硕鼠》、“生男慎勿举，生女哺用脯。不见长城下，尸骸相支柱”等反映民间疾苦的作品更是数不胜数，正所谓“君炕阳而暴虐，臣畏刑而箝口，则怨谤之气生，发于歌谣，故有诗妖”（《汉书·五行志》）。歌谣对于政治不满的表达与控诉，是一个国家或政权统治根基动摇的表现，因此“观诗知政”和“献诗讽谏”才尤为必要。更有意思的是，当社会动荡、政权将倾的时代，因为歌谣代表着民意，因此也容易被政治家所利用，为自己革命运动的合法化“造势”。楚汉相争时的“四面楚歌”，陈胜、吴广起义之前假托狐鸣的“大楚兴，陈胜王”，以及明末百姓的“开了城门迎闯王，闯王来时不纳粮”等都是以歌谣代表民意制造舆论的例子。而至于黄巾起义时的“苍天已死，黄天当立。岁在甲子，天下大吉”以及元末白莲教起义时的“石人一只眼，挑动黄河天下反”等，则是有意制造的更带有“谶言”意味的歌谣，旨在利用百姓对统治者的不满和迷信天命的心理，借助歌谣的流传以更大程度地争取民意。可以说，歌谣因其自然真实的特性，而成了最有效的代表民意的文化符号，无论是底层人民“怨谤之气，发于歌谣”的主动倾诉，还是权力争夺者的有意操控，都可以作为对现有社会政治的反映和抵抗，为中国古代社会的变革发展提供了推动力。此外，20 世纪以来中国革命根据地的“红色歌谣”和大跃进时期的“新民歌运动”，同样反映出政治运动与民意之间的复杂关系。

此外，歌谣的“跨语境”特征，还表现为其文艺审美的革新价值。前面我们谈到的歌谣的抵抗性，即反映现实或表达民意，只是一种比较直观和表层的政治抵抗，而歌谣在文艺审美方面的抵抗则是潜在的。歌谣植根于民间文化，这种民间文化与占主导地位的儒家文化的对抗是深层次的。在大多数情况下，两者保持着各自的逻辑，在各自的场域中发挥作用，而两者的交汇与对抗集中地体现在文学领域，也就是歌谣对精英文学的影响和渗透。诗歌的起源和发展与歌谣有着密不可分的关联，而汉代新兴的五言诗也是源于民歌民谣①。魏晋以降，文学迎来了自觉的时代，我们看到了雕琢繁缛的形式化之风。随着诗歌逐渐发展成一种有着特殊文本形式（如辞赋化、骈俪化）和音律原则的成熟文体，其美学旨趣逐渐与歌谣相对立，成了文化精英的专属特权和身份标识。这一文学法则的定型，既是对文人知识分子的一种技术层面的约束，更是一种文化层面的约束——精工艳丽的文学形式标准背后往往隐含着秩序的标准、传统的标准和价值的标准，这些标准固然有其好处，却又是保守的和封闭自足的，无益于社会文化的革新与进步，陈独秀《文学革命论》所批判的古典文学、贵族文学和山林文学即针对于此。正是在诗歌的形式法则逐渐确立和巩固强化之后，歌谣对于文学的创新价值才显现出来——少数文人通过对歌谣的搜集、欣赏、吸收和仿作，从语言形式和情感表达上为文坛注入了清新之风。胡适在论及魏晋形式化文风的影响时写道：

> 永明时代的声律论出来以后，文人的文学受他不少的影响，骈偶之上又加了一层声律的束缚，文学的生机被他压死了。逃死之法只有抛弃这种枷锁镣铐，充分地向白话民歌的路上走。但这条路是革命的路，只有极少数人敢走的。大多数的文人只能低头下心受那时代风尚的拘禁，吞声忍气地迁就那些拘束自由的枷锁镣铐，且看在那些枷锁镣铐之下能不能寻着一点点范围以内的自由。②

在魏晋时代，这种借鉴白话民歌的文学之路的确是条革新之路，只有极少数人敢于尝试，如言辞"险俗"的鲍照，诗似"委巷中歌谣"的汤惠休等。然而对于此类文学创

---

① 关于歌谣与汉代诗歌的关系，可参见郑振铎《中国俗文学史》中《汉代的俗文学》一章。

② 胡适：《白话文学史》，上海：上海古籍出版社，1999年，第94页。

新，在之后的朝代又不乏众多推崇者、欣赏者和效仿者，显示出了歌谣作为文学的反传统和革新资源的魅力与活力。胡适进一步提出，唐代诗歌的盛世并不是声律用典等形式化法则成熟的结果，而是继承发展了以歌谣为核心的纯真鲜活的审美追求：

> 唐朝的文学的真价值，真生命，不在苦心学阴铿、何逊，也不在什么师法苏李，力追建安，而在它能继续这五六百年的白话文学的趋势，充分承认乐府民歌的文学真价值，极力效法这五六百年的平民歌唱和这些平民歌唱所直接产生的活文学。①

自唐以后，歌谣也更多地被文人雅士作为一种与主导性审美惯例相异的文化符号，以其清新质朴的语言风格和自然直露的情感内容等特征，扮演着文艺审美的革新力量。如果说李白的古风、杜甫的乐府和白居易的"新乐府"还仅仅是对已经形式化、文本化了的古代歌谣的摹仿的话，刘禹锡的《竹枝词》则源于更加鲜活的巴蜀歌谣，形成了一种语言清新自由、夹杂俚语白话的新诗体，促进了唐诗的"别开生面"，为诗歌走向词、曲的自由发展开辟了道路。历史发展至明代，中国的文学和社会发展都迎来了关键的转型期，市民生活和商品经济的繁荣进一步推动了社会的世俗化和文学的雅俗交融。此时的市井歌谣和俚曲，其幽默诙谐和大胆奔放的性爱描写，也从情感内容和价值观念上传达出对于正统文化秩序的颠覆意味，顺应了社会发展的世俗化进程。明代的歌谣从形式到内容都得到了文人的充分认可，李梦阳为了反对当时雅文学形式浮艳、内容空洞、情感苍白的流弊，提出"真诗乃在民间"，李开先、冯梦龙等人则积极从事歌谣的搜集整理和传播等方面的工作，而陈宏绪在《寒夜录》中更引卓珂月之言："我明诗让唐，词让宋，曲让元，庶几《吴歌》《挂枝儿》《打枣竿》《银纽丝》之类，为我明一绝耳。"把歌谣作为"我明一绝"，可谓对歌谣文学地位的最大肯定，其立足点也在于歌谣的文学和文化的创新价值。有学者便指出："文人开始积极主动地汲取民歌的营养，在

---

① 胡适：《白话文学史》，上海：上海古籍出版社，1999 年，第 96 页。

重性情、重个人体验的层面，完成了对各种形式主义诗文风气的冲击和反拨，从而极大地丰富和充实了具有人文启蒙意义的晚明文学革新思潮的内涵。”①晚清以降，中国社会开始了更为彻底的新旧交割，此时文学领域的创新发展同样以歌谣为重要的依托。例如，倡导“诗界革命”的黄遵宪曾提出“以旧风格含新意境”的诗学主张，而这种“旧瓶装新酒”的尝试却并不令人满意。在梁启超“革命者，当革其精神，非格其形式”的启发下，黄遵宪对诗体改革进行了新探索，提出了“斟酌于弹词、粤讴之间”、篇幅可长可短、字数不等、风格多样，且内容上放弃史籍而采取近事的“杂歌谣”的主张，而其晚年的《出军歌》《军中歌》《幼稚园上学歌》等“新体诗”，更体现出鲜明的“民歌情结”②。

总而言之，歌谣对于文学发展革新的影响具有悠久的历史，而且每逢社会转型，文化观念发生冲突演变之时，这种影响就更加明显。这表明歌谣对于文学革新的价值一方面在于文学的内部，也就是语言风格、主题内容、情感表达方式等；另一方面则在于文学的外部，也就是歌谣所代表的民间文化观念对于主导文化的抵抗、消解与重构。这两个层面互为支撑、互为表里，且在不同历史时期有着不同的侧重。

三、作为文化“接合剂”的歌谣

以上我们分析了歌谣的“跨语境”特征及其表现。为什么这一底层的、民间的异质性文化符号，却又经常被主导文化所吸纳和利用，参与到文学发展、文化转型和社会结构调整的大潮之中呢？在此可以借用文化马克思主义理论中的“接合”理论来帮助我们分析和理解。接合(articulation)，本意指清晰地发音、表达或说出来。这个词语经过厄尼斯特·拉克劳的阐述以及斯图亚特·霍尔的引申，逐渐成了文化马克思主义理论的一个关键概念。在《马克思主义理论中的政治与意识形态》中，拉克劳指出接合理论的最早出现可以追溯到柏拉图的“洞穴隐喻”：人们的常识性话语(套语)，便是由一套误导性的“接合系统”呈现出来的，因为在这套系统中，概念的显现并不是源于其内在

① 周玉波：《明代民歌研究》，南京：凤凰出版社，2005年，第1页。

② 参见郭绍虞：《黄遵宪的“民歌情结”及其与诗歌创作的关系》，《文史哲》2006年第2期。

的逻辑关系,而是源于被已有的风俗和观念所左右的暗示性和唤起性的关联。柏拉图正是致力于打破这种接合的整体的系统化特征,重建一条通达事物本质的接合路径。[①]在拉克劳看来,“接合”意味着连接的关节点,它为“事物\要素”赋予意义,或者在不同的“事物\要素”之间建立同一性。更重要的是,柏拉图对于“接合”唯一正确性的探寻在拉克劳看来是徒劳的,意义或者各种要素之间并不存在任何本质的、必然的关联,理解问题的关键在于发生“接合”的话语实践的语境本身。霍尔继承并进一步发展了这一理论。他对“接合”的解释是:“两个构件相互连接,但是要通过一个特殊的联动装置,也可以用这个联动装置将构件拆开。接合是一种连接形式,它可以在一定条件下将两种不同的要素统一起来。它是一个关联,但并非总是必然的、确定的、绝对的和本质的。”[②]霍尔接受了拉克劳的接合理论,但同时更强调理解这一问题时的历史原则,注意将马克思主义的经济、阶级、权力关系等因素作为视角,为“接合”理论注入了更加鲜明的确定性原则和批判精神。在简要介绍了“接合”理论的发展演变之后,我们便可以大致理解其内涵了。概括地说,“接合”指通过某种清晰可辨的话语实践,实现各种要素之间“显然”但并不“必然”的连接。具体说来,“接合”的手段是话语实践,而目的则是不同文化要素之间的连接;“接合”的出发点源于主体的文化政治诉求;“接合”的结果是使原本并不“必然”的联系变得“显然”,而这种联系一旦建立便被固定下来,从而实现了意义的传播和再生产。因此,“接合”作为联接之点,既是文化表意实践的桥梁,也是拆解、理解这种表意行为的枢纽。它提示我们从作为中介或代理的“接合点”出发,思考文化作为一种表意行为的实践性、策略性和语境化等特征。

如果我们从文学发展和文化变迁的角度审视中国社会的历史发展,歌谣无疑就是这样一个十分关键的“接合剂”。它一次次的“跨语境”现象实际上把文学与文化、民间文化与精英文化、边缘文化与主导文化、城市文化与乡土文化连接起来,这种连接不是必然的,但却是显然的和必需的——源于歌谣的某些独特属性,概括如下:

---

① 参见 Laclau, E., *Politics and Ideology in Marxist Theory*, London: New Left Books, p.7。

② [英]斯图亚特·霍尔:《接合理论与后马克思主义:斯图亚特·霍尔访谈》,周凡译,参见周凡、李惠斌主编:《后马克思主义》,北京:中央编译出版社,2007年,第203页。

(1) 文化的表征性。歌谣是一个群体、民族、民众的符号化代表,是一种想象的、合法的巨大力量。需要强调的是,歌谣的表征是具有弹性的,既可表征一个特定位置的群体(如底层民众、少数民族),又可表征更宽泛意义上的国族(如中华民族、人民大众)。

(2) 语言的特殊性。它包括浅白通俗、以音韵节奏为原则、掺杂方言俚语、风格自然诙谐等方面。这一点是歌谣传唱者的文化水平决定的,也是歌谣作为口头文学的内在要求,更是在长久流传中积淀下来的相对稳定的文艺经验。歌谣在语言方面有其迥异于精英文学的特殊的形式规律,能够为文艺审美的革新提供启发和动力。

(3) 内容的日常性。歌谣反映的内容多为民众的日常生活,而这一"生活世界"虽然区别于文人的典雅旨趣,却也别有一番滋味,不乏世俗生活中的个体情感色彩或乡土地方性的审美经验。可以说歌谣是对民众生活图景及其情感世界的直观呈现,是一种日常的文化。

(4) 情感的真实性。因为匿名作者和集体传唱、因为"感于哀乐、缘事而发",因为仅仅是为了抒情而不是为了"与诗文争名",所以歌谣代表着情感的真实自然。其表现大胆直露,且以自我为中心,感性优先,往往与外在的礼教习俗、伦理道德、理性精神相对立。

以上特质的归纳可能并不十分全面和恰当,但也基本上决定了歌谣作为一种文化符号的"双向性"特征:既是文化秩序稳定的基石,是社会领导者着力关注和约束的对象,同时又是颠覆文化和政治秩序的力量源泉。简言之,它能够实现文化权力的沟通与双向制约。而歌谣发挥这一作用的主要场所便在文学领域,也就是关于歌谣的"话语实践"——模仿歌谣、吸收歌谣的文学创作,或者对歌谣的解释、评价、搜集整理。这类话语实践一方面实现了文学审美秩序的建构或者重构;另一方面又潜在地表达了言说者在不同历史语境下的文化政治诉求,记录着文学与社会历史发展的互动性关系。

四、结语

按照雷蒙德·威廉斯的文化理论,社会文化的发展进步绝不是主导文化的单一独白，而是主导文化、残余文化、新兴文化等各种因素互相吸纳、利用和妥协的张力结果[①]。美国人类学家罗伯特·雷德菲尔德在《农民社会与文化》中提出了“大传统”与“小传统”的概念，用以说明在复杂社会系统中两个截然不同的文化层次。“大传统”指以城市为中心，以社会上层和知识分子为代言人的文化传统，这种文化多依靠文献典籍和艺术作品等流传下来，代表了一个社会占主导地位的意识形态和阶层对文化及历史的把握和书写。小传统指在农村和小型社会传承发展的传统，这个传统以人们的日常生活方式为主要载体，虽然也受到大传统的影响，但却也具有独立性和边缘地位。中国台湾学者李亦园在《人类的视野》中把文化分为两个层次：上层的绅士文化与下层的民间文化[②]。李亦园认为它们之间的关系是相互影响的一个整体：“大传统引导文化的方向，小传统却提供真实文化的素材，两者都是构成整个文明的重要部分”；“大传统的上层士绅文化着重于形式的表达，习惯于优雅的言辞，趋向于哲理的思维，并且关照于社会秩序伦理关系上面；而小传统的民间文化则不善于形式的表达与哲理思维，大都以日常生活的所需为范畴而出发，因此是现实而功利，直接而质朴的”。[③]根据以上学者的划分，对于中国传统社会而言，歌谣应当属于底层边缘的“残余文化”“小传统文化”或“民间文化”，但其丰富的内涵和复杂的特质决定了它能够以文学美学为途径，走出“小传统”，积极参与到“大传统”的文化书写过程之中。可以说歌谣所带来的并不是文化的静态与区隔，而恰恰是文化的张力与接合。在这种跨文化的对话中，精英与民间的优点与不足相互影响启发，主导文化与残余文化之间的特质与力量彼此制约和利用，文化发展变迁与新兴文化生成的动力便由此产生。

（原文刊发于《民族文学研究》2017 年第 6 期）

---

① 威廉斯关于文化类型及其交互关系的理论，可参见《马克思主义文化理论中的基础和上层建筑》及《马克思主义与文学》等论著。

② 参见李亦园：《人类的视野》，上海：上海文艺出版社，1996 年。

③ 同上，第 143—145 页。

文化治理与民歌资源

——以陕北秧歌剧《米脂婆姨绥德汉》为例

强东红

（咸阳师范学院文学与传播学院）

近年来，文化治理的论题开始受到大陆学界的关注。现有文献主要在两种含义上来使用文化治理的概念，一种把文化当作治理对象，强调对文化产业、文化行为、文化环境和文化生态等进行治理；另一种吸取了西方学界的治理观，把文化看成治理个体、社区和社会的春风化雨式的间接手段。本文主要在后一种意义上来探讨文化治理的资源和途径。笔者意欲通过分析陕北秧歌剧《米脂婆姨绥德汉》的得与失而指出，实现文化治理目标的关键在于，审美文化要基于普通民众的身体性感受，融入普通老百姓的日常生活，并且能够满足他们不同层面的真正的精神需要。

一、文化治理与自我治理

治理这个概念来自福柯的论述。在福柯之前，西方学界普遍认为，文化领域是与政府相敌对的场所，文化是用来抵抗政府统治的资源。而在福柯看来，在发达资本主义条件下,文化与权力已经不是对抗的关系而是合谋的关系。在特定的社会制度背景下,资本和权力的代理人往往利用、组织和使用文化资源,在一定程度上建构了人们的生活方式,从而有效地维持了现有社会秩序。这种治理不像传统的威权统治那样,由权威自上而下地发布行政命令,用强制手段贯彻执行。新的治理是通过各种代理人和文化机构,利用各种技术和知识形式来影响人们的愿望、抱负、兴趣和信仰,使权力渗透到个人的身体、态度和日常行为方式中来运转。福柯指出,新治理与旧治理的不同在于,“治理必须不再介入,而且它不再对事物及人民直接施加影响”①;新的治理艺术,是一种“尽可能减少治理的治理艺术”②,新的治理是一种节俭型治理,更接近一种自发性的自然主义。新的治理不是把对象当作被奴役支配的个体,而是看成活生生的、积极的和富有创造力的主体。治理关注的“不再是人的恶习,而是人的自由,考虑他们想做什么,考虑他们的利益是什么,考虑他们之所想”③。这并非意味着,治理真正地尊重个人自由及个人基本权利,而是因为,借助一系列新的知识和新的科学话语,它们发现只有这样,才能达成低成本、比较经济和更为稳固的统治。新治理的目标在于,诱使普通民众开始积极主动地对自身进行监督,形塑和调控自己的行为从而实现自我治理。福柯也将这种自我治理表述成自我技术,他说道:“它使个体能够通过自己的力量,或者他人的帮助,进行一系列对他们自身的身体及灵魂、思想、行为、存在方式的操控,以此达成自我的转变,以求获得某种幸福、纯洁、智慧、完美或不朽的状态。”④显而易见,这种治理已经由外在的强加限制转变成民众的主动和内在的精神需求,从而实现了对民众更为彻底的控制。

通过考古式挖掘,福柯对新的治理的历史起源、特点和内涵作出了富有启示意义的论述,但对现代治理的方式、途径和效果等问题却语焉不详。对治理性进行了更为深入研究的可能是伯明翰学派,这里着重论述其代表人物伊恩·亨特和托尼·本尼特

---

① [法]米歇尔·福柯:《福柯读本》,汪民安编,北京:北京大学出版社,2010年,第186页。
② 同上,第172页。
③ [法]米歇尔·福柯:《安全、领域与人口》,钱翰、陈晓径译,上海:上海人民出版社,2010年,第38页。
④ [法]米歇尔·福柯:《福柯读本》,第241页。

的观点。

英国文化研究学者伊恩·亨特(Ian Hunter)主要从福柯的自我治理的角度对审美和教育之间的关系进行了精湛分析。在他看来,非常矛盾的是,文学艺术在被自律化的同时,却又成为审美-伦理的自我形塑工程的普遍工具,实际上,前者成为后者得以实现的前提条件。他在《文化与治理:现代文学教育的兴起》一书中,追溯了在19世纪英语文学的语境中大众教育是如何形成的。他指出,随着文学艺术在教育中的大量运用,19世纪的师生之间发展起来一种新型的教育关系。教师不再像以前那样采用直接监督的方式,而是采用各种手段鼓励学生表现他们的个性。教师转变成一种文学艺术的专家或权威,引导学生欣赏和接受文学作品的魅力。学生在游戏和自我表现时得到标准和规范的引导纠正,但这种纠正却不是强制被迫的,而是心甘情愿和自我纠正的,从而形成一种"通过自我表现来纠正的"自我技术。通过这种运作机制,文本、学生和教师就建立起一套形塑个体的关系,学生通过文学练习,将自己的内心生活呈现于标准的、规范化的细查面前,并根据教师的建议,开始纠正调整自己的阅读,调整自己的内心生活。这里,美学和文学就转变成自我技术的有机部分,成为更普遍的治理手段和治理机制的组成部分。

亨特的论述主要集中在文学与教育的关系,相形之下,托尼·本尼特(Tony Bennett)在文化治理方面的论述可能更为广泛和深入。首先,本尼特以更为具体的方式深入分析了博物馆、展览馆、艺术画廊、美术馆和公园等各种各样的文化机构在组织文化与治理的现代关系方面所发挥的重要作用。在他看来,这些文化机构是随着改革血腥残暴的旧惩罚机构的政治话语和现代监狱的出现而出现的,它们的主旨在于以温和柔性与间接隐蔽的手段来培养市民意识和教化民众。这些文化机构运用了历史科学、民族学、人类学、考古学等各种新的科学话语和知识形式,科学、经济和实效地安排馆藏品的展览,并采取了一切便利他们参观的策略,如全部展厅都是免费和公开开放的,整个展览馆都显得洁净典雅,给人一种高规格和高档次的面貌。现代社会发展这些机构的目的,不是为了获取商业或经济利润,而是为了提升工人阶级的文化水平,将其转变为能够自我治理的主体。

其次，本尼特还论述了艺术和审美在文化治理方面的特殊作用。在他看来，自由主义的文化改革受浪漫主义美学的影响，非常重视艺术的吸引力。他说："浪漫主义已经在艺术文本中形塑了一种空间，在其中主体可以嵌入进去，并由于凝视到艺术品中所体现的理想的完美形式和经验自我的不完善、不充分性之间的差距，而发起一种自我改善的方案。"①自由主义试图利用艺术来吸引大众，把极易酗酒和淫乱的男性工人转变为能够自我治理和自我发展的言行谨慎的主体。本尼特所引用的下面这段话非常直接地表征了其治理策略："焦虑的妻子将不再被迫访问各式各样的酒吧，把她的可怜的烂醉如泥的丈夫拖回家。她将在洁净优雅的博物馆寻找他，在那里她将不得不试着用一切怜爱的手段来感化她的丈夫，用眼泪将其从对拉斐尔的一幅绘画的心醉神迷的凝视中拉出来。"②这种治理策略寄希望于用艺术来实现工人内心世界的转变，将他们变成可以管理和抑制自己的激情和欲望的自我调控的道德行动者，从而发展一种以自我抑制的审慎原则为基础的生活方式。本尼特还指出了一种很有意思的现象，即自由主义一方面把艺术呈现为自律和疏离之物，没有所指，是内指性的；但另一方面，这种自律性又保证了艺术伸出各种馆藏机构的围墙，与外部世界连接起来，从而更为有效地作用于世界。

最后，本尼特还分析了当代语境下艺术在共同体和社区文化建设方面的作用。在他看来，在现阶段，治理表现为把艺术和文化运用在共同体或社区层面，而不是在个体身上。也就是说，把艺术资源当成构建自我独立的共同体或社区的手段，这些"共同体能够管理它们自己，能够生产一种对于它们的成员来说强烈的(但并不排外的)认同感和归属感，同时又促成社会问题在共同体层面得到解决"③。这样，当代治理就与福柯所说的那种重视个体需求的治理不同，"因为现在尊重的不再是个体本身的自由和自主，而是只有在他们是共同体成员的前提下才能享受的个体的自由和自主"④。这种治

① [英]托尼·本尼特:《文化、治理与社会》，王杰、强东红等译，上海:东方出版中心，2016年，第478页。

② J. Physick, *The Victoria and Albert Museum*: *The History of its Building*, London: Victoria and Albert Museum, 1982, p.35.

③ [英]托尼·本尼特:《文化、治理与社会》，王杰、强东红等译，上海:东方出版中心，2016年，第480—481页。

④ 同上，第482页。

理利用的是人们对自己更为关心的事情的忠诚和职责，如对家庭、邻居、共同体和工作单位等的感情而达成的。这种更容易达成情感认同的共同体不仅是自我调控的、自我管理的共同体的组织，而且是有差异的、经常去疆域化的、与国家政府所脱离开来的共同体领域。这种治理策略实际上通过共同体来进行治理的，共同体成为全体成员的情绪投入和情感认同的焦点和中心，成为可以管理它们成员的活动的自我治理的主体。这样，国家和政府的职责和权力就被分散到一系列相互叠合的共同体网络，从而实现了更为隐秘的统治。

总之，从这些学者的研究来看，在现阶段，发达资本主义主要是通过审美文化、文学艺术和文化机构（如博物馆、美术馆、艺术展厅、公园等）等温和间接的手段实现更为隐蔽和深层的统治的。由于这种治理是通过个体的主动诉求和心甘情愿的自我治理的技术实现的，因此，统治的成本更低，也更为彻底有效。不过，在分析西方自由主义的这种新型的治理术时，这些左派学者主要侧重于治理与资本主义生产关系的内在一致性和共谋关系，没有看到其积极的和建设性的力量。对于中国学者来说，由于语境和国情的不同，在社会主义社会，基于当前历史阶段的合理性，自由主义的文化治理，对于致力于建设和谐社会的中国来说，呈现出来的应该是积极的和建设性的一面，是值得借鉴的。

二、《米脂婆姨绥德汉》的启示

当代中国关于文化治理在理论上尚未达成共识，但运用各种文化资源施行治理在经验上却早已有之，如各地普遍出现的“文化搭台、经济唱戏”的现象就是例证。而数量丰富和各具特色的传统民歌由于其古朴自然、清新神奇的特性，一定程度上成为缓解现代性焦虑的解毒剂，因此往往成为文学艺术、地方政府和各种机构重点开发和利用的对象。问题在于，究竟应该如何正确地开发民歌资源，以带来更大的美学效应、经济效益和社会效益，以实现效果更好的社会治理。这里意欲以政府精心打造的陕北秧歌剧《米脂婆姨绥德汉》（后文简称为《米》剧）为例来进行分析。

《米》剧的生产实际上与另一部陕北秧歌剧《三十里铺》有关。[1]《米》剧是由陕西省委原宣传部副部长、作家白阿莹编剧，国家一级导演、"国家有特殊贡献话剧艺术家"陈薪伊导演，著名作曲家赵季平配乐，著名歌唱家王宏伟、雷佳和吕宏伟分别担任主演，"十大陕北民歌手"中的王晓怡、贺斌、韩军、雒翠莲、雒胜军等著名歌手以及榆林市民间艺术团一百五十多名演员参演，陕西省宣传部和榆林市政府联合打造的一部陕北秧歌剧。该剧于 2008 年 10 月推出后，在榆林、西安、北京(曾四次进京)、广州等地多次上演，反响热烈，并获得过很多奖项，如"文华新剧目奖""文华大奖特别奖"和"五个一工程奖"等。[2]

该剧演绎的是米脂女子青青与三个绥德汉子虎子、石娃和牛娃之间的爱情故事。虎子和青青在孩提时期曾定下婚约，长大后虎子被迫做了"山寨王"，而青青却爱上了灵巧能干的石匠石娃，同时忠厚老实的牛娃也默默地爱上了青青。牛娃因为青青另有所爱，只得为了爱人的幸福而甘愿做青青的"亲哥哥"。争斗在虎子与石娃之间展开，虎子人多势众，石娃人穷志不短，二人定在七月七太阳落山前为娶青青的期限。石娃"走西口"去赚钱，青青苦苦等待，虎子在侧虎视眈眈。七月七，虎子率众来娶妻，而石娃也在太阳落山前赶回来与虎子决斗。虎子将青青抢上山，剧情最后峰回路转，虎子当众主持了青青和石娃的成婚仪式，送二人入洞房。剧终时土匪虎子浪子回头返归正道，率众喽啰"走西口"去从事正经营生。

在故事内容方面，该剧的创新之处在于，没有沿用以往题材惯常取用的"压迫、仇恨、反抗、胜利"的思路，也没有刻意突出社会的对立和仇恨，也没有选取陕北题材作品经常选用的红色文化的背景，也没有以卷入革命洪流作结，而是以民间的爱情观、道德观和人生观来左右和主导人物的命运选择，从而淡化了秧歌剧《三十里铺》那种明显的意识形态色彩和生硬的宣传说教风格。故事表征了一种草根民间的义气、守信、真情和道德观，也张扬了一种超越时空、超越阶级和民族界限的普遍的爱情至上观。虎子

---

① 参见强东红:《简论民歌的保护与发展——以陕北民歌〈三十里铺〉的演变为例》,《马克思主义美学研究》第 12 卷第 2 期。

② 参见阿莹:《米脂婆姨绥德汉》,西安:陕西人民出版社,2012 年,第 211—212 页。

和牛娃对爱情的追求、坚持与放弃，也表征了一种以爱人的幸福快乐为前提的爱情观。这实际上把地方和民间的价值观转化为一种具有永恒意义的普世的伦理观，即把自己的愉悦建立在他人幸福的基础之上。当然，从美学理论的角度来看，《米》剧的剧情依然过于简单，人物形象大都是扁平人物，性格不够丰富，立体感不强。青青和石娃之间的爱情，不够合情合理。剧情最后的转折，即虎子的最后放弃，缺乏一些必要的铺垫，也缺乏有说服力的细节展示。剧情中虎子做了山寨王的一个情节，似乎有点失真。因为绥德米脂地区处于黄土高原腹地，尽管沟壑纵横，却没有那种“一夫当关，万夫莫开”的险要地势可以据守，如果做了土匪，早就被官府擒拿了。

不过，在我看来，《米》剧的看点不在于其简单的故事内容，而在于其艺术形式和舞台演出所渲染出来的浓郁的黄土风情。该剧对陕北民间文化资源进行了充分的挖掘与创新，其音乐是由11首纯正的陕北民歌和33个唱段结构组成的。该剧对陕北民歌中的信天游、山曲、打坐腔小曲、二人台、小调和酒歌等民歌进行了精致的加工、修葺、润饰、扩充和变奏。还有一些乐曲是全新创作的，不过因为有黄土高原背景的点缀和渲染，仍然没有影响它们以民歌的面貌呈现在观众面前并发挥作用。这些民歌的歌唱者又都是专业歌手或民歌手，他们娴熟的演唱技巧和丰富多彩的唱法(如独唱、对唱或合唱)都保证了舞台演出的神奇魅力和巨大的感染力。《米》剧在舞蹈上也非常讲究，在陕北秧歌舞蹈的基础上，把踢踏舞、现代街舞、爵士舞、国标舞和陕北民间舞蹈，如陕北高跷、二人台、大秧歌和腰鼓等动作和程式有机完美地结合在一起。舞蹈形式也比较多样，既有充满表现力的独舞场面，也有几场大规模的群体舞蹈，如“送彩礼舞”“抢亲舞”“红绸舞”和无处不在的陕北秧歌的舞蹈动作。在服装设计上，该剧也力求精致完美，以黄红两色为主格调，其他羊肚子手巾、大辫子、红盖头和花肚兜等，都和演员角色、剧情背景相互搭配，造成了一种强烈的视觉效果。《米》剧的布景设置也能给人留下深刻印象，如黄土高原的连绵群山、沟梁崖坡、层层叠叠的窑洞，黄土高坡的孤树、窑洞、石碾子、民间刺绣、剪纸、窗花、皮影和木偶等，都展现出一种古朴原始的高原风貌。剧中也穿插了不少民俗事象，如“七月七”“送河灯”“娶亲”“雕石”和“划拳”等地域文化符号，这些都非常充分地渲染了黄土高原的迷人魅力。

《米》剧之所以在大都市能够受到热烈欢迎，在我看来，主要与其采用的民间文艺形式有关。这是因为，在现代化进程中，在现代都市人中间弥漫着一种普遍性的疲惫厌倦、空虚无聊和焦灼烦躁的现代性焦虑的情绪，与此相应，也弥漫着一种普遍性的怀旧恋乡的情绪。而古朴原始的民歌形式与富有诗意的具体性思维和野性思维息息相关，也与过去、传统和土地具有天然的联系。这些因素使民歌一定程度上成为缓解现代性焦虑的解毒剂。[①]如王杰教授指出的："在社会的现代化进程中，民歌所包孕着的'乡愁的理念'可以成为孤独的人群的情感依托，以及都市中异化存在的解毒剂，在某种意义上成为现代人情感上的精神家园。"[②]看似土里土气的民歌，极大程度地保存着真实的自然世界的丰富性和具体性，真实地记录了人们与自然世界打交道的经验，因此，本身就散发着浓郁的泥土气息和清新的田野风味。它们"有可能消融人与大自然和土地的隔膜，从而逗引起现代都市人对土地田野的梦想，并有效地调节他们的单调乏味的日常生活，暂时缓解其郁积已久的焦虑情绪"[③]。正是因为民歌具有这种特性，才使得某些当代文艺形式常常把民歌当作开发和利用的对象，希望用民歌为自己增色添彩。如在电影《人生》《黄土地》《黄河绝恋》和电视剧《血色浪漫》和《人生》中，随处可见的陕北民歌不仅渲染烘托了浓郁的黄土风情，而且溢出电影的镜头画面，散发出某种令人一唱三叹的象征意味。在我看来，《米》剧的成功的因素也不外乎此。

这里需要指出的是，这些影视艺术和本文所论的《米》剧，都没有固守所谓的原生态民歌的限定，而是灵活多样地对陕北民歌进行了改编和加工。它们大都过滤了民歌原来负载的内容，保留了其形式或者保留了一部分形式元素，并把这些传统的形式元素重新组合起来，来负载新的社会历史内容，也就是用民歌形式的"旧瓶"来装业已变化的生活内容的"新酒"。本人曾指出："民歌形式的形成时间非常缓慢，形成之后就不容易变化，具有稳定持续的特征。民歌形式一旦形成，就具有一定的独立性，可以不依赖于内容而独立存在，也可以脱离原来的社会历史语境和现实土壤，负载容纳其他不同

①③ 强东红：《略论民歌缓解现代性焦虑的文化功能》，《马克思主义美学研究》第 14 卷第 1 期。

② 王杰：《民歌与当代大众文化——全球化语境中民族文化认同的危机及其重构》，《广西民族大学学报》2006 年第 6 期。

的新的内容。”[①]由于民歌的形式是在漫长的历史岁月中形成的，因此“这种经验形式也积淀蕴含着丰富的社会历史内容和集体情感能量，一定程度上与广大民众在心理情感结构上是同构的，极容易与他们发生心理共振”[②]。民歌形式也拥有一套弹性极强和随物赋形的可塑性机制，这使得它们可以在业已变化的历史时空和文化语境中继续发展。从这些文艺形式（包括这里所谈的《米》剧和秧歌剧《三十里铺》）获得的成功可以看出来，在运用民歌资源时，只要保留了民歌的形式，或者保留了民歌形式的部分元素，就不会影响它们以民歌面貌出现并发挥作用，这也正是那些文艺形式极易获得广大民众欢迎的一个重要原因。

当然，就这里论述的文化治理来说，尽管《米》剧取得了很大成功，但它并非没有可以改进提升的空间。在我看来，《米》剧的剧情实际上是从具体时空中抽象出来的观念演绎的一种故事，如安东尼·吉登斯所说的那样，是一种“脱域”的虚构故事。在这种可见形式中，难以看到普通劳动者真实的日常生活和现实关系。这就如马克思对商品一针见血地批判，用“想象出来的事物之间的关系”遮盖了人与人之间的社会关系。就像陕北秧歌剧《三十里铺》一样，《米》剧并没有展现老百姓的真实的日常生活，并没有回应他们的真正精神需求。也正由于此，《米》剧似乎游离于老百姓的日常生活之外，没有真正地融入他们的酸甜苦辣和五味杂陈的生活。事实上，《米》剧也只是在几个大都市的设备齐全的现代剧院进行了演出，而真正的陕北民众和普通老百姓连看客也不是，遑论参与进来。因此，耗资巨大、精心打造的《米》剧，在文化治理上方面所产生的实效可能是非常有限的。在当代中国社会，在通过民歌资源或民间文化来繁荣文化、实现治理方面，《米》剧应该不是单一、个别的孤例。可以说，《米》剧的得与失是有普遍意义的。

三、融入日常生活

那么，在当下中国，究竟应该如何开发和利用民歌资源来达成文化治理？在我看

①② 强东红：《简论民歌的保护与发展——以陕北民歌〈三十里铺〉的演变为例》，《马克思主义美学研究》第12卷第2期。

来，一种非常有效的途径可能是，运用具有民众基础、可以随物赋形和富有弹性的民歌形式来表征普通老百姓当下真正的日常生活和真实的情感世界。也就是说，当下广大民众的日常生活应该成为关注点。审美文化不仅应该以广大民众的日常感受和日常经验为出发点，而且应该以力求融入普通老百姓的日常生活为目的。在这里，日常生活是一个至关重要的关键词。

在西方，从柏拉图到康德的理论传统中，对理性、形而上和先验世界的关注一直占据主导地位，而普通人的感性生活、日常生活和形而下世界似乎一直为人遗忘。日常生活往往被描绘为单调枯燥、无聊乏味和鸡零狗碎的世界。如迈克·费瑟斯通所说："它(日常生活)看起来像是一个范畴的残余，所有那些与秩序井然、条理清晰的思想不相符合的、让人恼火的残渣碎片都可以扔进这个垃圾桶中。"①日常生活中似乎难以提取出有价值的和有意义的东西，"它那特殊的质也就是它缺乏质。它可能是那不为人注意、不引人注目、不触目惊心之物"②。"日常恰恰就是在理性主义千方百计地试图穷尽世界的意义之后残留下来的那些东西。"③可以说，从鲍姆加登的美学开始，日常生活才真正受到学术的关注。他的美学是一门关于日常感觉和感性生活的科学，是从哲学和科学的角度对身体性经验、感性生活和日常生活的关注。如特里·伊格尔顿所论述的那样：

> 哲学似乎突然意识到，在它的精神飞地之外存在着一个极端拥挤的、随时可能完全摆脱其控制的领域。那个领域就是我们全部的感性生活——诸如下述之类：爱慕和厌恶，外部世界如何刺激身体的感官表层，那些根源于声色犬马和吃喝玩乐的事物，以及所有那些来源于我们作为一个生物而附着于这个世界的我们身上最为琐屑的事物。④

①③ [英]本·海默尔：《日常生活与文化理论导论》，王志宏译，北京：商务印书馆，2008年，第36页。
② 同上，第5页。
④ [英]特里·伊格尔顿：《美学意识形态》，王杰、付德根、麦永雄译，北京：中央编译出版社，2013年，第1页。

在此,伊格尔顿颇为诙谐地描述了日常生活的特点和人们对日常生活的惯常看法,也指出了关注日常生活的重要意义。

颇为反讽的是,鲍姆嘉通所发展起来的美学本来旨在恢复感性生活的地位,但在其后,却如沃尔夫冈·韦尔施所说,并"没有发展认识和解放感觉的策略,而是发展了控制感觉、消灭感觉和严格管理感觉的策略"①。这种观念把感性生活或日常生活视为与低等、粗鄙和生理性的本能有关,所以倾向于用文化规则来控制感性生活和日常生活,用伊格尔顿的话来说就是"理性的殖民化"。这种社会上层、精英人士和主流文化对普通老百姓日常生活的殖民化的策略,在18至19世纪已经被全面广泛和深入彻底地贯彻了。葛兰西的文化霸权理论及阿尔都塞的意识形态国家机器理论,还有本文所论的福柯、伊恩·亨特和本尼特等人的研究,都可以充分表明这一点。经过文化连续不断地渗透、扩张和殖民化,广大民众的日常生活实际上成为再生产主流社会关系的重要领域。

西方社会是通过关注个体的自由、权力和利益,通过巧妙地利用艺术、审美和信仰,通过满足广大成员的欲望和需求,来使其文化理念不知不觉和悄无声息地渗透、弥散和融入普通民众的日常生活的。对于致力于建设和谐社会的当下中国来说,要像西方社会那样实现低成本的更为经济的文化治理,就应该充分关注广大民众的日常生活和日常感受,深入理解他们真实的心理需要、情感需要和精神需要。

具体而言,首先,应该关注普通老百姓日常生活中的身体感受。身体感受是普通民众在五味杂陈的日常生活中所感受到的痛苦、匮乏、需要、满足、快适与喜悦。男男女女是通过他们有血有肉的身体来感受和经验酸甜苦辣的生活的,身体才是日常生活和日常经验的物质载体。实际上,是身体而不是心灵行走于这个荒凉泥泞的世界中,不断体验现实生活关系强加于己的限制和规定,感受日常生活中的缺失、匮乏和有限性,并探寻日常生活的意义、目的和可能实现的未来。人的软弱有限的身体本身就是感性敏锐的,它能够直接与世界联系和打交道,毫无障碍地经验和感受世界。与观念

① [德]沃尔夫冈·韦尔施:《重构美学》,陆扬、张岩冰译,上海:上海译文出版社,2006年,第76页。

和理性相比，身体更能突破意识形态的牢笼直观地感受到世界的匮乏、不公正与不合理。在西方文化理论中，从马克思开始关注身体以来，身体一直是一个非常重要的关键词，尼采、威廉·詹姆斯、约翰·杜威、梅洛·庞蒂、福柯、波伏瓦、朗西埃、理查德·舒斯特曼、埃克伯特·法阿斯和伊格尔顿等许多学者都非常重视身体感受和感性生活。伊格尔顿更是认为身体是伦理道德的现实的物质基础，他实际上在后现代主义语境下为批评重新确立了一个物质性的判断标准，即普通民众真切的日常感受。[①]本文认为，审美文化或文艺作品倘若不是从某种抽象原则和高大上的理念出发，而是从普通民众的身体感受和日常经验出发，就更能贴近或者融入百姓的日常生活。也只有基于普通民众的日常感受，文学艺术所表征的价值或理念才能赢得广大民众心甘情愿的认同。

其次，还要深入了解广大民众的日常生活中形成的情感需要和精神需要。马克思曾深刻地指出，产品只有经过消费才能充分地成为产品，如果没有消费，也就没有生产，而消费与主体的需要有关。关于审美需要，托马斯·门罗也有类似表述："离开了有意识的机体的审美需要，可知觉的客体的任何特征和类型就都不会被感受为是美的，或者是具有审美价值的。只有有了审美需要，审美对象的某些特征才具有了潜在的美或感召美的基因，从而使人产生美的经验。只有在人们的营养需要或审美需要真正得到满足时，人们才会真正具有营养的经验或审美经验。"[②]因此，能否满足广大民众的精神需要和审美需要，也是影响和制约审美文化能否融入老百姓日常生活的重要因素。谈到心理需要或精神需要，人们往往将其与"集体心灵"或"集体心理"等神秘概念联系起来，认为难以对其进行实证科学的研究。但如巴赫金所指出的："社会心理并不是潜伏在交流主体的心灵里，而是完全在外部表现出来，在词语、姿态和行为等中表现出来。"[③]王杰教授也曾指出，研究审美需要只能从其对象化形态入手，而不是从个体心

---

① 参见强东红：《当代美学建设与身体性经验》，《上海文化》2016年第10期。

② [美]托马斯·门罗：《走向科学的美学》，石天曙，滕守尧译，中国文联出版公司，1995年，第423页。

③ V. N. Volosinov, "*Concerning the Relationship of the Basis and Superstructures*", Terry Eagleton and Drew Milne ed. *Marxist Literary Theory: A Reader*. Oxford: Blackwell Publishers Ltd., 1996, p.67.

理学切入，这是因为审美需要是在社会化和历史化的过程中逐渐形成的，是具体的现实生活关系在个体心理上的主体性表达。①这就要求我们应该从日常生活中的行为、语言、经验、仪式、节庆、闲暇和娱乐方式等方面考察广大民众的审美需要和精神需要。当然，由于意识形态和消费文化的渗透控制，老百姓日常生活中所表达的需要也可能是虚假、狭隘和激进的需要。这就需要从老百姓的身体感受出发来辨别分析哪一种需要是真实的。真实精神需要往往以广大民众的身体和日常生活为基础，指向可以实现得更为美好的理想和未来，因此具有伦理学意义。表征和满足老百姓基于日常生活的精神需要和情感需要，无疑是文艺作品和审美文化融入广大民众的日常生活的有效捷径。

最后，日常生活往往划定了通往更为良善的未来生活的路径。通往更为美好的未来的方向和道路，与其从哲学抽象、政治理念和文艺作品的想象中寻找，不如从广大民众的日常生活中来探索。本海默尔说得好："无论日常生活多么单调乏味，日常生活总是葆有改变自身的可能性。在日常之中奥妙不测的是，日常生活的基本需求变成了某种迥异于（超出于）官僚主义和商品化的文化所能允许的东西。"②这是因为需要源于匮乏，基于身体感受的精神需要，往往是由于当下的日常生活不能给予充分满足而产生的，因此它们是与更为美好的另一种可能的理想未来相联系的。列斐伏尔也指出改良日常生活的动力和能量就在于日常生活本身，他说："它们在它们自身内部就包含了它们对于日常的自发性批判。它们之所以是那种批判，因为它们不仅仅是日常生活，而且它们又处于日常生活之中，它们是异化。"③实际上，普通民众的生活不论多么黯淡无光，都不会对生活失去信心。他们依然努力用各种方式表达自己的精神需要，表达对现实生活的感受和对未来的憧憬。例如，大量的陕北民歌就是充分的例证，这些民歌是广大百姓的身体性需要的升华性表达，它们不仅揭示了身体在特定社会历史现实中遭受的限制和规定，而且试图探讨比当下生活更为美好合理的替代选择。朴实的老百

① 王杰：《审美幻象研究——现代美学导论》，桂林：广西师范大学出版社，2002年，第69—125页。

② ［英］本·海默尔：《日常生活与文化理论导论》，王志宏译，北京：商务印书馆，2008年，第189页。

③ 同上，第213页。

姓所憧憬的这种未来生活并非漫无边际的激进空想，而是他们在当下的日常生活中通过自己的有血有肉的身体依依稀稀地感受、体验或捕捉到的可能性。而且，更为重要的是，这种闪烁着微光的可能性绝非遥不可及的幻象，而是在当下的社会条件中通过一定的努力和奋斗就可以实现的未来生活的轮廓。在我看来，审美文化如果并不描绘那种如《米脂婆姨绥德汉》那样的纯而又纯的脱离历史时空的想象出来的生活，而是力求表征一种基于日常生活的、通过奋斗就可以实现的理想未来，就更可能发挥实效。

行文至此，可以明确指出本文的结论了。如陕北秧歌剧《米脂婆姨绥德汉》和《三十里铺》的成功所说明的，民歌等民间文艺形式不仅拥有广泛的民众基础，而且具有一定的独立性，可以脱离原来的社会历史语境和现实土壤，负载容纳新的内容。这些特征意味着它们完全可以成为文化治理的重要资源。在文化治理方面，正确的做法应该是，审美文化不仅要巧妙地运用这些民间文艺形式或民间元素，还要努力让这些老百姓所喜闻乐见的经验形式重新融入他们当下的日常生活，灵活机动地反映他们当下的劳作、休闲、爱情、嫁娶和生老病死等日常经验，展示他们在现实生活当中的担心、无奈、忧愁、痛苦、恐惧、希冀、憧憬、喜悦与快乐等情感世界。如果能够做到这一点，这些文艺作品就不会像两部陕北秧歌剧那样，游离于老百姓的日常生活之外，而是融入他们的日常生活，成为他们可以真正喜欢享受的文化，并在文化治理方面发挥重要作用。

（原文刊发于《马克思主义美学研究》2018 年第 1 期）

审美·制度·治理

——“文化治理与审美制度问题研究”学术研讨会会议综述

陈顺尧

（云南大学文学院）

20世纪90年代以来，西方学者米歇尔·福柯、伊恩·亨特、托尼·本尼特等人对“治理”问题展开了深入而广泛的研究，取得了丰硕的成果，在国际学术界影响深远。这些西方学者的研究对当下中国意味着什么，迫切需要中国学者的回应和思考。审美、艺术作为一种柔性的策略在“治理”中扮演着不可替代的角色，甚至成了现代“治理”的重要手段。面对冲突频繁的当今社会，审美和艺术怎样在社会治理和文化治理中发挥作用，审美制度为保障自由治理的实现，应当如何作为？这也正是审美人类学、艺术人类学研究要面对和解决的问题。

2017年3月11日至12日，第七届中华文艺复兴论坛暨“文化治理与审美制度问题研究”学术研讨会在美丽的“春城”昆明召开。本届研讨会由云南大学文学院和浙江大学传媒与国际文化学院联合主办，云南大学文学院、云南大学审美人类学研究所、云南大学当代文艺研究所、《马克思主义美学研究》编辑部承办，中国艺术人类学学会、《思想战线》《云南大学学报》《云南师范大学学报》编辑部协办。来自浙江大学、中国艺术研究院、兰州大学、上海交通大学等高校近五十位学者参加了研讨。

大会开幕式上，云南大学彭荣教授指出，这次会议的召开旨在促进当代美学与审美人类学的发展，促进建立审美人类学与艺术人类学、文化人类学、文艺社会学、艺术史理论、大数据处理应用等不同学科之间的协同研究机制，共同研究当代美学和文化研究的关键问题，共同研讨审美和艺术如何作为一种特殊的治理方式，从而在当代社会发展中发挥重要作用。云南大学李森教授认为，艺术人类学中的“艺术”不是一个抽象的词汇，它是一个艺术创造现场中的动词，审美必须回归到艺术、艺术家创造的现场，因而，审美人类学所开启的美学研究具有巨大的学术前景。

在此次会议上，学者们从哲学、美学、审美人类学、艺术人类学等视角出发，围绕“审美制度批判与自由治理”“文化治理与当代美学发展”“审美人类学/艺术人类学理论与实践”等议题，就审美制度、文化政策、自由治理等问题展开深入研讨，既有宏观的理论思考，也有微观的个案分析。

一、审美制度批判与自由治理

浙江大学王杰教授在《美学研究的当代性与审美制度研究——兼论文化治理的两个重要原则》的报告中分析了当代中国美学研究和文化治理研究中的新问题和新情况。王杰教授认为，从文艺政策和文化治理的角度来看，中国美学研究的当代性已经成为一个重要的现实问题，需要从当代艺术比较鲜活的实践中来讨论当代的美学问题。管虎导演的电影《老炮儿》在知识精英层面出现两种对立性的意见和评价，反映出当代美学对当代中国社会存在、情感结构的不同认知。张艺谋导演的《长城》公映后也出现了两种对立性的评价。这反映出一个重要的文化事实：传统的美学、文艺学已无法对当代中国文学艺术现象做出有力度的解释，这对于中华文化的再创造和中华美学精神的当代发展而言，无疑是一个重要的、必须面对的问题。

王杰教授认为，在理论上，当代中国电影提出了一些用以康德—黑格尔美学为基本理论框架的传统美学是难以完全说明的新的美学问题。为此，他提出了中国当代美学要面对的几个崭新的美学形态:“乡愁乌托邦”“‘回旋性’文化表达机制”以及“审美价值与伦理要求的统一”。王杰教授还谈到了审美人类学研究的重要性。他认为审美人类学开拓了当代美学的学术视野,比较研究的方法和实证研究的工作原则是审美人类学研究区别于传统美学和一般意义上的欧洲现代美学的特征,而其中的审美制度问题研究则是审美人类学研究的一个核心问题。在王杰教授看来,审美制度包括内在和外在两个系统,并且这两个系统之间存在着密切的联系。他认为关于审美制度的研究具有以下特点:首先是重视和强调语境对于审美价值和审美意义的重要性,通过对“语境中的美”进行人类学的研究,把当代艺术的审美意义的阐释提升到哲学人类学的高度;其次,审美人类学的研究方法和理念,有可能用一种实证研究的方法,对难以进行实证研究的“声象”“虚空”“乡愁乌托邦”等当代中国美学的重要现象作出理论的研究和把握。再次,审美人类学采借文化人类学对人类文化系统、文化制度的研究方法,对审美制度及文化治理的结构做出研究,有助于在叠合性的文化语境中,对审美意义的多重性和滑动性做出研究,并提供理论的解释,从而实现对当代中国的审美经验做出微观和具体的分析的理论目标。在此基础上,王杰教授推论出当代中国文化治理的两个重要原则:审美价值和伦理价值的统一,以及普遍价值、一般性价值与地方性价值、本土价值的统一。

云南大学向丽教授在关于《审美制度与自由治理》的报告中着重探讨了审美制度与自由治理的关系。向丽教授认为,法国哲学家米歇尔·福柯提出的“治理”是一项需要一种高超的技巧和策略的庞杂而繁复的工程,是一种将诸多要素运用到权力运作机制中的实践。而深受福柯微观权力说及治理理论影响的本尼特则在以下两方面作出了重要贡献:一方面,他把福柯关于主体性的研究,关于治理性复杂性的研究运用于文学、艺术的有关问题的研究中来;另一方面,本尼特则明确提出了文化和审美活动作为治理的工具或机制的重要性,也更为强调治理形式的多样性和复杂性,尤其是与人相关的治理形式。这样,审美和艺术作为一种治理工具的事实将被再次凸显出来,而美学策略的巧妙运用则深深地蕴藉其中。其次,审美和艺术在彰显社会结构、政治身份和等级区分方面也发挥了重要功能。“美”不仅仅是诉诸人的视觉方面的官能享受,而且成为维系和强化统治秩序的一种美学策略。而在文化教育领域，席勒等人所主张的审美和艺术的治理性则更是不言而喻的。向丽教授认为，“审美制度”是关于“美”的显现与遮蔽的方式，而就在这种显现与遮蔽中，审美、自由与治理之间的内在张力才得以微妙地显现。首先，从制度的类型来看，审美制度属于非正式制度形态；其次，审美制度以“吸纳”和“排斥”逻辑为潜在的原则，“美”于此被历史地生产与再生产出来。再次，审美制度赖以建构的原则往往通过特定的主体，例如民众、利益集团、政府、精英及其特殊的作用机制获得其生产与再生产的现实基础。审美制度的产生、发展和变化总是在一定的语境和审美关系中发生，从而体现出不同的审美价值和意义。

向丽教授认为，在对统治方式的探索中，“如何不被那样统治”成为关涉到自由治理如何可能的问题。于此，批判意味着对现实的批判和自我批判，从而让人在某种意义上成为人。即批判的任务在于“让事物成为自身”，这在治理实践中意味着两层意思：其一，为了让事物成为自身，批判必须首先成为“批判”自身，而不是通过对对象的外在否定和剥夺使既定的原则和立场成为某种权威。其二，“让事物成为自身”意味着自我塑形与自我管理形式在自由治理中的重要性。“让事物成为自身”的关键在于如何“让”以及事物如何成为自身。前者关涉到治理者的态度及治理原则，后者则关涉被治理者对于自身文化的审美认同，两者同构为自由治理的重要维度。而自由治理以保障被治理者的自由为前提，此自由并非一种自然给予，而是在批判与建构的聚集中显现出来。北京师范大学易冬冬博士在其《从中国传统之“美”看“审美制度”问题研究》的报告中针对审美人类学视域下的审美制度是一种“非正式的制度”这一论述提出了不同的看法，他认为这一研究切中了当下的社会文化语境，但是对于中国传统审美经验缺乏一定的理论有效性。他认为中国传统之“美”主要是被“正式的制度”建构起来的，同时其自身的特性又将重新塑造和建构社会现实，体现出美自身的“能动性”一面。

兰州大学的王大桥教授在《从“共有的习惯”到“歧感共同体”：审美习俗的两种美学向度》的报告中认为，中国的审美现象和艺术现象后面的表达机制较为复杂，呈现出多重叠和非常复杂的流动性语境，以前在谈论审美习俗或审美制度的时候，更多强调其审美认同或文化共同体的作用，而没有关注审美习俗中的另外一个向度，即审美习俗里面的断裂与歧义的问题，因而他提出了从“共有的习惯”到“歧感共同体”这两种审美习俗的美学向度。王大桥教授着重分析了审美制度的不同表现形态，习俗、惯例、习性等，认为三者是相互纠缠的极其复杂的大观念。一方面，审美习俗对特定群体和社会的审美经验进行引导和约束，因此具有制度性；另一方面，审美习俗联系着特定文化的情感结构。而审美经验的形成受制于显性的审美习俗和隐性的情感结构。

汕头职业技术学院周海玲博士在《托尼·本尼特的文化治理理论——英国文化马克思主义 1990 年代以来问题、方法和策略》的报告中从“去政治化危机和重新定位文化研究”“文化领导权转向文化治理”“文化治理与文化唯物主义”三方面介绍了托尼·本尼特的文化治理理论，认为如果将托尼·本尼特的文化治理理论放在文化研究的问题意识、学术范式转换和如何发展、调整英国文化马克思主义的批判策略等学术原境中进行审视，文化治理研究坚持了英国文化研究传统、文化唯物主义和文化马克思主义政治实践观念，是具有实用主义色彩的文化马克思主义实践策略。

云南财经大学肖琼教授在《托尼·本尼特对马克思主义批评的批判性思考和方法建构》的报告中以本尼特所倡导的制度性批评为研究对象，在本尼特对马克思主义批评的批判性思考中彰显问题，又在本尼特对“文本”概念的不同界定和构想中构建问题，从而探讨本尼特意图构建的、抹平形式主义与马克思主义之间的鸿沟，调和文学之内和文学之外等各方面文学因素的制度性批评。肖琼教授认为，本尼特的博物馆研究其实正是他的制度性批评的具体运用和实践，其制度性批评对于中国的文学批评、文化批评，对于当下正时兴的非物质文化遗产及博物馆研究也有极大的启发意义。

遵义师范学院赵臻教授在其《论中国文化产业立法与文化现代性》的报告中从文化产业发展的角度，立足于中国文化产业现状，指出中国文化产业问题主要集中在对文化产业的认识和文化产业立法两个方面。赵臻教授认为中国文化产业的立法应着眼于文化工业的建立，用文化工业的推进，实现文化的现代性，才有可能解决中国文化产业存在的问题。西南大学段运冬教授通过对美国 2014 年颁布的《2014 至 2018 年的国家艺术发展战略规划报告》的解读，介绍了美国国家艺术基金会 2014—2018 年间美国的艺术发展战略及其执行情况、机构管理目的及其支持“极优艺术”、民众参与艺术的做法。在审美制度研究方面为我们提供了一个来自“他者”的参照对象。

二、文化治理与当代美学发展

华南师范大学段吉方教授、陈舒盈博士在《批判与回归——论卢卡奇的“物化”理论及现代性审美救赎》的报告中指出，卢卡奇通过对发达资本主义社会的深刻批判，揭示了当代西方资本主义社会工业生产领域以及伦理心理领域的“物化”现象，认为其“物化”理论蕴含着从资本主义异化社会与人的精神危机中寻觅救赎之路的审美现代性精神，在当代审美文化研究中具有重要的理论价值和启发。他们从“物化”的普遍性与丧失主体性的人，“物化”时代与小说的“堕落”，维护经典叙事与召唤“史诗”时代，现代性危机与审美救赎等四方面探讨了卢卡奇物化理论的思想内涵及其对于审美治理研究的理论启发。

陕西科技大学孙文刚博士在其《审美资本主义时代的审美制度研究》的报告中分析了由法国学者奥利维耶·阿苏利和澳大利亚学者彼得·墨菲、爱德华多·德·拉·富恩特等人提出的“审美资本主义”这一重要概念，认为随着资本主义社会从商业到工业、后工业以及审美资本主义的发展，审美和资本主义这两个原本相互隔绝的事物之间的本体论界限崩塌，最终形成了审美资本主义的基本结构：审美与经济的区分—共谋关系。他分析了在这个基本结构起重要作用的三个因素：审美、市场和关系周期，认为当前社会进入审美资本主义或文化经济时代，这一特殊的社会历史语境对审美制度提出了一系列新的要求：审美制度研究应注重对经济因素的考察，重视“身体”感受性，并且应该介入对社会生活和文明进步的思考。

浙江传媒学院郭文成博士在其《论当代新审美主义的文化向度及其治理机制》的报告中基于马涛对约翰·若津和西蒙·马尔帕斯编辑的论文集《新审美主义》一书的评述，认为应该在德法传统中吸取有益的理论营养，联系到中国自身的经典文化传统与英美实用主义美学，郭文成博士认为重建一种新审美主义批判及其实践理论，应当从新审美主义的界定、新审美主义的文化表征、新审美主义的三重向度，新审美主义的治理机制等方面重点展开对新审美主义的文化批判研究。

咸阳师范学院强东红教授在其《文化治理与民歌资源》的报告中以陕北秧歌剧《米脂婆姨绥德汉》为例，分析了文化治理与民歌资源的关系。强东红教授认为，在当下中国利用民歌资源来达成文化治理的一种非常有效的途径可能是：运用具有民众基础，可以随物赋形和富有弹性的民歌形式来表征普通老百姓当下的真正的日常生活和真实的情感世界。应当让当下的广大民众的日常生活成为关注点。具体而言，就是要关注普通老百姓的日常生活中的身体感受；深入了解广大民众的日常生活中形成的情感需要和精神需要。

中国现代文学馆刘慧英研究员在其《被遮蔽的妇女浮出历史叙述——简述初期的〈妇女杂志〉》的报告分析了创刊于"五四"时期的《妇女杂志》这一女性启蒙的个案，认为《妇女杂志》坚持不懈的工作——尤其是家政和学艺两个栏目长年的经营毫无疑问为其他一些教科书的出版做了直接或间接的积累，使妇女的状态却发生了深刻的变化。这为我们提供了民国时期文化治理的一个经典例子。云南大学降红燕教授在其《开启多维度的性别文化研究之门》的报告中通过阅读刘慧英的《女权、启蒙与民族国家话语》一书，认为该著作解答了原初的"女权"这一口号的内涵、提出的具体语境及其在中国的发展脉络，并阐发了妇女在中国现代化进程中的地位和身份。降红燕教授认为该著作采用女性研究和性别研究的双重视角，以多维度的眼光与整体的高度，体现出了作者强烈的历史感以及写作过程中的理性和激情的结合。这对刘慧英研究员的研究做了很好的回应和补充。

三、审美人类学/艺术人类学理论与实践

中国艺术人类学学会会长方李莉研究员在其《论艺术人类学理论的中国化建构》的报告中对中国艺术人类学的历史和发展现状做了深入细致的梳理和理论总结，提出中国学者要进一步思考和完善其理论与研究方法，重新认识中国的本土艺术，进而重

新认识中国的社会结构和文化价值观与中国本土艺术之间所形成的互动关系,创建出具有中国本土性特点的中国艺术人类学理论。从“艺术”这一概念的思考出发,方李莉研究员对艺术人类学所开启的艺术本土性的进行了反思,认为18世纪西方主流社会对艺术的认识使得艺术研究在西方人类学领域中一直处于边缘状态,艺术人类学的研究视角则将艺术置于生活世界,置于其文化生态系统之中,并摈弃了长期以来在艺术领域里讨论的,所谓艺术的“规律”和“本质”等问题,将对艺术的讨论置于了特定场域和时间的文化之网上。

方李莉研究员认为,艺术和其地方性知识及地方性文化是紧密联系的。中国本土艺术则作为地方性知识一部分的特征得以凸显。她从社会建构中的艺术、国家在场的艺术、社会生活中的艺术、大传统与小传统互动中的艺术、商品贸易中的艺术等五个方面来阐述了中国的本土艺术的特征。而在艺术人类学的研究过程中,要注意人类学的整体观的运用,重视研究中的历史纬度,重视研究场域的转换,注重传统与现代合流的思考。

云南师范大学李立教授在其《贴近“艺术”的艺术人类学》的报告中从艺术人类学在目前学科分类中的处境出发,认为当前的艺术人类学研究与艺术存在某种疏离,艺术人类学在研究对象的种类上有所缺失,并且偏重于造型艺术、口承文学、音乐等门类,而忽视其他艺术门类。面对艺术人类学与“艺术”之间的距离问题,李立教授认为传统的艺术概念很难对现代与后现代艺术现象加以定义、分类和解释,面对民间艺术时同样如此。他主张尝试回应并回到艺术学、美学提出的艺术问题,为艺术人类学寻找相应的对象和议题,思考从美学、文艺学或艺术学而来的那些概念、命题如何获得新的生机,如何延展到艺术人类学中,重新厘定,而不是简单地加以废弃。这样,促使学科之间形成真正的对话主题而不是自说自话,也使艺术(而不仅是文化)真正成为艺术人类学的研究焦点。

上海交通大学尹庆红博士在其《艺术人类学:从符号交流到物质文化研究》的报告中认为,自20世纪80年代以来出现的物质文化研究转向成为当今人类学研究的一个重要领域。物质文化强调对艺术品的物质性的关注,研究物质性与艺术、审美之间的关系。尹庆红教授认为，当今艺术人类学研究进入了学科建设的“自为时期”，进而从艺术作为文化交流的符号、艺术与能动性、物质文化研究等三方面对艺术人类学发展的脉络进行了系统梳理，并分析其理论贡献和不足，以对今日艺术人类学的研究和发展提供借鉴并为其找到新的方向做了理论思考。

云南大学黄静华副教授在关于《日常、情感和交往：生活叙事视域中的民间艺术研究》的报告中认为生活叙事视域中的研究是以不脱离或不远离日常性的方式凝视、倾听民间艺术的“在那里”。这种写作不是高高在上的遮蔽，也不是隔岸观景的冷静，而是交往过程中的彼此融入和显现，是人的生命、生活的敞开过程。因而在民间艺术研究的过程中，应当注重生活叙事的视域朝向，即民间艺术的过程性、感受性和自由性，强调对“意义世界”的追求；注重聚焦日常生活，这是写作的基础领域；重视情感建构；强调主体交往。

在这次研讨会上，有部分学者在充分的田野调查的基础上，从审美人类学和艺术人类学的视角对审美和艺术如何介入文化和社会治理作出了精彩的个案分析。山东大学曹成竹副教授以“歌谣”作为研究对象，考察其“跨语境”功能。认为歌谣作为个体情感表达的最典型代表，统治者通过对它的收编与阐释，对社会文化精英主体性意识进行规约与改造，是一种行之有效的文化治理行为，体现出歌谣作为“治理媒介”“跨语境”和作为“接合剂”的特点和功能。广西民族大学范秀娟教授认为在历届南宁国际民歌艺术节上被反复演绎的“刘三姐歌”体现了艺术和语境的一种重要关系，即艺术可以营造语境、建构语境，表明艺术既是“他律”的，也是“律他”的。云南大学的杜鲜博士对以《南诏图传》为主的南诏大理国和西藏艺术中的相关文献和图像资料进行综合研究，认为《南诏图传》中梵僧头戴的红色塔状头饰即存世的唯一与《蛮书》所记南诏王红色头囊对应的图像。云南大学文学院罗瑛博士考察了云南景颇族艺术中大量的图示造型，认为这些图示造型蕴含的自然观念、审美观念和灵魂观念构成景颇族社会中最核心的世界观知识系统，使景颇族群集体感受到属于一个确定而可靠的族群历史传统，加强了他们的族群凝聚力。云南师范大学熊娟博士分析了大理“风花雪月”由最初的四大景观衍生出的悲剧故事、四字谜语、四景歌谣和一些祭祀仪式，讨论了从法力无边的救世神到法力有限的助力神，从政权护卫神到扶弱济贫的人间英雄的观音形象，认为这些关于“风花雪月”的民间叙事方式和观音形象诉说了大理白族底层民众在面对生存苦难和民族辉煌历史失落时产生的忧伤而又悲壮的民族情感。

在大会闭幕式上，浙江大学传媒与国际文化学院教授、教育部“长江学者”特聘教授王杰对此次会议进行了总结。他指出，在云南大学文学院李森院长的支持和推动下，将文化治理与审美制度研究置于中华文艺复兴论坛中，使此次研讨会具有了更为开阔的学术视野，容纳了更加丰富的学术立场。来自不同学科背景、不同地域的学者汇集到云南大学，参与会议研讨，发出了更为多样的学术之声。本次大会内容精彩纷呈，很有成效，也很有建设性和启发性，相信通过这次会议的一系列讨论，能引发更多的思考，会后学者们对自己的研究问题也会有更进一步的论述和阐述。王杰教授表示，本次大会很成功地实现了三个层面的对话：首先，此次会议上很多学者的学术研究和理论思考与国际学者的相关研究密切相关，这实际上是我国内学者与国际学者之间的对话；其次，与会者除审美人类学、艺术人类学学者之外，还有研究艺术图像学、文化史、艺术史等领域的学者，来自不同学科领域的观点得以不断碰撞、互相启发，实现了不同学者之间的对话；第三，因为大会讨论的是审美和艺术，所以也是学者们和艺术家们之间的对话，今后将考虑增加艺术家的在场。王杰教授表示，会后会编辑出版一本高质量的论文集，希望这个论文集能够在中国学术界，把文化治理问题与中国当代的美学问题、艺术问题、文化建设问题形成一个较好的关联，产生一定的意义和影响。

云南大学文学院教授、此次大会的主持人向丽教授在大会闭幕词中代表主办方对承办这次学术研讨会的云南大学审美人类学研究所、云南大学当代文艺研究所、《马克思主义美学研究》编辑部全体成员、各位与会代表以及为这次会议顺利召开付出辛勤劳动的会务组老师和同学们表示了感谢。她谈到，在漫长的历史演进中，审美和艺术在治理实践中发挥着一种特殊的功能。关于治理在政治学、经济学、法学、教育学等学科中的讨论并不少，但在美学和艺术学界并不多见。此次大会上，学者们齐聚一堂，共同探讨审美和艺术如何作为一种特殊的治理方式融入当代社会的发展具有重要现实意义。她指出，在当代世界，治理渗透于国家、社会、个人，从机构到身体到心灵的各个领域，成了人们不可规避的社会网络。与此相应的是，什么是治理，如何自我治理等，这些问题是任何一个国家和社会都将直面的。本次大会就审美和艺术与文化治理术之间的微妙关系，艺术如何通过作为自我塑形的方式最终通向自由治理等问题展开讨论，为我们在当代如何将治理本身引向自由激活了许多新的思考。本次大会在春风拂来的海棠花香与愉快的掌声中圆满闭幕。

（原文刊发于《马克思主义美学研究》2017 年第 1 期）

图书在版编目(CIP)数据

审美治理与当代社会/向丽主编.—上海:上海人民出版社,2020
(审美人类学研究丛书)
ISBN 978-7-208-16505-2

Ⅰ.①审… Ⅱ.①向… Ⅲ.①美学-文集 Ⅳ.①B83-53

中国版本图书馆CIP数据核字(2020)第101371号

责任编辑 陈佳妮 舒光浩
封面设计 胡 斌 刘健敏

审美人类学研究丛书
审美治理与当代社会
向 丽 主编

出 版 上海人民出版社
(200001 上海福建中路193号)
发 行 上海人民出版社发行中心
印 刷 上海商务联西印刷有限公司
开 本 720×1000 1/16
印 张 20
插 页 3
字 数 295,000
版 次 2020年11月第1版
印 次 2020年11月第1次印刷
ISBN 978-7-208-16505-2/B·1479
定 价 78.00元